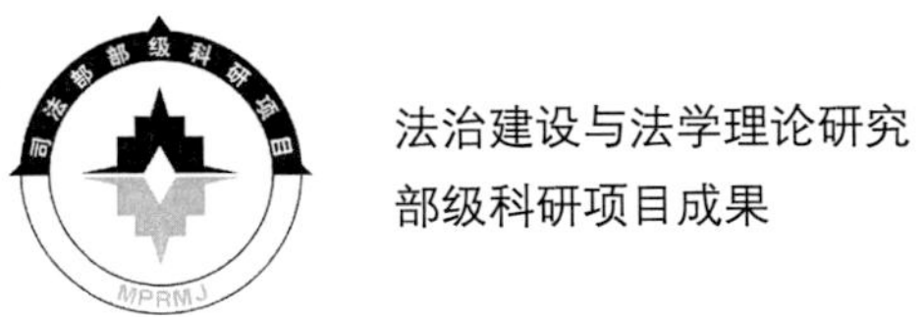

法治建设与法学理论研究
部级科研项目成果

正当程序视野下的刑事缺席审判法律制度研究

孟军 朱虹宇◎著

ZHENGDANG CHENGXU
SHIYE XIA DE
XINGSHI QUEXI SHENPAN FALÜ ZHIDU YANJIU

中国法制出版社
CHINA LEGAL PUBLISHING HOUSE

图书在版编目（CIP）数据

正当程序视野下的刑事缺席审判法律制度研究 / 孟军，朱虹宇著. —北京：中国法制出版社，2022.7
ISBN 978 -7 -5216 -2688 -9

Ⅰ. ①正… Ⅱ. ①孟… ②朱… Ⅲ. ①刑事诉讼 - 审判 - 司法制度 - 研究 - 中国 Ⅳ. ①D925.218.24

中国版本图书馆 CIP 数据核字（2022）第 084058 号

责任编辑：王悦（wangyuefzs@163.com） 封面设计：杨鑫宇

正当程序视野下的刑事缺席审判法律制度研究

ZHENGDANG CHENGXU SHIYE XIA DE XINGSHI QUEXI SHENPAN FALÜ ZHIDU YANJIU

著者/孟军 朱虹宇

经销/新华书店

印刷/北京虎彩文化传播有限公司

开本/880 毫米×1230 毫米 32 开 印张/13.5 字数/325 千

版次/2022 年 7 月第 1 版 2022 年 7 月第 1 次印刷

中国法制出版社出版

书号 ISBN 978 -7 -5216 -2688 -9 定价：69.00 元

北京市西城区西便门西里甲 16 号西便门办公区

邮政编码：100053 传真：010 -63141600

网址：http：//www.zgfzs.com **编辑部电话：010 -63141831**

市场营销部电话：010 -63141612 **印务部电话：010 -63141606**

（如有印装质量问题，请与本社印务部联系。）

前　言

常态的刑事审判是一种控诉、辩护、审判等多方共同参与，以对刑事案件进行审理并作出裁判的制度。作为刑事审判制度的重要例外和补充，刑事缺席审判则是针对被告人未到庭接受审判时，依法追究其刑事责任的一种特殊审判制度。刑事缺席审判为世界多数国家及一些主要国际公约所确立的刑事诉讼制度。我国在民事诉讼和行政诉讼中均已确立缺席审判制度，基于当事人诉讼权利保护、传统诉讼观念以及案件事实查明的严格要求等因素考虑，我国对刑事缺席审判持慎重态度，该制度在刑事诉讼中一直处于缺位状态。中共十八大召开，提出了中国新时期全面深化改革开放的主要目标，其中反腐败工作成为党建和国家治理的一项重要内容，刑事缺席审判制度被纳入立法进程。我国于2018年制定《中华人民共和国监察法》（以下简称《监察法》），并对《中华人民共和国刑事诉讼法》（以下简称《刑事诉讼法》）进行了第三次修正，正式确立了刑事缺席审判制度。我国刑事缺席审判是在深化国家司法制度改革及反腐败刑事政策调整大背景下确立起来的制度。2018年《刑事诉讼法》勾勒了刑事缺席审判程序运行的基本框架，但相关的理论论证和科学制度设计仍有待进一步展开。另外，随着我国宪法修改、监察制度改革，刑事诉讼制度内容发生重大调整，刑事缺席审判程序如何与普通程序、与违法所得没收程序、与监察制度进行有效衔接与协调也成为重要的研究课题。

刑事缺席审判制度本体论、价值论、比较论、立法解释论、程序论、证明论构成了本书研究的核心内容。本体论部分，从作为诉讼审判常态的对席审判出发，厘清刑事缺席审判的概念、属性、特征及与对席审判的关系；以横向的民事诉讼缺席审判制度为参照系分析刑事缺席审判的特点；按照不同标准就刑事缺席审判程序进行类型划分，并阐明不同类型缺席审判程序的特点、运作规律；从历史视角探究缺席审判制度产生的背景及发展脉络。价值论部分，对现有关于刑事缺席审判制度价值正反两面的理论与学说进行多角度分析，进而以动态的价值平衡论阐述缺席审判制度产生和发展的正当性基础，说明我国刑事司法改革对该制度的预期。比较论部分，通过对不同国家和地区刑事缺席审判制度的比较，介绍不同国家和地区法律中关于刑事缺席审判内涵界定、案件适用范围、程序启动条件与标准、救济程序等内容，揭示制度立法与实践存在的共性与个性特征；刑事缺席审判已超出国内法范畴而为全球性和区域性国际公约所吸收并反过来深刻影响着成员国国内立法与实务运作。立法解释论部分，围绕我国刑事缺席审判立法历史与现状展开论述，通过介绍我国缺席审判制度立法背景、立法进程，为制度构建必要性和实际意义提供现实前提；以 2018 年《刑事诉讼法》及相关司法解释为基础，通过法律条文梳理和解读说明我国刑事缺席审判制度基本框架及具体运作程序，阐释我国缺席审判程序立法特点、适用范围与条件以及制度保障，剖析制度运行现状及所面临的问题。程序论部分，基于刑事缺席审判天然制度缺陷特点，揭示缺席审判制度自身的局限性，进而引申出正当程序原则对缺席审判程序的必要规制；在底限正义及权利不可克减理论基础上，论证我国缺席审判程序遵循的理念和原则以及审前程序、审判程序、救济程序等内容，构建和完善缺席审判程序完整体系，精细化缺席审判运作流程。证明论部分，明确审判程序运作的基础和核心为证明制度；刑事缺席审判证明制度受诉讼构造模式、正当程序、诉讼效率等因素的影响；刑事缺席审判程序作为一种特别审判程序，同普通审判程序相比在证据规则体系和司法证明方面具有特殊性；刑事缺席审判司法证明具体内容涉及证明对象、证明主体及证明责任承担、证明标准等。

本书为司法部法治建设与法学理论研究部级科研项目最终研究成果。课题研究目标，一是就刑事缺席审判主题已有研究进行梳理、归纳和总结，对研究现状进行客观性评价，并以前人研究成果为基础，继续拓展和深入该主题研究。二是从整体性和系统性角度对我国刑事缺席审判制度进行研究，阐释刑事缺席审判制度与其他诉讼制度的关联与衔接以及缺席审判制度内部程序体系完整性。三是理论与实践相结合，通过对刑事缺席审判制度属性、制度定位、程序框架、保障机制等深层次理论问题进行探讨，为制度的具体实施提供理论支撑，确保程序在法治框架内运行，同时为构建精细化、科学化的刑事诉讼制度提供有价值的借鉴。希望通过课题研究，就刑事缺席审判制度现有成果进行系统总结，展示最新理论和实践动态，拓宽相关领域研究的广度和深度，为我国刑事诉讼法和刑事缺席审判制度的进一步完善以及司法决策等提供智力支持。此外，刑事缺席审判制度为我国新设立的法律制度，缺席审判类型化实施存有较大差异性，特别是针对身处境外的贪污贿赂犯罪、危害国家安全犯罪和恐怖活动犯罪人员，缺席审判程序适用极少，实务操作经验积累不足，课题研究有必要跟进司法实施状况持续进行。

课题研究过程中得到各级监察机关和司法实务部门、有关研究院所等研究机构以及作者所在单位的支持与帮助，研究生曹宗铉、徐榕参与了研究资料的收集整理、文字校对等工作，编辑赵宏女士、王悦女士提供了宝贵的修改意见和建议，在此一并表示感谢。

孟　军

二零二二年四月

目　录

第一章　本体论

第二章　价值论

第三章 比较论

第四章　立法解释论

第五章　程序论

第六章　证明论

第一章

本体论

典型的刑事诉讼，是由控诉、辩护和审判三方组合而成的诉讼构造。通常情况下，控诉和辩护双方平等对抗，审判方处于中间、中立地位，并由审判方对案件进行审理并作出最终的裁决。刑事诉讼实质上是裁判者对控诉方和辩护方争端进行事实上的审查和法律上的价值判断并作出权威性裁判的过程。刑事诉讼过程在控诉、辩护和审判三方的相互作用之下，通过程序化机制得以维持和推进；程序推进遵循直接言词原则和辩论原则。案件进入刑事诉讼程序后控辩双方为了各自的诉讼利益，一般会主动参与诉讼进程，积极举证和辩论。但是在特定情况下，也不排除由于当事人想要逃避法律制裁，或者案件进行中存在不可抗力或者意外事件等因素，导致刑事法庭审判中出现诉讼主体未能出现在法庭之上，从而使得刑事诉讼多方参与的多面体形态呈现出“残缺”的状况。① 为了应对这一状况，一些国家在法律层面确立了刑事缺席审判程序，以修正和完善刑事诉讼基本制度。刑事缺席审判的内涵界定、属性认知和法律定位等内容构成制度研究和立法实践的前提和基础。

---

① 仇晓敏：《被告人缺席审判制度探讨》，载《研究生法学》2006 年第 2 期。

第一节 刑事缺席审判的概念、属性与特点

一、刑事缺席审判的概念

民事诉讼、行政诉讼和刑事诉讼均存在缺席审判制度，尽管不同诉讼的缺席审判制度涉及的案件性质、表现形式、制度内容差异较大，但并不妨碍我们从中抽象出相关要素，对缺席审判制度进行概念界定。缺席审判与对席审判相对，是指在法院开庭审理之日，原告方或者被告方不出席法庭，法院基于法律上的理由和适用条件，根据查明的案件事实，依法对案件作出判决或者裁定的诉讼制度。

（一）刑事缺席审判的广义概念

从世界主要国家和地区的情况看，对刑事缺席审判可做广义和狭义的理解。广义的刑事缺席审判，是指在法院开庭审理之日，控辩双方诉讼主体有一方未到庭出席审判或者到庭但不为陈述、辩论的情况下，法院根据到庭一方的陈述、辩论对案件进行审理并作出判决的诉讼制度。①

广义的刑事缺席审判的概念来源于对世界主要国家和地区刑事缺席审判制度立法的经验总结。一是缺席主体，从世界主要国家和地区在刑事缺席审判领域的立法来看，相关制度主要围绕辩护方诉讼主体缺席的情形展开构建，但也存在控方缺席时进行缺席审判的情形，即控辩双方均有可能成为缺席主体，但不可同时成为缺席主体。二是缺席的定义，刑事缺席审判中的缺席通常指形式缺席，即诉讼主体在法院开庭审理时未出席庭审或参与应诉。然而，诉讼主体参与庭审目的之一在于程序参与，从出庭的实质性角度出发，其到庭但不为陈述、

---

① 万毅：《刑事缺席判决制度引论》，载《当代法学》2004 年第 1 期。

辩论的情形属于无效参与，基本上与缺席无异。上述概念囊括了刑事缺席审判中可能出现的控方缺席、辩方缺席、形式缺席、实质缺席的所有情况，因此是最广义的概念。

（二）刑事缺席审判的狭义概念

狭义的刑事缺席审判，是指法院开庭时在被告人缺席的情况下开展的诉讼活动。较之广义概念，狭义概念对以下两方面内容进行了限定。

一是将缺席主体限定为被告人。刑事审判围绕被告人刑事责任问题而推进，从还原案件实体真实以及保障诉讼主体程序参与的角度考虑，这一程序通常要求被告人在场。然而，上述被告人在场的主客观条件并非在任何情况下都具备。首先，被告人出庭并非在任何情况下都有助于案件实体真实的呈现，例如控辩双方对案件事实没有争议、被告人行使沉默权或者因其患有精神疾病而不能正确表达意思时；其次，能够充分保障被告人诉讼权利的对席审判并非在任何情况下都能够实现。刑事诉讼的司法实践中会面临被告人逃匿、死亡或者无行为能力的情况，此时仍然坚持对席审判，无异于将案件束之高阁，不能解决实际问题。刑事缺席审判制度的出现，就是为了填补上述空白，对哪些案件可以在被告人缺席的情况下进行审判、哪些被告人可以被缺席审判、如何进行缺席审判、如何保障缺席被告人权利等诉讼程序和事项加以规范。因此，以被告人作为缺席主体是刑事缺席审判制度中最常用、最普遍也是最符合该制度设计理念的情况。

二是将缺席标准限定为形式缺席。前文提到广义概念认为被告人到庭但不为陈述、辩论的情况也属于缺席审判中的“缺席”范畴，这一观点是从实质上保障被告人的诉权，被告人出庭但不为陈述、辩论的情形与缺席无异。但是，刑事审判中的“缺席”应与“出席”相对应，被告人未出席即缺席。也就是说，被告人出席时即为对席审判，缺席时即为缺席审判，至于被告人形式出席但实质缺席的情形，不应纳入狭义的刑事缺席审判的范畴。从出庭权利义务观来看，被告人出庭是其自身的权利，也是法律对其规定的义务，被告人本人出庭即履行了出庭义务，法律也保障了被告人能够行使其诉权并排除他人对被告人行使诉权的侵害，在此条件下，被告人是否行使诉权是其自由选择的范畴，在其意志自由的情况下，法律应尊重其自主选择，不可加以外部干预。因此，狭义概念对于被告人“缺席”的理解仅限于形式上的缺席。

（三）我国刑事缺席审判的概念

我国刑事缺席审判采用的是狭义概念：刑事缺席审判制度是对特殊刑事案件中未出席法庭审判的刑事被告人所设置的为解决其刑事责任问题的特殊审判程序。① 从缺席主体来看，我国《刑事诉讼法》第291条至第297条关于现行刑事缺席审判制度的规定皆是以被告人缺席作为出发点，以此为据，缺席主体限定为被告人。依据2019年最高人民检察院发布的《人民检察院刑事诉讼规则》第390条、第445条之规定，检察官应当作为国家公诉人出席第一审法庭，对于抗诉案件或者公诉案件中人民法院决定开庭审理的上诉案件的第二审法庭，检察官也应当出席。意即在公诉案件中，控诉方具有法定的出庭义务，不存在缺席的情形，也未规定缺席的相应法律后果。而在自诉案件中，依据我国《刑事诉讼法》第211条之规定，自诉人经两次依法传唤，无正当理由拒不到庭的，或者未经法庭许可中途退庭的，按撤诉处理。因此从法律规定来看，我国刑事缺席审判程序的缺席主体仅限于被告人范畴。此外，我国《刑事诉讼法》中一个重要的基本理念就是控审分离，我国《宪法》第140条明确规定，人民法院、人民检察院和公安机关办理刑事案件，应当分工负责，互相配合，互相制约，以保证准确有效地执行法律。我国《刑事诉讼法》第3条则具体规定侦查权、

① 王敏远：《刑事缺席审判制度探讨》，载《法学杂志》2018年第8期。

检察权、审判权由专门机关行使，并在第5条与第7条中重申了《宪法》第140条规定的内容。基于控审分离理念以及我国侦查权、检察权、审判权由专门机关行使的原则，未经起诉机关或者个人起诉的事项，审判机关不得审判。[①] 所以，控诉方一旦缺席即视为“不告”，“不告”则法院“不理”，控诉方缺席的情形下只能被视为撤诉，因此法院不得进行审判活动。

从缺席形式来看，我国《刑事诉讼法》仅规定了形式缺席的情形，未将实质缺席——被告人到庭但不为陈述、辩论的情况纳入缺席范畴。我国《刑事诉讼法》第291条规定对于贪污贿赂犯罪案件，以及需要及时进行审判，经最高人民检察院核准的严重危害国家安全犯罪、恐怖活动犯罪案件，犯罪嫌疑人、被告人在境外的，第296条规定因被告人患有严重疾病无法出庭，中止审理超过六个月，被告人仍无法出庭，被告人及其法定代理人、近亲属申请或者同意恢复审理的，第297条规定审理过程中被告人死亡以及人民法院按照审判监督程序重新审判的案件，被告人死亡的，共三类案件适用缺席审判程序，皆是以被告人未出席庭审定义“缺席”。

在辩护人的参与问题上，我国《刑事诉讼法》第291条规定的案件类型适用缺席审判，辩护人的参与依据第293条之规定进行。在该类缺席审判中，被告人有权委托辩护人，被告人的近亲属可以代被告人委托辩护人，被告人及其近亲属没有委托辩护人的，人民法院应当通知法律援助机构指派律师为其提供辩护。但在第296条规定的针对患有严重疾病的被告人的缺席审判以及第297条规定的针对死亡被告人的缺席审判中，我国《刑事诉讼法》并未对辩护人的强制参与加以规定，即按照一般规定进行，仅在被告人符合《刑事诉讼法》第35条之法律援助条件时，人民法院方为其指定辩护。尽管在司法实践中，

---

① 宋英辉、甄贞主编：《刑事诉讼法学》（第六版），中国人民大学出版社2019年版，第34页。

针对第296条情形的缺席审判，在被告人方未委托辩护人的情况下，审判机关出于维护缺席审判程序公正性和保护被告人利益的考虑，大多采取指定辩护的做法，但从法律规定上来看，并没有相应的强制性规定，在司法实践中也同样存在被告人无辩护人时进行缺席判决的案例。因此，在我国现行法律规定下对刑事缺席审判的概念进行阐释时，也不宜过于强调辩护人的强制参与。

二、刑事缺席审判的属性

法律上是否设定刑事缺席审判制度，绕不开的一个逻辑起点问题就是出席法庭究竟是被告人享有的诉讼权利还是其应当履行的诉讼义务。基于各国法律传统、刑事诉讼结构、司法运行方式等因素的差别，对该问题的回答大致有义务说、权利说、权利义务说三种理论。

（一）义务说

根据义务说理论，出席法庭并参与法庭审判是刑事被告人应当承担的法律义务。一般而言，大陆法系国家倾向于将参加法庭审判定位为被告人的诉讼义务，例如法国、德国等国家就将被告人出席法庭并承受法律审判视为接受国家审判义务的体现。法律义务的性质要求刑事诉讼中的被告人必须出席法庭，如果被告人违反该诉讼义务，拒绝出席法庭参与审判程序，则会承担相应的法律责任。这种法律责任可能体现为程序法上的不利后果，例如司法机关对被告人采取必要的强制措施，强制其到庭接受审判；也可能表现为实体法上的不利后果——受到刑事制裁，例如有的国家设立有藐视法庭罪名。将被告人出庭视为一项诉讼义务，概因大陆法系国家比较重视实体正义的实现，被告人出庭接受法庭调查是查明案件真相，实现实体正义的必要途径。刑事诉讼本身是国家行使刑罚权的过程，参与法庭审判，接受刑事裁决是被告人法定必须承担的义务，国家正是通过对被告人犯罪行为的追诉和审判，实现控制和打击犯罪的目的。

如将被告人出席庭审视为其应当履行的义务，就意味着：其一，在法律未免除被告人出庭义务的情形下，被告人必须履行该义务；其二，法律需为被告人履行该义务创造条件；其三，被告人违反该义务时，法律有权对其施以惩罚或采取相应的补救措施；其四，法律无须为被告人违反义务带来的权利灭失提供救济。在此观点下，刑事缺席审判的启动权掌握在法院手中，被告人不得主动放弃出庭，一旦其在庭审时拒不到庭，法院即可采取相应的补救措施，包括启动缺席审判程序，但被告人也可以在法律允许的范围内向法院申请免除其出庭义务。

虽然视出庭接受审判为被告人应尽的义务，但并不排斥刑事缺席审判制度本身的合理性与存在空间。义务说作为一种理论前提，可以成为刑事缺席审判程序构建的逻辑起点。一方面，被告人不履行出庭义务可能承受一定的法律后果，例如法院可以缺席审判，使被告人丧失某些出庭所享有的利益。可见义务说虽强调被告人的出庭义务，但并不否定缺席审判的存在。另一方面，缺席审判的适用是作为普通程序的例外，并且通过法律设置严格的适用条件，可以尽量减少缺席审判对诉讼查明案件事实的消极影响。

（二）权利说

根据权利说理论，出席法庭并参与法庭审判是刑事被告人享有的诉讼权利，庭审到场是被告人诉讼参与权在审判阶段的具体体现。“被告人的出庭制度是现代人权内涵中延伸出的一项权利，而非与基本权利相对应的‘基本义务’。”① 英美法系国家通常将被告人出席法庭视为其享有的诉讼权利，例如在美国，缺席审判适用范围较为广泛，出席法庭参与审判不仅是被告人的一项诉讼权利，而且是其享有的一项宪法性权利。被告人出庭的权利属性定位，源于英美法系国家的法律

① 陈卫东：《论中国特色刑事缺席审判制度》，载《中国刑事法杂志》2018 年第 3 期。

传统，相对于通过诉讼查明案件事实的效率性，更加关注刑事诉讼程序本身的正当性，因而非常重视诉讼中对被告人诉讼权利的保护。除了相关国家的法律，一些国际公约和区域性公约也将出席法庭视为被告人享有的一项权利，即被告人的出庭权（the right to be present at one's trial），并将其作为公正审判权（the right to a fair trial）不可分割的组成部分。[①] 例如，《公民权利和政治权利国际公约》第 14 条第 3 款规定，“在判定对他提出的任何刑事指控时，人人完全平等地有资格享受以下的最低限度的保证：……（丁）出席受审……”根据联合国人权事务委员会在审理有关案件中所发表的意见，在被告人已经给予一切必要的通知，包括告知审判的时间和地点等，以及被要求出席法庭审判，但被告人自己却决定不出席审判的情况下，进行刑事缺席审判并不违背《公民权利和政治权利国际公约》第 14 条第 3 款（丁）项关于出席法庭审判权的规定。[②] 相关规约的条文及判例说明均使用了出庭受审“权利”的称谓。

如单纯将被告人出席庭审视为其自由选择的权利，则其内涵在于：其一，权利属性定位之下，权利具有可处分特征，这意味着权利主体可以行使权利，也可以放弃权利；其二，法律需尊重被告人行使或不行使这一权利；其三，法律要为被告人行使这一权利创造条件，保障其权利行使；其四，除被告人本人以外，任何人不得强迫或代替被告人放弃这一权利；其五，在被告人自愿放弃权利而导致权利灭失的情形下，法律无须为被告人提供权利救济。具体到刑事诉讼中，被告人可以选择是否出席法庭，也就是说被告人出席法庭参与法庭审判的权利并非绝对不可变通，在特定情况下，被告人可以以明示或者默示的

① 张吉喜：《论刑事缺席审判的适用范围——比较法的视角》，载《中国刑事法杂志》2007 年第 5 期。

② 张毅：《论〈打击跨国有组织犯罪公约〉和〈反腐败公约〉与我国刑事诉讼改革》，载陈光中主编：《21 世纪域外刑事诉讼立法最新发展》，中国政法大学出版社 2004 年版，第 77 页。

方式放弃参与法庭审判的权利。如果一国司法机关向被告人送达相关诉讼文书，告知诉讼活动进行情况及放弃出庭参与审判机会将导致的法律后果，被告人仍选择放弃参与法庭审判的，则缺席审判是被许可的。“作为被追诉人享有的诉讼权利之一，出庭受审的权利同自行辩护权、提出控告的权利等一样，可以进行处分，其法律后果即得适用缺席审判。”① 基于权利属性的刑事缺席审判不会对诉讼程序本身的公正性产生不利影响，刑事缺席审判裁决的效力同对席审判裁决效力相同，不存在正当性方面的瑕疵，刑事缺席审判自有其存在的理论空间和现实需求。

（三）权利义务说

根据权利兼义务理论，出席法庭并参与法庭审判既是被告人享有的一项诉讼权利，同时也是其应当履行的一项诉讼义务，出席法庭具有权利性和义务性双重属性。“现代刑事诉讼，特别强调被告人受审判时应该在场。如果说强调被告人应该出席法庭受审，主要是从其义务这个角度来说的，但如果从刑事诉讼的公正需要来看，被告人出席法庭审判也是一种权利。”② “被告人在场权不仅是被告人所享有的一项权利，对其而言亦是一项义务，故其从本质上来说体现了权义的复合性。”③ 从权利的角度而言，被告人放弃参与法庭并为自己辩护的权利，是其自身的一种利益选择，对这种选择，应当予以尊重。从义务的角度而言，法律义务是出于公共利益而设定，本身具有强制性。刑事犯罪不仅仅是对被害人个人权益的侵犯，也是对社会秩序的破坏，因而须由国家出面，在查清案件事实的基础上，对犯罪人实施刑罚制裁。国家追诉过程中，被告人有义务出席法庭，协助查明案件事实，

① 赵常成：《国际人权视野下的中国式缺席审判》，载《西部法学评论》2019 年第 1 期。

② 王敏远：《刑事诉讼法修改重点问题探讨》，载《法治研究》2019 年第 2 期。

③ 卞建林、吴思远：《刑事缺席审判程序：立法反思与实践走向》，载《求是学刊》2020 年第 5 期。

实现国家刑罚权。如果被告人逃避审判，则违反了出庭义务，需要承担相应的法律责任，承担不利的程序后果。从这种意义上说，出庭接受审判不仅是被告人的一项权利，也是其应当承担的一项义务。如果被告人通过各种手段逃避审判，故意破坏刑事诉讼程序的正常进行，就违反了该项义务，法院有权对其进行缺席审判，以维护国家的司法权威。① 权利义务说从不同角度阐明了被告人缺席的合理性，认为被告人出席法庭权利和义务属性兼而有之，两种属性并不矛盾，共同构成缺席审判制度理论基础。

从传统法律理论来看，个人犯罪对社会公共利益构成威胁，对其进行司法处置的国家公权力具有强制性，犯罪嫌疑人、被告人有义务予以尊重并配合该活动，否则将承担不利后果。同时，随着社会发展，人们认识到刑事诉讼过程不仅仅是对犯罪人的定罪、治罪过程，因其决定着被告人生命、自由、财产等基本权利的剥夺，还具有人权保障之属性。因此在被告人缺席且无法进行自我法庭辩论的情况下，对其人身自由甚至生命进行裁决，往往被认为是不人道的，甚至被看作对人权等人的基本权利的侵犯。出庭审判不应当是刑事被告人的诉讼义务，而更应当是一项诉讼权利。② 权利观念的引入使得刑事缺席审判制度的理论基础呈现多元化趋势，为人们对该制度的认知提供了多角度观察空间。

在出庭权利义务观下，被告人出席庭审既是其自身的权利，也是其义务，③ 即被告人出庭兼具权利与义务双重属性。首先要分析的是其义务属性。被告人对法院履行出庭义务，在此情形下，被告人是履行义务的主体。至于义务本身的属性，贝卡里亚在《论犯罪与刑罚》

---

① 参见邓思清：《刑事缺席审判制度研究》，载《法学研究》2007 年第 3 期。

② 王沛、李伟：《论刑事缺席审判制度及其在中国的立法构建——兼评与〈联合国反腐败公约〉制度对接的国际一体化问题》，载《山东师范大学学报（人文社会科学版）》2011 年第 1 期。

③ 林钰雄：《刑事诉讼法》（上册），中国人民大学出版社 2005 年版，第 133 页。

中曾对“义务”一词进行这样的阐述：“‘义务’是最常在道德学中听到的一种说法。它是一种推理的缩写符号，而不是一个观念。您在‘义务’一词中找不到任何观念。如您进行一下推理，您就会理解了，并且您也将被理解。”① 谈及被告人的出庭义务时，应当探讨导致被告人负有该义务的前提和实现该义务的基础，无论是从“发现案件真相”的实体正义出发，还是从“保障被告人程序性权利”的程序正义出发，该义务的前提都指向法的正义价值，具体到刑事诉讼中则表现为保障裁判公正。被告人实现该义务的基础则分为两种类型：一是必要性基础，即该义务具有履行的必要；二是现实性基础，即该义务存在履行的可能。两个基础缺一不可，否则将失去推理的必备要件，导致法律不能强制被告人履行该义务。其次，被告人出庭又是其应当享有的权利，在此情形下，被告人是行使权利的主体。通常情况下，法院要求被告人履行出庭义务并保障其出庭权利，被告人在行使其出庭权利的同时也履行了其出庭的义务；抑或法院免除了被告人的出庭义务，被告人也自愿放弃出庭权利。然而权利行使的自由性与义务履行的强制性使两者在作用于某一具体案件的同一主体时难免会产生冲突，需要从中做出平衡，即在被告人有能力且法院认为其有必要履行出庭义务时，被告人不得以权利放弃为由拒绝，当被告人仍然拒绝履行该义务时，法院可对其进行程序制裁；当法院认为被告人是否出庭不影响案件的审理时，被告人的出庭义务就失去了必要性基础，此时如被告人坚持出庭则是其行使权利的表现，法院不得妨碍被告人行使该权利，如被告人自愿缺席则视为权利放弃，由此带来的权利灭失后果应由被告人本人承担；当被告人失去其履行出庭义务的现实性基础、无能力履行出庭义务时，法院不能强制被告人履行，被告人缺席也不能视为对出庭义务的违反。

---

① ［意］切萨雷·贝卡里亚：《论犯罪与刑罚》，黄风译，北京大学出版社 2008 年版，第 11 页。

有关刑事缺席审判属性的理论，无论是义务说、权利说，还是权利义务说，均能在刑事缺席审判制度中做到“逻辑自洽”。[①]“两大法系殊途同归，对被告人庭审在场义务的立法思路虽有不同，但是最终立法的内容和效果并无太大差异。”[②]不同之处在于，根据不同理论，对刑事缺席审判适用案件范围、适用条件、程序设置、救济机制等内容侧重不同，因而各国刑事缺席审判制度呈现出多种面貌。

三、刑事缺席审判的特点

刑事缺席审判的特点是指刑事缺席审判程序与其他审判程序的比较属性。刑事缺席审判是在一方当事人不在场情形下展开的审判，以确定被告人刑事责任为目的。同当事人各方均出席法庭参与审判的对席审判相比，具有如下特征：

（一）刑事缺席审判是刑事对席审判的例外和补充

在现代刑事诉讼中，当事人出庭，尤其是被告人出庭，是诉讼参与原则的体现，也是程序正义和实体正义实现的必要条件，所以控辩双方均出席法庭参与审判是典型的审判方式和常态。这种典型性和常态化就构成了普通程序，其基点的构建是出于对控辩双方诉讼力量的平衡考虑，为使控辩双方平等和充分地就案件事实展开辩论，该程序赋予了被告人各种诉讼权利，用以制衡和对抗代表国家权力的控诉方。但是应当看到，刑事诉讼的现实样态是纷繁复杂的，现实中存在一方当事人逃匿或者因其他原因不到庭的情形，而被告人的在场是普通程序进行的前提和基础，当这一基础不存在时，普通程序就无法正常进行。基于上述考虑，一些国家便确立了缺席审判制度。“因审判乃为裁判者、双方当事人构成的理想三角结构，当一方未到庭应诉，根据不

① 彭新林：《腐败犯罪缺席审判制度之构建》，载《法学》2016 年第 12 期。

② 崔凯：《义务视阈下的被告人庭审在场问题研究》，载《政法论坛》2017 年第 2 期。

得拒绝审判原则而诞生出缺席审判制度，其应属非常态的例外规定。”[①] 例如，《法国刑事诉讼法典》第410条规定：“接到符合规定手续向其本人送达传票、受到传讯的被告人必须出庭。”[②]《日本刑事诉讼法》第286条规定：“除前3条规定的以外，被告人在公审期日不到场时，不得开庭。”[③] 世界多数国家采取的普遍立法模式是：“除本法明确规定外，被告人必须到庭。”[④] 该立法形式表明缺席审判有着严格的适用范围和适用条件，其法律定位是刑事诉讼的非典型形态，而且是作为开庭审判的例外。多数国家都将对席审判作为刑事诉讼的基本制度，将缺席审判作为对席审判的例外和补充，只有在穷尽现行法律规定的各种途径后，才能适用缺席审判程序。缺席审判程序只是在特定条件下适用的程序，而不是常态化的诉讼模式。

（二）刑事缺席审判程序属于特别程序

鉴于被告人不在场，缺席审判程序与普通对席审判程序有很大不同。这种区别性体现为：一是缺席审判只适用于特定种类的案件，不具有适用全部案件的普遍性；二是缺席审判中被告人不出席法庭，无法形成普通对席审判程序中典型的控辩审三方诉讼构造，即使被告人有辩护人代理出庭，也无法和被告人本人同时出席法庭，亲自陈述、辩论相提并论；三是缺席审判救济程序特殊，除了如上诉这种通常的救济途径外，缺席审判裁决还有特殊的救济手段，例如程序回转。刑事缺席审判制度是适用于特定类型的刑事案件，是为确定未出席法庭

---

① 王译：《完善财产型职务犯罪缺席审判程序设置之探讨》，载《湖北社会科学》2018年第12期。

② 《法国刑事诉讼法典》，罗结珍译，载《世界各国刑事诉讼法》编辑委员会编译：《世界各国刑事诉讼法》（欧洲卷·上），中国检察出版社2016年版，第531—809页。后文有关《法国刑事诉讼法典》条文，如无特别注明，均引自同一法典。

③ 《日本刑事诉讼法》，宋英辉、王舸译，载《世界各国刑事诉讼法》编辑委员会编译：《世界各国刑事诉讼法》（亚洲卷），中国检察出版社2016年版，第318—409页。后文有关《日本刑事诉讼法》条文，如无特别注明，均引自同一法典。

④ 邓思清：《刑事缺席审判制度研究》，载《法学研究》2007年第3期。

审判的刑事被告人的刑事责任而设定的特殊审判程序。一些国家将缺席审判列为刑事诉讼法特别程序一章，本身就表明了缺席审判程序的特殊性，而非普通审判程序。

（三）刑事缺席审判程序具有法定性

“程序法定是现代刑事诉讼的基本要求，它主要包括刑事诉讼程序应当由法律事先明确规定；刑事诉讼活动应当依据国家法律规定的刑事程序来进行等两方面的内容。”① 缺席审判程序是司法机关追究犯罪的特殊程序，只能由国家法律明确加以规定。依特殊程序追诉犯罪，是国家权力的行使方式。同普通刑事追诉程序相比，依特殊程序追诉犯罪，国家权力行使理应更加慎重。刑事缺席审判程序法定性的内涵包括：一是司法机关职权法定，司法机关必须在法律授权的范围内行事，而不能超越权力行使的界限，任意实施缺席审判。二是缺席审判适用案件范围法定，作为普通对席审判程序的例外，缺席审判程序只适用于特定类型的少部分案件，具体适用案件类型和条件由法律确定。如果不对缺席审判适用案件范围进行严格限制，则会造成对现有刑事诉讼基本原则的冲击。三是缺席审判程序法定，司法机关应当依照法定的程序进行缺席审判。四是缺席审判结果法定，缺席审判对被告人刑事责任的确定和对涉案财产问题的裁决，与对席审判具有同等的法律效力。强调刑事缺席审判的法定性，目的在于防止司法机关滥用职权，扩大缺席审判适用范围或者不依法定程序追诉犯罪，使得特别审判程序成为单纯追诉犯罪的工具。缺席审判程序的法定性实质是法治原则在刑事诉讼中的体现。

（四）刑事缺席审判程序具有独立性

尽管刑事缺席审判程序的设立是刑事对席审判程序的例外和补充，但并不意味着缺席审判程序是对席审判程序的附属程序。缺席审判程

---

① 宋英辉、罗海敏：《程序法定原则与我国刑事诉讼法的修改》，载《燕山大学学报》2005 年第 1 期。

序在案件管辖、文书送达、辩护和法律援助制度、法庭审判流程、法院裁判执行、当事人权利救济等方面自有一套独立的诉讼程序。独立的诉讼程序是缺席审判公正性的保障。

（五）刑事缺席审判程序具有可变更性

缺席审判程序是普通对席审判之例外，有着特殊的案件适用范围和适用条件。在案件审理过程中，一旦条件发生变化，例如被告人到案，缺席审判程序就有可能终止，变更为对席审判程序，依照普通程序审理。也就是说，缺席审判程序在适用条件发生变化时，需变更为普通程序，会出现缺席审判程序向对席审判程序的转换。从一些国家的法律规定来看，即使缺席审判程序结束并就案件作出裁决，通常也设定了不同于普通对席审判程序的救济程序，如发生特定情形的审判程序回转。

（六）刑事缺席审判程序本身不具有制裁和惩罚性质

同普通对席刑事审判程序相比，虽然缺席审判中被告人不出席法庭，刑事缺席审判程序同样以被告人为核心，围绕被告人的刑事责任展开。审判机关对被告人刑事责任认定仍要遵循证据裁判原则，在审查判断控诉方和辩护方所提交证据的基础上作出案件裁决。被告人缺席法庭审判本身不具有惩罚性，更不能成为推断被告人承担刑事责任的依据。“如被告出庭，他在法院的供词可以作为证据。法官也可以观察他的行为，并以证据的形式使用大家熟悉的‘法官自由心证’。然而，不能以被告不出庭作为证据的一部分来反对被告人，因为从那里得不出任何结论。”① “在现代缺席审判制度下，被告人缺席这一事实并不必然导致法官作出对其不利的判决结果，恰恰可能借助辩护人的专业优势更好地维护其合法权利。从本质上讲，刑事缺席审判程序并非针对缺席被告人的惩戒程序，而与普通的审判程序一样，仍然旨在

---

① ［荷］TH · W 范温：《被告缺席审判》，焦庞颙译，载《国外法学》1981 年第 4 期。

查明案件事实真相、尽快解决社会纠纷。”① 因此，刑事缺席审判本质上仍然是一种审判程序，尽管从程序上来看，被告人的缺席有时可能导致被缺席审判的不利后果，但这种不利后果仅限于诉讼程序方面。至于案件的实体结果，还是需要法院在查明案件事实，正确适用法律的基础之上进行判决，并非必然不利于缺席一方，对被告人的实体权利不具有制裁和惩罚的性质。②

四、刑事缺席审判与民事缺席审判的区别

民事诉讼与刑事诉讼都存在缺席审判制度，且民事缺席审判制度的产生总体上早于刑事缺席审判制度；民事缺席审判制度与刑事缺席审判制度均表现为一方当事人不出席法庭审判，因而在诉讼形式上具有相似性；民事缺席审判制度与刑事缺席审判制度均为对席审判制度之例外情形，依缺席审判程序所作裁判具有与对席审判一致的法律效力。虽然民事诉讼缺席审判制度与刑事诉讼缺席审判制度具有相似性，但是基于民事诉讼与刑事诉讼程序属性以及所解决案件纠纷性质的不同，刑事缺席审判制度与民事缺席审判制度也体现出差异性。

（一）缺席审判程序属性

民事诉讼程序的功能是解决民事法律纠纷，民事案件主要涉及平等法律主体之间因财产关系和人身关系而产生的纠纷。由于民事诉讼是平等主体之间发生的“权利”与“权利”的对抗，法院作为裁判者，其任务是在双方当事人意思表示不能达成一致乃至产生冲突时，确认双方的民事权利义务关系，保障合法权利，制裁违法行为，并由国家强制力保障实施。作为民事诉讼客体的民事纠纷具有私权属性，因而民事诉讼当事人具有处分权。这种处分权统摄的不仅是实体法意

---

① 郜占川：《中国法语境下“刑事缺席审判”概念之界定》，载《兰州学刊》2019年第5期。

② 参见万毅：《刑事缺席判决制度引论》，载《当代法学》2004年第1期。

义上的权利，也包括程序法意义上的权利。而民事诉讼中一条重要的基本原则就是私法自治，它意味着当事人在具有诉讼行为能力的前提下，可以自由处分其实体性权利和程序性权利，被告人不参与法庭审判便被视为行使程序处分权的体现。正如有学者所言：“应诉作为当事人的一种诉讼权利，是可以自由处理的。不到庭、不应诉作为当事人对这一权利的典型处理方式，属于当事人对自己权利的处分，不应受到法律的干预，更不应作为被强制的理由。”① 即在民事诉讼中，法院无权强制被告人出庭，被告人也不存在相应的出庭义务，出席庭审对当事人是一种完全意义上的权利，当事人有权依照自己的意思选择是否出庭，并为不出庭的行为承担后果。民事缺席审判程序主要是当事人放弃诉讼权利的结果，因而在程序属性方面更多体现为权利型。

刑事诉讼的功能在于解决刑事法律纠纷，刑事诉讼主要涉及被告人刑事责任的认定与追究，主要由代表国家行使公诉权的国家机关对犯罪嫌疑人、被告人个人进行追诉。作为刑事诉讼客体的刑事纠纷体现的是刑法通过设立犯罪与刑罚所确定的公法关系。相较于民事诉讼，刑事诉讼是国家“权力”与公民个人“权利”的对抗，涉及的是国家是否对被告人进行刑事制裁的问题，也涉及被告人的人身、财产、政治权利和其他权利的限制与剥夺。刑事被告人出席法庭一开始被视为一种义务，以便法庭查明案件事实，对被告人作出准确处罚。随着法律制度发展，后来才赋予被告人出庭的权利属性，因而在刑事缺席审判程序属性方面体现为权利义务型。出席庭审对被告人而言具有权利和义务双重属性，法院出于查明案件事实以及维护审判公正性的需要，有权强制被告人到庭，这对应着被告人的出庭义务；法院在审判过程中有义务保障被告人的程序参与及其他诉讼权利的行使，对应着被告人的出庭权利，权利行使的积极性与义务履行的强制性共同指向被告

① 廖中洪：《中国民事诉讼程序制度研究》，中国检察出版社2004年版，第9页。

人出庭这一事项。相较于民事诉讼，刑事诉讼中的被告人出庭带有义务性质，在出庭权利的处分上受到义务强制性的限制，导致其不可随意处分出庭权，不能按照主观意愿自由选择出席或者缺席庭审，只有在法院免除其出庭义务时，方可对权利进行处分。

（二）缺席审判适用主体

民事诉讼法律关系中，原告与被告无论是在诉讼地位上，还是在实际诉讼能力方面，均体现出平等关系。因而民事诉讼中的缺席审判虽然主要表现为被告缺席审判，但是在特定情形下亦可对原告缺席审判。在刑事诉讼领域，诉讼类型以公诉案件为主，公诉案件通常不存在因控诉方缺席法庭而进行缺席审判的情形。刑事诉讼法律关系中，虽然法律规定控诉方与辩护方诉讼地位平等，但是作为追诉方的国家机关与处于被追诉方的被告人实际诉讼能力并不对等。刑事诉讼严格依照不告不理原则，除少数国家规定在特定情况下处于控诉方的公诉机关可以缺席法庭外，多数国家对控诉方缺席一说持否定态度，刑事缺席审判制度主要针对被告人缺席而设置。

（三）缺席审判适用案件范围

民事诉讼与刑事诉讼解决案件纠纷属性的差异决定了两种诉讼适用缺席审判程序案件范围的大小。民事诉讼解决私权属性的民事法律关系纠纷，诉讼主体拥有对实体性权利与程序性权利较大的处分权，因而民事诉讼中适用缺席审判程序的案件范围较为广泛。只有极少数涉及身份关系等的案件，法律才规定被告必须出庭，司法机关甚至可以采用强制措施强制其到庭。刑事诉讼解决公法属性的刑事法律关系纠纷，犯罪追诉除了具有保护被害人利益的功能，还具有通过打击犯罪维护社会公共利益的功能。国家追诉机关有代表国家追诉刑事犯罪的义务，被告人有参与法庭审判以协助查清案件事实的义务。在刑事诉讼中，控诉方和被告人均应当到庭，针对被告人可能有阻碍或者逃避诉讼的行为，法律设立了审判前或者审判中羁押等强制措施以确保被告人到庭接受审判，缺席审判仅限于少数特定类型的案件。刑事诉讼中缺席审判受到较大限制，缺席审判适用案件范围较小。

（四）缺席审判程序适用条件

民事诉讼程序与刑事诉讼程序的属性与特点决定了两种诉讼中被告人是否出庭对程序本身正当性的影响程度不同。一般法理，涉及当事人权利义务内容越重大，对诉讼程序本身的正当性要求越高。民事诉讼涉及的是私法平等主体之间民事财产权利及人身关系确认、给付等，刑事诉讼涉及的则是被告人生命权、自由权、财产权等的剥夺。民事诉讼旨在解决民事纠纷，由民事审判的功能所决定的当事人缺席而放弃诉讼权利对司法公正的影响，与刑事诉讼截然不同，刑事诉讼对诉讼程序的公正性有更为严格的要求。在刑事审判中，被告人出庭接受审判既是一种义务，也是一项基本权利，而其缺席审判，使审判中的控辩关系失衡加剧，极易导致审判的不公正。[①] 从世界主要国家立法及司法实践来看，普遍对于民事缺席审判适用条件设定较为宽松，而对刑事缺席审判适用条件进行严格限定，在穷尽其他诉讼手段而被告人不得的特定情形下才允许适用缺席审判制度。

（五）缺席审判救济程序

在考察民事诉讼与刑事诉讼涉及事项法律属性及重要性区别的问题上，一些国家对于刑事诉讼缺席审判均表现出审慎的态度。刑事缺席审判程序的慎重适用不仅体现为上述程序适用主体、适用案件范围、适用条件的不同，还体现在针对缺席审判的救济程序不同。民事诉讼中，就缺席审判的结果提起救济程序与对席审判救济程序并无太大的差别，民事缺席审判裁决结果作出，与对席审判裁决结果相同，均需维持裁决既判力，不得轻易被推翻。这也充分体现出民事缺席审判为当事人权利选择的结果。刑事诉讼中，除了对席审判通常的救济程序外，还针对缺

① 王敏远：《刑事缺席审判制度探讨》，载《法学杂志》2018 年第 8 期。

席审判情形设定特别救济程序，满足特定条件，例如被告人归案，则可能发生程序回转，缺席审判裁决结果归于无效，案件审判需要重新启动。

第二节　刑事缺席审判的分类

类型化分析是法学领域一项重要的研究方法，“类型化分析的研究方法旨在通过分类来呈现复杂现象背后的制度内在秩序”，“分类研究的目的落脚于妥当的制度设计与理性的制度实践”。[①] 刑事缺席审判可以依据不同标准进行分类，根据缺席主体不同，可划分为控方缺席的缺席审判与辩方缺席的缺席审判；根据缺席内涵的不同，可划分为形式缺席的缺席审判与实质缺席的缺席审判；根据缺席审判的作用不同，可划分为作为审判程序的缺席审判与作为保全程序的缺席审判；根据缺席审判的程序性质不同，可划分为程序制裁型缺席审判与程序便利型缺席审判等。

一、控方缺席的缺席审判与辩方缺席的缺席审判

控诉方作为刑事诉讼的发起者与参与者，在刑事审判中占据着重要的地位，原则上不得缺席，且法院受制于控审分离原则，原则上也不得在控诉方缺席的情况下进行审判。具体而言，在公诉案件中，检察官作为国家公诉人代表国家行使公诉权，出席庭审是其法定职责，检察官缺席时，刑事审判通常不得继续进行。然而在域外刑事缺席审判制度中，确实存在控方缺席时进行缺席审判的情况。例如，《韩国刑事诉讼法》第 278 条规定：“检察官接到公审日期通知 2 次以上而不到

---

① 初殿清：《刑事缺席审判的分类与制度结构》，载《人民法院报》2019 年 1 月 24 日，第 6 版。

庭或法院只宣告判决时，可以在检察官不到庭的情况下进行开庭审理。”① 再如，我国澳门地区《刑事诉讼法典》第311条规定：“听证开始时，如检察院或辩护人不在场，则主持听证的法官以法定代任人替代检察院及以另一辩护人替代辩护人，否则为不可补正之无效。”该条规定表明，检察院不派人出席法庭，法定代任人可代行其职责，虽然检察院缺席，但审判仍为对席审判。在部分国家关于刑事自诉案件的规定中，也存在自诉人的缺席并不必然被视为撤诉的情形，在其诉讼代理人出庭的情况下，自诉人也可以缺席庭审。例如，《德国刑事诉讼法》第378条规定：“自诉人可以由律师辅佐或者由持有书面全权委托的律师代理出席自诉程序。在后者情形下，对起诉人的送达可以具有法律效力地向律师送达。”②《保加利亚刑事诉讼法典》第24条中也存在类似规定，即自诉人无正当理由未出席法庭是刑事诉讼程序终止的法定事由，但如果其代理人出席法庭，也可继续进行审判。③ 我国《刑事诉讼法》第108条规定，在自诉案件中，自诉人及其法定代理人可以委托诉讼代理人代为参加诉讼。然而上述情况都不属于严格意义上对自诉人的缺席审判，由于诉讼代理人的出庭，庭审实际上仍然属于对席审判的范畴。

刑事诉讼中的辩护方由被告人及其辩护人组成，由于刑事诉讼通常围绕被告人的刑事责任问题展开，被告人作为刑事诉讼中最重要的

---

① 《韩国刑事诉讼法》，金玄卿译，载《世界各国刑事诉讼法》编辑委员会编：《世界各国刑事诉讼法》（亚洲卷），中国检察出版社2016年版，第230—276页。后文有关《韩国刑事诉讼法》条文，如无特别注明，均引自同一法典。

② 《德国刑事诉讼法》，岳礼玲、林静译，载《世界各国刑事诉讼法》编辑委员会编：《世界各国刑事诉讼法》（欧洲卷·上），中国检察出版社2016年版，第240—329页。后文有关《德国刑事诉讼法》条文，如无特别注明，均引自同一法典。

③ 《保加利亚刑事诉讼法典》，栗峥、罗宇、孙天瞳译，载《世界各国刑事诉讼法》编辑委员会编：《世界各国刑事诉讼法》（欧洲卷·上），中国检察出版社2016年版，第84—140页。后文有关《保加利亚刑事诉讼法典》条文，如无特别注明，均引自同一法典。

诉讼主体，一般不得缺席。但在司法实践中，被告人缺席的情形时有发生，或者因其主观故意逃避、抗拒出席庭审，或者因客观原因如严重疾病、无行为能力导致其无法出席庭审，这些情形都会阻碍对席审判进程。设置刑事缺席审判制度的目的，就在于解决此类困境。世界主要国家刑事缺席审判制度主要针对被告人缺席进行设置，我国《刑事诉讼法》确立的缺席审判制度同样适用于被告人缺席的情形。刑事诉讼核心任务围绕被告人刑事责任展开，因而被告人缺席成为刑事缺席审判最主要的适用情形。

二、形式缺席的缺席审判与实质缺席的缺席审判

形式缺席，是指被告人在开庭审理之日未出席庭审。形式缺席中的“缺席”与“出席”相对应，判定标准在于被告人是否到庭参与了庭审，到庭即为“出席”，不到庭即为“缺席”。但需要对远程视频庭审的情形予以特别说明，在此情形下，被告人本人虽然没有在庭审现场出席，但其通过视频技术能够全程即时地参与庭审过程，故不应将其纳入缺席审判的范畴。

实质缺席，是指被告人本人在开庭之日到庭参加审判但不为陈述、辩论的情形，在此情形中，被告人尽管在形式上参与了庭审，但这种参与不具有实质意义，因为他们无法通过积极的行为对法官的裁判发挥任何影响，“参与”没有产生任何效果。① 此时从庭审进程以及实际效果而言，被告人相当于未出席庭审。

域外立法大多将刑事缺席审判的标准限定为形式缺席，鲜有对实质缺席情形进行特殊规定的立法，其原因在于：从被告人权利保障的角度来看，被告人到庭后是否行使权利是其自由意志的体现，而法院要做到的是保障被告人权利行使的自由，即排除被告人行使诉讼权利

---

① 参见陈瑞华：《刑事审判原理论》（第二版），北京大学出版社2003年版，第57页。

时可能受到的妨害和阻碍，但在此基础上，被告人是否行使权利是其自由意志的范畴。自由是权利的一项基本属性，它意味着权利既可以被行使，也可以被放弃，否则便不能称之为权利。被告人作为刑事诉讼的主体，在庭审中对案件事实认定及法律适用享有自我辩护、举证质证以及最后陈述等权利，而被告人也享有处分这些权利的自由。因此，多数域外立法以形式缺席为刑事缺席审判的标准。

我国2018年《刑事诉讼法》确立的刑事缺席审判制度采取的是形式缺席标准。该法第291条、第296条、第297条规定的三种缺席审判适用情形分别为被告人在境外、被告人患有严重疾病以及被告人死亡，均表现为被告人本人无法出现于法庭审判之中。

三、作为审判程序的缺席审判与作为保全程序的缺席审判

该分类是依据缺席审判制度功能所做的类别划分。作为审判程序的缺席审判是为解决缺席被告人的刑事责任问题而设置的，在该程序中，法院作出的判决与其在普通程序中所作出的判决具有同等效力，皆由国家强制力保障实施，可以在被告人到案后予以执行。

作为保全程序的缺席审判是为保证被告人日后到庭时顺利开启对席审判程序而设置的，其主要功能并非解决被告人刑事责任认定。该种情形的缺席审判分为两种情况：一是不作出判决，缺席审理的进行是为被告人到庭时的对席审判保全证据。例如，《德国刑事诉讼法》第285条第1款规定："对缺席人不进行法庭审理。对缺席人启动的程序，其任务是为缺席人以后到案的情况保全证据。"二是虽然作出判决，但判决不具备实际执行的效力，仅作为签发逮捕令的依据，且在被告人到案时，法庭将自动进行重新审理，即不会依据该判决对被告人执行刑罚，判决仅具备形式意义。例如，依照《法国刑事诉讼法典》第379-3条、第379-4条、第379-5条之规定，重罪法庭对缺席被告人判处无缓期自由刑时，法庭对被告人签发逮捕令，但如此前

已经签发则无须另行签发逮捕令。此外，重罪法庭缺席审判中被判刑的被告人自行投案或在其被判处刑罚未因时效灭失时到案的，重罪法庭判决的所有处分视为不曾作出，法庭按照普通程序对该被告人的案件进行重新审查。①

我国《刑事诉讼法》规定的适用缺席审判的三种情形皆是作为审判程序的缺席审判，依据第 295 条之规定，针对贪污贿赂犯罪、危害国家安全犯罪和恐怖活动犯罪适用缺席审判程序被判决有罪的罪犯在判决、裁定发生法律效力后到案的，人民法院应当将罪犯交付执行刑罚，但被告人可在交付执行刑罚前对缺席判决、裁定提出异议。但《刑事诉讼法》并未对第 296 条规定的被告人患有严重疾病、第 297 条规定的被告人死亡情形的缺席判决效力作出特殊规定，即该两种情形的缺席判决与普通程序的判决具有同等执行效力。

四、程序制裁型缺席审判与程序便利型缺席审判

该分类是以被告人出席法庭权利属性、义务属性或者权利义务属性标准为基础对缺席审判作出的进一步分类。程序制裁型缺席审判的制度逻辑建立在对被告人不履行出庭义务的否定性评价上，进而剥夺或者限制缺席被告人的一部分诉讼权利以示制裁。② 被告人违反出庭义务导致缺席审判这一程序制裁的后果，因此程序制裁型缺席审判直接对应被告人违反出庭义务的情形。而程序便利型缺席审判则对应权利放弃和义务免除两种情形。与程序制裁型不同的是，在义务免除的视角下，缺席审判的适用是法院主动对被告人出庭义务的免除，或是被告人向法院申请免除其出庭义务；在权利放弃的视角下，缺席审判

---

① 参见［法］贝尔纳·布洛克：《法国刑事诉讼法》，罗结珍译，中国政法大学出版社 2009 年版，第 527 页。

② 参见鲍文强：《权利与义务视阈下刑事缺席审判程序的理论展开》，载《法学杂志》2019 年第 8 期。

的适用是被告人在法院免除其出庭义务的前提下放弃出庭权。但总体来说，程序便利型缺席审判是法院与被告人就缺席事项达成合意的结果。对法院而言，被告人的缺席不会影响裁判的公正性，且有利于节约司法资源，提高诉讼效率；对被告人而言，则有利于减轻其讼累，节约其时间和经济成本。

我国《刑事诉讼法》第296条之规定即程序便利型缺席审判。被告人患有严重疾病导致其无法出庭，且中止审理6个月后仍然无法出庭，这就使案件可能长期处于悬而未决的状态，不仅造成了司法资源的浪费，不利于确保诉讼的及时性，也使被告人及其近亲属长期承受刑事诉讼的巨大压力。在此情形下适用程序便利型缺席审判，有利于解决被告人和法院面临的上述问题，及时终结刑事诉讼程序。

除了以上基础分类外，还可依据其他标准对刑事缺席审判制度进行类别划分。以刑事被告人缺席审判的原因为标准，可以将刑事缺席审判划分为不同因由的缺席审判。一般而言，刑事被告人缺席法庭审判的原因包括死亡、外逃、下落不明、因扰乱法庭秩序而被驱逐出法庭、因身体原因无法承受法庭审判、为了保护被告人身份不被暴露、轻罪案件被告人选择不到庭等。刑事缺席审判适用的情形和范围取决于一国法律传统和法律的具体规定。以适用的案件类别为标准，可以将刑事缺席审判划分为轻罪案件的缺席审判和重罪案件的缺席审判。有些国家刑事缺席审判只适用于轻罪案件，重罪案件涉及利益关系重大，因而不适用缺席审判程序。有些国家刑事缺席审判不仅适用于轻罪案件，也适用于重罪案件。以刑事被告人主观意愿为标准，可以将刑事缺席审判划分为自愿的缺席审判和非自愿的或者是否自愿不明的缺席审判。自愿的缺席审判是指刑事被告人自主选择不出席法庭，例如犯罪后逃匿、经依法传唤无正当理由拒不到庭、轻罪被告人申请或同意不出庭等。非自愿的或者是否自愿不明的缺席审判是指被告人因为意志以外的原因不能出席法庭，或者无法判明被告人意愿的被告人不出庭，例如被告人因扰乱法庭秩序而被驱逐出法庭、被告人因健康原因无法出席法庭、被告人死亡等。与此分类相关，有学者以刑事诉讼多方主体为视角，将刑事缺席审判划分为合意之下的缺席审判和非合意之下的缺席审判。合意之下的缺席审判是指缺席审判是被告人与相关诉讼主体协商的结果，或者经征询被告人意见的结果，例如轻罪案件被告人依法选择不到庭等。非合意下的缺席审判是指因被告人个人意愿或自身客观情况不出席法庭审判，例如被告人死亡、逃匿、因扰乱法庭秩序被驱逐出法庭、因自身身体状况无法出席法庭。[①] 以刑事被告人是否到案为标准，[②] 可以将刑事缺席审判划分为到案的缺席审判和未到案的缺席审判。到案的缺席审判是指被告人到案但不出席法庭审判，例如被告人因在法庭审理中扰乱法庭秩序而被驱逐出法庭、被告人因患病无法出席法庭、被告人拒绝出席法庭等。未到案的缺席审判是指被告人未到案，也就未能出席法庭审判，例如被告人逃匿下落不明，或者虽然知道被告人下落，但其处于别国境内，未在一国司法机关控制之下；被告人死亡等。就刑事缺席审判制度做类型化研究有助于揭示不同类型缺席审判程序的特点、运作规律，分析不同制度类型的优缺点，以完善立法，便利司法实践。

---

① 初殿清、王晋彦：《认罪认罚从宽制度视角下刑事缺席审判探析》，载《人民法治》2018 年第 3 期。

② 刑事案件犯罪嫌疑人、被告人到案是指刑事诉讼中犯罪嫌疑人、被告人是明确的，并且处于侦查机关或司法机关的控制之下。

第三节　刑事缺席审判的历史发展

一、缺席审判制度的起源

（一）古雅典时期的缺席审判制度

缺席审判制度的起源最早可追溯到古雅典时期。雅典的诉讼程序分为两个阶段——审查与裁判，原告向法庭提出控告时，案件即进入审查阶段，由法庭确定开庭时间。但是，传唤被告人出庭由原告负责，如果被告人无故不出庭，即作出缺席审判。① 被告人不出庭的理由是否成立由陪审团认定，如果陪审团认定当事人不出庭的理由令人无法接受，或当事人未对不能到庭的理由做出任何陈述，陪审团将对不出庭的当事人作出败诉（有罪）的判决。令人惊讶的是，早在古雅典时期，就已经出现了针对缺席判决的特殊救济程序：被告人在上述判决作出之日起两个月内有权向原审法院请求再次开庭审理，如法院没有在案件审理期间及时传唤被告人，或者被告人不出庭具有正当理由，缺席判决即被视为无效并由原审法院启动新的诉讼程序。此外，在公众仲裁员作出的裁决中，如果案件当事人已经申请诉讼延期，法院却在其缺席时作出缺席判决，双方当事人将可以在判决作出之日起 10 日内向管辖该案的地方法官申请重新启动仲裁程序。②

古雅典时期的缺席判决制度，尤其是其特殊救济程序，对后世产生了深远的影响。时至今日，在缺席审判制度的立法中，被告人具备不出庭的正当理由以及法院未履行及时告知的义务仍然是其否定缺席审判和寻求救济的一项重要条件。

---

① 参见皮继增主编：《外国法制史教程》，中国政法大学出版社 1992 年版，第 52 页。

② 参见陈刚：《民事诉讼法制的现代化》，中国检察出版社 2003 年版，第 258 页。

（二）古罗马时期的缺席审判制度

由于商品经济的飞速发展，古罗马时代的民法远比刑法发达，而刑事诉讼的程序规定也承袭和附属于民事诉讼。进入古罗马时期后，诉讼制度在1000余年的时间内历经三个阶段的变化：法定诉讼时期、程式诉讼时期和非常诉讼时期。这三种程序的新旧代替是相互重叠、递进发展而来的。其发展变化与罗马国家制度的演变是相适应的，由不完备到比较完备，反映了罗马法律制度由共和国进入帝国时期的全部发展过程。[①] 缺席审判制度在不同时期的罗马法律制度中也存在不同的特点。

1. 法定诉讼时期的缺席审判

法定诉讼是指原告必须根据法律规定的诉权起诉，当事人在诉讼中必须使用法定的言辞和动作，稍有出入，即致败诉。[②] 在法定诉讼时期，传讯被告人的事务由原告完成："传唤程序，视同私事，即不应传唤，亦不受何等之制裁，原告以腕力引致被告于法庭，在所不禁。"[③] 依据《十二铜表法》第1表的规定，被告人被传讯出庭却不到庭时，原告可在证人的见证下证实其传票，然后将被告人强制押送；如被告人拒不到案或企图回避，则原告可以将其拘捕；如被告人因病或年老导致其出庭存在困难，原告可为其提供畜力车，在原告自愿的前提下，也可为被告提供篷车。[④] 但是，罗马人视住所为神圣不可侵犯之地，如果外人未经同意闯入他人住宅，则将构成侵犯住宅罪。例如，当事人请求未出庭的证人出庭时，也只能于三日之内在证人住所的大门外大声吁请，同样，原告也不得越过被告人住所的门槛强制被告人到庭。为防止被告人在住所藏匿和逃避庭审，大法官允许原告暂

① 刘秀明：《民事缺席审判制度研究》，中国人民公安大学出版社2010年版，第60页。

② 周枏：《罗马法原论》（下册），商务印书馆2014年版，第940页。

③ 黄右昌：《罗马法与现代》，中国方正出版社2006年版，第328页。

④ 参见《十二铜表法》，法律出版社2000年版，第3—5页。

时占有被告人的财产，以此强制被告人到庭。[①] 被告人如欲免受原告的传唤，则需要由保证人担保其随传随到。《十二铜表法》对于为被告人提供按时出庭保证的保证人也存在一定的要求：如被告人是拥有一定财产的自有产业者，则其保证人也应当是与其财力相当的人；如被告人是无产业公民，则任何人均可自愿担任其保证人。

在法定诉讼和程式诉讼时期，民事诉讼案件需经过法律审理和事实审理两个阶段。法律审理类似于正式审理前的审查程序，在法律审理中，如果原告缺席即被视为撤诉，如果被告缺席或不加抗辩，法官即认为原告主张的权利正当，允许其自行执行。如原被告均到庭且均依法陈述了意见，法官即令双方选定承审员加以任命，双方当事人需要在任命承审员的第三日到庭听候公开审理，案件进入事实审理阶段。在事实审理中，按照《十二铜表法》第 1 表第 8 条规定："到了午后，（长官）则对（出庭受讯时）出席一方的要求予以批准。"[②] 即判定缺席一方败诉。

古罗马法定诉讼时期的法律审理虽然不是真正意义上的审理程序，但在一方缺席时实际产生了事实审判决的效果。就此而言，法定诉讼时期与古雅典时期的缺席审判具有相同的特点，即缺席情形发生时，法官将不经审理直接认定缺席者败诉。

2. 程式诉讼时期的缺席审判

程式诉讼是指诉讼当事人的陈述经过大法官审查认可后作成程式书状，交由承审员等根据程式所载争点和指示而为审判的程序。程式诉讼产生于公元前二、三世纪之间，至公元 294 年被命令废止。[③] 程式诉讼时期关于传唤的规定基本与法定诉讼时期相同，传唤事务仍然由原告负责。但相较于法定诉讼时期，对拒绝出庭且拒不提供担保人的

---

① 参见周枏：《罗马法原论》（下册），商务印书馆 2014 年版，第 948 页。

② 参见《十二铜表法》，法律出版社 2000 年版，第 5 页。

③ 周枏：《罗马法原论》（下册），商务印书馆 2014 年版，第 962 页。

被告，除可由原告武力扭送外，也可由法官判处被告人罚金。在被告人匿于住所或对传唤置之不理时，原告可以请求法官作出“占有裁定”，即允许其占有被告的财产并在必要时进行拍卖。原告与被告也可订立“出庭保证”，口头约定出庭日期。

程式诉讼时期的法律审理中出现了诉讼代理人这一角色，诉讼代理人可代理当事人到庭参与审理，并逐步发展为律师制度。在法律审理中，被告人不到庭的，原告可对其进行扭送。后来，裁判官禁止原告自动扭送被告，但被告不应原告之请求到场者，常常处以罚金，或扣押其财产，或出卖之，作为有效的传唤方法。① 至于其他被告人不到庭之法律后果，与法定诉讼时期的规定并无差别。

在事实审理中，当事人需在庭审之日出庭或委托诉讼代理人出庭，如不能出庭，应派人向法庭陈述理由。如原被告均未出庭，法庭可另行选择日期进行审判，但是原告未在事前或开庭时陈述缺席理由的，承审员将宣告被告获得解除，庭审程序也宣告结束。如原告在庭审之日派人提出正当理由要求改期，被告则可由他人代表出庭。如被告在庭审之日无故缺席，承审员可在原告进行诉讼程序后作出缺席判决，以示对被告缺席行为的惩戒，但这一判决需承审员等待至当天固定时间后方可作出，且在判决作出前须派人告知缺席当事人立即到庭。②

程式诉讼时期也出现了针对缺席审判的特殊救济程序，即当事人可以请求大法官对案件“恢复原状”，由大法官发出撤销该法律行为、视该行为自始从未成立并恢复原来状态的命令。按照大法官发布的谕令规定，对缺席判决的案件恢复原状，需要当事人证明其缺席具有正当理由，是“可原谅的缺席”。例如，因公远出、作战被俘、被债权人拘押、因不可抗力等延误时间导致其被判决败诉。在此基础上，案

---

① 刘秀明、廖中洪：《民事缺席判决制度溯源——古罗马时期缺席判决制度考》，载《人大法律评论》2010 年第 1 期。

② 参见丘汉平：《罗马法》，中国方正出版社 2004 年版，第 409 页。

件还需要符合其他申请回复原状的条件：须受重大而显失公平的损害，须损害和申请撤销的行为之间有因果关系，须法律上无其他有效的救济办法，须在法定期间内申请，须法律没有禁止撤销该行为。①

相较于法定诉讼时期，古罗马程式诉讼时期的缺席审判制度存在着一定的进步：在传唤程序上，不再以武力扭送为唯一途径，代之以相对温和的财产罚没等手段；在法庭审理中，允许委托代理人代替当事人出庭，也在一定程度上减轻了当事人的诉讼负担，提高了诉讼成立的成功率，使更多案件能够在事实审理中得到实际解决；在事实审理中，则严格了缺席审判的适用条件，增加了庭审当日通知当事人的程序，更有利于保障其参与庭审；在救济程序上，由于上诉制度在程式诉讼时期尚未得到确认，缺席判决的当事人只能通过回复原状的程序进行救济，“然此制之设，附有一定要件并应具备理由，固非妄可请求也”。② 缺席当事人能否得到救济，在其具有正当原因的条件下，还需要结合实体判决结果的公正性和因果关系进行判断，这种条件的设置实际上不利于保障当事人的诉讼权利。但以从无到有的历史发展角度来看，回复原状程序的出现仍然具有进步意义。

3. 非常诉讼时期的缺席审判

伴随帝政的实施，国家权力开始集中于皇帝之手，行政和司法上的纠纷不再被交由承审员审理。这一时期，案件的审理自始至终由国家的官吏进行，且不再遵从原来“诉讼程序”分法律审理和事实审理的办法，完全摆脱私力救济而进入公力救济，因此被称为非常程序时期。③ 非常程序时期传唤制度的发展分为三个阶段：第一阶段是帝政前期，即公元前27年的帝政建立到公元284年帝国分裂；④ 第二阶段

---

① 周枏：《罗马法原论》（下册），商务印书馆2014年版，第998—999页。

② 丘汉平：《罗马法》，中国方正出版社2004年版，第409页。

③ 参见周枏：《罗马法原论》（下册），商务印书馆2014年版，第1002页。

④ 麻昌华：《罗马法上的侵权行为法》，载吴汉东主编：《私法研究》第3卷，中国政法大学出版社2003年版，第206页。

是帝政后期，即公元 284 年戴克里先夺取政权至公元 527 年查士丁尼一世执政；第三阶段即查士丁尼一世在位时期。

帝政前期的传唤方式分为口头传唤、公文传唤和公示送达，三种方式以被告在法院辖区内有无住所为标准适用：如被告在法院辖区内有住所，法官即采用口头传唤的方式通知被告出庭应诉；如被告在受理案件之法院辖区内无住所，法院即采用公文传唤的方式，将传唤文书授予原告，由原告呈交被告住所地法院请求其代为传唤被告，受托法院在文书上批明“代传唤”字样并交原告带回受案法院；如被告住所无法确定，法院则采用公示送达，由庭丁在公开场合当众朗读传票内容，并将其张贴于公共场所，以代传达。① 在这一时期，原告的缺席将直接导致其起诉被驳回，被告的缺席则需要进一步区分：如被告因未接到通知而缺席，则法官谕令原告占有被告的财产；如被告在接到通知情况下拒绝出庭，法官将再次对其进行传唤，而被告再次拒绝将导致被缺席判决的后果。但此时的缺席判决需要建立在对案件进行审查的基础之上，如法官在审查后认为原告请求不能成立的，也可以开释被告。

至帝政后期，君士坦丁一世为解决原告私传被告存在的弊端，于公元 322 年下令全面禁止私传，由法院对被告进行通知。原被告双方需要在送达后 4 日内出庭，原告缺席则驳回其诉求，被告缺席则原告可要求法院作出缺席判决。

至查士丁尼一世时期，传唤事务全权由法院办理，传唤制度也得到了进一步的改良：原告在起诉时应首先将诉讼请求与事实依据做成诉状呈送有管辖权的法院，为保证案件能够在两个月内提交法官进行审理，原告需要和书记官在诉状上签字并提供保证人，如逾期则应加倍偿还被告因审判延迟而产生的费用。法官收到诉状后，首先审查原

① 参见周枏：《罗马法原论》（下册），商务印书馆 2014 年版，第 1007 页。

告的请求是否违反道德和法律，然后令执达员向被告送达。被告收到诉状后，应于10日内（后改为20日内）向法院提交答辩状。开庭之日，如原告无故缺席，法院即驳回起诉并可判决原告赔偿被告因诉讼造成的损失。后为便利被告，法律规定被告可以请求法官传唤原告到庭，原告拒绝到庭时也可被缺席判决。如被告无故缺席，则再次进行传唤，再次传唤以3次为限，每次至少间隔30日，自起诉经过一年后即作缺席判决。[①] 但被告已经到庭陈述理由而于“讼争时期”成立后不到庭时，法院应在3年期间届满前6个月内宣示缺席判决。[②] 与前文所述的两种时期相比，非常诉讼时期的缺席判决需要在一方辩论的基础上进行，而非直接判决缺席者败诉。但缺席一方不得对判决提起上诉。

非常诉讼时期的缺席审判制度在传唤程序与审判程序上都有了较大的进步。该时期的传唤制度完成了私人事务向公共事务的转变，并对传唤方式进行了优化，不仅提高了传唤的效率和成功率，也在一定程度上减轻了当事人的诉讼负担，使诉讼程序得以更加顺畅进行。缺席判决制度上，在法定诉讼与程式诉讼时期，缺席判决的惩罚性体现在直接导致缺席当事人败诉，惩罚的是缺席当事人的实体性权利。非常诉讼时期的缺席审判不再具有这一特性，而是以“缺席者不得上诉”限制了当事人的程序性权利，裁判者也不再仅因被告人缺席便对其作出败诉判决，而是基于案情和一方辩论进行综合考量。这也反映出缺席审判制度发展过程中的一个重要特点，即制度本身的惩罚性逐渐减弱。

二、缺席审判制度的发展

早期的缺席审判以当事人承担诉讼义务之原则为理论基础，后来

① 参见周枏：《罗马法原论》（下册），商务印书馆2014年版，第1008页。

② 参见陈朝璧：《罗马法原理》，法律出版社2006年版，第578页。

权利观念被引入民事诉讼领域，当事人出庭的权利属性逐渐受到重视，而不再仅仅被强调为一种义务。民事诉讼所解决的法律问题具有明显的私法性质，民事案件的原告与被告双方对民事实体问题和民事诉权等程序性权利可以自由处分，明知不出席法庭可能会带来不利后果而仍然选择不出席法庭，被视为当事人行使权利的表现，因而法律一般对民事缺席审判具有容许性。特别是资产阶级革命后，封建的君权神话被打破，公民在国家中的主体地位被认可和确立，由此实现了“君主主权”向“公民主权”的转变。① 随着资产阶级革命胜利，资本主义制度取代封建制度。在反封建过程中形成的法治原则、人权保障等理论为法律制度所确立，公民个人权利保护越来越受到重视。在此基础上，各国民事关于缺席审判的立法突出表现为一（单）方辩论主义与缺席判决主义的区分。缺席判决主义是在当事人缺席时，法院即可直接根据缺席的事实对缺席当事人作出全面不利判决而终结诉讼；传统意义上的缺席判决主义还包括异议制度，即缺席方可以在一定期间内提出异议申请，使诉讼恢复到缺席之前的状态。一方辩论主义，即在一方当事人未出席庭审时，法院根据到庭一方当事人的辩论以及包括缺席当事人提供的所有在案证据认定案件事实并作出判决。② 异议制度的完善和一方辩论主义的出现，使得诉讼中“缺席—惩罚”的单向度模式被扭转，缺席审判中缺席人不一定非要承担不利后果，是否出席法庭被视为其行使诉讼选择权利和处分权利的一种体现，并非绝对的诉讼义务。

此后，大陆法系国家开始在立法上集中详细规定缺席审判制度。例如，1806 年法国《民事诉讼法》规定，被告缺席时，如果法院认为原告的请求所依据的事实能够被认定，便以宣告被告败诉的结果作出

---

① 邓思清：《刑事缺席审判制度研究》，载《法学研究》2007 年第 3 期。

② 参见杨剑：《缺席审判的基本法理与制度探索》，厦门大学出版社 2016 年版，第 143 页。

缺席判决。对此，被告事后可以提出不附具条件的异议，从而使缺席判决归于无效。日本1926年修改的《民事诉讼法》第158条规定，原告或被告在最初应进行口头辩论的日期不出庭，或者虽出庭但不为本案的辩论时，法院可以将其所提出的诉状或答辩状或者其他的准备书状所记载的事项，视为其做出的陈述，命令出庭的对方当事人进行辩论。① 英美法系国家也在遵循判例法传统前提下设置缺席审判制度。诉讼中，当事人一方即使不出席法庭，也不意味着其当然败诉，而是由法官根据事实和法律作出裁决。“从传统缺席判决制度将缺席判决视作对缺席方的一种惩罚，到缺席判决主义下侧重对缺席一方合法权利的保护，再到一方辩论主义对程序效率和程序安定性的关注，这里体现了从国家权力至上到个人权利优先，最后到国家权力与个人权利并重的政治理念变迁。”②

早期的缺席审判主要适用于民事诉讼领域。因刑事诉讼涉及公民生命权、自由权、财产权等基本权利的剥夺，在控诉、辩护、审判三方职能架构中，要求被告人在场的前提下，才能展开刑事审判并作出裁决。“在刑事诉讼程序中，鉴于刑事诉讼是国家行使刑罚权的活动，在理论上一般认为当事人不能自由处分自己的权利，同时也为了切实保障被告人的诉讼权益，故一般都规定了被告人的在场权和参与原则、直接言词辩护原则，而不适用缺席审判。”③ 刑事诉讼中特别强调被告人必须出庭，“一方面，当事人尤其是被告人的出庭参与审判，有助于法院开展证据调查，进行陈述和辩论，从而查明案件真相以达到惩罚犯罪、保障无辜的目的。另一方面，经由控辩审三方当庭的诉讼活动，

---

① ［日］中村英郎：《新民事诉讼法讲义》，陈刚、林剑锋等译，法律出版社2001年版，第194页。

② 章武生、吴泽勇：《论我国缺席判决制度的改革》，载《政治与法律》2002年第5期。

③ 夏锦文、邱飞：《论我国刑事缺席审判制度的构建——以〈联合国反腐败公约〉资产追回机制为切入点》，载《南京师大学报（社会科学版）》2006年第6期。

有助于彰显国家审判权力的公正与权威，尤其是通过对被告人的定罪量刑发挥刑事诉讼的教育警戒功能。这种积极的‘剧场’效应，在当事人缺席的审判中是无法有效实现的”①。

正是由于缺席审判制度内容与刑事诉讼程序所追求的价值之间存在一定的冲突和矛盾，20 世纪早期各国普遍以追求诉讼公正为主要价值目标的刑事诉讼立法并未对缺席审判予以重视，遇有被告人因逃避等原因缺席法庭时，通行的做法是暂时中止诉讼程序，待被告人归案后再行恢复审判程序。随着法律制度的发展，出庭为当事人的诉讼权利的观点在刑事诉讼中也逐渐被接受。法学界认为，出席法庭、接受审判，不仅仅是当事人的诉讼义务，也是其享有的权利，对缺席审判制度性质的认识开始发生变化。尤其是到了 20 世纪中后期，随着罪案的增多，诉讼效率的重要性日益显现，这就促使许多国家对刑事缺席审判制度的诉讼价值有了新的认识，在程序公正与诉讼效率之间，有时会偏向诉讼效率。为了追求诉讼效率，保证国家刑罚权的及时实现，减少或避免出现因刑事被告人不到庭而无法审判的情况，许多国家在强调出庭审判的同时，在各自的刑事诉讼法中确立了缺席审判制度，将其作为出庭审判制度的必要补充。② 缺席审判开始在各国刑事诉讼法中确立。

三、刑事缺席审判制度的普遍确立

伴随着缺席审判制度在民事诉讼领域的发展，刑事缺席审判制度的立法和研究也逐步进入人们的视野。当今世界各国，有关缺席审判制度的理论探索和司法实践进一步深化，缺席审判制度已经具备了普遍性。刑事缺席审判制度在各国确立的过程中，逐步体现出以下几种趋势。

---

① 李秀娟：《〈联合国反腐败公约〉与我国刑事诉讼比较研究》，中国政法大学 2006 年博士论文。

② 邓思清：《刑事缺席审判制度研究》，载《法学研究》2007 年第 3 期。

（一）多数国家确立了刑事缺席审判制度

除极少数国家外，多数国家在法律条文中明确规定了刑事缺席审判制度，具体内容涉及缺席审判适用案件范围、适用条件、审判程序、程序回转以及救济程序等方面，且仍在根据各国司法实践中的实际需要不断发展和完善。例如，在适用案件范围方面，对仅判处罚金刑等的轻微刑事案件适用缺席审判，为多数国家在刑事领域初步确立缺席审判制度时达成的共识。此类案件由于不涉及被告人的人身权利，案情复杂度通常较低，财产权利具有可回溯性且被告人出庭意愿较弱的特点，在确立了刑事缺席审判制度的各国立法中被较多适用。此后，这一范围又逐步被扩大到较轻自由刑的案件。在司法实践中逐步产生了对重罪案件进行缺席审判的需要后，部分国家将一方判决主义与异议制度结合，出现了对重罪案件进行缺席审判的立法。

与之伴随而来的是，刑事缺席审判程序在适用条件方面也同样发生了变化，逐步由被告人明示自愿扩展到包含非自愿情形。刑事缺席审判制度设立之初，各国大多以被告人明示自愿作为缺席审判程序启动的必要条件。无论是被告人主动放弃出庭权利，还是其申请在法院的准许下解除其出庭义务，都是在被告人自愿的基础上进行的，因而该情形能够解决缺席审判正当性的问题。然而刑事司法实践的现实需要对缺席审判制度的适用提出了更多的要求，各国缺席审判立法中也逐步出现了被告人默示自愿及非自愿的适用情形。相较于明示自愿可适用于轻自由刑以下刑罚的案件，默示自愿的缺席审判一般适用于判处罚金刑的刑事案件。法院在向被告人送达传票时，会告知其不出席法庭可能遭到缺席审判的法律后果，此时被告人不出庭的，即视为对缺席审判程序适用的默示自愿。但被告人未收到传票及其他有法定正当理由未出庭的情形，也可以作为其提出异议的依据。非自愿情形则主要适用于重罪案件的缺席审判。近年来，被告人通过逃匿、隐藏的方式逃避刑事审判的情形逐渐增多，尤其是在跨国犯罪日益猖獗的情况下，出逃境外成为犯罪分子企图逃脱刑事制裁的主要途径之一。犯罪分子利用法律对其个人权利的保护恶意拖延刑事诉讼程序，这种意图显然不为法律所提倡和允许。因此，一些国家在为被告人到案后提供充足权利保护的基础之上，有条件地放开了对该情形适用缺席审判程序。

（二）缺席审判制度逐步扩展至所有诉讼领域

缺席审判制度起源于民事诉讼制度，并向行政诉讼领域和刑事诉讼领域延伸，成为一项具有普遍性的诉讼制度。在刑事诉讼领域确立了缺席审判制度的国家，往往在民事诉讼和行政诉讼领域早已存在这一制度。这是由于在程序适用方面，相较于刑事诉讼而言，缺席审判在民事诉讼和行政诉讼领域的适用范围更为广泛，适用条件也较为宽松，而在刑事诉讼领域对适用范围和适用条件的限制通常更加严格。在救济程序方面，刑事缺席审判的救济程序也更为完善，对被告人的权利保护程度更高。

（三）缺席审判制度逐步被国际公约及国际法判例所承认

第二次世界大战后，联合国制定的一系列国际公约以及一些区域性公约虽然以公民权利保障为基点，突出诉讼程序公正价值，但在处理具体案件和纠纷的实践中并不排斥缺席审判做法。以国际刑事法院（International Criminal Court）为代表，该法院在《国际刑事法院罗马规约》（Rome Statute of the International Criminal Court）中对缺席审判进行了严格的适用限制，这种限制的初衷是保护被告人的人权，但由于被告人不到庭，法院往往无法开展审判活动或被迫将其延迟，陷入了效率低下的窘境。此后，黎巴嫩问题特别法庭（Special Tribunal for Lebanon）在《黎巴嫩特别法庭规约》（Statute of the Special Tribunal for Lebanon）中规定了三种对被告人适用缺席审判的情形，并规定了为被告人指定辩护律师以及被告人可以申请重审的内容。尽管该规约中关于缺席审判的内容在理论上始终存在一定争议，但就刑事缺席审判制度在国际刑事司法上的适用而言无疑是一种突破。缺席审判在刑事审判领域的独特制度价值被人们逐步认可，成为国际立法和司法判案的例外和补充，继而对各国刑事缺席审判制度的建立、完善和司法实践发挥指导作用。

小　结

刑事缺席审判与对席审判相对，为对席审判的例外和补充。缺席审判系刑事审判主体要素缺失引发的审判状态，对缺席内涵的理解差异决定了各国缺席审判内容不尽相同，对被告人出席法庭权利义务属性认知的不同侧重决定了各国刑事缺席审判制度的立法架构。作为刑事诉讼特别程序，缺席审判程序具有独立性、法定性和逐步由法律规定许可并不断补充完善的变动性，缺席审判本身不具有惩罚性和制裁性。刑事缺席审判类型划分有助于对制度特征的认识，其中以被告人出席法庭法律属性为标准进行的划分具有重要意义，权利型、义务型或权利义务型缺席审判制度定位决定着一国刑事缺席审判制度的基本内容。缺席审判制度的发展和演变，实际上始终是在程序公正与程序效率，当事人权利充分保护与判决安定性之间寻找平衡点。① 缺席审判是在诉讼发展历程中确立起来的制度，在历史演变过程中刑事缺席审判逐渐摆脱了民事缺席审判的既有定位，在刑事诉讼领域体现出独特的地位和作用。一个良好的趋势是，各国就刑事缺席审判制度定位及主要内容基本能够达成共识，且对制度适用采取审慎的态度，并根据各自国情持续进行制度完善。

---

① 章武生、吴泽勇：《论我国缺席判决制度的改革》，载《政治与法律》2002 年第 5 期。

第二章

价值论

一个国家是否设立以及如何规制刑事缺席审判制度，在一定程度上反映了该国的诉讼价值选择与权衡问题。刑事缺席审判制度的产生和发展并非建立在单一理论基础之上，而是多种理论共同作用的结果。建立在多重理论基础之上的刑事缺席审判制度体现出各异的价值取向，实现着不同的制度功能。对基础理论的选择以及价值功能的侧重点不同，决定了各国刑事缺席审判制度在内容和程序上的不同特色。

第一节　刑事缺席审判之容许性理论

一、诉讼效率

司法作为国家治理的一种手段和途径必然耗费相应的社会资源（包括人力、物力和财力），在特定历史时期，一国的投入是有限的，因而诉讼效率就成为司法制度设置和司法系统运作的一个重要考量因素。诉讼效率是指一个国家投入诉讼纠纷解决中的资源与案件处理数量的比例，当投入为一个常数时，处理的案件数量越多，诉讼效率越高；反之，则诉讼效率越低。刑事诉讼中由多个国家机关依法定程序分阶段追诉刑事犯罪，刑事案件对证据标准要求甚高，这些特性决定了相对于其他国家机关，司法机关的刑事诉讼活动具有资源高消耗属性。刑事诉讼的高效率意味着投入刑事诉讼领域的定量的社会资源应该解决尽可能多的刑事案件，具体表现为刑事诉讼程序快速并顺畅运转，诉讼成本降低，案件积压率维持在低水平，诉讼拖延尽量被避免。

诉讼效率的实质是在司法中以何种方式来分配和使用有限的社会资源。从经济学的角度看，资源配置体现为任何经济社会都要面临的三个基本经济问题。这三个基本问题是：第一，用有限的经济资源来生产什么产品或者劳务；第二，在决定生产某种产品或者劳务时，以什么样的技术方式来配置各种生产要素；第三，在生产出产品或者劳务之后，如何在社会成员之间进行分配。① 刑事诉讼活动同样面临着各类资源的投入、分配与产出，只不过与一般的物质生产过程不同，作为社会活动的刑事诉讼所产生的结果不仅仅是物质性的，即法律纠纷的解决除了对案内相关人员产生有形影响，涉及直接或间接的物质利益，还将发挥其相应的精神作用，带来其更为广泛和深远的社会效益。

庭审的意旨在于“定分止争”，庭审的具体功能包括事实查验功能、法理释明功能、冲突处置及其正当化功能。② 诉讼各要素齐全的刑事诉讼过程，其功能更易于实现，这一过程便可以被理解为是有效率的。诉讼要素缺失，诉讼进程阻断，刑事诉讼功能难以实现，刑事诉讼效率必然有所降低。以刑事被追诉人出庭为刑事诉讼必备要素的条件下，刑事犯罪嫌疑人、被告人因潜逃、死亡或者其他原因无法出席法庭参与审判，则涉嫌犯罪行为的性质便难以或无法得到确认，涉案财物便难以或无法得到处理，这就意味着被害人因犯罪行为遭受的损失得不到及时赔偿，被犯罪破坏的社会秩序便难以或无法得到恢复；法律纠纷所带来的社会冲突得不到解决，公众对司法机关的信任度会降低，法律的权威亦会有所减损，庭审的诸项功能难以实现。缺席审

① 万光侠：《效率与公平——法律价值的人学分析》，人民出版社2000年版，第9页。

② 龙宗智：《刑事庭审制度研究》，中国政法大学出版社2001年版，第19—22页。

判制度的设立，允许被告人不出席法庭，可以排除诉讼要素缺失带来的诉讼阻碍，满足对诉讼效率价值的追求。

诉讼效率具体体现为经济效益和社会效益价值。首先，从经济效益价值来看，缺席审判程序缩短了诉讼周期，减少了诉讼成本支出，提高了诉讼效率。按照普通对席审判程序处理案件，遇有刑事被告人不在案或者不出席法庭的情形，则刑事审判程序中止，诉讼周期延长且延长期限不能确定，案件无法及时终结，诉讼成本相应增加。缺席审判程序设立，刑事被告人即使不出席法庭，对犯罪事实清楚、证据确实充分的案件仍可以进行审理和判决，从而及时解决法律纠纷，提高案件办理效率，节约司法资源。其次，从社会效益价值看，在被告人缺席法庭的情形下，对其所犯罪行仍然能够及时追诉，一方面可以让案件当事人感受到法律溯及力和覆盖力的不可避免性和严明性，另一方面也可以提升公民对司法机关的信任和维护司法机关权威，强化公民对法律之信仰，进而扩大司法的社会效益。

诉讼效率是现代国家司法所认可的重要价值，也是司法公正价值的题中应有之义。富有效率的审判是司法公正蕴含的基本价值之一，迟到的正义为不正义。[①] 但是应当看到，刑事诉讼总是面临着资源投入的有限性与案件高发对资源高需求性之间的矛盾。合理配置司法资源，促进有限的司法资源产生尽可能大的经济效益和社会效益是完善司法制度、实现司法现代化的必由之路。刑事缺席审判制度是解决司法资源有限性与刑事案件数量多、司法任务繁重矛盾的有效途径之一。缺席审判可以克服因被告人缺席造成的诉讼周期延长、诉讼成本增加、诉讼效率降低等弊端，使得“刑事诉讼本身既是公正与效率的混合型

① 甄贞、杨静：《缺席审判程序解读、适用预期及完善建议》，载《法学杂志》2019 年第 4 期。

载体，同时又是实现公正与效率的一种综合性的途径和工具”①。在追求诉讼效率价值的同时体现出司法公正的理念。诉讼效率为刑事缺席审判制度提供了经济学理论基础。

二、实体公正

公平和正义是人类社会历来所追求的理想目标，是推动社会发展进步的强大动力。“正义是社会制度的首要价值，正像真理是思想体系的首要价值一样。一种理论，无论它多么精致和简洁，只要它不真实，就必须加以拒绝或修正；同样，某些法律和制度，不管它们如何有效率和有条理，只要它们不正义，就必须加以改造或废除。”② 但公正本身又像普罗透斯的脸，令人捉摸不定。“公正或正义的概念虽难以确定。但不难发现，对公正或正义的解释总是与法律密切相关。公正与法律有着本质的联系，无论是从法的词源的衍生还是从法学家们的论述，都说明了这一点。”③ 公正在法律领域，尤其是在诉讼中始终居于核心地位，诉讼公正是维护社会正义的最后一道屏障，是体现社会正义的窗口，是诉讼的灵魂和生命。刑事诉讼的公正价值包含实体公正和程序公正两个方面。实体公正既包括通过惩治犯罪实现社会正义，也包括对犯罪惩罚的公正性；程序公正是指追诉和惩罚犯罪过程本身符合特定的公正标准。刑事诉讼中的实体公正着眼于结果公正，即案件实体处理结局所体现的公正。“实体理性的本质就是把实体规范所确立的一般公正转化为对个人、个别案件的公正，即一般公正的个别化、具体化、实定化。”④

---

① 胡铭：《司法改革的焦点：公正与效率的平衡——兼论当代刑事诉讼的两大基本价值》，载《山东公安专科学校学报》2001 年第 4 期。

② ［美］约翰·罗尔斯：《正义论》，何怀宏等译，中国社会科学出版社 1988 年版，第 3 页。

③ 杜宝庆：《刑事实体公正》，法律出版社 2015 年版，第 46 页。

④ 李修源：《司法公正理念及其现代化》，人民法院出版社 2002 年版，第 60 页。

刑事诉讼活动是一项认识活动，这一认识活动的主要目标是通过证据寻得案件的真相，即追求实质上的公正。“法官的目标首先是找出真实情况，然后再根据法律进行公正审判。”① “在实体方面，把明确案件事实真相、准确地适用刑罚作为目的。刑罚权的实现，首先在内容上必须正当和公平，这是以正确认定事实（实体真实主义）和正确、公平地适用法令及量定刑罚为条件的。”② 事实真相的准确发现和定罪量刑的正确（法律适用）两个方面构成实体公正的两大基石。③刑事诉讼实体公正之实现，是一个在审查判断证据、查明案件事实基础上正确适用刑法、准确认定被告人刑事责任的过程。这一过程无法自动实现，需借助于一定的程序机制加以展开。要使犯罪受到惩罚，就要保证在刑事诉讼程序中准确、及时地查明犯罪事实，通过诉讼程序保证罪刑相适应，罚当其罪，保证无辜者不受追诉和惩罚。刑事诉讼程序通常按照对席审判原则进行设置，一旦相关程序性要素不足，例如犯罪嫌疑人、被告人不在案或者不出席法庭，则带来诉讼程序的中止或者终止，相应当事人刑事责任追究中断或者不再追究，刑事案件实体公正自然也无法实现。

因犯罪嫌疑人、被告人缺席导致刑事诉讼程序中断，犯罪人刑事责任追究处于不确定状态。在这种状态下，犯罪人未因其实施的犯罪行为而受到刑罚处罚，无辜的犯罪嫌疑人、被告人也会因其缺席不得开启审判程序，不能通过裁决及时解脱犯罪嫌疑，回归正常社会生活。两种情形都未能发挥刑事审判既要惩罚真凶又要保障无辜的功用，未能实现刑事诉讼的实体公正价值。犯罪行为是对被害人权益的直接侵害，因而被害人权利保护是实现刑事诉讼实体公正价值的一个重要方

① ［英］丹宁勋爵：《法律的正当程序》，李克强等译，法律出版社 1999 年版，第 65 页。

② ［日］团藤重光：《新刑事诉讼法纲要》，创文社 1984 年版，第 28—29 页。

③ 李奋飞：《程序合法性研究——以刑事诉讼法为范例》，法律出版社 2011 年版，第 61 页。

面。犯罪嫌疑人、被告人不在案或者不出席法庭情形下，法庭中止审理和裁决，被害人要求追究犯罪人刑事责任的要求就无法得到满足，难以实现对被害人的修复性正义。对于涉及财产利益的犯罪，无论其所涉为被害人个人财产还是公共财产，都会因犯罪人刑事责任追究过程的中断而延迟甚至难以得到法律保护。最为重要的是，刑事案件实体处理结果往往是人们首先关注的对象，因犯罪嫌疑人、被告人缺席导致实体公正难以达成，容易使社会公众对法律效力产生怀疑，最终损害的是法律的严肃性和权威性。从另一个角度分析，实体公正的实现取决于司法机关通过调查，掌握确实、充分的证据，准确查明案件事实。刑事诉讼过程就是控诉方和辩护方围绕证据进行的博弈，案件的事实真相就是在以证据为中心，控诉方和辩护方交锋对抗中逐渐显现的。如果被告人长期缺席法庭，导致案件诉讼过程拖延，随着时间推移，证人证言等言词证据可能因为证人等记忆减退而发生变化，物证、书证等实物证据也可能因保管不善或者自然变化等原因毁损、灭失，最终案件事实可能因为证据不足难以查清，造成实体公正无法实现。

有违法必有制裁，一部好的法律如果要在现实中得到实施，就必须建立专门的法律责任制度，以便使违反该制度规定的人受到相应的法律制裁，从而承受各种不利的法律后果。① 犯罪嫌疑人、被告人出席法庭有助于查明案件事实，并以此为基础由法院准确作出刑事裁决。但犯罪嫌疑人、被告人不出席法庭，不意味着案件事实就无法查清。建立缺席审判制度，对于一些事实清楚、证据确实充分的案件及时进行审理，可以使有罪的人受到应有的法律责任追究，无罪的人及时得以洗脱罪责，回归正常生活，进而有效维护社会的稳定与和谐。另外，在被告人缺席的情况下及时进行审判，可以防止因诉讼的迟延而使当

---

① 林肃娅、郭鹏：《构建我国刑事缺席审判制度的法理分析》，载《西南石油大学学报（社会科学版）》2011 年第 6 期。

事人、证人记忆模糊、证据消失，有利于审判人员集中精力处理案件，及时查明案件事实，保证实体公正的实现；可以保证法官对其审理的案件依其新鲜、准确的心证作出裁判，实现司法公正。①

有观点认为，犯罪嫌疑人、被告人不出席法庭，尤其在其逃匿、死亡情况下，刑罚失去了对象，根据刑法罪责自负原则，追究刑事责任已无实际意义。这里需要明确的是，追究犯罪人刑事责任与执行刑罚并非同一个问题。对犯罪人宣告罪名和刑罚表明对其犯罪行为性质的认定，实质是国家对其行为的否定性法律评价，本身就是刑事责任的一部分，具有宣示意义。刑罚执行则是对刑罚的实施，性质上属于法院法律裁决的落实。另外，对犯罪行为人刑事责任的认定和追究通常包括人身刑和财产刑，犯罪嫌疑人、被告人缺席可能带来人身性刑罚难以执行，但财产性刑罚仍具有可执行性。我国《刑事诉讼法》第2条规定："中华人民共和国刑事诉讼法的任务，是保证准确、及时地查明犯罪事实，正确应用法律，惩罚犯罪分子，保障无罪的人不受刑事追究，教育公民自觉遵守法律，积极同犯罪行为作斗争，维护社会主义法制，尊重和保障人权，保护公民的人身权利、财产权利、民主权利和其他权利，保障社会主义建设事业的顺利进行。"缺席审判程序能够满足准确、及时地查明犯罪事实，惩罚犯罪分子，保障无罪的人不受追究的任务要求，实现刑事诉讼的实体公正价值。

三、刑罚功能

犯罪与刑罚是刑法学两个最基础的概念，犯罪与刑罚的关系构成刑法的核心内容。犯罪与刑罚之间表现为一种前瞻后顾的辩证关系。已经发生的犯罪与刑罚之间是决定与被决定的后顾关系，表现为刑自罪生和刑当其罪，即犯罪是原因，刑罚是结果，无犯罪即无刑罚，罪

① 邓思清：《刑事缺席审判制度研究》，载《法学研究》2007年第3期。

重刑罚亦重，罪轻刑罚亦轻，罪与刑相适应。罪刑的后顾关系主要产生于报应的需要。[①] 刑罚因为犯罪而产生，并为了制止再次发生犯罪而存在和发展。

“犯罪与刑罚之间的时间隔得越短，在人们心中，犯罪与刑罚这两个概念的联系就越突出、越持续，因而，人们就很自然地把犯罪看作起因，把刑罚看作不可缺少的必然结果。”[②] 贝卡里亚的这段论述集中揭示了刑罚的功能。传统刑罚功能理论包括报应刑理论和目的刑理论。“刑罚的适用，从消极的方面说，是为了实现刑罚的报应目标，使犯罪人承受道义上的报应和法律上的制裁；而从积极角度来看，则是为了发挥威慑作用，使犯罪人不再重新实施犯罪（特别预防），也对那些社会上潜在的犯罪人产生阻遏效果（一般预防）。”[③] 报应刑理论强调对犯罪行为人加处痛苦的刑罚以实现矫正正义。“惩罚犯罪是国家维护其内部秩序这一国家职能的具体体现，它有效地保护公民的人身权利、财产权和其他合法权利不受犯罪侵害，以及在受到犯罪侵害后取得相应救济的有效方法。通过惩治犯罪表达社会正义观念、恢复社会秩序。”[④] 目的刑理论强调刑罚的预防犯罪功能，对犯罪人犯罪行为的惩罚并不是目的，刑罚最终要实现犯罪的特殊预防功能和一般预防功能。“刑罚是国家制度，所以，对于防止犯罪、维持社会秩序这一国家目的来说，它必须是必要、有效的，换句话说，合目的性和有效性是刑罚权的法律根据。”[⑤] 所谓特殊预防，是指通过对犯罪人本人适用刑罚以防止其重新犯罪；所谓一般预防，是指预防犯罪人以外社会上其他可

---

① 邹瑜、顾明主编：《法学大辞典》，中国政法大学出版社1991年版，第1603页。

② ［意］切萨雷·贝卡里亚：《论犯罪与刑罚》，黄风译，北京大学出版社2008年版，第47—48页。

③ 陈瑞华：《刑事诉讼的中国模式》（第二版），法律出版社2010年版，第42页。

④ 杜宝庆：《刑事实体公正》，法律出版社2015年版，第162页。

⑤ ［日］大谷实：《刑法讲义总论》（第二版），黎宏译，中国人民大学出版社2008年版，第37—38页。

能犯罪的人实施犯罪。“具有国家强制力性质的刑罚在本能的、冲动的报应中难以完整表达它的目的性，刑事立法与司法都有必要体现一般和特殊预防的需要。”①

报应刑理论和目的刑理论各有优缺点，现代刑罚功能理论则强调两种理论的融合。具体而言，刑罚的功能可以划分为对犯罪人的功能、对社会的功能和对被害人的功能。

对犯罪人的功能是指刑罚是对犯罪人实施的强制方法，首先对犯罪人发生作用。犯罪行为发生后，国家机关主动介入，启动对犯罪行为的侦查、起诉和审判程序，社会处于“矫正正义”状态。一方面，刑罚具有惩罚功能，是惩罚犯罪人的手段，以剥夺犯罪人一定的权益为内容，同时包含着国家对犯罪人的否定性评价，通过对被追诉人有罪身份的确认并以加诸刑罚作为后盾，实现法律威慑功能。另一方面，刑罚具有教育改造功能，通过消除犯罪人思想和行为基础，使其回归社会，“使一个罪犯变成一个好人”。

对社会的功能是指刑罚虽然是对犯罪人适用，但其同时是社会的防卫手段。通过刑罚适用震慑潜在的犯罪人，使其不敢犯罪，同时教育广大民众，何为国家提倡的行为，何为国家禁止的行为，从而起到行为指引作用。

对被害人的功能是指通过刑罚适用于犯罪人，实现对被害人的安抚和对其报复感情的平息，保护被害人法益。② 任何犯罪行为都是对社会秩序的破坏，更是对被害人合法权益的直接损害。国家机关追诉与惩治犯罪的目标是通过解决社会矛盾和纠纷救济被害人和恢复被破坏的社会秩序。因犯罪嫌疑人、被告人不在案或者不出席法庭而停止诉讼进程，则被害人个人权益便难以或无法得到及时救济和保障。被

---

① 陈兴良：《刑法哲学》，中国政法大学出版社 1997 年版，第 359 页。

② 参见马克昌：《论刑罚的功能》，载《武汉大学学报（哲学社会科学版）》1995 年第 4 期。

告人不出庭即不审判，以此造成其要求追究犯罪人法律责任的诉求得不到满足，其因犯罪行为遭受的财产损失得不到应有赔偿，对于被害人来说是不正义的，更毋论发挥刑罚对被害人的安抚功能。刑罚理论一般认为，适用刑罚可以使被害人获得“正义得到伸张、精神得到抚慰”的安抚功能，不审判使得刑罚的这种安抚功能无法发挥作用。[①] 对被害人而言，为了实现正义必须向被害人提供一种补救办法，这种补救办法应包括发现与被害人有关的充分和完整的真相，追究导致其受害的个人行为责任，并向被害人提供帮助，承认他们所遭受的伤害，并为他们提供补偿。让被害人感受到公平正义是刑法的主要目标之一。[②] 突出强调对席审判的重要性，往往忽略了对被害人权利的保护，对被告人的缺席审判则能够在一定程度上弥补对被害人权利保护的不足，促动刑事诉讼实现从“罪犯的公正”到“所有人的正义”之转变。[③]

刑罚功能的实现以启动刑事诉讼程序对犯罪行为进行有效追诉和裁判为前提，现代法治社会刑事审判是对被告人适用刑罚的唯一途径。“在刑事一体化视阈内，刑事诉讼法作为程序法对刑法功能的发挥至关重要。”[④] 对犯罪行为人而言，因其逃匿或者其他原因缺席，则刑事诉讼程序无法启动或者无法顺利进行，刑罚功能自然也无法实现，通过刑罚实现消除犯罪人人身危险性和向国民宣示规范效力的预防机能的愿景亦落空。犯罪应当受到惩罚，也就说明惩罚犯罪具有其必然性。刑罚功能的实现除了依赖于刑罚必然性，还取决于刑罚及时性。因刑

① 仇晓敏：《被告人缺席审判制度探讨》，载《研究生法学》2006 年第 2 期。

② Caleb H. Wheeler, *Justice in the Absence of the Accused Reporter*, Journal of International Criminal Justice, 2019, Vol. 17 (2) .

③ 韩流：《被害人当事人地位的根据与限度——公诉程序中被害人诉权问题研究》，北京大学出版社 2010 年版，第 1 页。

④ 梅腾：《刑事一体化视野下的被告人缺席判决制度》，载《福建农林大学学报（哲学社会科学版）》2018 年第 5 期。

事被追诉人缺席导致刑事诉讼程序拖延，即使经历一段时期后犯罪嫌疑人、被告人被捕获或者因其他原因重新出现于庭审之中，由于犯罪人的犯罪行为与犯罪人受到刑罚处罚时间间隔较长，限制了刑罚功能的发挥。我们之所以说及时的刑罚是实现公正的重要手段，是因为及时的刑罚不仅减轻了犯罪人因为刑罚的不确定性而遭受的心理折磨，而且将犯罪和刑罚紧密联系到一起，会很好地诠释刑罚的公正理念。①应当说通过刑罚，一方面实现了宣示功能，即通过定罪量刑实现对于行为人及其犯罪行为的否定性评价；另一方面实现了制裁功能，即通过执行所判刑罚对行为人进行制裁。不论是对席审判还是缺席审判，都具有这两方面的功能。所不同的是，对席审判两方面功能的实现具有同步性。而缺席审判两方面功能的实现不具有同步性。缺席审判首先实现对于被告人及其犯罪行为的宣示功能（否定性评价），而其制裁功能能否实现具有不确定性，该功能的实现取决于外逃人员能否到案或者该判决能否得到其他国家的承认和执行。②对犯罪嫌疑人、被告人缺席审判，在查明证据和事实的基础上适用法律，对其行为进行法律上的否定性评价，甚至以有罪判决为基础，日后将犯罪人缉拿归案并实施刑罚，这样一来，国家刑罚权得以实现，法律权威得以维护。对社会而言，因犯罪嫌疑人、被告人缺席审判导致诉讼程序中止，其犯罪行为得不到及时惩处，对一般社会公众以及潜在的犯罪人难以起到教育和威慑作用。设立缺席审判程序，即使犯罪人逃匿，司法机关依旧可以依照缺席判决制度对其作出裁判，以此震慑潜在的危险分子，产生辐射效应。司法机关亦可通过犯罪事实的宣示对国民进行规范意识教育，培养国民对法律规范秩序的忠诚和信赖。“在刑事一体化立场

① 梅腾：《刑事一体化视野下的被告人缺席判决制度》，载《福建农林大学学报（哲学社会科学版）》2018 年第 5 期。

② 参见张磊：《刑事缺席审判与境外追逃措施的协调适用》，载《中国刑事法杂志》2020 年第 4 期。

下，被告人缺席判决制度在实现刑罚目的方面至关重要，具有刑法上的正当性。”① 刑事缺席审判制度对于全方位实现刑罚功能具有积极的建构意义。

四、起诉法定与有诉必审

现代刑事诉讼是国家专门机关行使追诉权和司法权的过程。在人类社会早期，国家和法律出现之后，受原始同态复仇、血亲复仇或者以牙还牙、以眼还眼等纠纷解决方式影响，指控或者惩罚犯罪通常被当作当事人私人之间的事情，国家奉行不干预政策，即实行私人追诉主义。随着社会不断进步和人类理性发展，人们开始认识到犯罪行为不仅侵害了被害人的个人利益，而且对国家和社会整体利益造成了破坏和威胁，国家只有统一行使对犯罪行为的追诉权才能弥补由私人追诉犯罪行为所带来的不足，使国家利益和个人利益同时得到有效保护。②

刑事诉讼历史发展经历了诉审同一到诉审分离的过程。早期纠问式诉讼模式下，刑事犯罪追诉机关与审判机关合一，审判机关集控诉职能与审判职能于一身。随着社会发展，控诉职能与审判职能相分离，控诉职能与审判职能分别由公诉机关和审判机关行使，公诉逐渐成为追究犯罪人刑事责任的主要方式。“公诉以国家科刑权为其客体。国家科刑权之作用有二：（一）抽象的科刑，刑事立法权属于此。（二）具体的科刑，有罪之宣告属于此。公诉者，以具体的科刑权为其客体，以确定具体的科刑权之存否及范围为其内容也。”③ 在案件的追诉方面

---

① 梅腾：《刑事一体化视野下的被告人缺席判决制度》，载《福建农林大学学报（哲学社会科学版）》2018 年第 5 期。

② 参见宋英辉、甄贞主编：《刑事诉讼法学》（第六版），中国人民大学出版社 2019 年版，第 297 页。

③ ［日］冈田朝太郎：《刑事诉讼法》，熊元襄编，上海人民出版社 2013 年版，第 75 页。

奉行起诉法定主义，即只要刑事案件符合法律规定的起诉条件，公诉机关就必须向审判机关提起公诉。后来根据案件具体情况，在刑事案件是否起诉问题上赋予了公诉机关一定的裁量权，对一部分虽然有足够证据证明确有犯罪事实，并且犯罪嫌疑人符合起诉的条件，但公诉机关斟酌各种情况，认为不需要追究其刑事责任时，可以裁量决定不起诉，这又被称为起诉便宜主义。当今世界多数国家在刑事诉讼领域仍以起诉法定主义为主，兼顾起诉便宜主义。在案件审判方面奉行不告不理原则，即没有公诉机关提起公诉或者自诉人提起自诉，审判机关不得主动启动审判程序，一旦有告诉行为，审判机关则应当启动审判程序。

起诉法定原则的内容，包括诉追强制及起诉强制。诉追强制，是指检察官依照法律规定，有必要对于犯罪事实及犯罪嫌疑人为侦查。起诉强制，是检察官在获得一定盖然性的确信后，就必然要起诉。采取起诉法定原则，最主要的理由是，维持法律面前人人平等的原则，确保构成要件的明确性及刑罚的可预测性。[①] 起诉法定原则在刑事诉讼中具体表现为起诉阶段的“有罪必诉”，即只要有足够的证据证明有犯罪事实存在，被告人的行为构成犯罪，并且需要追究其刑事责任时，该案件就符合起诉的法定条件，公诉机关应当向审判机关提起公诉。控审分离原则在刑事审判阶段具体表现为“有诉必审”和“诉审同一”。“‘有诉必审’，就是检察机关或者检察官只要对被告人提起公诉，法院就必须对其进行审判，不得作其他非审判处理。‘诉审同一’，是指法院审判的对象必须与检察机关或者检察官起诉指控的对象保持同一，检察机关或者检察官未指控的被告人及其罪行，法院无权进行审判。如果说‘不告不理’和‘诉审同一’体现的是控诉权（职能）对审判权（职能）进行监督制约的话，那么，‘有诉必审’则体

---

① 张丽卿：《刑事诉讼制度与刑事证据》，中国检察出版社2016年版，第51页、第53页。

现了审判权（职能）对控诉权（职能）的监督与制约。”① 国家对刑事犯罪拥有的追诉权和审判权的属性为国家公权力，公权力属性决定了追诉权和审判权具有强制力，公权力的运作和行使不受个人的控制，并且不以个人意志为转移。刑事诉讼中“被告人是否在案或者是否能够出庭，既不是提起公诉的积极条件，也不是阻止公诉提起的消极条件。因此，只要检察机关或者检察官认为案件事实已经查清，并且需要追究被告人刑事责任时，不管被告人是否能够出庭接受审判，都应当向法院提起公诉，这是起诉法定主义的要求。而一旦检察机关或者检察官对案件提起公诉，不管被告人是否到庭接受审判，按照‘有诉必审’理论的要求，法院都必须对案件进行审判，以确定被告人是否有罪”②。

根据起诉法定与有诉必审理论，决定刑事审判程序是否启动的因素是案件是否满足指控犯罪的案件事实和证据标准，案件是否符合起诉的程序条件以及公诉机关是否正式向审判机关提起诉讼，而不是被告人是否能够出席法庭接受审判。为了保证检察机关公诉权及审判机关审判权的有效行使，在被告人因各种理由逃避审判或者不能出席法庭参与审判时，审判机关仍然有义务启动审判程序并对案件作出裁决。“对于符合侦查终结、起诉条件，应当追究被追诉人刑事责任的案件，不论被追诉人是否在案，检察机关在审查后即应向法院提起公诉，由法院对案件进行处理，这也是缺席审判得以启动的前提条件。换言之，在控诉原则与起诉法定原则的约束下，对被告人未到案、不具诉讼能力的公诉案件的处理，应被视为审判权的控制范围。”③

“诉讼本身是一种解决利益争端（尽管各种利益性质不尽相同）

---

① 邓思清：《刑事缺席审判制度研究》，载《法学研究》2007 年第 3 期。

② 邓思清：《刑事缺席审判制度研究》，载《法学研究》2007 年第 3 期。

③ 陈卫东：《论中国特色刑事缺席审判制度》，载《中国刑事法杂志》2018 年第 3 期。

的国家活动，它具有定分止争之功效。”① 刑事诉讼遵循起诉法定和有诉必审原则得益于刑事诉讼具有解决社会冲突和矛盾功能，法院审判是法律纠纷解决的最终阶段。不设立缺席审判程序，犯罪嫌疑人、被告人缺席的情况下，案件处于中止审理的状态，刑事诉讼定分止争的功能将难以得到实现。通过缺席审判，刑事诉讼得以正常进行，犯罪得到有效追诉，相关当事人合法权益得到保护，法律价值得以实现。刑事缺席审判能够克服因被告人缺席法庭导致的诉讼延迟，避免刑事法律关系处于不稳定状态。刑事缺席审判成为践行起诉法定原则与有诉必审原则的具体制度。

五、相对合理主义

哲学思想发展史中一直存在着相对主义与绝对主义之间的观点、方法之争。相对主义理论认为，构成人类社会和自然界的一切存在都是相对于其他事物而存在的，是在与其他事物的条件联系中才存在的，事物总是在一定的条件中获得其真实意义，也总是必须在与他物的相对关系中才能得到确切解释和说明。② 相对主义产生于人们对事物本身具有相对性的认识。法学领域的“相对合理主义”是龙宗智教授针对我国法治建设面临“拿来主义”与“本土资源”的矛盾，实际也是法理合理性与实践合理性之间的矛盾，所提出来的理论观点。相对合理主义承认理论的合理性，同时认为理论适用范围具有有限性及自身可能存在缺陷性。在特定环境和条件限制下，无论程序操作还是制度改革，都只能追求相对合理，不能企求尽善尽美。即“只求较好，不求最好”。③ 根据相对合理主义理论，在法治推进和司法改革方面采取

① 汪建成：《论刑事证据的多重视角》，载《中外法学》2004 年第 3 期。

② 杨新新：《相对主义的合理性及其现实意义——对绝对与相对问题的再认识》，载《河南师范大学学报（哲学社会科学版）》2008 年第 1 期。

③ 龙宗智：《相对合理主义》，中国政法大学出版社 1999 年版，自序部分第 4 页。

渐进的、逐步改良的方式。主张渐进式改革，评价改革标准为“较好论”，改革路径为“从技术到实践”。①

相对合理主义实质上是实用主义哲学的一种体现。“人类社会生活的基本经验经常显示，当一种原则、理念走向极致以至于出现问题的时候，我们需要用一种实用主义的哲学来取代它，或者至少来对它做出必要的补充。”② 相对合理主义虽然是一种理论抽象和概括，但引起了法律理论界与实务界的共鸣。无论有意还是无意，我国立法和司法实践都在践行着该理论及原则。刑事诉讼领域不乏理论与现实、不同利益与诉求的矛盾，例如控制侦查权以避免权力滥用与采用技术侦查有效破案、获得被告人口供与赋予被告人沉默权、司法裁判权独立与司法受制约等。相对合理主义为我国法律领域实然与应然、理论与现实之间存在的矛盾提供了一种解决方案。我国刑事缺席审判制度同样是相对合理主义理论指导下的产物。追诉刑事犯罪既存一套程序体系，任何案件办理都需遵照同样的程序规则，这也是现代法治的应有之义。程序要素缺失，诉讼构造不完整，则不能启动程序和适用程序。刑事程序无法适用，意味着犯罪得不到追诉，罪责无人承担，社会失序。被告人缺席法庭审判，强行启动诉讼程序，面临着程序公正受损风险；如果一律中止程序，排除程序适用，则面临被犯罪破坏的社会秩序难以得到修复，矫正正义无法实现。被告人缺席法庭情形下的刑事程序，面临着理论与现实、立法与司法的矛盾。确立缺席审判制度，对特定类型的案件，遵循特别程序规则，追究部分被告人刑事责任，兼顾矛盾的两个方面，求得较好的程序和实体结果，正是相对合理主义精神的体现。尽管哲学的相对主义以及法律领域的相对合理主义都有其局限性，例如哲学上的怀疑主义、不可知主义，法律中“合理”的标准和分寸难以把握，条件论可能导致“宽容适度违法”，甚至成为阻碍制度进步的因素，但不可

---

① 龙宗智：《相对合理主义》，中国政法大学出版社 1999 年版，第 18—20 页。

② 陈瑞华：《刑事诉讼的中国模式》（第二版），法律出版社 2010 年版，第 96 页。

否认的是，按照“理性原则—现实条件—解决办法”这样的三部曲分析思路，[①] 为刑事缺席审判制度的确立提供了一套技术化的解决方案，是我国推进司法改革的重要措施和合理策略。

第二节　刑事缺席审判之限制性理论

一、程序公正

程序公正理论起源于古罗马时期的自然正义理念。伴随正义理念发展出来两个基本原则：一是任何人不得成为自己案件的法官；二是应当听取双方当事人的意见。程序公正理论已成为现代法律诉讼的基石。程序公正是指诉讼程序方面所体现的公正，“如果说实体公正指向的是分配的公正，关注于分配结果的实质性公正，程序公正则指向的是行为过程的公正，关注于分配的过程符合公正要求。”[②] 程序的价值在于保证实体价值的实现。如果程序的设计和实施是公正的，多数情况下得出的实体结论也会是公正的。同时，诉讼程序本身还具有独立价值，即程序公正本身直接体现出来的民主、法治、人权和文明的精神，这些都是不依赖于实体公正而存在的，其本身就是社会正义的一项重要内容。[③] “从程序的角度来看，最终的刑事判决结果的产生是否符合合法、合理的程序，以及程序本身是否合乎理性，是判断刑事判决结果合理与否的首要标准。程序对刑事判决合理性的保障是通过设置理想对话情景、限制法官恣意和反思性整合的过程来实现的，这是程序发挥其功能的最佳状态，在这个意义上，程序不应被理解为一般

---

① 王元：《读龙宗智先生的〈相对合理主义〉有感》，载《今日信息报》2011 年 6 月 22 日，第 3 版。

② 杜宝庆：《刑事实体公正》，法律出版社 2015 年版，第 18—19 页。

③ 参见宋英辉、甄贞主编：《刑事诉讼法》（第六版），中国人民大学出版社 2019 年版，第 33 页。

意义上一个接一个的诉讼环节的延续方式，程序本身是具有特定功能的自治系统。”①

程序公正理论由一系列诉讼程序原则构成，例如裁判者中立、当事人平等对抗、当事人获得辩护等，当事人参与诉讼也是其中一项重要诉讼原则。刑事诉讼中程序正义的基本要求是：与诉讼结果有利害关系或者有可能因该结果蒙受不利影响的人，都有机会参与到诉讼中，并得到可能提出有利于自己主张和证据以及反驳对方提出的主张和证据的机会。② 按照该要求，刑事诉讼中采用对席审判方式能够保证最大限度达至程序公正，从而实现司法公正的目的。“利益主体参与程序并自主行使权利正是程序正义的灵魂所在。”③ 参与原则蕴含着刑事被告人出席法庭不仅仅是一种程序性要求，更为重要的是它是被告人享有的一项基本诉讼权利，并且是公正审判权不可分割的组成部分。该内容不仅为各国宪法和刑事诉讼法所确认，也为联合国《公民权利和政治权利国际公约》所确定。“程序参与权是程序正义的最基本内容，也是满足程序正义的最重要条件，是程序公正的最低限度标准，因而被称为诉讼程序的大宪章。”④ 被告人参与原则的内容大致可以划分为：一是知情权，被告人了解被指控罪名及诉讼进展情况是其参与诉讼的前提；二是在场权，即被告人本人亲自参与诉讼过程，该内容可以视为形式的参与；三是诉权，即被告人针对控诉意见发表意见，请求法院保护自身合法权益并影响诉讼进程的权利，该内容可以视为实质的参与。由此可知，知情权、在场权和诉权构成当事人参与权的整体。被告人通过参与法庭了解法庭审判的整个过程，并在这一过程中行使或者处分自己的权利。刑事诉讼对席审判贯彻直接言词原则，被

---

① 韩哲：《刑事判决合理性研究》，中国人民公安大学出版社2008年版，第33页。

② 宋英辉主编：《刑事诉讼原理》，法律出版社2003年版，第41页。

③ 樊崇义主编：《诉讼原理》（第二版），法律出版社2009年版，第212页。

④ 刘秀明：《民事缺席审判制度研究》，中国人民公安大学出版社2010年版，第99页。

告人及其辩护人在了解控诉方意见的基础上，充分表达自己的意见，帮助法官在兼听控诉方和辩护方双方意见的基础上就案件作出准确裁决，被告人通过参与审判对法官最终裁决结果产生实质性影响。“一个人在国家裁判机构作出对其利益有利或者不利的裁决时，应当至少能够处于一种可与裁判者就如何对待他的问题进行理性协商的地位，即强调尊重程序参与者作为自主、负责和理性的主体地位，要求裁判机构与他一起参与裁判结论的形成过程，向他论证裁判结论的合理性和正当性，从而使他成为裁判结论制作过程中的协商者、对话者和被说服者，其作为人的尊严和评价得到充分的尊重。”① 对席审判中，被告人参与原则表现最为充分。被告人及其辩护人可以参与各主要诉讼环节，在参与和说服过程中实现被告人的实体性利益和程序性利益。

程序正义的核心理念是确保与诉讼结果有利害关系的人有机会参与诉讼活动，并有机会提出对自己有利的证据和针对对方提出的证据进行反驳，表达己方对案件事实和法律适用的意见。刑事缺席审判程序不强调刑事被告人本人的参与性，即使被告人不出席法庭，刑事审判程序仍然能够开启并持续进行。刑事缺席审判制度意味着法官可以在未听取被告人庭审意见的情况下，就涉及其生命、人身自由、财产等重大法益作出裁决。刑事缺席审判并不遵循刑事诉讼当事人参与原则，进而刑事审判中直接言词原则贯彻受到影响，被告人的知情权、辩论权、表达意见权等诉讼权利要么缺失，要么弱化，直接导致违反程序正义理论的基本精神。“缺席审理和一造审理（无被告或其他当事人）则背离了这一原则，因而不能随意采用。此原则的根据是参与价值，即参与作出严重影响自己生活的判决。人们至少有理由期望，在作出关系他们的判决之前，法院听取其意见，即他们拥有发言

① 陈瑞华：《论程序正义价值的独立性》，载《法商研究》1998 年第 2 期。

权。"[①] 对于程序公正的研究，至少存在两种进路：一种是以伦理原则（善）、普世价值（自然正义）或宪法原则（正当程序）为出发点，从中演绎推理出若干基本要素或特征，作为衡量某个具体程序是否公正的指标。该种进路关注的焦点是那些带有"绝对真理"性质的客观标准，可以称为是对"客观程序公正"的研究，是一种由一般到特殊的规范研究范式。另一种是从诉讼参与人或者其他公民的主观感受出发，运用社会心理学实证研究方法，研究人们在主观上对各种程序的公正判断和程序公正对公民态度、行为的影响及其心理机制，该种进路关注的核心是具体情境下的个体对程序公正性的主观感受，可以称为是对"程序公正感受"的研究，是一种从特殊到一般的经验研究范式。[②] 无论是从"客观程序公正"研究的角度，还是从"程序公正感受"研究的角度，以具体的程序参与权为表征，刑事缺席审判制度既不符合客观程序公正标准，也难以达致高质量的程序公正感受。正是基于这一原因，刑事诉讼缺席审判制度迟于民事缺席审判制度产生，直到近代才作为法律制度得到确立。人们对于刑事缺席审判制度的担心与顾虑在于被告人作为重要的当事人一方缺席审判，不符合诉讼参与原则，进而动摇了诉讼程序公正的基础。

二、刑事被追诉人人权保障

"诉讼从来就是一个国家政治状况的反光镜，政治领域的观念变革和制度变迁必然映射于诉讼程序之上。"[③] 在封建专制时代，国家权力集中于君主及代表君主管理国家的官僚机构手中，国民个体则是被管理对象，成为国家管理的客体，所享有的权利十分有限。在刑事诉讼

---

① ［美］迈克尔·D. 贝勒斯：《法律的原则——一个规范的分析》，张文显等译，中国大百科全书出版社1996年版，第35页。

② 参见李昌盛：《刑事审判：理论与实证》，中国民主法制出版社2015年版，第5页。

③ 万毅：《刑事缺席判决制度引论》，载《当代法学》2004年第1期。

中，国家通过追诉犯罪维护统治秩序，诉讼构造通常采纠问式模式，犯罪嫌疑人、被告人在诉讼中被视为被追诉对象，是刑事诉讼客体而非主体。随着资产阶级革命胜利，用于推翻封建专制政权的主权在民等思想理论反映在国家法律制度之中。“根据‘国民主权’的政治原理，必然逻辑地延伸出这样一个结论：既然国家主权属于国民，那么国民就应当家作主、管理国家的事务，就有权参与决定关系到自身利益的重大事务，参与权理念由此而得以兴起。”“在现代社会，公众对政治生活的广泛参与已被视为是现代民主社会的一项制度性优势和结构特征。它根源于这样一个心理学事实，即随着人类文明的进步和人们自由权利的扩展，人们越来越不愿意受到他人的控制或限制（哪怕这种控制或限制从结果上来看对其本人是有利的），而是希望能够由自己掌握自己的命运，自己管理自己的生活。这种新自由主义思潮在政治生活领域中的表现就是公众从未如此迫切地希望参与国家政治事务的管理，而作为对这一思潮的回应，政治参与权已经被现代法治国家普遍认同为公民的一项基本政治权利。而对公民参与权的保障，也成为衡量一个国家民主化程度的重要标尺。”①

主权在民理论在刑事诉讼领域的具体体现便是确立犯罪嫌疑人、被告人于诉讼中的客观地位，其不再是单纯被追究刑事责任的客体，而是享有充分诉讼权利的诉讼主体。“这些欲望、愿望和要求通过人们本身而使人们感到他们的存在，并使他们在司法过程中、在撰写法学著作的过程中以及在立法的过程中发挥作用。因此我们可以肯定地说，如果我们没有想充分理解它的话，那么我们就不能无视在这个过程中发挥积极作用的人。”② “某人被允许参与诉讼也表明别人尊重他，即

① 万毅：《刑事缺席判决制度引论》，载《当代法学》2004 年第 1 期。

② ［美］庞德：《法律史解释》，邓正来译，中国法制出版社 2002 年版，第 175—176 页。

他受到了重视。”① 作为诉讼主体，犯罪嫌疑人、被告人通过参与法庭审判，行使诉讼权利，实质性影响法院作出严重影响自己生活的裁决。诉讼参与权是政治参与权在刑事诉讼中的具体表现，对决定自己权利义务的诉讼程序，犯罪嫌疑人、被告人应当能够充分表达己方意见。在此过程中，犯罪嫌疑人、被告人享有一系列诉讼权利且其权利行使构成刑事诉讼中不可或缺的一部分，刑事被追诉人人权保障成为刑事诉讼所追求的基本价值目标之一。通常而言，被告人应参与整个诉讼过程并享有一系列公平审判权利，具体包括自我辩护权、委托辩护权、面对不利于其自身之证人及证据质证权、自我证明权等。② 刑事被追诉人人权保障理论决定了刑事诉讼中犯罪嫌疑人、被告人应当参与诉讼过程，庭审时在场，如果其不在场，审判程序不应当开启或者所进行的诉讼活动归于无效。正是刑事被追诉人的有效参与，表明其人格尊严受到尊重，其诉讼主体地位得以凸显。

“为了惩罚他，社会有权作为一个整体来反对他。这是一种不平等的斗争，因为一切力量、一切权力和一切权利都属于一方。之所以如此，是因为这里涉及保护每个人的问题。”③ “正因为社会中每一个人都可能成为被追诉人，因此加强对被追诉人的权利保障，实际上是对整个社会的保护，是对每个公民的保护。”④ 刑事诉讼是国家行使公权力的过程，作为权力行使对象的刑事被追诉人人权亦需要受到保护。“政治的合法性并不一定取决于这个政权维护社会稳定的能力，同时还

---

① ［美］迈克尔·D. 贝勒斯：《法律的原则——一个规范的分析》，张文显等译，中国大百科全书出版社1996年版，第35页。

② D. Mundis, *Current Developments: Improving the Operation and Functioning of the International Criminal Tribunals*, American Journal of International Law (2000), p. 761.

③ ［法］米歇尔·福柯：《规训与惩罚》，刘北成、杨远婴译，三联书店2003年版，第99—100页。

④ 李奋飞：《程序合法性研究——以刑事诉讼法为范例》，法律出版社2011年版，第49页。

在很大程度上取决于这个政府保障人权的决心，以及相应制度的确立。”① “实现公正，要求社会和政府在处理公共事务时保障人民的基本尊严和其他基本权利，并且机会均等，人人都是实现自身发展和表达诉求的平等主体。”② 刑事诉讼中对人权的保障不仅包括对刑事被追诉人的实体权益保障，还包括对其的诉讼权利保障。现代刑事诉讼活动是将被追诉人作为人来看待，而不是仅仅将其作为证明的手段。这意味着，现代刑事诉讼程序应该蕴含参与、公平、中立、自治、及时、终结等内在价值。③ “程序是与选择联系在一起的，这就决定了它必然是法制体系中最生动活泼的领域。可以说，程序的本质特点不是形式性也不是实质性，而是过程性和交涉性。”④ 犯罪嫌疑人、被告人充分参与刑事诉讼是实现其人权保障的基本条件。刑事审判程序设计为对席审判，要求以被告人出庭在场为前提条件进行审判，是因为整个刑事诉讼程序围绕被告人刑事责任而展开，被告人是刑事审判的中心，法庭对被告人行为性质的认定、罪名确认以及刑罚裁量均直接关涉其基本权利，因而被告人亲自出庭意义重大。如果被告人不出席法庭，不仅会影响法庭审理活动的正常进行，更重要的是可能导致对其裁判不公。刑事缺席审判在被告人未出席法庭的情况下对其人身自由、财产等利益作出裁决，不仅侵害了其诉讼权利，例如审判期日前被告人对所涉嫌犯罪的案件事实和诉讼权利的知情权、庭审在场权、辩论权等，也可能侵害其实体性权利，例如人身自由权、财产权等。诉讼目标仅仅追求打击某类犯罪或者提高案件办理效率，有只注重诉讼结果而忽视诉讼过程的嫌疑。“由于该程序过于强调发现案件的实质真实，容易忽视程序法定主义的价值，这种为达审判目的而不论手段的做法，

---

① 易延友：《中国刑诉与中国社会》，北京大学出版社 2010 年版，第 23 页。

② 马皑、李婕主编：《法律何以信仰：中国公民司法公正感实证研究》，中国政法大学出版社 2017 年版，第 11 页。

③ 孙记：《现代刑事诉讼结构论》，中国社会科学出版社 2009 年版，第 62—63 页。

④ 季卫东：《法治秩序的建构》，中国政法大学出版社 1999 年版，第 20 页。

是典型的马基雅维利主义的表现。”① 刑事缺席审判制度存在侵害刑事被追诉人人格尊严之嫌，不符合刑事诉讼人权保障基本价值理念。

三、刑事诉讼构造

平等是人类社会追求的核心价值目标，也是法律的基本价值之一，法律面前人人平等原则便是这一价值的体现。平等在法律诉讼过程中直接体现为程序平等，即原告方和被告方拥有平等的诉讼地位，平等享有诉讼权利和承担诉讼义务，有平等的机会表达意见以影响法官作出有利于己方的裁决，通过享有程序性利益，以实现保护实体性利益的目标。程序平等无法自然形成，亦无法在自然状态下得以维持，需要借助相应的制度加以保障。“法庭审判作为在特定时空按照特定程序进行的诉讼活动，有保护人权的一系列制度保障，依靠庭审机制确定案件的事实并决定案件的实体处理，是现代刑事诉讼合理性的一般要求。”② 特定时空的法庭，在诉讼主体参与下，依照特定程序得出结论，这一过程形成特定诉讼结构，诉讼便在此结构框架内运行。

从一定意义上讲，刑事诉讼是控诉方、辩护方和审判方三者之间的组合关系，刑事实体法和刑事程序法两个层面的内容及功能是在此三方相互磨合、整合运动的过程中得以实施和兑现的。现代刑事诉讼结构虽以西方自由主义为指导思想，但现代刑事诉讼结构的一些关键性因素在程序的发展中却逐渐脱离自由主义语境而具有普适性。其中突出者有二：一是追诉权与裁判权的严格分离；二是被追诉者的宪法性基本权利在立法上充分确立起来。③ 刑事诉讼作为国家追诉犯罪的过程，诉讼程序具有天然不平等性。作为控诉方的国家机关凭借国家

---

① 袁义康：《刑事缺席审判程序的合理性及其完善》，载《华东政法大学学报》2019 年第 2 期。

② 初殿清、王晋彦：《认罪认罚从宽制度视角下刑事缺席审判探析》，载《人民法治》2018 年第 3 期。

③ 孙记：《现代刑事诉讼结构论》，中国社会科学出版社 2009 年版，第 46—47 页。

公权力行使处于优势地位，而作为被追诉者的被告方个人处于劣势地位。随着近代“以被告人为中心”司法观念产生和发展，围绕提升被告人诉讼地位，尊重被告人诉讼权利的刑事法律体系得以建立，形成控诉、辩护、审判三方并立的诉讼结构。刑事法庭审理过程中，控诉方和辩护方平等对抗，审判方居中裁判，以此保证控诉方和辩护方充分行使诉讼权利，法官在兼听双方正反两方面意见的基础上对案件作出裁决。控辩平等原则的内容包括平等武装和平等保护两个方面。平等武装主要是从立法的角度落实控辩平等原则，价值取向在于实质性平等。平等保护主要是从司法角度兑现控辩平等原则，侧重于形式上的平等。[①] 传统对席审判制度是该种诉讼构造的具体实现。完整而合理的诉讼结构是在遵循裁判中立、控审分离、控辩平等与有效辩护等原则的基础上建构起的三方主体构造关系，保障控诉、辩护与裁判三方主体的法律地位平等，权利义务平衡，且各自独立行使其诉讼职能以形成相互制约的关系。就刑事司法的横向构造而言，控诉、辩护与审判之间呈现出以审判为中心的三角关系，控诉活动与辩护活动始终围绕刑事审判活动而有序展开，审判成为司法过程的中心环节与最终裁决的真正源泉。[②] 刑事审判作为对被告人刑事责任认定的决定性阶段不仅严格遵循控诉、辩护和审判职能的三方并立结构，而且是一种“等腰三角形”结构，审判方处于三角形的顶端，控诉方和辩护方处于三角形的两个底端。审判方对控诉方和辩护方的意见平等对待，无所偏向，控诉方和辩护方享有相对的诉讼权利，平等对抗。控诉、辩护和审判三方并立的诉讼构造的意义，一是实现宪法性诉讼原则，体现程序平等和被追诉人的诉讼主体地位，实现程序公正；二是保证法官全面审视案件证据和事实，听取各方意见，对案件作出准确的实体

---

① 江涌：《未决羁押制度的研究》，中国人民公安大学出版社 2011 年版，第 23 页。

② 张能全：《社会转型中的刑事司法改革与制度创新研究》，中国政法大学出版社 2017 年版，第 161 页。

性裁决。

刑事缺席审判制度构成对传统对席审判制度的挑战。刑事缺席审判程序中，被告人缺席，控诉、辩护和审判三方并立的诉讼构造在形式上被打破，而成为一种有“天然缺陷”的制度。① 被告人缺席法庭会对刑事诉讼的相关原则造成冲击。一是以被告人辩护权为核心的诉讼权利难以实现。面对拥有强大公权力的控方，缺席审判使得本就处于弱势地位的被追诉方诉讼地位更加弱化，从而使通过辩护权等一系列防护性诉讼权利充分行使所体现的刑事诉讼程序自身程序公正、人权保障等价值受损。虽然针对刑事缺席审判的弊端，很多国家规定了强制辩护制度，由律师为缺席的被告人提供辩护，但信息的传达难免会产生遗漏和缺失，被告人无疑会失去因亲历（即在场）而拥有的主动性之部分甚至全部。在刑事缺席审判过程中，被告人的辩护权不能得到制度上的保障，控辩双方的诉讼地位无法趋于平等，在控诉力度和抗诉力度上也会出现倾斜。② 而在被告人不到庭的缺席审判中，仅由控诉方向法庭提供证据、陈述主张，辩护方不能有效质证，也无法形成实质性对抗，容易使原有的对抗式审判演变成一种行政审批式的审判模式，显然不符合对抗平等的刑事诉讼理念。③ 二是缺席审判可能直接影响案件实体裁决的准确性。对被告人缺席审判，改变三方并立的诉讼构造，不仅对刑事诉讼形式带来冲击，也直接影响着诉讼结局。被告人的缺席，使得裁判法官缺少了一个审查案件事实的角度，进而影响事实认定的全面性与准确性。而且，刑事诉讼中被告人往往是重要的证据来源，被告人口供是重要的证据种类，被告人的缺席可能导致无法查清案件事实或者错误认定案件事实。

---

① 王敏远：《刑事缺席审判制度探讨》，载《法学杂志》2018 年第 8 期。

② 赵波、刘畅：《国际刑事司法中的缺席审判——以联合国柬埔寨法院特别法庭米思·穆斯案为视角》，载《湖北警官学院学报》2016 年第 3 期。

③ 薛剑祥、周庆琳：《论刑事缺席审判中当事人到案后的重新审理程序》，载《法律适用》2018 年第 23 期。

第三节　刑事缺席审判制度不同诉讼价值的平衡

一、动态平衡诉讼观下的刑事缺席审判

“从方法论的角度看，法治就是实施社会管理、限制权力任意行使的工具，在法治之下能实现多种的目的与价值。”[①] 价值通常代表一定利益，“法治的价值是社会价值，它不以个体为对象却又能使每一个人分享”[②]。刑事诉讼作为一种人与人之间的互动过程，其中充斥着各种利益的冲突与妥协。这种利益总体可以划分为四种：国家与社会公共利益；犯罪嫌疑人、被告人以及被害人等当事人的利益；司法人员的利益；其他诉讼参与人的利益。[③] 不同的利益侧重体现了不同的诉讼价值观念。是否设置以及如何设置刑事缺席审判制度，涉及刑事诉讼基本价值理念能否得到遵守与贯彻的问题。如前所述，关于刑事缺席审判制度的价值基础，既有肯定刑事缺席审判制度、展示该制度合理性的理论，亦有否定刑事缺席审判制度、突出其限定性的理论。一个国家在确立一种法律制度时，通常会综合考量某一制度的正向与负向法律价值功能，以一种动态的平衡诉讼观指导刑事诉讼立法和刑事司法实践。所谓动态平衡诉讼观是指刑事诉讼中各种诉讼价值的互动与平衡，例如实体公正与程序公正的平衡、打击犯罪与保障人权的平衡、客观真实与法律真实的平衡、公正与效率的平衡，以及刑事诉讼构造上不同诉讼要素的平衡。[④] 应当说诉讼价值的多元化及不同价值之间

---

① 陈金钊：《法治及其意义》，法律出版社2017年版，第230页。

② 鲁鹏：《法治的价值》，载《烟台大学学报（哲学社会科学版）》2013年第2期。

③ 吴光升：《刑事诉讼程序的人性分析》，中国人民公安大学出版社2011年版，第94—97页。

④ 龙宗智：《动态平衡诉讼观的几点思考》，载《中国检察官》2018年第7期。

的动态平衡已在世界范围达成共识，近些年来许多国家推进的一系列司法改革正是这种诉讼价值观的体现。

对席审判是普通刑事诉讼程序常态性、普遍性的审判方式，对席审判程序最能够体现刑事诉讼多重价值，但是即便如此，面对发生在千变万化社会生活中的具体案件，对席审判程序也不总是能够全面、准确实现各方面的价值，因而需要其他制度提供补充和保障。正是在动态平衡诉讼观的启示和引领下，多元诉讼价值追求推动多元审判方式改革，刑事缺席审判制度应运而生。可以说，刑事缺席审判制度是多元诉讼价值平衡后的理性选择。现代刑事诉讼制度的构建与完善所关注的是一个多元的、有层次的多维目标结构价值体系。① 刑事司法改革所应秉承的价值观在于平衡和协调，世界各国刑事司法生态化发展趋势深刻体现了刑事司法蕴含的生态平衡规律。② 一个国家根据时代变化、社会发展等因素适时调整法律制度，从而对在实体公正与程序公正、惩罚犯罪与保障人权以及司法公正与诉讼效率等价值目标之间寻求平衡进行的综合思考，是刑事诉讼缺席审判制度确立的理论基础，也是探讨缺席审判具体程序运作的理论前提。

二、司法公正与诉讼效率价值的平衡

现代社会，司法公正与诉讼效率成为各国司法追求的基本价值目标。公正性意味着法律制度本身具有公正无私的品质，制度可以依照自洽性程序独立运作而不受外界不良因素的干扰，依照该程序运作得到的诉讼结果为利益主体所认同。效率性是衡量程序资源配置性能的指标，程序运作中能够以较少的资源消耗产生较大的社会效益，该程

---

① 胡志风：《刑事缺席审判中的证明标准》，载《国家检察官学院学报》2018 年第 3 期。

② 张能全：《社会转型中的刑事司法改革与制度创新研究》，中国政法大学出版社 2017 年版，第 184 页。

序便是有效率的。如果说效率是审判的经济价值，那么公正即为审判的伦理价值。① 在司法公正与诉讼效率二者关系中，司法公正是诉讼的生命、灵魂，效率在公正得以实现的基础上才有意义。效率是公正的保障，如果诉讼过于拖延，案件事实难以查清、当事人长期处于受羁押状态，则司法公正难以实现。“正义观的演进过程中，始终是以效率作为重要诠释内容的。”② 也正是在此意义上，波斯纳认为，“正义的第二种含义——也许是最普遍的含义——是效率”③。

“刑事诉讼本身既是公正与效率的混合型载体，同时又是实现公正与效率的一种综合性的途径和工具。”④ 刑事诉讼中兼顾司法公正与诉讼效率价值是世界各国的共识，但不可否认的是公正与效率价值之间不总是协调一致的，二者之间可能存在冲突。对一种价值的极致追求，会牺牲或者削弱另一种价值。面对公正价值与效率价值的矛盾与冲突，有两种选择，一是公正优先，强调公正价值的至上性，有不符合司法公正的因素存在，则不允许开启审判程序或者已经历的司法过程无效。此种选择可能付出的代价是诉讼期间延长、案件积压、成本增加而效率降低。二是效率侧重，将效率价值摆在第一位，诉讼程序运行以提高办案率、节约诉讼成本为主要标准。该种选择可能付出的代价是被告人诉讼权利无法得到保证，司法公正价值减损，直接影响司法的公信力。应该说，没有哪种单一诉讼价值具有绝对的普遍适用性，案件本身千姿百态，处理案件的诉讼程序是在不同诉讼价值的平衡中适用的。诉讼制度的目标追求总是在公正与效率之间呈现出一种流动关系，

---

① 左为民、周长军：《刑事诉讼的理念》，法律出版社 1999 年版，第 154 页。

② 王海军：《刑事审判模式的经济分析——以当事人主义为中心》，中国政法大学出版社 2013 年版，第 40 页。

③ ［美］理查德 · A. 波斯纳：《法律的经济分析》，蒋兆康译，中国大百科全书出版社 1997 年版，第 31 页。

④ 魏建文、魏昕：《刑事缺席审判制度的价值分析》，载《中国刑事法杂志》2009 年第 6 期。

并总是在公正与效率之间寻求一种平衡。诉讼程序的价值已走向综合，偏执一端的诉讼程序只能在某一点上反映程序的价值。①公正价值与效率价值是诉讼活动的两个方面，诉讼法施行于社会之中的理想状态是实现公正价值与效率价值的最佳平衡，司法公正与诉讼效率的平衡更符合现代诉讼基本要求。

刑事对席审判制度蕴含的当事人参与原则，通过当事人在场、展开言词辩论，对案件裁决施加实质性影响，保证追诉刑事犯罪的司法过程公正。当事人缺席法庭，则体现刑事诉讼程序公正的一系列规则无法实施，司法公正价值将大打折扣，因而对席审判制度是刑事诉讼的基本制度，是常态。从抽象意义上来讲，对席审判制度能够最大限度地维护司法公正。但任何价值均有其适用的场域，如果片面甚至极端强调司法公正价值，有可能导致个别案件久拖不决，耗费大量司法资源，这又不符合诉讼效率的价值标准。在当今世界范围内，许多国家犯罪高发，司法资源耗费大幅提升，因而诉讼效率日益受到人们的关注；同时，诉讼效率本身也是司法公正含义的一部分，诉讼拖延不仅会降低诉讼效率，也会阻碍司法公正的实现。“优化资源配置，最大限度地增加社会财富，通过财富最大化实现福利最大化，就应该成为正义的标准之一。”“法律关系中的各种主体也都是自身利益最大化者，他们按照正义的原则追求利益，同时在利益追求中促进正义的实现。这样，正义也将变得更加具体、明确，避免过分道德化。”② 刑事缺席审判制度有助于快速终结诉讼，提高诉讼效益，凸显诉讼效率价值要求。在维持对席审判基本审判制度的前提下，允许部分案件缺席审判，兼顾了司法公正原则与诉讼效率价值。刑事缺席审判制度的确

① 参见陈瑞华：《走向综合性程序价值理论——贝勒斯程序正义理论述评》，载《中国社会科学》1999 年第 6 期。

② 王海军：《刑事审判模式的经济分析——以当事人主义为中心》，中国政法大学出版社 2013 年版，第 42 页。

立是二者之间平衡的结果，是对不同诉讼价值准确认知和做出理性选择的结果，符合当代法治发展的基本趋势。

三、实体公正与程序公正价值的平衡

“刑事诉讼的具体目的应当定位于消解冲突，抽象目的应当定位于公正司法。”① 司法公正价值包含实体公正与程序公正两方面的内容，实体公正表明对案件处理结果的价值追求，程序公正则表明对诉讼过程本身的价值追求。公正价值实现的理想状态是通过公正的程序获得公正的案件处理结果。实体公正价值和程序公正价值，一般情况下是可以统一的，这也是人们认可通过法律诉讼的方式解决纠纷的根本原因，但二者有时也不可避免地发生矛盾。有罪者受到恰当的刑罚处罚，无辜者尽早摆脱所处的被追诉者境地，这是社会希望达到的公正结果，这一结果的达成，以查得准确的事实和追诉过程的迅速与及时为保证。程序公正强调当事人对案件处理的全面参与以及为当事人诉讼权利提供保护与救济。为保证程序公正的一系列证据规则、程序规则的设置，未必都能实现查明案件事实以及迅速与及时处理案件的目的，有时甚至会走向其反面。这是因为实体公正与程序公正之间存在张力。“一个法律制度若要恰当地完成其职能，就不仅要力求实现正义，而且还须致力于创造秩序。这一论断可能会受到质疑，因为任何人为的制度都不可能同时实现两种价值，即一仆不能同侍二主。当这二主所追求的是截然不同的目标，发布的是互不一致的命令而且几乎每从事一定的行为他们就发现其目的相左时，这种质疑便可能是正确的。”②

世界各国在促成公正价值实现时，往往会根据本国的诉讼模式特

① 张能全：《社会转型中的刑事司法改革与制度创新研究》，中国政法大学出版社 2017 年版，第 130 页。

② ［美］E. 博登海默：《法理学——法律哲学与法律方法》，邓正来译，中国政法大学出版社 2017 年版，第 332 页。

点对法律制度进行一定程度的调整，以保证实体公正价值与程序公正价值的协调统一。实体公正与程序公正的关系一方面表现为各自独立、相互分离，另一方面也体现为辩证统一，二者互相渗透、相互依存、互为保障。实体公正是刑事司法追求的最终目标，法律程序则是实体公正目标达成的手段与途径，二者相互结合，共同服务于实现犯罪控制与公平正义的目标。刑事诉讼的意义在于通过设定一定的程序，保证作为裁判基础的事实最大限度地接近案件客观事实，以实现司法公正。

刑事缺席审判制度中，是在被告人缺席法庭审判的前提下就其刑事责任问题展开调查和裁决，在形式上不符合程序公正的基本要求。该制度的合理性在于：第一，刑事缺席审判制度侧重于实体公正价值的实现。对于被追诉人缺席法庭且短时间内无法出庭的案件采用缺席审判程序，可以根据掌握的现有证据，及时查明案件事实并在此基础上对案件作出裁决，避免因案件进程延长发生证据遗失或者变化，最终导致案件事实难以查清。对案件及时作出裁决，可以尽快对被追诉人的行为性质进行认定，修复因犯罪受到破坏的社会秩序，满足被害人要求惩治犯罪人的诉愿，使其因犯罪受到的物质损失及时得到返还和赔偿。第二，刑事缺席审判制度不具有普遍性，或者说，其适用情境有法律或其他规则的先在设定，因此不会对程序公正价值造成根本性冲击。世界各国缺席审判制度通常是作为对席审判的例外，适用于特定种类案件并设定严格的适用条件，多数案件则不适用缺席审判。第三，刑事缺席审判制度遵循程序公正的基本原则。尽管缺席审判中，作为诉讼中心的刑事被告人不参与审判，但仍遵循控诉、辩护、审判三方基本诉讼模式和采用开庭审判方式，由辩护人代理刑事被告人进行证据质证、辩论，发表辩护意见，保证案件裁决建立在确实、充分的证据以及法官全面听取控诉方和辩护方意见基础之上。“缺席审判重在取得公信力，公信力来源于建立在证据基础之上的实体公正和建立在自由保障原则之上的程序公正。”[①] 刑事缺席审判制度并未突破程序公正的底线性要求，而是根据案件具体情况在实体公正价值和程序公正价值之间进行的微调。

四、惩罚犯罪与保障人权价值的平衡

“国家、社会与个人之间的关系问题，一直是人类社会思考并需要解决好的重要问题。从韦伯理念化的角度来看，迄今为止，人类围绕这个问题大致形成了两种截然不同的看法：一种是认为国家是我们考虑问题的出发点和落脚点，国家利益具有至高无上的地位，个人只是国家实现国家利益的工具，没有独立的地位，即国家本位的观点，为此我们称之国家主义；一种是认为个人是我们考虑问题的出发点和落脚点，个人利益具有至高无上的地位，国家是实现个人利益的工具，即个人本位或以人为本的观点，为此我们称之人本主义。”“这两种理论在社会实践中，是国家主义多一点还是人本主义多一点，在不同的社会或社会发展的不同时期，都呈现出不同的格局。人类社会发展的过程，就是两者不断进行调整的过程。”[②] 惩罚犯罪与保障人权是刑事诉讼需要遵循的典型法律价值理念，构成刑事诉讼根本目的的两个方面。任何刑事犯罪均是对国家、社会及公民个人造成的危害最为严重的违法行为，依据刑法和刑事诉讼法有效追诉犯罪，不仅是对犯罪被害人利益最直接的救助和保护，也是对国家、集体利益和整体社会秩序的维护。惩罚犯罪是在准确、及时查明案件事实基础上，通过刑事诉讼程序本身抑制犯罪，实现国家刑罚权的活动。同时，刑事诉讼涉及的是司法人员如何处理有关人员的利益问题，是一个“人”与作为

---

① 张建伟：《作为一种特别程序的缺席审判》，载《中国检察官》2018 年第 12 期。

② 张洪涛：《国家主义抑或人本主义——转型中国法律运行研究》，人民出版社 2008 年版，第 14 页。

整体的“人”的问题。[①] 追诉犯罪是国家权力机关动用国家公器对付个人犯罪的过程，是国家公权力对公民个人权利进行必要干预的过程，国家公权力行使的特点决定了犯罪追诉权需保持一定限度，在程序的边界内运行，因而将公民权利保障纳入犯罪追诉考虑范围，并且成为不可或缺的内容。“如果政府不给予法律获得尊重的理由，它就不能够重建人们对于法律的尊重。如果政府不能将法律与有秩序的暴力相区别，它也就不能重建人们对法律的尊重。如果政府不认真对待权利，它也不能认真对待法律。”[②] 保障人权的内容是丰富的，不仅包括保障公民的实体性权利，例如生命权、人身自由权、财产权等，也包括程序性权利，例如诉讼参与权、辩护权、救济权等。通过刑事诉讼控制犯罪过程中，需要同时关注保障公民合法权益不受侵犯。

惩罚犯罪与保障人权呈现出既对立又统一的关系。所谓统一，是指惩罚犯罪与保障人权共处于刑事诉讼的统一体中，二者同等重要，不可分割，共同贯穿于刑事诉讼程序始终。所谓对立，是指惩罚犯罪与保障人权价值目标有时会发生冲突，追求其中一方面的价值可能会带来另一方面价值的减损，因而立法者和执法者面临着价值选择。当惩罚犯罪与保障人权价值目标发生冲突时，一般依据利益衡量原则做出选择，具体表现为在立法上规定处理价值目标冲突时的一般性原则和例外情形。

“一切形态的刑事诉讼制度中都蕴含有两种基本的价值追求——‘卫权’和‘控权’。加大‘卫权’在一定程度上意味着社会秩序和社会的绝大多数成员不受犯罪行为侵害的安全系数增大。而强调‘控权’则意味着权利保障的加大，尤其是对处于弱势地位的犯罪嫌疑人、

---

① 吴光升：《刑事诉讼程序的人性分析》，中国人民公安大学出版社2011年版，第32页。

② ［美］德沃金：《认真对待权利》，信春鹰、吴玉章译，中国大百科全书出版社1998年版，第264页。

被告人的权利保护加强。每种选择后面都拖着一条‘代价’的阴影。”“权力的绝对化或权利的绝对化都与理性、公平的法治相矛盾。如果我们不能运用法治平衡权力与权利之间的冲突，法治社会就不可能出现。”① 惩罚犯罪与保障人权的对立统一关系要求刑事诉讼中追求的司法价值目标之间做到有效协调与有机结合兼顾。“追求刑事司法目的观的协调统一并不要求做到惩罚犯罪与保障人权的绝对对等与整齐划一，事实上二者在价值取向上往往是对立和矛盾的，存在着相互冲突又必须面临取舍的困难问题。正是二者的对立冲突，才更要求在追求刑事司法价值目标实现的过程中必须做到二者协调兼顾，当然不排除在某种情况下趋向优先保护公共安全价值而较注重惩罚犯罪，在某种情况下趋向优先保护权利与自由价值而较注重保障人权，从而使其保持一种动态平衡的态势。”② 必须将公民的基本权利看作社会公共利益最重要的内容之一，如果用公共利益作为限制公民基本权利的理由，必须合宪、合法、合理。③ 通常情况下，刑事诉讼采对席审判程序，因对席审判程序诉讼过程最为完整，当事人可以通过参与审判充分行使辩护权、质证权、沉默权等诉讼权利，表达对犯罪指控的意见。一旦被告人缺席，则停止诉讼程序。对席审判程序可以最大限度实现对被告人诉讼权利的保障，但付出的代价是犯罪不能得到有效追诉，国家刑罚权无法实现。“从利益权衡的角度考虑，国家和社会公共利益明显大于当事人默认已经放弃的出庭权，因此对其权利应当进行克减。”④ 缺席审判中即使被告人缺席，仍开启刑事审判程序并就被告人是否有犯罪行为及应否承担刑事责任作出裁决。法官在被告人未有效参与法庭

① 陈金钊：《法治及其意义》，法律出版社2017年版，第41页。

② 张能全：《社会转型中的刑事司法改革与制度创新研究》，中国政法大学出版社2017年版，第78—79页。

③ 陈贵民：《现代行政法的基本理念》，山东人民出版社2004年版，第101页。

④ 袁义康：《刑事缺席审判程序的合理性及其完善》，载《华东政法大学学报》2019年第2期。

审判，其享有的辩护权、对质权、救济权等诉讼权利行使受到相应限制的情况下，对其人身、财产等利益进行强制处分，刑事诉讼过程中人权保障价值显得不足。缺席审判制度的优势在于，可以及时就被告人刑事责任作出裁决，实现及时惩罚犯罪，震慑犯罪的目的。缺席审判制度无疑是针对特定案件在维护社会公共安全方面所做的价值选择。但这种价值选择仅限于特定范围的刑事案件，缺席审判并不具有案件适用的普遍性。

小　结

刑事诉讼价值目标经历了价值单一论到价值多元论、多元价值并重论到价值冲突平衡论的发展，反映了刑事诉讼目的理论研究的深入以及司法实践根据社会发展所进行的调整。刑事缺席审判制度的确立和发展说明，刑事诉讼制度的发展演化始终围绕司法公正与诉讼效率、实体公正与程序公正、惩罚犯罪与保障人权价值目标之间的平衡。基于提高诉讼效率、实现实体公正、惩罚犯罪的需要，刑事缺席审判制度的确立具有必要性，但考虑保证程序公正、保障人权等价值目标，则刑事缺席审判制度缺少合理性。孤立考察刑事缺席审判制度，则其制度缺陷明显；若以动态的诉讼价值平衡观考量，则该制度亦可得见其合理性。刑事缺席审判制度正是多重价值选择的结果。

刑事缺席审判制度集中体现了现代刑事诉讼功能的多元化，但不可忽视的是该制度因被告人缺席而有“天然缺陷”。强调打击犯罪效能、提高诉讼效率的同时，意味着被告人诉讼权利保障的弱化以及程序公正的减损。因而刑事缺席审判制度运作需要把握以下问题：第一，刑事缺席审判制度虽然是刑事诉讼制度的一个局部问题，但仍受刑事诉讼基本价值目标及基本原则指导。该制度集中反映了刑事诉讼中司法公正与司法效率、实体公正与程序公正、惩罚犯罪与保障人权多元价值目标的平衡互动关系。第二，缺席审判程序是刑事审判的例外。

对席审判是刑事审判的常态，缺席审判只能作为例外，补充对席审判程序的不足，而不具有普遍性。缺席审判程序有着特定的适用案件范围以及严格的适用条件，缺席审判程序不能突破现有法律框架体系，不能以打击特定种类犯罪为目的而成为法律适用的常态，否则可能掉入法律工具主义陷阱。第三，缺席审判程序需遵循底限正义原则。尽管缺席审判程序是在多元诉讼价值观动态平衡下的一种制度选择，突出打击犯罪、社会治理、诉讼效率价值，但作为一种诉讼程序仍不能突破程序正当性底线限制，制度实施中被告人的知悉权、辩护权、救济权等基本诉讼权利应当得到维护。

诉讼固然是一种探求真相的认知活动，但同时，诉讼过程又是一个国家权力的运作过程，是一种对社会纠纷的规范化解决机制，因此，诉讼必然是一种社会制度。① 对于不同国家和地区的不同司法实践以及同一国家不同历史时期的司法实践，不存在完全一致的诉讼价值取向，均是在多元诉讼价值的动态平衡中做出选择，在具体构建某一制度时，价值选择有所侧重。因而需要考虑各个国家的实际情况，结合其法律传统、诉讼模式，才能对刑事缺席审判制度做出客观评价。

---

① 江涌：《未决羁押制度的研究》，中国人民公安大学出版社 2011 年版，第 36 页。

第三章

比较论

“诉讼文明是整个制度文明的标尺，而标尺的意义在于比较，没有比较就没有进步，没有极致比较就没有反思。”① 刑事缺席审判制度为大多数国家确立的一项法律制度，在内容上体现出一定的共通性，但基于国情、文化传统、法律制度的不同，各国刑事缺席审判制度在立法结构、适用范围、适用条件、诉讼程序等方面亦存在差别。刑事缺席审判内容的共通性和差异性构成了当今世界各国刑事缺席审判制度的基本样式。

第一节　域外刑事缺席审判制度概况

一、域外刑事缺席审判的内涵和类型

（一）域外刑事缺席审判的内涵

每一个国家的刑事诉讼制度均是该国诉讼价值权衡及刑事诉讼构造的集中反映。为了保证刑事诉讼顺利进行，落实国家刑罚权，避免出现因刑事案件被告人不出席法庭给法庭审判带来的障碍，世界范围

① 邓子滨：《刑事诉讼原理》，北京大学出版社 2019 年版，自序部分第 8 页。

内多数国家和地区设置了缺席审判程序，在缺席审判形式方面具有普遍性和相似性，但各个国家和地区对刑事缺席审判内涵的理解与诠释并非完全相同，在立法上也体现出了一定的差异性。

1. 被告人缺席与被告人不到庭

通常理解的刑事缺席审判发生于刑事法庭审理案件过程中，是在被告人不出席法庭的条件下所开展的审判。被告人是刑事诉讼的主要诉讼主体，被告人刑事责任是刑事诉讼的客体，刑事审判围绕此客体而展开。被告人不出席法庭，法庭审理缺失了被审判者，尽管可能有被告人的辩护人参与审判，但同对席审判程序相比，缺席审判程序结构少了一个重要支点。由于各国法律传统、刑事诉讼特点不同，就缺席审判概念的理解不一，不都是以被告人本人是否出现于法庭之上作为衡量是否构成缺席审判的标准。

在法国，轻罪案件以及违警罪案件均可缺席审判，但同时也区分了缺席审判和对席审判，即被告人“缺席”（default）与“不到庭”（absence）。[①] 被告人不到庭不必然构成缺席审判，在满足特定条件的情况下，即使被告人不出席法庭，仍然有可能被视为对席审判。对于轻罪案件和违警罪案件，根据《法国刑事诉讼法典》第 320 条规定，法庭向被告人送达督令出庭通知书，如果被告人不服从督令出庭通知书的传唤，审判长可当庭宣读确认被告人抗拒出庭的笔录之后，命令即使被告人不到庭，法庭审理照常进行。第 322 条规定，如果被告人本人扰乱法庭秩序，审判长得命令将其驱逐出法庭，法庭审理可以照常进行。对于拒绝出庭和被驱逐出法庭的被告人，在庭审之后向其宣读庭审笔录并向其送达检察院的公诉意见的副本和法庭作出的裁决，该种裁决全部视为对席作出。根据第 411 条规定，受到传讯的被告人申请在其不出庭的情况下进行审判，并由其律师或者依职权指定的律

① 谢澍：《刑事缺席审判之类型化分析与体系化建构——以〈刑事诉讼法〉再修改为语境》，载《法学》2019 年第 12 期。

师代理其出庭，被告人视为对席接受审判。以上情形也被称为“准对抗化的诉讼程序”，这种诉讼程序的法律效力和普通刑事诉讼的区别甚微，并且会产生终局性的判决。① 法国缺席审判的含义较窄，只有在出庭督令没有送交被告人本人，或者无法确认被告人知悉受到出庭督令传唤时，被告人不出庭所进行的审判才是严格意义上的缺席审判。在被告人知悉所受到的指控以及法院开庭审理日期等信息，而自愿放弃出席法庭的机会的情况下，其虽然不到庭，但法院并不按缺席审判来处理，而是视为普通对席审判，所作裁决亦不属于缺席审判裁决。

在意大利，无论是在初步庭审阶段还是在法庭审理阶段，② 都有类似规定。《意大利刑事诉讼法》第420条之2规定，在初步庭审阶段，如果被告人在出庭后离开庭审场所，或者出席第一次庭审，但随后的庭审没有出庭，该被告人也由辩护人代理，并且视为出席。③ 第475条规定了在法庭审理阶段对被告人的强制带离。如果被告人在受到警告后仍继续坚持自己的态度，以致可能妨碍庭审的正常进行，庭长可裁定将其强制带离。被带离的被告人被视为在场，并且由辩护人代表。根据第488条规定，在法庭审理阶段，如果被告人在出庭后又离开审判庭，仍被视为在场，并且由其辩护人代表。当被告人在法庭审理的任何时刻脱逃或者在法庭审理的间歇期中脱逃时，仍被视为在

---

① ［德］贝恩德·许乃曼：《刑事缺席审判：欧洲经验之比较》，程捷译，载《经贸法律评论》2020年第4期。

② 意大利刑事诉讼划分为三个阶段：初期侦查、初步庭审和法庭审理。侦查终结后，如果检察官认为应当追究被告人的刑事责任，则提请法官进行初步庭审，此种庭审采用控辩对峙的方式进行，不向社会公众开放。如果法官通过初步庭审认为证据材料足以支持有关的指控，则发布审判令；如果认为证据不足，则宣告不追诉判决。正式的法庭审理采用控辩对峙方式，控辩双方进行交叉询问，法官只是庭审的主持人。参见：《意大利刑事诉讼法典》，黄风译，载《世界各国刑事诉讼法》编辑委员会编译：《世界各国刑事诉讼法》（欧洲卷·下），中国检察出版社2016年版，第1626页。

③ 《意大利刑事诉讼法典》，黄风译，载《世界各国刑事诉讼法》编辑委员会编译：《世界各国刑事诉讼法》（欧洲卷·下），中国检察出版社2016年版，第1627—1754页。后文有关《意大利刑事诉讼法典》的条文，如无特别注明，均引自同一法典。

场，并且由其辩护人代表。

根据法国刑事诉讼法和意大利刑事诉讼法的规定，刑事审判中被告人不到庭不一定构成对被告人的缺席审判，仍然可能被视为对席审判。在法国，只有在被告人因事先未收到开庭通知，不了解刑事审判信息等原因未出席法庭的，才构成严格意义上的缺席审判。

2. 被告人缺席与被告人不到案

审判中被告人不出现于审判法庭之上存在多种可能情形，一种情形为被告人到案，审判前经历了侦查机关的侦查、检察机关的起诉，处于司法机关控制之下，只是在法庭审判时不到庭；另一种情形为被告人在案发后未到案，未处于司法机关控制之下。有些国家不区分不同情形，只要满足法定条件，即按缺席审判处理；有的国家则区分不同情形，分别处理。

在德国，对于被告人不出席法庭，区分其未到案因而自始未出现于诉讼之中与被告人到案只是在法庭审判阶段缺席分别设置程序加以规制。《德国刑事诉讼法》第 276 条规定，犯罪嫌疑人居所不明，或者居住国外不可能或者不适宜传唤其出席有管辖权的法院的，则视为缺席。第 285 条规定，对缺席人不进行法庭审理。对缺席人启动的程序，其任务是为缺席人以后到案的情况保全证据。这两条均见于《德国刑事诉讼法》第二编第八章“缺席审理程序”。对于居所不明或者居住国外不可能或者不适宜传唤出庭的被告人的法庭审理，虽然称为“缺席审理程序”，但这种程序启动的目的是保全证据或者是扣押财产，为日后被告人归案审理做准备，不同于被告人缺席法庭而对其进行定罪量刑。在被告人缺席情况下对其定罪量刑的缺席审判程序集中体现于《德国刑事诉讼法》第二编第六章“法庭审理”部分。有学者将被告人因住所不明或者潜逃国外而不到案造成的缺席称为“形式上的缺席审判”，将被告人到案但不到庭造成的缺席称为“实质上的缺席审判”。只有被告人到案不到庭的缺席审判才是德国实质意义上的缺席审判制度。[1]

在美国，缺席审判一般适用于被告人到案的情形。根据《美国联邦刑事诉讼规则》第43条第（b）款和第（c）款的规定，[2] 缺席审判适用于法律规定被告人不需要到庭和被告人放弃继续到庭的情形。在这两种情形下，被告人参与了一些程序环节，可以不参与其他法庭审理环节。以上两种情形均为被告人在案，只是开庭时不到庭或者庭审中中途放弃到庭，若被告人一开始就因逃跑等原因不在案，是否适用缺席审判程序，美国联邦最高法院与其下级法院及州法院观点不同。美国联邦最高法院认为，在审判之前逃跑的被告人不能被缺席审判，这是因为司法制度更感兴趣的是进行已经开始做的事情，而不是进行一个永远没有起步的审判。而联邦下级法院则认为，即使被告人在诉讼一开始就主动缺席，只要公共利益高于自愿缺席的被告人的利益，法院就可以认定被告人在审判开始时即丧失出庭权。而在美国部分州法院，针对在逃被告人适用缺席审判是被允许的。[3]

根据德国法律和美国联邦最高法院的观点，刑事缺席审判均限定于法庭审判阶段被告人不到庭，若案发后被告人不到案因而导致不能出席法庭，则不适用缺席审判程序。

3. 被告人缺席与被告人临时退庭

被告人的缺席审判意指在被告人不在场的情况下法庭就案件事实及其刑事责任承担继续审理并作出裁决。多数国家确定被告人缺席法庭审理的理由是被告人自愿放弃出庭或者因扰乱法庭秩序被法官命令强制带离法庭等。除此之外，在法庭审判中因审理案件的特殊需要，

---

① 唐芳：《刑事缺席审判制度的域外考察及本土建构》，载《社会科学家》2007年第4期。

② 《美国联邦刑事诉讼规则》，卞建林、张璐、白思敏译，载《世界各国刑事诉讼法》编辑委员会编译：《世界各国刑事诉讼法》（美洲卷），中国检察出版社2016年版，第605—650页。后文有关《美国联邦刑事诉讼规则》条文，如无特别注明，均引自同一法典。

③ 邓思清：《刑事缺席审判制度研究》，载《法学研究》2007年第3期。

要求被告人临时退出法庭，因而在某个审理环节会出现被告人不在场情形。

《德国刑事诉讼法》第 231c 条规定，对数名被告人进行审判的，依申请法院可以裁定允许个别的被告人，在指定辩护情况中也包括允许其辩护人，不参加不涉及他们的个别审理部分。裁定应当写明允许不参加的审理活动部分。第 247 条规定，讯（询）问共同被告人或者证人时，如果因为被告人在场而有不会据实陈述之虞的，法院可以命令被告人在讯（询）问期间退出审判庭。此规定同样适用于询问未满 18 岁的证人时，因为被告人在场对证人的身心有带来严重不利影响之虞，或者询问其他证人时因为被告人在场对证人的健康存在严重不利的急迫危险的，介绍被告人的状况及治疗前景时，如果对他的健康有产生十分不利的影响之虞的，也可以命令被告人在介绍期间退庭。被告人一旦重新出庭，审判长应当告知被告人其退庭期间所作的陈述和其他审理情况的主要内容。

《日本刑事诉讼法》第 304 条之 2 规定，法院在询问证人时，认为证人在被告人面前会受到压迫而不能充分供述的，以有辩护人在场时为限，可以在听取检察官和辩护人的意见后，在该证人供述时，使被告人退庭。在此场合，当证人供述完毕后，应当使被告人入庭，告知其证言的要旨，并向他提供询问该证人的机会。

就以上国家法律规定的情形，部分学者将这些情形下被告人不到庭也纳入了该国刑事缺席审判制度中。笔者认为，刑事审判考虑特殊情况而临时让被告人退出特定法庭审理环节与被告人缺席审判是有所区别的。第一，在特定情况下令被告人临时退出法庭审理某些环节是法庭审理做出的临时性变通措施和灵活处理方法，以适应案件审理的具体需求。被告人临时退庭具有短暂性，只适用于某个审判程序环节。第二，特定情况下被告人临时退出法庭是为了维护某一方面的特殊利益，例如保护出庭作证证人的安全与健康利益，保证证人能如实提供证言；对于严重影响自己权利义务判决制作过程的事项强调被告人的参与，对于与该被告人无关的个别审理程序环节其可以不参加，以提高诉讼效率等。第三，对于特定情况下被告人临时退出法庭的诉讼权利进行明确规定，例如《日本刑事诉讼法》规定了被告人在证人作证后重新入庭的，要告知其证人证言内容，并可向证人质证。这些规定内容对被告人临时退庭带来的不利影响及时予以减轻或者消除。综上，尽管一些国家被告人临时退出法庭措施在形式上也表现为被告人缺席法庭审理，但这与缺席审判程序中基于被告人出庭权利性和义务性的考量标准不同，因而不属于缺席审判程序范畴。

4. 被告人缺席与公诉人、刑事被害人、辩护人、证人缺席

各国刑事缺席审判主要是指针对被告人缺席法庭的审判，也有少数国家对控诉方及其他诉讼参与人缺席法庭的情形在刑事诉讼法中加以规定。

（1）公诉人缺席

通常而言，民事诉讼中的缺席审判既包括原告方的缺席，也包括被告方的缺席。世界上多数国家和地区所设立的刑事缺席审判制度则仅指被告人一方缺席，法律中以被告人缺席作为缺席审判制度的主要内容，但也有部分国家和地区规定如果控诉方缺席，亦可构成缺席审判。

公诉案件中，检察机关为国家代表，具体行使控诉权，控诉犯罪是检察机关的法定职责。检察机关行使公诉权主要表现为检察机关对刑事案件提起公诉和出庭支持公诉。根据起诉法定主义，检察机关对公诉权并无处分权。根据不告不理原则，法院审理刑事案件，检察机关应当派员出席法庭并履行控诉职能，没有检察官提出控诉并出庭支持控诉，法院不得启动法庭审判或者对已经启动的法庭审判程序进行中止。例如，《法国刑事诉讼法典》第32条规定，检察院在各刑事法院均驻有代表。检察官参加审判法庭的庭审辩论。所有判决均在检察

院出席时作出宣告。《日本刑事诉讼法》第282条规定，公审期日的调查，在公审庭进行。公审庭，应当在法官及法院书记官到庭并有检察官出庭的情形下开庭。也有少数国家规定，公诉案件存在公诉人不出席法庭情形，法庭可以缺席审理案件，例如《韩国刑事诉讼法》第278条规定，检察官接到公审日期通知2次以上而不到庭或法院只宣告判决时，可以在检察官不到庭的情况下进行开庭审理。对于公诉案件，绝大多数国家法律规定缺席审判只适用于被告人一方不到庭的情况，只有少数国家规定针对检察官不出席法庭的情况也可以适用缺席审判程序。

（2）刑事被害人缺席

刑事案件按照控诉主体不同，可以划分为自诉案件和公诉案件，各国对于公诉案件和自诉案件中被害人参与法庭审判的要求并不相同。一般对公诉案件中被害人出席法庭不作特别要求，但也有国家作出专门性规定，例如《俄罗斯联邦刑事诉讼法典》第249条第1款规定，在没有特别规定的情况下，法庭审理应当在刑事被害人与（或者）其代理人出庭的情况下进行。第2款规定，在刑事被害人不出庭的情况下，法庭可以缺席审理案件。但是，法庭认定刑事被害人必须到庭的情况除外。①

自诉案件类似于民事诉讼案件，由自诉人决定是否向法院提起诉讼，以追究被告人的刑事责任。如果自诉人无正当理由不出庭，会带来相应程序后果，例如，《俄罗斯联邦刑事诉讼法典》第246条规定，对于刑事自诉案件，刑事被害人应当出庭支持指控；第249条第3款规定，对于刑事自诉案件，刑事被害人无正当理由不出庭的，该案依据本法相关规定予以终止。有的国家规定自诉案件在自诉人有律师代

---

① 《俄罗斯联邦刑事诉讼法典》，赵路译，载《世界各国刑事诉讼法》编辑委员会编译：《世界各国刑事诉讼法》（欧洲卷·上），中国检察出版社2016年版，第374—530页。后文有关《俄罗斯联邦刑事诉讼法典》条文，如无特别注明，均引自同一法典。

理等情况下，自诉人可以不出席法庭。《德国刑事诉讼法》第 378 条规定，自诉人可以由律师辅佐或者由持有全权委托的律师代理出席自诉程序。在后者情形下，对起诉人的送达可以具有法律效力地向律师送达。

刑事附带民事诉讼解决的是因犯罪行为所带来的民事权益争端，附带民事诉讼中的原告人通常为刑事被害人。通常而言，附带民事诉讼中对当事人的出庭要求并不像刑事公诉案件对当事人出庭的要求一样严格。《俄罗斯联邦刑事诉讼法典》第 250 条规定，刑事附带民事诉讼请求原告人或者其代理人不出庭时，法院有权搁置刑事附带民事诉讼请求不予审理。该条同时规定，具有下述情形之一时，法院有权在刑事附带民事诉讼请求原告人不出庭的情况下对相应的刑事附带民事诉讼请求进行审理：一是刑事附带民事诉讼请求原告人或者其代理人申请不出庭的；二是检察官支持刑事附带民事诉讼请求的；三是刑事受审人完全同意刑事附带民事诉讼原告人所提出之诉讼请求的。俄罗斯刑事附带民事诉讼中，以附带民事诉讼原告人或者其代理人出庭为原则，以不出庭为例外。属于例外的刑事附带民事诉讼，是在提出请求原告人缺席法庭的情况下进行审判。

（3）辩护人缺席

辩护人是刑事被追诉人法律利益的专门维护者，辩护人全程参与刑事诉讼是其履行辩护职责的前提条件。辩护权是当事人享有的一项重要诉讼权利，犯罪嫌疑人、被告人委托辩护或者接受司法机关的指派辩护是其行使辩护权的具体体现。法定情形辩护人参与刑事诉讼过程是严格的程序要求，违反该要求可能构成严重程序违法而带来程序无效的后果。对于犯罪嫌疑人、被告人辩护权的严格保护并不排除在特定阶段允许在没有辩护人的情形下进行刑事诉讼行为。《俄罗斯联邦刑事诉讼法典》第 50 条规定，自聘请辩护人的申请提出之日起 5 日内，在被聘请的辩护人不到案的情况下，调查官、侦查官或者法院有权建议犯罪嫌疑人、刑事被告人聘请其他辩护人。在犯罪嫌疑人、被告人拒绝的情况下，有权采取措施指定辩护人。如果参与刑事案件的辩护人在5日内不能参与具体的侦查行为，而犯罪嫌疑人、被告人又不聘请其他辩护人，也不请求为其指派其他辩护人的，调查官、侦查官有权在没有辩护人参与的情况下实施相应的侦查行为。如果自羁押犯罪嫌疑人或者监禁犯罪嫌疑人、刑事被告人之时起24小时内，其所聘请的辩护人不可能到案的，调查官或者侦查法官应当为其指定辩护人，犯罪嫌疑人、刑事被告人拒绝的，调查官、侦查官可以在没有辩护人参与的情况下进行侦查。以上规定不适用于犯罪嫌疑人、刑事被告人为未成年人或者由于身体残障不能独立行使辩护权等情形。在审判阶段，除了辩护人必须参与诉讼的情形，被告人有权选择在辩护人不出庭的情况下参与法庭审判。

《挪威刑事诉讼法》第279条规定，如果在被告人有权获得辩护律师的案件中辩护律师未能出庭，案件应当延期审理，除非其他人能够代行其职责。如果法院认为审理结果一定是无罪释放或完全驳回案件，即使辩护律师未能出庭，法院也可以继续进行审理。① 根据该规定，在被告人有权获得辩护律师的案件中，辩护律师出庭是法庭审判必备条件，但审理结果为无罪释放或完全驳回指控的，可以在辩护律师不出庭的情况下继续审理并作出裁决。

（4）证人缺席

无论是基于英美法系国家的传闻证据规则，还是基于大陆法系国家的直接言词审判原则，证人出席法庭都是法庭审判程序必不可少的环节。通过证人出席法庭来保障当事人质证权，同时有助于法庭查明

---

① 《挪威刑事诉讼法》，顾永忠、徐磊、李辞、苑宁宁译，载《世界各国刑事诉讼法》编辑委员会编译：《世界各国刑事诉讼法》（欧洲卷·中），中国检察出版社2016年版，第1155—1210页。后文有关《挪威刑事诉讼法》条文，如无特别注明，均引自同一法典。

案件事实。除了在刑事诉讼法设定证人出庭义务，有的国家还在法律中规定了证人不出庭的刑事责任，以保证证人能够出庭。证人出庭是法律规定的诉讼义务，但遇有法定情形，也可以免除证人出庭义务，在证人不出席法庭情况下进行审判。《俄罗斯联邦刑事诉讼法典》第281条规定，经控辩双方许可，可以在证人不出庭时宣读其在预先审查以及法庭审理阶段做出的供述。如果证人因死亡、自然灾害等原因无法出庭的，法庭有权根据控辩双方申请或者主动下达判决，宣读此前证人陈述等资料。

综上，一些国家法律规定缺席刑事诉讼审理主体范围较为广泛，但是从多数国家和地区的立法内容和立法模式观察，刑事被告人以及特定情形下的公诉人、刑事被害人缺席才构成严格意义上的刑事缺席审判。刑事被告人和刑事被害人是刑事诉讼的主要诉讼主体，案件裁决的结果和其实体性权益直接相关。辩护人、证人等作为其他诉讼参与人，和案件处理结果无直接利害关系，其他诉讼参与人的参与并不左右诉讼程序进程和裁决结果，因而针对案件当事人的缺席审判与针对其他诉讼参与人的缺席审判法律意义并不相同，针对案件当事人的缺席审判构成严格意义上的缺席审判，而其中又以针对被告人的缺席审判为主。

（二）域外刑事缺席审判的类型——权利与义务视角

刑事缺席审判制度虽然形式上主要是一整套在缺乏被告人参与情形下的刑事审判规则，实质却是各国对被告人参加法庭审判的认知。虽然刑事缺席审判制度已成为世界范围内多数国家普遍确立的一项刑事诉讼制度，但不同国家确立该制度的理论根基并不相同。被告人参与法庭审判权利义务属性理论是缺席审判制度的核心理论，正是各国对该问题的认识决定着各国缺席审判制度的基本格局。如前所述，对于被告人参与法庭审判属性的认知存在着义务说、权利说、权利义务说三种理论，不同的理论学说影响着刑事缺席审判制度的类型划分。

1. 义务侧重型缺席审判

权利与义务是分析行为人行为的一对法律范畴。对于刑事缺席审判制度而言，首要的问题是厘清被告人出席法庭是一项权利还是一项义务。根据义务说理论，被告人出席法庭是被告人应当履行的一项义务，被告人不出席法庭则是对该项义务的违反，理应承担不利的法律后果。“此时，如果国家启动缺席审判程序，被告人因为不履行出庭义务而未能在法庭上充分阐述自己的主张，所导致的某些权利行使的不充分可以视作对其不履行义务给予的一种惩罚。若未设置缺席审判，则会因被告人之不履行出庭义务而搁置诉讼程序，其行为附随之责任即会被转嫁给被害人与社会。”① 通常认为，查明案件事实真相，准确适用法律，作出正确的裁决是法庭的职责，此时被告人有义务出席法庭，协助法庭查明案件事实，此乃被告人承担出庭诉讼义务的缘由。

义务观指导下的刑事缺席审判制度往往为大陆法系国家所采用。在法国，被告人出席法庭被认为是一项接受法庭审判的义务并突出强调该义务。《法国刑事诉讼法典》第 319 条、第 320 条规定，如果被告人拒绝出庭，审判长得为此专门委派一名司法执行员在公共力量协助下以法律的名义向其送达督令出庭通知书，勒令其到庭。如果被告人不服从督令出庭通知书的传唤，审判长得命令以强力将被告人带到法庭；审判长亦可当庭宣读确认被告人抗拒出庭的笔录之后，命令缺席审理，所作裁决视为对席裁决。在传票没有送达或者不能确定被告人知道自己受到传票传讯时，适用缺席审判。

在德国，被告人出席法庭同样被认为是一项义务。《德国刑事诉讼法》第 230 条规定，对未到庭的被告人不举行法庭审理。被告人无正当理由缺席的，应当命令拘传或者签发逮捕令。处于所犯罪行轻微的特定情况下，被告人的出庭义务可以被解除。《德国刑事诉讼法》第

① 谢澍：《刑事缺席审判之类型化分析与体系化建构——以〈刑事诉讼法〉再修改为语境》，载《法学》2019 年第 12 期。

233 条规定，如果可能仅是单处或者并处 6 个月以下的自由刑、180 日以下的日额罚金、保留处刑的警告、禁驾、追缴、没收、销毁或者废弃处分的，依申请可以解除被告人审判时到庭的义务。这又被称为义务豁免型缺席审判。除此之外，被告人故意和有责任地使自己陷入某种状态，以及被告人因为违反法庭秩序，被带离法庭或者拘留的，如果法院认为其在场并非必不可少的，可以在被告人缺席情形下进行法庭审理。这又被称为义务违反型缺席审判。①

在强调出席法庭是被告人义务的国家，一旦被告人违反该出庭义务，需要承担相应的后果，而适用缺席审判程序剥夺或限制被告人一部分诉讼权利，则是其承担该后果的一种必要方式，这种方式因案件的不同而有所差异。② 越是严重的刑事案件，越强调被告人出庭的义务性，对于轻微刑事案件，被告人出庭义务要求相应降低。

2. 权利侧重型缺席审判

根据权利说理论，被告人出席法庭被视为其享有的一项诉讼权利，既然是权利，权利主体可以行使，也可以放弃。“但放弃权利不是无缘由的，权利主体为了获得某种更大的利益可能放弃某种相对较小的利益，这即是权利之交换。在缺席审判状态下，被告人不出庭亲自进行辩护，并不会必然影响法院审判，法庭将在尽全力保障程序正义之前提下作出实体裁决，而这种裁决并非全然是对被告人不利的，甚至也可能产生无罪判决，这可以视为权利交换的结果；反之，如果不进行缺席审判，那么一旦放弃权利，将会使其暂时甚至长久地逃避法律的制裁，这种处分的随意性与结果的有利性，可能导致越来越多的被追诉人倾向于放弃这一权利。”③ 权利说观点往往为英美法系国家所采

---

① 参见谢澍：《刑事缺席审判之类型化分析与体系化建构——以〈刑事诉讼法〉再修改为语境》，载《法学》2019 年第 12 期。

② 参见邓思清：《刑事缺席审判制度研究》，载《法学研究》2007 年第 3 期。

③ 谢澍：《刑事缺席审判之类型化分析与体系化建构——以〈刑事诉讼法〉再修改为语境》，载《法学》2019 年第 12 期。

用，并以此指导刑事缺席审判制度的设定。在英美法系国家，审判时在场被视为被告人的一项权利，其刑事缺席审判程序的正当性基础建立在被告人的弃权行为上。这种弃权行为的正当性需要通过满足以下程序性事项而得以实现：第一，保证被告人的知情权。第二，保证被告人弃权的自愿性。第三，保证被告人获得辩护的权利。第四，保证被告人的救济权。①

美国奉行当事人主义诉讼模式，强调控诉方和辩护方在刑事审判中推动审判进程的地位和作用。美国在法律上重视保证被告人一方包括诉讼参与权在内的一系列诉讼权利，甚至将这些诉讼权利上升到宪法层面加以审视。美国宪法修正案第 5 条规定，不经正当法律程序，被告人不得被剥夺生命、自由和财产。第 6 条规定，被告人有权获得迅速和公开的审判，得知控告的性质和理由、同证人对质、取得律师帮助等权利。宪法修正案的规定确立了被告人的程序参与权利，特别是经过 20 世纪 60 年代、70 年代正当程序理论的发展，美国公民诉讼权利保护也达到新的高度。被告人出庭权被美国联邦最高法院视为美国宪法所保障的最基本权利之一。在权利的视角下，美国确立了刑事缺席审判制度。美国联邦法院和州法院均认为依据宪法标准，被告人自愿、明知且明智放弃出庭权才被认可，法院通常聚焦于被告人缺席审判的自愿性。联邦最高法院裁决的最有影响的案件为 1912 年迪亚兹诉美国案（Diaz v. United State），该案裁决直接确认了被告人自愿放弃出席法庭权利的有效性。② 美国联邦最高法院在相关判例中强调，缺席审判应当重点关注决定的谨慎性，确保缺席审判成为最终手段，而且即使适用缺席审判，法院也应切实保障被告人其他各项可予保障

① 鲍文强：《权利与义务视阈下刑事缺席审判程序的理论展开》，载《法学杂志》2019 年第 8 期。

② Eugene L. Shapiro, *Examining an Underdeveloped Constitutional Standard: Trial in Absentia and the Relinquishment of a Criminal Defendant's Right to be Present*, Marquette Law Review, 2012 – 2013, Vol. 96 (2).

的权利。[①] 无论是出于政治目的还是其他理由，践行程序性权利保障对于美国传统及司法公正本身都同等重要，即使面对恐怖主义战争，这些权利也不应被限缩。[②] 美国《联邦刑事诉讼规则》第 43 条规定确定涉及被告人实质性权利行使的程序环节，被告人应当到庭；同时规定了被告人出席法庭的例外，这种例外又分为两种情形。第一种为无须到庭，具体包括：（1）法人被告，即被告人为法人并由律师代表出庭的；（2）轻罪，即可被判处罚金或 1 年以下监禁或二者并处的犯罪，经被告人书面同意，法庭允许通过视频电话会议的方式或在被告人缺席的情况下，进行传讯、答辩、审理与科刑；（3）就法律问题举行会议或听证，即只涉及就法律问题举行会议或听证程序中被告人可以缺席；（4）纠正判决，即根据相关规定的纠正判决或减轻量刑程序中被告人可以缺席。第二种为放弃继续到庭，在审判中第一次到庭或已经答辩有罪或作不辩护也不认罪的答辩的被告人，在下列情况下视为放弃出庭的权利：（1）在审判开始后被告人自愿缺席，无论法庭是否告知被告人有在审判中在场的义务的；（2）在非死刑案件中，被告人自愿在科刑时缺席；或（3）法庭警告被告人因破坏行为会将其驱逐出法庭，但被告人坚持该行为，而将其驱逐出庭的。法律条文中“放弃出庭”“自愿缺席”“坚持该行为”等表述表明缺席法庭是被告人自己选择的结果，是权利行使的体现。被告人缺席法庭可以由“放弃出庭”“自愿缺席”等消极行为引起，也可以由扰乱法庭秩序等积极行为引起，法庭对被告人的选择不应加以干涉。被告人弃权会引起相应法律后果，如果被告人放弃出庭的权利，在被告人缺席的情况下，法庭可以继续进行审判至完结，包括宣读陪审团裁决与科刑。以上两种

---

① 马晴：《从美国 Cosby v. US 案反观中国缺席审判制度的完善》，载《中国检察官》2019 年第 4 期。

② Matthew Bloom, *I Did Not Come Here To Defend Myself*: *Responding to War on Terror Detainees' Attempts To Dismiss Counsel and Boycott the Trial*, The Yale law journal, 2007, Vol. 117（1）.

情况均会导致法庭缺席审判案件并作出对被告人不利的裁决。近年来，相当一部分联邦巡回法院对被告人自愿放弃出庭权的缺席审判宪法标准进行了补充，在确定缺席审判时非宪法性因素及监管要求因素被纳入进来，以平衡个人利益和政府公共利益，但这一意见并未被多数州法院接纳。①

英国为传统的判例法国家，关于刑事诉讼的成文法并未形成体系，刑事缺席审判规则主要为判例所确立。1980 年《英国治安法院法》第 11 条规定，当在所确定的审判或延期审判的时间、地点，公诉人出庭而被告人没有出庭时，治安法院可以在被告人缺席的情况下进行审判。第 12 条规定，若采用刑事缺席审判程序，对被告人的科刑不能是监禁刑。英国关于其他类型案件是否适用缺席审判一直存有争论。2002 年，上议院对琼斯案的判决为英国关于缺席审判的争论提供了权威的规则。在该案中，上议院认为，一般在被告人缺席的情况下对案件进行审判是不正确的，只有在被告人明确放弃出庭权的情况下，才可以进行缺席审判。该案的多数意见认为："如果一个意识健全的成年刑事被告人，在其完全知道即将到来的审判的情况下，自愿地缺席，他这种放弃行使出庭权利的决定应当自动中止对其的刑事审判，直到他选择到案或被捕，这在原则上是没有理由的。"②

在意大利，被告人被视为刑事诉讼程序主体，对是否出席法庭参加庭审具有选择权。根据《意大利刑事诉讼法典》第 486 条、第 487 条、第 488 条的规定，当被告人不出庭是因为遭遇意外事件、不可抗力或者其他合法阻碍原因时，为保证被告人出庭权，法庭只能暂停或推迟法庭审理，而不能对被告人缺席审判。只有在被告人要求或者同

---

① Eugene L. Shapiro, *Examining an Underdeveloped Constitutional Standard: Trial in Absentia and the Relinquishment of a Criminal Defendant's Right to be Present*, Marquette Law Review, 2012 - 2013, Vol. 96 (2).

② R. v. Jones [2002] 3 W. L. R. 125 at para. 10. 转引自张吉喜：《论刑事缺席审判的适用范围——比较法的视角》，载《中国刑事法杂志》2007 年第 5 期。

意法庭审理在其缺席的情况下进行或者拒绝出庭时，才可以进行缺席审理。意大利刑事审判程序强调被告人的程序参与权，以保证被告人有效参与到法庭审判的核心阶段，同时允许其放弃出庭参与权利，通过缺席审判确保法庭审判能够及时有效进行。

3. 权利和义务并重型缺席审判

根据权利义务说观点，被告人出席法庭对国家开启法定程序，解决法律纠纷而言，是其应当履行的诉讼义务；对被告人本人而言，出席法庭又是其享有的一项诉讼权利。围绕被告人出席法庭的“权利说”与“义务说”是一种理论概括，在各国具体立法和司法实践样态中并不总是泾渭分明的，而是存在并存或者转型现象。“刑事诉讼制度的发展是一个不断‘赋权利’‘限权力’的过程。特别是随着人权保障理念的不断延拓，立法与司法的取向日益由‘义务本位’向‘权利本位’转型。”①

一些国家在法律中区别不同情形设立缺席审判制度。日本法律规定，刑事诉讼中被告人出席法庭既是其享有的诉讼权利，也是一项诉讼义务。《日本刑事诉讼法》第 288 条规定了被告人的在庭义务，即被告人非经审判长的许可，不得退庭。审判长为使被告人在庭，或者为维持法庭的秩序，可以作出适当的处分。同时规定，特定情形下，例如轻罪案件，被告人可以选择不到场。第 284 条规定，相当于 50 万元（刑法、关于处罚暴力行为等的法律及关于调整经济关系罚则的法律规定之罪以外的罪，为 5 万元）以下罚金或者罚款的案件，被告人在公审期日不需要到场。但被告人可以使其代理人到场。日本最高法院判例也表明，在被告人故意拒绝出庭的情况下，继续维护被告人出庭审判的权利已无意义，也不可能实现。制定刑事诉讼法不仅是为了保护无罪的人不受刑事追究，保障被告人的防御权，同时也是为了保护审

---

① 鲍文强：《权利与义务视阈下刑事缺席审判程序的理论展开》，载《法学杂志》2019 年第 8 期。

判活动准确、公正、及时地开展，以实现惩罚犯罪和审判公正的统一。因此，如果被告人故意不到庭，应视为被告人对出庭权利的放弃，为了实现及时、公正审判，应当进行缺席审判。①“一般来说，到庭对被告人来说是一种负担，因此在认为到庭对保障被告人的权利并不重要时，可以免除到庭义务。”“日本刑事诉讼中缺席审判制度以追求诉讼效率为主旨，以有利被告人为原则，既免除了被告人的出庭义务，又尊重了被告人的出庭权利，因而从程序公正的角度来看，其制度设计甚少可以令人责斥的地方。”②

根据韩国刑事诉讼法规定，被告人出庭权利属性与义务属性并存。《韩国刑事诉讼法》第276条规定了被告人的出庭权。被告人在公审日未出庭的，如无特别规定，不得开庭审理，但是被告人为法人时，可以由其代理人到庭。被告人的出庭权得以明示。第281条规定了被告人的在庭义务、法庭处分权。一是被告人未经裁判长的许可，不得中途退庭。二是裁判长为了制止被告人退庭或维持法庭秩序，可以进行必要的处分。法庭通过必要处分措施确保被告人履行在庭义务。“被告人的出庭权”“被告人的出庭义务”同时出现在韩国刑事诉讼法中。

“总体而言，英美法系国家之刑事立法在缺席审判制度的建构上秉持‘权利哲学’态度，折射出尊重与保障被告人公正审判权的立法倾向。大陆法系国家之刑事立法在此一制度的建构设计上则更多地秉持‘义务哲学’的态度，体现出对于实体真实及司法效益的积极探求。”③需要注意的是，采用义务侧重型缺席审判制度的国家并不排斥关于被告人出庭的权利性、自愿性规定内容，同样，采用权利侧重型缺席审判制度的国家也不完全摒绝被告人出庭的义务性规定内容，往往兼而

① 参见最决平成年（1993年）3月27日《刑集》第49卷第3号，第525页。转引自邓思清：《刑事缺席审判制度研究》，载《法学研究》2007年第3期。

② 欧卫安：《略谈刑事缺席审判制度的类型——以西方国家刑事审判为例》，载《河南师范大学学报（哲学社会科学版）》2005年第5期。

③ 步洋洋：《论我国刑事缺席审判制度的类型化》，载《政法论坛》2020年第4期。

有之，更有国家将二者平等对待。

二、域外刑事缺席审判程序适用的案件范围

刑事缺席审判是在被告人不出席法庭情形下展开的审判，基于各国刑事法律价值选择以及对被告人出庭属性认知的不同，能够适用刑事缺席审判制度的案件范围也不尽相同，表现出较大的差异性。综观全球法治国家，各国对刑事缺席审判程序的相关规定基本形成了三种模式，即仅适用于轻罪的缺席审判模式、轻重罪皆适用的缺席审判模式以及完全禁止适用的缺席审判模式。①

（一）刑事缺席审判适用于轻罪案件

从相关国家和地区的法律规定来看，无论是侧重于被告人出席法庭的义务属性、权利属性抑或权利义务双重属性，原则上都要求被告人出席法庭。缺席审判非刑事审判的常规状态，缺席审判无论是对于法庭查明案件事实，还是对于被告人的权利保障，均带来一定消极影响，因而各个国家和地区对缺席审判普遍持慎重态度。但是对于轻微刑事案件，因所涉及当事人利益较小，在法院认可或者被告人选择不出席法庭情形下，法院可以进行缺席审判。刑事缺席审判主要运用于轻罪案件的国家包括德国、美国、日本等。

《德国刑事诉讼法》第 232 条规定，对被告人已经依法传唤，在传票中已经指明可以对其缺席审判的，可以对被告人缺席审理，以预期仅单处或者并处 180 日以下的日额罚金、保留处刑的警告、禁驾、收缴、没收、销毁或者废弃为限。在此程序中不允许判处更高的刑罚或者科处矫正及保安处分。在传票中已经对被告人告知有此可能性的，准许剥夺驾驶许可。

《美国联邦刑事诉讼规则》第 43 条规定，可被判处罚金或 1 年以

① 参见杨帆：《刑事缺席审判制度的比较法考察——以适用范围与权利保障为切入点》，载《政治与法律》2019 年第 7 期。

下监禁或二者并处的犯罪，经被告人书面同意，法庭允许通过视频电话会议的方式或在被告人缺席的情况下，进行传讯、答辩、审理与科刑。也就是说对于轻罪，法庭可以变通开庭审判方式或者缺席审判，被告人无须到庭。另外，在非死刑案件中，被告人自愿在科刑时缺席，视为被告人放弃到庭，可以继续进行量刑审判至完结。

《日本刑事诉讼法》第284条规定，相当于50万元（刑法、关于处罚暴力行为等的法律及关于调整经济关系罚则的法律规定之罪以外的罪，为5万元）以下罚金或者罚款的案件，被告人在公审期日不需要到场。第285条规定，相当于拘留案件的被告人，如果法院认为被告人的到场对保护其权利无关重要时，可以许可被告人在公审日期不到场。但在宣告判决时，应当在公审期日到场。相当于最高刑期为3年以下的惩役或监禁或者超过50万元（刑法、关于处罚暴力行为等的法律及关于调整经济关系罚则的法律规定之罪以外的罪，为5万元）罚金的案件的被告人，如果法院认为被告人的到场对保护其权利无关重要时，可以许可被告人在公审日期不到场。但在案件审理起始阶段被告人宣读起诉书和被告人陈述时以及缺席审理后宣告判决时，被告人应当在公审期日到场。虽然日本刑事诉讼法规定的缺席审判适用范围为轻微刑事案件，但依据案件轻重程度不同继续进行了详细划分。相当于50万元以下罚金或者罚款的案件被告人可以全程缺席审判；相当于拘留的案件，被告人在法庭宣告判决时不可以缺席；相当于最高刑期为3年以下的惩役或者监禁或者超过50万元罚金的案件，被告人在法庭起始程序和宣告判决时都不能缺席。

《韩国刑事诉讼法》第277条规定，对可能判处最高500万韩元以下罚金或罚款的案件、明显属于作出驳回公诉或被免诉裁判的案件以及可能判处3年以下有期徒刑或拘役，500万韩元以上的罚金或拘留的案件，被告人请求不到庭且法院认为被告人不到庭对保障其权利没有影响时，被告人可以缺席。

以上国家法律之所以规定对轻微犯罪案件可以进行缺席审判，是因为在轻微犯罪案件审理过程中，认为被告人到庭对其权利保障意义不大，因而为了便利被告人或者保证审判活动准确、公正、及时地开展，可以免除其到庭的义务，许可法院对该类案件实施缺席审判，这实际上是为了提高诉讼效率而对正当程序所作的简化处理。①

（二）刑事缺席审判适用于轻罪和重罪案件

一些国家刑事缺席审判程序适用案件范围较广，不仅适用于轻罪案件，也适用于重罪案件。这类国家对刑事缺席审判程序适用案件范围不做限制，比较典型的是法国、俄罗斯、意大利、英国等。

《法国刑事诉讼法典》是世界上最早的一部刑事诉讼法典。根据法国刑法规定，犯罪被划分为三类：重罪、轻罪和违警罪。重罪为主刑刑期十年或者十年以上的犯罪；轻罪为监禁刑十年或者十年以下的犯罪；违警罪为仅处罚金刑的犯罪。“罪分三类”是法国刑法的一项基础规则，它决定着刑事法院的设置与管辖权，也是区分刑罚性质的依据。② 对犯罪的三种分类决定了法国刑事诉讼法的体系与基本制度，法国的刑事缺席审判制度也同样以此为依据加以构建。在法国，轻罪案件与违警罪案件、重罪案件均可适用缺席审判程序。《法国刑事诉讼法典》第411条、第412条、第544条、第545条规定了轻罪与违警罪法庭对于轻罪案件和违警罪案件适用缺席审判程序的情形，例如，第412条规定，轻罪案件如果法庭传票没有送交被告人本人，以及不能确认被告人知道其受到传票传讯时，在被告人没有出庭的情况下作出的判决为缺席判决。《法国刑事诉讼法典》于第二卷第一编第八章集中规定了重罪法庭对重罪案件适用缺席审判程序的情形，其实质为保全程序性质的缺席审判。第379－2条规定，对重罪法庭开庭时并无有

① 参见邓思清：《刑事缺席审判制度研究》，载《法学研究》2007年第3期。

② ［法］贝尔纳·布洛克：《法国刑事诉讼法典》，罗结珍译，中国政法大学出版社2009年版，译者导言第1页。

效理由不出庭的被告人，按照本章之规定进行缺席审判；法庭审判过程中发生的、经确认被告人缺席的情况，直到其返回法庭之前不可能中止审理时，亦同。

《俄罗斯联邦刑事诉讼法典》第247条规定，刑事案件的法庭审理，必须在刑事受审人出庭的情况下进行。但是，如果法庭审理的是涉及轻度犯罪或者中度犯罪的刑事案件，在刑事受审人申请在其缺席的情况下对该刑事案件进行审理的，允许在刑事受审人不出庭的情况下进行法庭审理。在特殊情况下，涉及重度犯罪或者极其重度犯罪的刑事案件，可以在刑事受审人身处俄罗斯联邦领域之外及（或者）逃避出庭的情况下缺席审理，如果该行为人未就该案在其他国家受到过刑事追究。可见，一般情况下，俄罗斯缺席审判程序适用于轻度犯罪案件或者中度犯罪案件，在特殊情况下也可以适用于严重犯罪案件。

《意大利刑事诉讼法》以大陆法系刑事诉讼法律制度为基础，同时吸收和借鉴了英美法系刑事诉讼内容，从而成为结合两大法系特点和发展趋势的法律。第420－2条规定了初步庭审阶段被告人的缺席审判，即如果处于自由或者羁押状态的被告人未出席庭审，并且明确表示放弃参加该庭审，即使是由于受到阻碍，法官进行缺席审理。第487条规定了法庭审理阶段被告人的缺席审判，即无法定理由被告人未出席庭审，法官在听取当事人的意见后宣布被告人缺席。这些规定未对适用的案件范围作出特别规定，在审判实践中可以适用于轻罪案件，也可以适用于重罪案件。

在英国，适用缺席审判程序的条件较为严格，但并未限定缺席审判程序适用案件范围，原则上轻罪案件和重罪案件均可适用该程序。法院在综合考虑相关因素后，例如被告人不出庭的原因、被告人不出庭对审判程序影响的大小、案件性质等，裁量决定是否对被告人开启缺席审判程序进行审理。

我国台湾地区“刑事诉讼法”继承了民国时期缺席审判制度，区分不同情况确定了刑事缺席审判案件范围。2012 年我国台湾地区“刑事诉讼法”第 294 条规定，被告心神丧失者，应于其回复以前停止审判。被告因疾病不能到庭者，应于其能到庭以前停止审判。前二项被告显有应谕知无罪或免刑判决之情形者，得不待其到庭，径行判决。依据该条规定，有可能作出无罪或免刑判决的，对因心神丧失或因疾病不到庭的被告人，可以缺席审判，不区分轻罪案件和重罪案件。此外，根据第 312 条规定，无论是涉嫌轻罪还是重罪，法庭宣告判决时被告人不在庭，都可以缺席宣告。第 306 条规定，法院认为应科拘役、罚金或应谕知免刑或无罪之案件，被告经合法传唤无正当理由不到庭者，得不待其陈述径行判决。根据该条规定，被告人无正当理由不出席法庭，可以缺席审判，但案件范围限于轻罪案件或无罪、免刑案件。

（三）禁止适用刑事缺席审判

世界范围内多数国家和地区确立了刑事缺席审判制度，制度立法及司法实施具有一定普遍性。但普遍性并不排除差异性和个别性，少数国家在法律中未确立刑事缺席审判制度，从而排除缺席审判程序的适用。在这些国家，当法庭审理中遇有被告人不出席法庭的情形，通常的做法是中止案件审理，将法庭审判延期，直至出庭障碍消除，被告人能够出席法庭为止。这类国家秉承的司法理念为，被告人不出席法庭而进行法庭审理，则被告人诉讼权利无法得到保障，进而诉讼程序的正当性可能存疑；缺少被告人参与的法庭审理，客观上也不利于案件事实的查明。这类国家通常不设立缺席审判制度，或者虽然存在特定情况被告人不在庭的审判，但视同被告人在场，而不属于严格意义的缺席审判，具体包括阿根廷等国家。

从以上域外有关国家和地区刑事缺席审判制度适用案件范围的比较可以看出，不同国家和地区在适用刑事缺席审判制度案件范围上各具特色。一个国家或者地区通常是根据各自司法理念、刑事诉讼程序特点、面临的犯罪形势、国家治理能力等因素确定刑事缺席审判制度适用案件范围的大小。相比较而言，大陆法系国家刑事缺席审判程序类型更为多样化，适用案件范围较广，通常涉及轻罪案件和重罪案件。大陆法系国家刑事诉讼主要体现为职权主义诉讼模式，信任专业法官能力，即使被告人不出席法庭，也能够保证案件事实认定，同时兼顾被告人诉讼权利保障。英美法系国家一般对刑事缺席审判程序适用案件范围有所限制，主要适用于轻罪案件。英美法系国家刑事诉讼主要体现为当事人主义诉讼模式，案件事实查明依赖于控诉方和辩护方在法庭上平等对抗和推进，被告方缺席不利于案件事实查明。英美法系国家刑事诉讼程序特别强调被告人诉讼权利保障，以维护诉讼程序正当性。当事人主义诉讼模式下，被告人不出席法庭会给法庭审判程序带来更大的冲击。可见，是否采用刑事缺席审判程序以及适用案件范围大小通常是与一个国家和地区司法体制相适应的。

三、域外刑事缺席审判的立法体例

刑事缺席审判虽然是世界上多数国家和地区普遍确立的法律制度，但各个国家和地区在立法安排、体例设计方面不尽相同。作为一项刑事诉讼制度，缺席审判通常为一国的刑事诉讼法所规范。但也有少数国家将缺席审判与正当程序相连接，在宪法层面规定该制度。例如，《俄罗斯联邦宪法》第 123 条第 2 款规定："除联邦法律规定的情况外，法庭不能对刑事案件缺席审理。"即便将刑事缺席审判制度规定于刑事诉讼法律体系的国家，具体法律体例设计也存有差异。世界多数国家和地区将刑事缺席审判制度规定于本国或本地区刑事诉讼法典，作为刑事法律制度的一部分，但在具体内容安排上体现出不同特点。

（一）原则加例外集中规定

通过对确立缺席审判制度主要国家和地区法律规定的考察，可以看出，基于查明案件事实需要或者维护以保障被告人诉讼参与权、辩护权为核心的正当程序的需要，多数国家和地区的法律原则上规定被告人未出席法庭时不得进行法庭审理，只有在少数特定情况下允许实施缺席审判，并将其作为一般原则规定的例外，在法律中设定适用该程序的具体条件。

德国刑事缺席程序区分了两个概念：“缺席者”（对应的德文是Abwesende）和“未到庭者（对应的德文是Ausgebliebene），但两者的中文译意相同。①《德国基本法》第103条第1款规定，在法院被控告之人，有请求公平审判之权。该条规定了被告人听审请求权基本程序性权利地位。《德国刑事诉讼法》将缺席审判制度设置于第二编“第一审程序”的第六章“法庭审理”部分。第230条原则性规定，对未到庭的被告人不举行法庭审理。被告人无正当理由缺席的时候，应当命令拘传或者签发逮捕令。根据该条规定，法庭审理以被告人到庭受审为原则，必要时得使用强制措施强制其到庭接受审判。之所以如此，“乃为真实发现及为被告利益着想之故，因为法院如未亲自加以讯问，即无法实现一公正之判决，而被告缺席时，即无法做最完善的辩护。”② “对未接受审判之人，不得对其进行判决，此为今日刑事诉讼法之重要原则；由此也发展出直接审理原则，此原则要求，审判之法官不只对证人，也要对被告亲自观察，以对其人格（性格）获得真正的认识。”③ 一般原则不排除例外规定，被告人缺席法庭，特定情况下允许法庭启动审判并就案件作出裁决。《德国刑事诉讼法》在第231条、第231a条、第231b条、第231c条、第232条、第233条、第234条、第234a条、第235条集中规定了缺席审判适用条件、辩护人辩护等内容。

《俄罗斯联邦刑事诉讼法典》将刑事缺席审判制度设置于第九编

① 参见赵琳琳：《我国刑事缺席审判程序的多维度探析》，载《中国政法大学学报》2019年第2期。

② ［德］克劳斯·罗科信：《刑事诉讼法》，吴丽琪译，法律出版社2003年版，第403页。

③ ［德］克劳斯·罗科信：《刑事诉讼法》，吴丽琪译，法律出版社2003年版，第570页。

“第一审级法院的诉讼程序”的第三十五章“法庭审理的一般条件”和第三十七章“法庭调查”部分。第 247 条规定，刑事案件的法庭审理，必须在刑事受审人出庭的情况下进行。该规定被当作被告人出庭的一般原则。该条同时规定了适用缺席审判的条件，第 253 条、第 276 条等规定了适用缺席审判的程序。

《日本刑事诉讼法》在第 286 条规定了被告人出庭的一般原则，即“被告人在公审期日不到场时，不得开庭”。为保证被告人庭审时在场，第 288 条规定了被告人的在庭义务：“被告人非经审判长的许可，不得退庭。审判长为使被告人在庭，或者为维持法庭的秩序，可以作出适当的处分。”在第 283 条、第 284 条、第 285 条规定了被告人出庭的例外，被告人不出席法庭也可以开庭审理和裁决。

《美国联邦宪法》第 5 修正案规定，未经正当法律程序，不得剥夺任何人的生命、自由和财产，并通过第 14 修正案将该条内容适用于美国各州。诉讼当事人双方通过参与诉讼表达主张并对证据质证是正当法律程序的应有之义。第 6 修正案具体规定了被告人享有与对方证人对质的权利，这种对质权由三个部分构成，即向对方证人作交叉询问的权利、亲自出席庭审的权利和了解控诉方证人身份的权利。①《美国联邦刑事诉讼规则》将缺席审判制度集中规定于第 43 条，其中第 1 款规定了被告人出庭的一般原则，即被告人在下列情况下应当到庭：在初次到庭、初次传讯与答辩程序中；审判全过程，包括选任陪审团与宣读陪审团裁决；在科刑阶段。第 2 款、第 3 款规定了被告人在特定情况下无须到庭或者可以放弃继续到庭，从而适用缺席审判。

以上国家除了在刑事诉讼法第一审程序开庭部分集中规定缺席审判程序适用条件、具体程序等内容，还就缺席审判辩护制度、缺席审判救济程序等内容加以特别规定，这些内容散见于刑事诉讼法辩护制

---

① 《美国联邦刑事诉讼规则和证据规则》，卞建林译，中国政法大学出版社 1996 年版，第 4 页。

度、审判上诉和抗诉程序等部分。刑事缺席审判适用条件、适用案件范围、适用程序、律师辩护、审判救济程序等内容共同构成了一国完整的刑事缺席审判制度。

（二）按照犯罪类别分散规定

有些国家按照犯罪轻重的不同相应设置不同的审判法庭，不同的审判法庭适用各自的审判程序。根据法国法律，犯罪被划分为重罪、轻罪和违警罪，《法国刑事诉讼法典》确立的刑事审判程序相应划分为重罪法庭审判程序、轻罪法庭审判程序、违警罪法庭审判程序。法国法庭审判程序的划分决定了其缺席审判制度立法模式比较特殊，刑事缺席审判程序被分别嵌入不同的法庭审判程序。《法国刑事诉讼法典》在第二卷“审判法庭”第一编“重罪法庭”第六章“法庭审理”部分第320条、第321条、第322条规定了缺席审判适用条件，同时在第八章“重罪案件的缺席审判”部分集中规定了重罪案件缺席审判程序。第二编“轻罪的审判”第一章“轻罪法院”部分确立了轻罪案件缺席审判程序，条文集中于第410条至第415条、第487条至第494-1条。第三编“违警罪的审判”第五章“缺席判决以及对缺席判决提出异议”部分确立了违警罪案件缺席审判程序，违警罪法院及社区法庭适用缺席审判遵照轻罪缺席审判的相关规定进行。同时，法国刑事诉讼法将缺席审判辩护及程序救济等内容分别规定在不同类型犯罪诉讼程序之中。

（三）作为刑事诉讼中的特别程序专章规定

一些国家刑事诉讼法立法明确区分普通审判程序与缺席审判程序，将缺席审判程序作为特别程序用专章加以规定。《瑞士刑事诉讼法典》第八编集中规定了刑事诉讼中的特别程序，其中第四章为缺席审判程序。[①] 该章共6个条文，具体规定了缺席审判的适用条件、实施与决定

① 《瑞士刑事诉讼法典》，郭志媛译，载《世界各国刑事诉讼法》编辑委员会编译：《世界各国刑事诉讼法》（欧洲卷·中），中国检察出版社2016年版，第1351—1404页。后文有关《瑞士刑事诉讼法典》条文，如无特别注明，均引自同一法典。

以及缺席审判案件的重新审理程序。当然其他章节中的相关内容也适用于缺席审判程序，例如辩护制度、管辖制度、上诉制度等。

四、域外刑事缺席审判实践

（一）严格条件，慎重适用

作为决定当事人刑事责任的刑事诉讼程序，关乎每个人的生命、人身自由、财产等宪法性权益，因而当事人通过参与诉讼行使各项诉讼权利不可或缺，刑事缺席审判程序不得任意使用。为此，各国在法律层面设立严格的适用条件和程序规则，在司法实践中更是谨慎适用，以避免造成诉讼不公。

一是刑事缺席审判适用条件精细化。缺席审判并非刑事审判的常态，而是多元诉讼价值博弈和权衡的结果。无论是立法设计，还是司法实际运用，各国均秉承严格适用原则。为此，各国法律规定了缺席审判适用例外原则，并就缺席审判适用案件范围、实施条件、审判和裁决程序、救济程序作出详细规定，司法审判严格遵照法律规定进行。有的国家充分考虑被告人缺席法庭的各种情形，适用条件涵盖了被告人犯罪后潜逃、接到法庭传唤而拒绝出席法庭、故意使自己丧失出庭受审能力、轻罪案件被告人同意不出席法庭等，以满足各种司法实践需求。法国刑事诉讼法进一步就被告人不出现于法庭之上时，何种情形视为“对席审判”，何种情形属于“缺席审判”进行了明确规定。这些国家缺席审判制度的主要特点是法律规定详细而具体，司法可操作性强。

二是刑事缺席审判范围主要限于轻罪案件。如前所述，刑事缺席审判制度所体现的诉讼价值权衡，使得各国对该制度的适用保持必要的克制。这种价值权衡的结果对于不同种类的犯罪在程序适用上表现不同，通常对于轻罪案件体现为程序适用的灵活性，对于重罪案件则禁止适用缺席审判或者严格限制适用缺席审判。该种操作原因在于轻罪案件适用缺席审判程序带来的弊端较小，对被告人权益的影响亦相对较小。从世界范围来看，相当一部分国家和地区的缺席审判程序主要适用于轻罪案件，对重罪案件不适用，如美国、日本。即使像法国这样重罪案件、轻罪案件和违警罪案件均可适用缺席审判程序的国家，在司法实践中启动重罪案件缺席审判程序仍极为慎重。

三是缺席审判尊重被告人的自愿性。多数国家启动刑事缺席审判程序以被告人缺席的自愿性为主线。[①] 适用缺席审判程序的理由设置，无论是基于被告人犯罪后潜逃、被告人故意使自己丧失受审能力，还是被告人扰乱法庭秩序等，其中都含有被告人自己的意愿因素，至于轻罪案件中被告人同意不出席法庭更是自愿性的直接表达。缺席审判程序突出被告人缺席的自愿性，一方面可以彰显刑事被追诉人出席法庭的权利属性，体现被告人在刑事诉讼中的诉讼主体地位，尊重其人格尊严；另一方面可以降低缺席审判程序本身所带来的负面影响。

（二）普遍遵守法定范围，个别案件有所突破

刑事缺席审判制度的法律确立及司法实践经历了较为漫长的过程，在此过程中各国普遍持审慎态度。各国在司法实践中严格遵守法定案件范围和适用条件，在刑事诉讼中谨慎启动缺席审判程序，对于适用的缺席审判程序尽量避免程序带来的弊端。由于政治、经济、社会发展，尤其是国家安全所遇到的问题，一些国家的司法实践在一定程度上开始突破立法上的限制。这种突破一方面表现为法院在裁决是否适用缺席审判程序时，不再单纯考量案件是否符合法定缺席审判条件，而是在启动缺席审判程序与不启动缺席审判程序之间进行利益衡量。在英国，对于严重的刑事案件，被告人潜逃或者因病不能出庭的，法院可以行使自由裁量权，决定是否进行缺席审判。[②] 美国克罗斯比诉美国案（Crosby v. United States）中，克罗斯比和其他同案犯被指控实

---

① 彭新林：《腐败犯罪缺席审判制度之构建》，载《法学》2016年第12期。

② 邓思清：《刑事缺席审判制度研究》，载《法学研究》2007年第3期。

施一系列邮件欺诈行为，克罗斯比在参加完庭前会议和听审后消失。法庭认为克罗斯比的缺席是明知的而且是故意的，若将克罗斯比和同案犯分开审理，将会给政府、证人、辩护人和法庭造成极大的困难。法庭进一步认定，克罗斯比自愿地放弃了出席法庭审判的宪法性权利。因此，法院认为审判程序中的公共利益超过了被告人在诉讼程序中的利益。法院在克罗斯比缺席的状态下审理该案，最终陪审团裁定克罗斯比和其他两个同案犯有罪，对另一个同案犯宣告无罪。[①] 另一方面表现为对特定种类的犯罪，例如恐怖活动犯罪、贪污腐败犯罪，适用缺席审判程序的条件有所放宽。英国、法国、荷兰、比利时等国家都有对其他国家恐怖主义战斗员的缺席审判实践，这些国家正在进行"纯粹"缺席审判的大胆尝试。[②]

（三）缺席审判程序受国内法和国际公约双重约束

一些国家的刑事诉讼程序不仅受国内法约束，如果该国成为联合国国际公约或者区域性国际公约缔结成员国，还会受相关国际公约的制约。具体到刑事缺席审判制度，某一国启动刑事缺席审判程序不仅要符合本国宪法和刑事诉讼法关于缺席审判的适用范围、适用条件、程序要求，还要符合国际公约有关刑事诉讼的基本要求，例如国际人权公约、[③]《欧洲人权公约》（又称《欧洲保护人权与基本自由公约》）等。《欧洲人权公约》第6条规定，在决定某人的公民权利和义务或者在决定对某人确定任何刑事罪名时，任何人都有理由在合理的时间内受到依法设立的独立而公正的法院的公平且公开的审讯。为此，凡受

---

① 裴显鼎、王秀梅：《全球视阈中的缺席审判研究》，载《吉林大学社会科学学报》2019年第6期。

② 裴显鼎、王秀梅：《全球视阈中的缺席审判研究》，载《吉林大学社会科学学报》2019年第6期。

③ 国际人权公约是联合国有关国际人权保护的三个公约的总称。这三个公约是《经济、社会及文化权利国际公约》（A公约）、《公民权利及政治权利国际公约》（B公约）和《公民权利及政治权利国际公约任择议定书》（B公约议定书）。

刑事罪指控者都享有一系列最低限度的权利，包括以他所了解的语言立即详细地通知他被指控罪名的性质以及被指控的原因，应当有适当的时间和便利条件为辩护作准备等。其中以被告人所了解的语言立即详细地通知他被指控罪名的性质以及被指控的原因是启动审判程序的必要条件，也是适用缺席审判程序的前提。《欧洲人权公约》不仅作为法律文本存在，还有欧洲人权法院等实体性机构保证公约得到实施。

《欧洲人权公约》对各缔约国缺席审判实践有着实质性影响。从历史而言，以 Somogyi 诉意大利（2004）以及 Sejdovic 诉意大利（2006）等案为突出代表，欧洲人权法院多次对意大利所作的判决作出判罚，特别指出其关于缺席审判的部分制度设计有悖于《欧洲人权公约》第 6 条规定之精神。[①] 2014 年之前，意大利刑事缺席审判程序的启动无需被告人知悉，对于查无下落者便可适用，且缺席审判的判决是不可撤销的。[②] 后意大利对本国刑事缺席审判程序进行了调整和修正，以与《欧洲人权公约》的要求保持一致。2014 年作为意大利刑事缺席审判制度的分水岭，其间最关键的变化便在于对被追诉人知情权保障方式的改变——意大利 2014 年第 67 号法律规定，必须在被追诉人知悉的情况下方可启动刑事缺席审判程序。[③] 意大利缺席审判制度改革的核心设计可以提炼表述为：如果无法找寻被告人，诉讼程序应当予以中止；如果已亲手送达了告知文书或传唤文书，或者有其他情形能证明被告人确实知晓诉讼程序的事实，有关该被告人的诉讼程序

---

① 吴沈括：《意大利刑事缺席审判制度可资借鉴》，载《检察日报》2015 年 10 月 29 日，第 3 版。

② ALESSANDRA CAPPA, Penale contumacia, DIGESTO DELLE DISCIPLINE PENALISTICHE, anno di pubblicazione: 2013 aggiornamento, Pluris, Wolters Kluwer ITALIA. 转引自黄风：《对外逃人员缺席审判需注意的法律问题》，载《法治研究》2018 年第 4 期。

③ 杨帆：《刑事缺席审判制度的比较法考察——以适用范围与权利保障为切入点》，载《政治与法律》2019 年第 7 期。

继续进行，此时以被告人有意放弃出席为前提。[①] 意大利 2014 年第 67 号法律将“知晓已对其提起的诉讼程序”规定为缺席审判的基本条件，并将“查无下落者”排除在缺席审判程序的适用范围之外，对于意大利一直坚持的传统缺席审判制度来说，这具有颠覆性意义，人们甚至认为这是对缺席审判制度的废除。[②] 作为欧盟成员国和《欧洲人权公约》签署国的法国也经历了类似的过程。如何依据本国法律适用刑事缺席审判程序，同时与全球性或者区域性国际公约相关规定接轨，正在进入相关国家立法及司法实践考虑的范围。

第二节　域外刑事缺席审判制度的主要内容

确立刑事缺席审判制度的国家普遍将其作为对席审判的例外加以规定，基于犯罪治理理念以及对刑事缺席审判程序属性的认知，域外国家和地区设定刑事缺席审判适用条件和适用程序既有相似之处，亦有所差异。

一、域外刑事缺席审判适用情形

从世界范围看，多数国家法律普遍对被告人适用缺席审判的情形作出规定，以满足复杂多样的刑事诉讼实践的需要。由于各个国家和地区具体情况不同，有关缺席审判适用情形的规定各有特点，总体概括起来，刑事缺席审判适用于以下情况。

（一）无正当理由不到庭

刑事诉讼是一个分阶段进行的持续过程，其间被告人因各种原因

---

① 吴沈括：《意大利刑事缺席审判制度可资借鉴》，载《检察日报》2015 年 10 月 29 日，第 3 版。

② 黄风：《对外逃人员缺席审判需注意的法律问题》，载《法治研究》2018 年第 4 期。

可能无法参与整个诉讼程序从而影响诉讼进程。案件进入审判阶段，如果被告人基于正当理由无法参与法庭审判，法庭通常中止诉讼程序，将案件延期审理；如果被告人无正当理由不出席法庭，为避免被告人滥用诉讼权利，规避法庭审判，则许可法庭在被告人缺席情形下实施法庭审判。

1. 被告人犯罪后潜逃

趋利避害是人的自然本性，犯罪后潜逃以逃避法律制裁是犯罪人常见的选择。刑事诉讼中犯罪嫌疑人、被告人潜逃不到案，对于能够查清犯罪事实、掌握充足证据且符合法定起诉条件的案件，国家启动缺席审判程序是一种应对措施。《法国刑事诉讼法典》第 270 条规定，如果重罪案件被告人在逃或者不到庭，可以进行缺席审判。法国重罪案件过去不适用缺席审判程序，而是适用抗传程序。但是自 2004 年 3 月 9 日刑事诉讼法修改以后，重罪案件也可以缺席审判。缺席审判适用的情形为，被告人自始就逃避司法追诉，或者在其受到追诉的过程中逃脱，没有到庭接受审判。① 通常，国家对涉嫌重罪的在逃犯罪嫌疑人实施缺席审判都持比较谨慎的态度，因为被告人出席审判是刑事诉讼的基本要求，是被告人的一项重要诉讼权利，另外也不能因为缺席审判而使侦查部门放弃抓获在逃的犯罪嫌疑人，避免因将其纳入缺席审判而怠于对嫌疑人展开抓捕。② 对于轻罪案件，根据第 412 条规定，如果传票没有送交被告人本人，以及不能确认被告人知道其受到传票传讯时，在被告人没有出庭的情况下作出的判决为缺席判决。该条包含了被告人下落不明的情形。轻罪案件缺席审判条件亦适用于违警罪案件。

《德国刑事诉讼法》第 276 条规定，犯罪嫌疑人居所不明，或者居

---

① 刘林呐：《刑事缺席审判程序之中法比较》，载《中国检察官》2018 年第 12 期。

② 杨宇冠、高童非：《中国特色刑事缺席审判制度的构建——以比较法为视角》，载《法律适用》2018 年第 23 期。

住国外不可能或者不适宜传唤其出席有管辖权的法院的，则视为缺席。需要注意的是，该程序不是开庭审判，而是为缺席被告人到案后的案件处理准备条件。这种缺席审判程序的目的体现在两个方面：一是为未来的审判程序保存证据；二是对被告人的财产采取保全措施。此程序不解决被告人的刑事责任问题，一旦被告人归案，则启动普通审判程序对案件进行审理。①

《俄罗斯联邦刑事诉讼法典》第 247 条第 5 款规定，在特殊情况下，涉及重度犯罪或者极其重度犯罪的刑事案件，可以在俄罗斯联邦领域之外及（或者）逃避出庭的情况下缺席审理，如果该行为人未就该案在其他国家受到过刑事追诉。

我国台湾地区“刑事诉讼法”第 251 条规定，检察官依其侦查所得之证据，足认被告有犯罪嫌疑者，应提起公诉。被告之所在不明者，亦应提起公诉。根据该规定，刑事诉讼中被告人到案并不是检察官提起公诉的必要条件，被告人因潜逃等原因下落不明，符合起诉条件的案件，检察官应当提起公诉。

2. 其他无正当理由不到庭

法庭审判在场原则是对被告人的基本要求，被告人在场以其拥有诉讼能力为前提。如果被告人以拖延或者逃避诉讼为目的，故意或者过失使自己丧失诉讼行为能力的，则不能停止审判程序，而是进入缺席审判程序。被告人需为使自己陷于丧失诉讼行为能力境地负责，承担相应的程序后果。除了被告人犯罪后潜逃而故意不出席法庭之外，被告人无正当理由而缺席法庭的其他情形，同样可能带来缺席审判的后果，如被告人以自残身体方式使自己丧失出庭受审的能力或者无故退出法庭审理等。

《德国刑事诉讼法》第 231 条规定，已经到庭的被告人不允许中途

① 史立梅：《国际刑事司法中的程序与正义：国际刑事法院诉讼程序专题研究》，北京师范大学出版社 2013 年版，第 114—116 页。

离开审判。审判长可以采用适当的措施阻止其中途离开，也可以命令在审判中断期间对被告人进行羁押。被告人如果仍在审判中途离开或者在中断后审判继续进行时缺席，如果已经对其就起诉书进行了讯问，且法庭认为其继续在场并非必要的，可以在其缺席情形下审结法庭审理。第231a条规定，被告人故意和有责任地使自己陷入某种状态，该种状态使得其不适宜参加法庭审理，以此有意识地使得法庭审理不能在其在场的情况下正常进行或者继续正常进行的，即使在此之前还未对其进行讯问，但只要法院认为其在场并非必不可少的，就可以在其缺席情况下进行或者继续进行法庭审理。德国典型的缺席审判发生在审判过程中，并作了较多条件限制，表明了对缺席审判的谨慎适用。此外，第232条规定，轻罪案件被告人经传票传唤不到庭，并在传票中指明可以缺席审判的，可以适用缺席审判程序。

《意大利刑事诉讼法典》第487条规定，非因被告人的过错导致被告人不知晓庭审信息的，法官决定重新发出传唤通知。当被告人包括受到关押的被告人未出席首次庭审并且这种缺席完全是由意外事件、不可抗力或者其他合法阻碍原因造成的时，法官以裁定形式决定暂停或者推迟法庭审理。非以上情况，如果被告人未出席庭审，法官在听取当事人意见后宣布被告人缺席。根据该规定，如果被告人接到法院传唤，知晓庭审信息，无正当理由不出席法庭的，法院有权启动缺席审判。如果宣告缺席时有证据表明被告人的缺席有正当理由，例如非因被告人的过错对传唤通知的不知晓造成的或者是由于意外事件、不可抗力或者其他合法阻碍原因造成的，关于被告人缺席的裁定则为无效。

《瑞士刑事诉讼法典》第366条第3款规定，如果被告人自毁健康导致无法答辩或者拒绝被从羁押场所带至法庭，法庭可以立即进行缺席审判。

《日本刑事诉讼法》第286条之2规定了拒绝到场与公审程序。在被告人不到场即不得开庭的场合，被羁押的被告人，在公审期日受到传唤，没有正当理由而拒绝到场，由监狱官吏带送有显著困难时，法院在被告人不到场的情形下，也可以进行该期日的公审程序。

《韩国刑事诉讼法》第277条之2规定，被告人不到庭就不能进行开庭审理时，法院认为被羁押的被告人无正当事由拒绝到庭且监狱官吏拘提不可能或明显困难的，可以在被告人不到庭的情形下进行公审程序。

我国澳门地区《刑事诉讼法典》第313条第2款规定，已到场参与听证之嫌犯在听证完结前不得离开；须采取必需及适当之措施，防止嫌犯离开，包括在必要时于听证中断期间将之拘留。第3款规定，即使有上款之规定，如嫌犯离开听证室，听证亦得继续进行直至完结，只要其已被讯问及法院不认为其在场属必要者。第315条规定，当有关案件原应采用最简易诉讼程序审理，但已移送卷宗以采用普通诉讼程序审理时，如未能将指定听证日期之批示通知嫌犯，或嫌犯无合理解释而在听证时缺席者，则法院得决定在无嫌犯出席之情况下进行听证。该法典在第103条和第104条就“无合理解释之不到场”以及“不到场之合理解释”作出了具体规定。

（二）扰乱法庭秩序

法庭审判正常进行离不开有序的法庭秩序。法官是法庭的主宰者，庭审指挥权是法官的当然权力。法官拥有诉讼指挥权，诉讼指挥权中就包括法庭秩序维持权，即使用警察维持法庭秩序，制止出庭人员或者旁听人员扰乱法庭行为。[①] 有学者将法庭类比为一个社会，始于开庭，终于闭庭。法庭社会需要审判长维持秩序，如出现法庭秩序混乱甚至“咆哮公堂”的现象，一般诉讼指挥权的运用无法达到控制效果

① 参见龙宗智：《刑事庭审制度研究》，中国政法大学出版社2001年版，第362页。

时，法官就必须动用强制性手段恢复法庭秩序，此即法庭秩序维持权。[①] 一些国家将对审判进程中发生被告人违反法庭秩序的行为，因而影响诉讼顺利进行的情形纳入了可行缺席审判的范畴。

《德国刑事诉讼法》第231b条规定，因为违反法庭秩序，被告人被带离法庭或者拘留的（《法院组织法》第177条），如果法庭认为他的继续在场并非必不可少的，甚至其在场对法庭审理的进程带来严重影响之虞的，可以在被告人缺席情形下进行法庭审理。

《美国联邦刑事诉讼规则》第43条（c）款规定，法庭警告被告人因破坏行为会将其驱逐出法庭，但被告人坚持该行为，而将其驱逐出庭的，视为被告人放弃继续到庭，后果为法庭可以继续进行审判至完结。

《日本刑事诉讼法》第288条规定，被告人非经审判长的许可，不得退庭。审判长为使被告人在庭，或者为维护法庭的秩序，可以做出适当的处分。第341条规定，在被告人不作陈述、未经许可而退庭或者为维护秩序由审判长命其退庭时，可以不听取其陈述径行判决。

《意大利刑事诉讼法典》第475条规定，如果被告人在受到警告后仍继续坚持自己的态度，以至可能妨碍庭审的正常进行，庭长可裁定将其强制带离。被带离的被告人可随时获准返回法庭。如果必须再次将被告人带离，法官可以在同一裁定中宣布将其驱逐出法庭，禁止其再参加法庭审理。这里需要注意的是，虽然被告人缺席法庭审判，但被带离的被告人被视为在场，并且由辩护人代表参加诉讼，因而非严格意义上的缺席审判。

（三）被告人申请或者同意

被告人因扰乱法庭秩序等原因被法官驱逐出法庭表现为被告人被动地不出席法庭，也有国家法律规定经被告人同意，法院可以适用缺

---

① 参见贺红强：《比例原则视角下的法庭秩序维持权——以刑事庭审中的驱逐出庭措施为中心》，载《法律科学》2018年第5期。

席审判程序，从而赋予了被告人某种程序选择权。一般而言，基于被告人申请或者同意而适用缺席审判程序的限于两类案件：一是简单轻微的案件；二是采用简易程序处理的案件。

《德国刑事诉讼法》第233条规定，如果可能仅是单处或者并处6个月以下的自由刑、180日以下的日额罚金、保留处刑的警告、禁驾、追缴、没收、销毁或者废弃处分的，依申请可以解除被告人审判时到庭的义务。案件可以进行缺席审判。虽然该条款以被告人审判时有到庭义务为前提，但被告人可以通过表达意愿的方式，申请不出席法庭。

在意大利刑事诉讼中，被告人不是国家追诉的客体，也不是这种追诉的被动应诉者，而是诉讼程序的主体，被告人有权选择参加或者不参加庭审。既然将出席审判视为被告人的选择，缺席审判也就没有侵犯被告人的权利。① 在意大利初步庭审阶段，根据《意大利刑事诉讼法典》第420条之2第1款规定，如果处于自由或者羁押状态的被告人未出席庭审，并且明确表示放弃参加该庭审，即使是由于受到阻碍，法官也可以进行缺席审理。第2款规定，如果被告人在诉讼过程中宣告或选择住所，或者已经被逮捕、拘留或者被处以预防措施，或者任命了自选辩护人，或者被告人亲自接受了关于庭审通知的送达，或者可以确定他知晓有关的诉讼程序或者自愿躲避对有关程序或诉讼行为的了解，法官也可以在该被告人缺席情况下进行审理。第488条规定了在法庭审理阶段被告人的自愿缺席。当被告人包括受到阻碍的被告人要求或者同意在其缺席的情况下进行法庭审理或者拒绝出席庭审时，可以缺席审判。

《美国联邦刑事诉讼规则》第43条规定，对于轻罪案件，经被告人书面同意，法庭允许在被告人缺席的情况下，进行传讯、答辩、审理与科刑。该规定明确被告人书面同意的，可以不参与法庭审理的重

---

① 王新清、卢文海：《论刑事缺席审判》，载《中国司法》2006年第3期。

要阶段。该条还同时规定了在审判中第一次到庭，或者已经答辩有罪或者作不辩护也不认罪的答辩的被告人，在三种情形下可以视为放弃继续到庭。该规定明确被告人已经参与了一定法庭审判活动，在特定情况下可不参与其他审判环节。以上缺席法庭审判均建立在被告人自愿的基础之上。

《俄罗斯联邦刑事诉讼法典》第 247 条第 4 款规定，如果法庭审理的是涉及轻度犯罪或者中度犯罪的刑事案件，刑事受审人申请在其缺席的情况下对该刑事案件进行审理的，允许在刑事受审人不出庭的情况下进行法庭审理。第 253 条规定，对于涉及重度犯罪或者极其重度犯罪的刑事案件，被告人在俄罗斯联邦领域之外及（或者）逃避出庭的，根据控辩双方申请可以在刑事受审人缺席的情况下进行法庭审理。法庭应当下达有关在刑事受审人缺席情况下进行法庭审理的裁定或者决定。根据以上规定，俄罗斯刑事诉讼中刑事受审人可以申请缺席审判的案件范围涵盖了重罪和轻罪案件。

《日本刑事诉讼法》第 284 条规定，相当于 50 万元（刑法、关于处罚暴力行为等的法律及关于调整经济关系罚则的法律规定之罪以外的案件，为 5 万元）罚金或者罚款的案件，被告人在公审期日不需要到场，但可以使其代理人到场。

《韩国刑事诉讼法》第 277 条规定，符合下列情形之一的案件，被告人可以不到庭，但被告人可以令其代理人到庭：（1）可能判处最高 500 万韩元以下罚金或罚款的案件。（2）明显属于作出驳回公诉或被免诉裁判的案件。（3）在可能判处 3 年以下有期徒刑或拘役，500 万韩元以上的罚金或拘留的案件中，被告人请求不到庭的，法院认为被告人不到庭对保障其权利没有影响时，可以允许其不到庭。但是，裁判长询问被告人姓名、年龄、籍贯、居所和职业，确认被告人身份时或宣告判决的公审日期，被告人必须到庭。（4）通知按照简易程序审理，仅被告人一方请求适用普通程序并宣告判决的案件。

我国澳门地区《刑事诉讼法典》第 315 条第 2 款规定，如嫌犯不可能到场出席听证，尤其是基于年龄、严重疾病或在澳门以外居住之理由者，得声请或同意听证在无其出席之情况下进行听证。

（四）法官裁量

一些国家除了在法律中明确规定刑事缺席审判适用条件外，还赋予法官根据案件具体情况决定是否适用缺席审判的裁量权，以应对审判实践中遇到的问题。法官对缺席审判案件的裁量体现了这些国家对诉讼程序的灵活处理。

美国刑事缺席审判制度内容既体现为成文法的规范限定，如《美国联邦刑事诉讼规则》第 43 条的规定；也体现在以判例法为传统的司法裁量实践。美国缺席审判启动条件的分析须同时考察诸多判例中的裁量要素。美国启动刑事缺席审判实践中的司法裁量体现在三个层面：第一，裁量案件是否符合规范所限定的启动条件。第二，在符合启动条件的案件中，裁量是否启动。第三，在不符合《联邦刑事诉讼规则》缺席审判启动条件的案件中，裁量能否启动。美国启动刑事缺席审判相关制度围绕着被告人审判在场权展开，在规范限定与司法裁量共同作用下形成制度全貌。①

根据英国法，实体法上的犯罪分为简易罪和可诉罪。简易罪通常由治安法院按简易程序审理。根据《治安法院法》第 12 条的规定，被指控者可以通过邮件答辩有罪指控。第 11 条和第 13 条则规定，如果被指控者未根据第 12 条提出他希望答辩有罪，并且在指定的审判时间未能出庭，则治安法官有在他缺席时进行审判程序的自由裁量权。但是根据第 11 条第 3 款的规定，治安法官不可以在罪犯缺席时通过监禁

① 初殿清：《美国启动刑事缺席审判的规范限定与司法裁量》，载《环球法律评论》2020 年第 3 期。

的量刑。[1] 在1998年女王诉琼斯（Regina v. Jones）一案中，刑事法院在被告人潜逃的情况下，对被告人进行了审理，并判决被告人13年监禁。经过1年2个月后，被告人被逮捕。被告人不服判决，提出了上诉。上诉法院在审理中认为，刑事法院在被告人缺席时，有权行使自由裁量权，决定对被告人是否进行缺席审判。在该案中，英国进一步明确了法院在适用缺席审判程序审理刑事案件时需要考虑的相关因素，具体包括被告人故意潜逃、结果公正和程序公正等方面。[2] 同时，为约束法官的裁量权，法官必须考虑：（1）被告人原则上有出席审判的权利和获得法律代理的权利。（2）这些权利可以依次或同时、全部或部分被被告人放弃。（3）庭审法官有决定在被告人缺席或其代理人缺席的情况下是否继续进行审判的自由裁量权。（4）法官必须十分谨慎地行使上述裁量权，缺席审判应当是在很少或者例外的情况下进行，尤其是当缺席被告人没有法律代理人的时候。（5）在行使裁量权的时候，法官必须首先考虑对被告人的公正，但也要考虑对控诉方的公正。英国目前的法律将是否进行缺席审判的权力交给法官自由裁量，并通过判例对法官的裁量权进行约束，以期将缺席审判的适用限定在一个极小的范围之内。[3]

《日本刑事诉讼法》第285条规定了被告人的到场义务及其免除。相当于拘留的案件的被告人，在宣告判决时，应当在公审期日到场。在其他的场合，如果法院认为被告人的到场对保护其权利无关重要时，可以许可被告人在公审期日不到场。相当于最高刑期为3年以下的惩

---

① ［英］约翰·斯普莱克：《英国刑事诉讼程序》，徐美君、杨立涛译，中国人民大学出版社2001年版，第215—220页。

② 参见邓思清：《刑事缺席审判制度研究》，载《法学研究》2007年第3期；商浩文、陈统：《刑事缺席审判制度的比较考察——以英国和美国为例》，载《南都学坛（人文社会科学学报）》2020年第4期。

③ 参见史立梅：《国际刑事司法中的程序与正义——国际刑事法院诉讼程序专题研究》，北京师范大学出版社2013年版，第107—108页。

役或监禁或者超过50万元（刑法、关于处罚暴力行为等的法律及关于调整经济关系罚则的法律规定之罪以外的罪，为5万元）罚金的案件的被告人，在检察官向其朗读并出示起诉书、法院告知被告人权利并提供陈述机会以及宣告判决时，应当在公审期日到场。在其他的场合，如果法院认为被告人的到场对保护其权利无关重要时，可以许可被告人在公审期日不到场。何为“对保护其权利无关重要”，则需要审理法官依据案件的具体情况综合考虑并进行裁量。

（五）特别规定情形

除以上情形外，一些国家还确立了其他适用缺席审判的情形。

1. 被告人是法人的。法人犯罪属于单位犯罪，与个人犯罪相比具有不同的特点，一般由诉讼代表人代表参与诉讼。《日本刑事诉讼法》第283条规定了被告人为法人的情形和代理人到场。在被告人是法人的场合，可以使其代理人到场。法人由诉讼代表人代表参加诉讼，诉讼代表人通常非犯罪行为直接参加者，其是否出庭对案件事实查明不起关键作用，因而其缺席庭审不会影响案件的进程。

2. 被告人有丧失诉讼行为能力或患有疾病等正当理由不能出庭

被告人具有诉讼行为能力是其行使诉讼权利的前提条件，不具备该能力自然无法参与诉讼。此外，被告人因患有疾病或者有其他正当理由，客观上不能参与法庭审判。遇有这些情形，一般处理方法是暂时中止审判程序，待被告人恢复诉讼行为能力或者疾病痊愈，再继续进行审判程序，但在特定情况下，也可能导致适用缺席审判程序。

《日本刑事诉讼法》第314条规定，在被告人处于心神丧失的状态时，法院应当听取检察官和辩护人的意见，裁定在该状态持续期间停止公审程序。但在应当作出无罪、免诉、免除刑罚或者公诉不受理的裁判已经明显的场合，可以不必等待被告人到场，立即作出裁判。

《韩国刑事诉讼法》中存在与日本类似的规定。第306条规定，被告人不能辨别事物或无决策能力的以及被告人因疾病无法到庭的，法庭一般的做法是听取检察官、辩护人以及医师的意见，决定中止公审程序，直至被告人可以出庭时为止。但对明显将作出被告人无罪、免诉、免刑或驳回诉讼裁判的案件，可以在被告人不出庭的情况下作出裁判。

综上，世界各国法律规定适用刑事缺席审判的情形类型多样，各国的规定既有其共性的内容，也有根据本国国情和法律传统而体现出的特殊性。有学者将刑事缺席审判的理论依据归纳为权利放弃、价值权衡以及权利放弃兼顾无出庭必要三种理论，并以此为标准对各国刑事缺席审判适用情形进行划分。其中被告人自愿不出庭或者接到法庭出庭通知故意不到庭等情形归为权利放弃型缺席审判；被告人潜逃或者不以被告人收到法庭传唤为条件的缺席审判归为价值权衡型缺席审判；兼有被告人自愿放弃出庭权和被告人无出庭必要情形的缺席审判归为权利放弃兼顾无出庭必要型缺席审判；被告人因扰乱法庭秩序而被逐出法庭后对其进行的缺席审判归为被拟制的权利放弃型缺席审判。① 应该说依据一定标准对各国刑事缺席审判适用情形做类型化分析有其合理性，而且更具有直观性，有助于发现各国法律制度的理论本质。但也应当看到，刑事诉讼制度充满复杂性且具有很强的实践性，各国设定的刑事缺席审判适用情形中有一些带有规律性的规定，也有适应本国法律实践的灵活性规定，抽象的理论归纳未必能涵盖所有法律适用情形。

二、域外刑事缺席审判适用程序

刑事缺席审判程序已经成为多数国家和地区刑事诉讼制度的一个组成部分。刑事缺席审判制度的产生和发展是对该制度正反两方面价值综合平衡的结果，如何反映各方面价值的兼顾与平衡是各国缺席审

① 参见张吉喜：《刑事缺席审判的理论依据：类型及其运用》，载《比较法研究》2019 年第 6 期。

判庭审程序设计重点考虑的问题。

（一）通知和送达

缺席审判中被告人不出席法庭，会导致被告人不能亲自行使法定诉讼权利，进而影响审判程序的正当性，因而各国在刑事诉讼立法以及刑事司法实践中，均设定程序环节以保证被告人能够出席法庭或者减轻因被告人缺席法庭对程序正当性带来的消极影响。无论是针对被告人潜逃等自始不在案，还是在庭审过程中被告人缺席法庭，各国普遍将对被告人的通知相关信息或送达相关法律文书作为启动缺席审判的前提条件。通知和送达法律文书是审判机关履行告知义务的体现，审判机关需要告知被告人被控告的罪名、开庭时间和地点、被告人享有的诉讼权利、缺席审判进程及其后果等信息。通知开庭信息和送达法律文书实质是对被告人知情权的保障措施。

《法国刑事诉讼法典》第 270 条规定了重罪案件缺席审判送达内容，即如果重罪被告人在逃或者不到庭，可以按照专门的重罪案件缺席审判程序进行审判。重罪被告人在逃的情况下，仍应当至少在开庭前 10 日，向其已知的最后住所或司法执达员的事务所送达通知，告知其将受到缺席审判的开庭期日；否则，将该通知送达至重罪法庭设在地的大审法院共和国检察官履职的检察院。第 412 条规定了轻罪案件缺席审判适用条件，即任何案件都应当依照规定手续向被告人本人送达传票，受到传讯的被告人必须出庭。当传票没有送交被告人本人，以及不能确认被告人知道其受到传票传讯时，在被告人没有出庭的情况下作出的判决才是严格意义上的缺席判决。如果被告人接到传票或者通过其他途径知道其受传票传讯，没有正当理由而不出席法庭的，法院可以继续进行审判，不过这种审判被视为对席审判，与对席审判具有同等效力。“从某种程度上，法国刑事诉讼法惩罚不愿到庭者，宽宥不能到庭者。”① 根据第 550 条规定，传票与送达以执达员送达文书为之。通知，经行政途径为之。第 551 条规定，传票写明被追诉的犯罪事实，以及惩治此种犯罪的法条。传票指明受理案件的法院、开庭地点、时间与期日，并且具体写明受到传票传讯的人为被告人 、应负民事责任的人或者证人的身份。对于被送达人不在法国境内，就送达期限予以特殊规定。第 552 条规定，一般案件，交付传票的期日与规定受传票人到轻罪法庭或违警罪法院出庭的期日之间至少应当有 10 日的间隔时间。如果受到传讯的当事人居住在国外，在欧盟成员国内的情况，该期限增加 1 个月，其他情况，该期限增加 2 个月。对于受送达人下落不明的，第 559 条及第 560 条规定，如果送达的文书涉及的当事人既无已知住所，也无已知居所，执达员将送达文书的副本交给受理案件法院的共和国检察官所属的检察院。共和国检察官可以为此要求派一名司法警察警官或司法警察警员进行查访，在找到地址的情况下，向当事人告知送达文书事由；在该场合，送达的文书产生与将其交给当事人本人相同的效力。如果是对被告人发出的传票，共和国检察官亦可命令公共力量查找当事人。第 562 条规定，如果当事人居住在国外，传讯其向受理案件的法院共和国检察官所属的检察院到案；共和国检察官应当在传票正本上签字，并将传票的副本送达外交部或国际协定规定的任何主管机关。

《德国刑事诉讼法》关于法律文书送达的内容集中于第 36 条至第 41a 条。第 37 条规定，对于送达程序，适用《民事诉讼法》的规定。根据第 40 条规定，第一，如果传唤被告人出席法庭审理的传票尚未送达，依规定的方式在国内无法送达，并且依照在国外的送达规定不能实施或预计将无成效时，公示送达可被准许。公告被展示两周，即认为送达完成。第二，如果传唤被告人出席法庭审理的传票先前已经送

① 刘林呐：《刑事缺席审判程序之中法比较》，载《中国检察官》2018 年第 12 期。

达被告人，但依规定的方式在国内无法送达的，允许公示送达。第三，在被告人提起的上诉程序中，如果依上次送达的地址或者按被告人提供的地址不能送达文书时，公示送达即被准许。在德国，对轻罪被告人适用缺席审判程序，需事先使用传票依法传唤，仅公示传唤的，不得进行被告人缺席审理。

在美国，送达不仅要遵守联邦和各州有关刑事诉讼法律的规定，并且美国《宪法》第5修正案和第14修正案所设立的正当程序条款亦为法律依据。根据正当程序理念，送达程序应尽可能通知被告人有关诉讼信息。正当法律程序对任何完整诉讼的基本和根本要求就是：必须合理地确认通知的内容，根据不同情况把未决诉讼通知有关当事人，给予他们提出异议的机会，通知必须具有适当转达法定内容的性质，它必须为当事人提供合理的出庭时间。①《美国联邦刑事诉讼规则》关于法律文书送达集中规定于第49条。该条第2款规定了送达方式，即送达应当按照民事诉讼规定的方式进行。如相关规则或法庭命令要求或准许送达给由律师代表的当事人的，应当送达给代理律师而非当事人，除非法庭命令另有规定。第5款规定了电子送达方式，即根据地方规则，法庭可以同意在遵守联邦司法会议制定的技术标准的情况下，通过电子方式对文件进行存档、签名或宣誓证实。

从以上各国刑事缺席审判送达制度来看，大体可以总结出如下特点：第一，刑事诉讼法中就送达内容的规定全面。各国法典中有关刑事审判送达的内容包括送达主体、送达内容、传票记载内容、送达方式、境外送达等内容，基本涉及送达制度的方方面面。其中以《法国刑事诉讼法典》为代表，为了严格缺席审判适用条件，法国的法律文书送达制度规定全面而具体，周密而细致，司法可操作性强。第二，送达方式灵活多样。鉴于刑事缺席审判程序的特殊性，被告人可能下

① 何其生：《域外送达指定研究》，北京大学出版社2006年版，第66页。

落不明或者身处境外，常规送达方式不能确保被告人收到法庭通知、传票等相关法律文书，各国规定了灵活多样的送达方式，例如公告送达、外交途径送达、电子送达等，以满足缺席审判程序送达的司法实践需求。第三，大陆法系与英美法系送达要求有所差异。一般而言，大陆法系国家关于刑事送达的要求普遍严格于英美法系国家。英美法系国家的刑事送达通常适用民事送达的有关规定，民事送达、刑事送达遵循着共同的程序要求。这也从侧面反映出，大陆法系国家刑事缺席审判侧重于视被告人出席法庭为法律义务的特点，因而在送达程序上予以严格、细致规定；英美法系国家刑事缺席审判侧重于视被告人出庭为诉讼权利以及当事人拥有选择权的特点，从而在送达程序上基本适用民事送达的相关规定。

（二）庭审程序

对于适用刑事缺席审判程序审理案件，多数国家的普遍做法是未对被告人不出席法庭情况设置特别的刑事缺席审判程序，而是适用普通审判程序就案件进行审理，遵循普通审判程序审判规则。有少数国家，例如英国，允许适用简易程序审理被告人缺席的案件。虽然采用普通程序审理，但针对缺席审判案件也有一些特别适用或者强调适用的审理原则。

1. 法庭辩护

控诉、辩护和审判为刑事诉讼三大职能，也是刑事诉讼结构构成的基点。科学而稳定的诉讼结构既是查明案件事实的保障，也是审判程序正当性的体现。法庭审理中被告人的缺席打破了基本的诉讼结构，给刑事诉讼的程序运行带来深层影响。辩护人制度无论是在对席审判程序中，还是在缺席审判程序中均为被告人诉讼权利保障的核心制度，在缺席审判程序中更具特殊意义。美国学者保罗·威利认为，无论出于何种原因被告人无法出席法庭，无论是否经其同意，都应为其提供充分的法律援助辩护，以保证公正审判的实现。法律援助辩护的削减无法保证被告人对抗司法不公，扭曲了控辩平等武装原则，亦是对法治原则的违反。[①] 为了减轻缺席审判中的负面影响，虽然被告人本人不出席法庭，但多数国家在被告人缺席审判程序中确立了辩护人参与制度，通过允许被告人委托辩护或者适用强制辩护制度，弥补因被告人缺席法庭所带来的辩护职能弱化情势，避免缺席审判形成的弊端，以最大限度维护被告人诉讼权利。辩护人的帮助有助于实现辩护方与控诉方的平等对抗，从而增强审判的公正性。

第一，普遍确立缺席审判中的强制辩护制度。确立强制辩护已成为不同国家和地区刑事缺席审判通行做法。刑事缺席审判中，能够充任被告人辩护人的，可以是被告人本人委托的律师，也可以是律师团体或者法院指派的律师。《德国刑事诉讼法》第231a条规定，被告人故意和有责任地使自己陷入某种状态，该种状态使得其不适宜参加法庭审理，以此有意识地使得法庭审理不能在其在场的情况下正常进行或者继续正常进行的，法院认为其在场并非必不可少的，可以进行缺席审判。此种缺席审判，法院要对没有辩护人的被告人指定辩护人。该条确立了缺席审判的指定辩护制度。在德国，强制辩护与被告人的经济状况无关，而完全是因为为了实现程序正义需要有辩护人在场，[②] 例如被告人被指控犯有重罪、被告人已被审前羁押至少3个月等。第140条第2款规定，如果案情重大或者因为事实、法律情况复杂认为辩护人有参加的必要，或者犯罪嫌疑人明显无法自行辩护，审判长应当根据申请或者依职权为犯罪嫌疑人指定一名辩护人。缺席审判符合该款规定的犯罪嫌疑人无法自行辩护的情形。当然被告人也可以自行委托辩护人。第234条确立了缺席审判的委托辩护制度。根据该条规定，

---

① Paul Willey, *Trials in absentia and the cuts to criminal legal aid: a deadly combination?*, The journal of Criminal Law, 2014, Vol. 78 (6).

② ［德］托马斯·魏根特：《德国刑事诉讼程序》，岳礼玲、温小洁译，中国政法大学出版社2004年版，第58—59页。

准许被告人缺席审理的，被告人有权让持有全权委托书的辩护人代理出庭。

《意大利刑事诉讼法典》第 475 条规定，被告人妨碍庭审正常进行，庭长可以裁定将被告人强制带离。被带离的被告人被视为在场，并且由辩护人代表。第 487 条规定，被告人接受传唤或者送达法律文书，没有正当理由而不出席法庭的，适用缺席审判程序。审判在被告人缺席的情况下进行时，辩护人在法庭审理中代表被告人。第 488 条规定，当被告人要求或者同意法庭审理在其缺席的情况下进行或者拒绝出席庭审时，可以适用缺席审判程序。在这些情况下，缺席的被告人可以由委托的或指定的辩护人代表。如果被告人在出庭后又离开审判庭，仍被视为在场，继续进行的审判由其辩护人代表。在意大利，被告人不出席法庭的场合，有的属于严格意义上的缺席审判，有的仍被视为被告人在场而当作对席审判，普遍适用辩护人代理制度。

《俄罗斯联邦刑事诉讼法典》第 247 条第 6 款规定，对涉及重度犯罪或者极其重度犯罪的刑事案件适用缺席审判的，辩护人必须参与。刑事受审人应当聘请辩护人。每名刑事受审人有权聘请数名辩护人。在刑事受审人聘请的辩护人缺席的情况下，法庭可以采取措施指定辩护人。

在英国，《1996 年刑事诉讼与侦查法》第 49 条“关于答辩的意思”规定，初始程序中被告人出现或被带至治安法庭面前，答辩阶段在“被告人由法律代理代表”情况下，才可以对被告人缺席审判。①

《美国联邦刑事诉讼规则》第 44 条规定，被告人无力聘请律师的，有权自初次到庭直至上诉的诉讼各阶段获得指定律师的帮助，除非被告人放弃这种权利。缺席审判中，只要被告人未放弃要求指定辩护权，其辩护权就应得到保障。

---

① 中国政法大学刑事法律研究中心组织编译：《英国刑事诉讼法》（选编），中国政法大学出版社 2001 年版，第 661 页。

我国澳门地区《刑事诉讼法典》第53条为援助之强制性规定，即在缺席审判时，必须有辩护人之援助。该条为缺席审判辩护在辩护制度中的总则性规定。同时还在缺席审判程序部分就辩护作出具体规定。第315条规定，无嫌犯出席之听证，嫌犯同样由辩护人代理。第317条规定，在缺席审判中，在一切可能发生之效力上，嫌犯均由辩护人代理。澳门地区缺席审判中的辩护规定是对辩护总则性规定的强调与细化。

域外国家和地区多规定了范围极广的刑事案件强制辩护制度，被告人是否缺席与是否应有辩护人关系不大，审判的内容本身就是强制辩护的条件。① “被告人出庭不是实现有效辩护的充要条件，通过全权委托律师代为出庭应诉或者法庭指定律师提供帮助等方式，都可为被告人有效辩护的实现提供保障。”② 辩护人参与缺席审判程序的目的为维护被告人利益，代替被告人行使辩护职能，使被告人的辩护防御机会得到保障。

第二，缺席审判中辩护人诉讼权利广泛。对席审判中，当事人对审判裁决不服，提起上诉权属于当事人专有的诉讼权利，通常辩护人不享有独立上诉权。但有一些国家法律规定，上诉权可以由被告人的利害关系人或者辩护人代为行使。这些规定当然也适用于缺席审判程序，而且在缺席审判程序中更具特别意义。《意大利刑事诉讼法典》在“向最高法院上诉”一章第613条规定，除当事人不能亲自处理的情况外，上诉状、备忘录和新的上诉理由均应当由在最高法院专门名册中登记的辩护人签署，否则不可接受。在最高法院的审理中，当事人应由上述辩护人代理。《日本刑事诉讼法》第353条、第355条规

---

① 刘腾肤：《中国刑事缺席审判制度：理解与完善》，载《四川师范大学学报（社会科学版）》2019年第2期。

② 袁义康：《刑事缺席审判程序的合理性及其完善》，载《华东政法大学学报》2019年第2期。

定，被告人的法定代理人或者保佐人、原审的代理人或者辩护人，可以为被告人的利益提起上诉，除非被告人以明示的意思表示反对。《韩国刑事诉讼法》第 341 条规定，被告人的配偶、直系亲属、兄弟姐妹或原审的代理人及辩护人等，可以为被告人上诉。以上人员提起上诉同样不得违反被告人明示的意思。缺席审判中辩护人除了可以行使辩论权、质证权等权利外，还可以代表缺席被告人行使上诉权等。赋予辩护人较为广泛的诉讼权利，可以使缺席审判中被告人本人不在场的情况下其权利得到充分保障。

2. 言词审理

刑事缺席审判中，当事人不出席法庭，但法庭审判程序并不因此而有所简化，依然遵循审判程序中的言词辩论原则，而不能是书面审判。缺席审判中，因辩护方的被告人缺席可能无法对其进行质证，无法体现被告人与公诉人的诉讼对抗，但法庭仍需就证据调查和法律适用进行言词陈述，言词发表针对案件事实和法律适用的意见，并接受法官审查。被告人一方不出庭，有辩护人代理其参加法庭审判的，则遵循普通审判程序环节，由辩护人代表被告人与控诉方展开辩论和对抗。法官要听取各方意见之后作出最终裁决。

3. 被告人意见表达

被告人是刑事诉讼主要诉讼主体，被告人的缺席不仅改变了法庭审判的进程和面貌，也使得法律所确立的被告人享有的一系列诉讼权利无法行使。许多国家确立刑事缺席审判程序之初，站在程序正当性的角度，对被告人诉讼利益予以特殊关照。在被告人不出席法庭审判的情况下，仍然赋予其表达意见的机会，一方面有利于案件事实真相的发现，另一方面有利于保持其在诉讼中的主体地位。

德国刑事审判中，基于各种原因被告人到庭义务得以免除的，受命、受托法官仍需围绕公诉意见对被告人进行讯问，被告人有机会对起诉罪名陈述意见。《德国刑事诉讼法》第 231a 条规定，被告人故意和有责任地使自己陷入某种状态而引发缺席审判，该种缺席审判适用的前提是在启动法庭审理后被告人得到过向法院或者受托法官就起诉表达意见的机会。第231b条规定，因为违反法庭秩序，被告人被带离法庭或者拘留，因而适用缺席审判程序的，在任何情况下，对被告人都要给予公诉表达意见的机会。

《俄罗斯联邦刑事诉讼法典》第258条规定，刑事受审人扰乱审判庭秩序，不服从审判长或者司法警察命令的，可以被勒令退出审判庭，直至控辩双方辩论结束。同时，应当保障刑事受审人进行最后陈述的权利。这种情况下，刑事案判决应当在刑事受审人在场时宣读或者在宣读后立即向其宣布并由其本人签收。规定被告人在法庭审判最后讯问时在场，目的在于保证被告人在法庭审判终结阶段表达意见的最后机会，以切实维护被告人的辩护权。

我国澳门地区《刑事诉讼法典》第306条第4款规定，在听证过程中，如嫌犯不给予法庭应有之尊重，则对其作出警告；如嫌犯继续如此，须命令将之收容于法院之附属设施内，但嫌犯仍得在最后讯问及判决宣读时在场，并有义务在法官认为其必须在场时返回听证室。规定被告人在最后讯问阶段及宣读判决时必须在场，其立法目的在于为嫌犯提供对法庭审理情况及最终裁决发表意见，发表意见是其享有的辩护权内容之一。

4. 诉讼权利及时恢复

各国均将缺席审判程序作为刑事审判程序的例外，是在不得已的情况下实施的审判程序。在法庭审理过程中、法庭作出裁决前，一旦缺席审判的理由不再具备，被告人恢复了参加法庭审判的能力，则应当恢复正常的法庭审理程序。对于恢复对席法庭审理的，法院负有对被告人的关照义务，将经过缺席法庭审理的主要事项及有关诉讼进展情况及时告知回到法庭之上的被告人，以便其在继续进行的庭审中更好维护自己的利益。

《德国刑事诉讼法》第231a条第2款、第231b条第2款规定，被告人故意造成无受审能力的缺席法庭审理以及被告人因违反法庭秩序被责令退出法庭而缺席审判的，被告人一旦恢复接受审理的能力或者准许被告人重新出庭，如果此时还尚未开始宣告判决的，审判长应当告知其缺席时进行的法庭审理的主要内容。

《意大利刑事诉讼法典》第487条规定，如果缺席的被告人在裁决前出庭，法官撤销关于被告人缺席的裁定。在这种情况下，被告人可以发表就控告事项的陈述；如果出庭发生在最后陈述开始之前，被告人可以请求接受询问。在任何情况下，法庭审理不得中断，也不得因迟到的出庭而推迟。第489条规定，如果在初步庭审过程中曾经在缺席情况下对被告人进行诉讼，该被告人可以在法庭审理阶段要求对直接涉及控告的事项进行陈述。

因各种原因被告人缺席法庭审判，无法行使相应诉讼权利，但法院仍有必要对缺席被告人诉讼权利给予关照。针对伊利诺伊州诉阿伦(Illinois v. Allen)① 一案，美国联邦最高法院在裁决意见中表明，因被告人在庭审过程中故意扰乱法庭秩序影响审判进程而将其驱逐出法庭是恰当的，但应当事前告知被告人行为后果。在被告人被驱逐出法庭之后，法庭有责任保证被告人有条件与其辩护人沟通，在可能的情况下使其知悉审判进程。如果被告人保证遵守法庭秩序，不再有干扰行为，应使其及时返回法庭。

我国澳门地区《刑事诉讼法典》第306条第6款规定，如嫌犯在某次开庭期间被命令离开，则该命令之效力仅限于该次开庭。被告人因违反法庭秩序而被驱逐出法庭，丧失庭审时在场资格，并不意味着被告人完全丧失参与庭审的机会，一旦事由消失，被告人仍可再次参加法庭审判，行使诉讼权利。

---

① Illinois v. Allen，397 U.S. 337，357（1970）.

三、域外刑事缺席审判救济程序

诉讼的根本目的在于运用国家司法的方式解决纠纷，其权威性、公信力以司法裁决的结果公正和程序公正为保障。刑事缺席审判制度在追求效率价值的同时，可能给公正价值带来消极影响，这种消极影响既可能体现于缺席审判天然存在的因被告人缺席法庭带来的程序正当性质疑，也可能体现于实体定罪量刑认定错误。为了减轻对公正价值的损害，世界各国在设计刑事缺席审判程序的同时，也规定了补救程序。

刑事缺席审判的救济程序分为针对缺席审判程序的特殊救济程序与针对判决结果的一般救济程序。一般救济程序的正当性来源于刑事缺席审判的审判属性，如前所述，刑事缺席审判的本质是一种审判活动，因而适用于一般审判活动的救济程序同样应适用于缺席审判程序，因此，刑事缺席审判的判决同样可以适用上诉程序与申请再审程序。除一般救济程序外，只适用于缺席审判程序，发生于缺席审判过程中的救济程序为特殊救济程序。需要说明的是，笔者认为，法院根据案件具体情况强制启动的重新审理程序不属于救济程序的范畴，该类程序分为审理过程中启动与判决生效后启动，一般来说，缺席审理过程中被告人到庭，法庭应当终结缺席审判程序并按照普通程序进行审理，这种程序转变是因缺席审判失去了其启动的程序基础——被告人缺席，缺席审判的条件不再具备，因此不应将其视为救济程序。域外刑事缺席审判救济程序的主要模式分为完全异议模式、限制异议模式与上诉模式。其中，完全异议模式、限制异议模式属于特殊救济程序范畴，上诉模式则属于一般救济程序范畴。

（一）完全异议模式

完全异议模式，是指以异议权作为刑事缺席审判制度特殊救济程序的一种救济模式。异议权作为被告人或者其他可以提出异议的主体具有的权利，其特点在于权利行使的自由性及权利效果的强制性。权利行使的自由性是指，被告人或其他主体可以自由选择是否提出异议，对判决在何种范围内提出异议，例如《法国刑事诉讼法典》规定被告人可仅对民事裁判部分提出异议，且被告人无须基于任何理由，只要符合法律规定，即可提出异议。权利效果的强制性，即异议权提出的效果不以任何一方的意志为转移，一旦权利主体提出异议，必然导致其针对的缺席判决被视为从未作出，经过的缺席审理程序也被彻底否定，同时意味着法院将对已缺席判决的案件按照普通程序进行重新审理。异议权的设立根据在于法的人权价值，是国家为特定主体创设的一项权利，对当事人而言是一种极其有力的救济程序，并且其能够发挥救济程序应当发挥的作用。但正因效果过于强大，导致其存在被滥用的风险，异议权一旦被滥用，将会对刑事缺席审判制度及法的安定性造成极大破坏。因此，完全异议模式下的刑事缺席审判制度需要对异议权做出限制，首先就要对异议权的行使设置期限，这也是由异议权的权利性质决定的；其次，被告人对缺席判决提出异议后，必须出席法庭安排的普通审理程序，该普通审理程序通常在异议权提出的期限经过后启动，如被告人未出席，则视为其从未提出过异议；最后，对能够行使异议权的刑事缺席审判范围进行限缩，如《法国刑事诉讼法典》中规定了大量被告人缺席但视为对席审判的例外情形，针对这些情形，被告人不可提出异议。

在轻罪与违警罪的缺席审判中，《法国刑事诉讼法典》为被告人开放了“异议权”这一救济程序。根据第 544 条、第 545 条规定，轻罪法庭中关于缺席审判及异议权的规定也直接适用于违警罪法庭与社区法庭。

（1）异议权提出的条件

缺席判决的异议只能针对缺席判决，且只有缺席判决的当事人在规定的期限内按照特定的形式才能提出。法国异议模式的特点在于：

一方面，针对所有的缺席裁判，当事人都可以提出异议，依据《法国刑事诉讼法典》之规定，轻罪法庭、轻罪上诉庭、违警罪法庭与社区法庭的判决，乃至轻罪法庭或违警罪法庭的法官适用简易程序作出的刑事裁定，被告人都可以提出缺席判决异议。另一方面，《法国刑事诉讼法典》也对“缺席”的标准进行了严格的限定，并规定了大量的例外情形，在这些情形中，被告人尽管未出席法庭，其受到的审判却被视为“对席审判”，并非严格意义的缺席审判。法国刑事缺席审判以出庭义务观下的价值权衡展开构建，轻罪法庭与违警罪法庭中，法庭考量的仅为对席审判与缺席审判的价值权衡，在此基础上对被告人进行的缺席审判都视为对席审判，即无须为被告人提供异议权这一救济程序。但除法律规定视为对席审判以外的情形，尤其是在司法机关已履行告知义务，却无法证明被告人知情，即被告人履行义务缺乏现实性基础时，对被告人的审判为缺席审判，被告人可以提出异议。

（2）缺席审判异议的其他程序性规定

从提出缺席审判异议的主体来看，轻罪被告人与违警罪被告人是缺席判决的当事人，也是出庭义务的承受者，在符合法律规定的情形下当然享有异议权。但缺席判决异议与上诉权的适用存在冲突，没有出庭的当事人可以在缺席判决异议和向上诉法院上诉两者之间进行选择，如果其选择向上诉法院上诉，则不能反过来再提出缺席判决异议。① 从提出缺席审判异议的形式来看，《法国刑事诉讼法典》并未明确规定其提出的形式，依据第490条之规定仅需向检察院提出异议即可，但如对缺席判决提出异议的人已经在押，该异议可按照第490－1条规定向监狱机构主要负责人以提交声明的方式提出，该声明应包含监狱主要负责人签证、日期与其签字，并由申请人签字，申请人不能签字的，监狱主要负责人应当在声明内注明，该文件的正副本需立即

① 参见［法］贝尔纳·布洛克：《法国刑事诉讼法》，罗结珍译，中国政法大学出版社2009年版，第525页。

以任何方式送交相应检察院。从提出缺席审判异议的期限来看，依照第 491 条、第 492 条之规定，轻罪法庭与违警罪法庭的缺席判决如送达被告人本人，提出异议的期限自判决送达起计算，如判决未送达被告人本人，则从判决送达被告人住所、留置在司法执达员的事务所，或送至检察院之日开始计算，被告人居住在法国本土内期限为十日，在本土外期限为一个月；但如送达判决为有罪判决，且依据第 557 条、第 558 条、第 560 条皆不能确认被告人已经知悉送达判决书之事由时，被告人至刑罚时效期间届满前提出的缺席判决异议均应当被受理，此时被告人提出异议的期限由知道此事由之日起算。

（3）缺席审判异议的效果及再缺席

《法国刑事诉讼法典》第 489 条直接规定了轻罪法庭中被告人提出缺席审判异议的效果，违警罪法庭在第 545 条中也援引了这一条款，即缺席判决之全部处分被视为不曾作出，但被告人可以仅限于对判决的民事处分部分提出异议。如被告人提出缺席判决异议后，法庭将重新审理本案并对案件作出裁决。由于缺席判决的全部处分被视为不曾作出，故意味着法庭在重新审理时具有完全的自由裁量权，可以作出重于原裁判结果的判决。针对被告人提出异议后，法庭重新审理时被告人再次缺席的情形，《法国刑事诉讼法典》第 494 条规定，被告人再次缺席，其缺席判决异议视为不曾提出，但这一结果也是由判决方式确定的，如此次判决也符合第 487 条中缺席审判的条件，被告人可以对此次再缺席判决提出异议，否则法院可以作出“驳回缺席判决异议的判决”，这一判决将使第一次缺席审判作出的判决产生完全效力，且不能再次被提出异议；但被告人的再缺席也并非只有以上两种效果，如被告人被判处无缓期自由刑的情形下，法院可推迟案件审理并命令公共力量寻找缺席审判异议人，在寻找无果或缺席判决异议人受到符合规定程序进行的催告通知仍不出庭的情形下，法院也可宣告“驳回缺席判决异议的判决”。此外，依据第 494 - 1 条之规定，在第 494 条的情形或其他必要情形下，法庭可变更收到异议的缺席判决并说明理由，但不得因此加重被告人的刑罚。

（二）限制异议模式

限制异议模式，是指被告人的异议符合法律规定的情形，或法院对被告人的异议进行审查并认为异议成立时，对已经缺席判决的案件进行重新审理的救济模式。限制异议模式与完全异议模式虽然都有使法庭对已缺席判决的案件按照普通程序进行重新审理的效果，但其不同之处在于，完全异议模式借由法律赋予被告人的异议权启动重新审理程序，且法院通常不可对被告人的异议进行审查，重点在于被告人“是否提出异议”而非“因何提出异议”，只要符合法定条件的被告人提出异议，法庭即不得拒绝；而在限制异议模式中，法律未赋予被告人其他额外的权利，在被告人决定“是否提出异议后”，还需要说明提出异议的理由，由法院审查被告人的异议是否成立，即被告人提出的异议并不必然导致重新审理的结果。在条文表述上，限制异议模式有两种表现形式：一是法律对被告人提出异议的理由进行明文规定，被告人仅可向法院提出符合条件的异议；二是法律未对异议理由进行规定，此时被告人提出异议在条文中多表述为“申请”，由法院决定异议是否成立以及是否重新审理。

《德国刑事诉讼法》将缺席审判制度较为细致地划分为几类，其中，第 232 条规定的由法院决定的缺席审理程序中存在被告人申请“恢复原状”，即限制异议模式的情形。依据第 232 条之规定，法院对被告人已经进行依法传唤，并在传票中指明可以对被告人进行缺席审判的，在预期刑罚仅为单处或并处 180 日以下的日额罚金、保留处刑的警告、禁驾、收缴、没收、销毁或者废弃处分时，可以对被告人进行缺席审理，在传票中已经对被告人告知有此可能性的，准许剥夺驾驶许可。依据第 235 条之规定，上述情形中的被告人被缺席审判后，可在判决送达后的一周内，在与延误期限相同的前提条件下申请恢复原状；如被告人从未得知出庭参加审判传唤，则可以随时要求恢复原状。

依据《俄罗斯联邦刑事诉讼法典》第247条第1款及第4款至第7款之规定，俄罗斯刑事缺席审判程序的启动分为以下两种情形：其一，针对涉及轻度或中度犯罪的刑事案件，依被告人的申请启动，且法律不对被告人开放针对缺席审判程序的救济程序。其二，针对重度或极其重度犯罪的刑事案件，在被告人身处俄罗斯联邦领域之外或逃避出庭，且被告人未就该案件在其他国家受到过刑事追诉的情况下，可以缺席审理，此时辩护人必须参与；在上述情形被排除时，依据被告人或其辩护人的申请，法院可以按照监督审程序对缺席判决或裁定予以撤销，并依据普通程序重新进行审理。尽管上述情形并不属于第412－9条中规定的“依据监督审程序撤销或变更法院判决的理由”，但依据第247条第7款的精神，刑事缺席审判的重新审理应当按照第412－11条第1款第3项进行，即撤销法院下达的刑事案判决、裁定或裁决，以及所有法庭的最终判决，同时向第一审审级法院移交刑事案件进行新的法庭审理。

《瑞士刑事诉讼法典》将缺席审判程序作为特别程序规定于第八编第四章中，依据第366条之规定，进行缺席审判需符合该条第4款的强制性规定：其一，被告人曾有过对其被指控犯罪充分发表意见的机会；其二，有足够的证据在被告人不在场的情形下作出判决。经依法传唤的被告人第一次未出庭时，法庭需重新安排听证，再次传唤被告人或安排将其拘传至法庭。如被告人无法被拘传至法庭或被告人再次缺席重新安排的庭审时，法庭可选择缺席审判或中止审理。在该条第3款中还单独对被告人自毁健康导致其不能答辩或拒绝从被羁押场所带至法庭的情形进行了规定，在此情形下，法庭可立即进行缺席审判。瑞士刑事缺席审判制度的救济程序为限制异议模式，如判决送达被告人本人，被告人可于十日内以书面或口头的形式向作出判决的法院提出重审申请，但在申请中，被告人必须简要解释其为何无法出席庭审，如无正当理由，法庭应当驳回其申请。如法庭准许了被告人的申请，但被告人不出席重新审理程序的，应认定法庭此前作出的缺席判决仍然有效。对于依重新审理程序作出的判决，被告人可以上诉，在新判决生效时，原缺席判决及对其提出的上诉、上诉程序中已经作出的决定均失效。此外，缺席判决的被告人除申请重审外还可对缺席判决提起上诉，法庭必须告知被告人存在这种救济途径，但上诉需在重审申请被驳回后考虑。

《挪威刑事诉讼法》对被告人的出庭按照案件的审理情况进行了详尽的规定。依照《挪威刑事诉讼法》第 85 条至第 87 条的规定，被告人有义务参与必要的庭审活动，包括主审程序、法院认为被告人有必要参加的审判活动以及接收判决书。根据法律规定或案件实际情况，法庭应向被告人履行告知义务的内容也有所区别：被告人必须出庭的，法庭需告知被告人如不主动出庭将被强行带至法庭；被告人并非必须出庭的，应当告知即使其不出庭，案件的审理也将继续进行；被告人是否出庭存在疑问的，应同时告知上述两项内容；在符合法律规定的情形下，应告知被告人有权同意案件在其不出庭的情况下进行审判。第 88 条规定被告人在醉酒状态下的出庭视为不出庭。从缺席审判程序的启动条件来看，依据《挪威刑事诉讼法》第 281 条之规定，缺席审判程序原则上只适用于“检察机关没有建议将犯罪行为判处一年以上有期徒刑的案件中”，在这类案件中，如被告人没有出庭，且其出庭对于查明案件事实不具有必要性，须符合下列情形之一方可继续进行主审程序：其一，被告人本人已经同意缺席审理该案；其二，被告人未说明或证明其可能存在合法理由而缺席；其三，被告人在起诉书送达其本人后逃匿，或因被告人逃匿导致出席主审的传票未能送达其本人。但是，在所有案件中，如法院认为审理结果一定是无罪释放或完全驳回，则可以继续进行审理。在救济程序上，依据《挪威刑事诉讼法》第 282 条之规定，在前述其二的情形中，任何人在主审程序中被缺席定罪时，如其能证明具有合法的理由，或该理由未能及时通知法院不应归责于其本人，则可以请求重审；在前述其三的情形中，如被告人能证明其没有逃逸，也可以申请重审。被告人提出申请重审的请求应当在上诉期限届满前提出并由原审法院进行审理，如被告人对判决也提起了上诉，则在法院对重审请求作出决定前，上诉都应当中止。被告人还应当说明其申请理由，如不具备可能导致重审的理由，审判长可作出宣布驳回该请求的裁定。在法院依被告人申请启动重新审理程序时，如被告人再缺席且不能证明其存在合法有效的理由，则应当终止该案审理，已作出的缺席判决仍然有效。

（三）上诉模式

上诉模式分为对缺席审理裁定的程序上诉模式与实体上诉模式，程序上诉仅存在于具有程序问题上诉制度的国家，如德国刑事诉讼法将上诉分为程序问题的上诉、普通上诉与法律审上诉。程序上诉模式中，法院需在法律规定的条件下下达缺席审理的裁定，对这一裁定被告人可提起对程序问题的上诉。实体上诉模式是指，对于一般刑事案件的救济程序同样适用于缺席审理的案件，一般救济程序可能与刑事缺席审判程序的特殊救济程序共同存在，也可能单独存在。如一国的刑事缺席审判制度仅存在实体上诉作为其救济程序，即意味着该国法律并未对缺席审理的案件设置诸如异议权、申请再审等其他救济程序。

《德国刑事诉讼法》第231a条规定了被告人故意造成其无受审能力的法庭审理，依据该规定，在符合下述四项条件的情形下，法院可选择启动该缺席审判程序：其一，启动法庭审理后被告人得到过向法院或受托法官就起诉表达意见的机会，被告人是否在此机会中向法院或受托法官实际表达过意见或表达过何种意见都在所不问；其二，被告人故意和有责任地使自己陷入不宜参加法庭审理的状态，或有意识地使法庭审理不能在其在场的情况下正常进行或继续正常进行；其三，法院认为其在场并非必不可少；其四，法庭需在听取医生鉴定人的意见后作出裁定。在法庭作出该裁定后，被告人可以就该裁定提起立即（程序问题的）上诉。立即（程序问题的）上诉应当在通知裁决一周内提起，提起（程序问题的）上诉原则上不阻碍原裁决的执行，作出原裁决的法院、审判长、法官以及上诉法院命令中止执行的除外，但该种情形下的立即（程序问题的）上诉具有推迟效力，法庭审理应当立即中断直至对立即上诉作出裁决。

实体上诉模式即未对缺席审判程序设置任何特殊救济程序的一般救济模式，在实体上诉模式中，缺席审判程序与一般刑事审判程序作出的判决无异，除非缺席审判程序的启动违法，则按照程序违法的范畴处理，至于符合法律规定启动的缺席审判程序既不能被上诉，也不能被提出异议，被告人仅可就判决的实体内容——定罪量刑部分进行上诉。这类模式在救济程序的规定上无特殊之处，但在缺席审判程序的启动条件上进行严格限定，基本将其局限在无需提供特殊救济程序的情形：被告人与法院达成合意、拒绝履行出庭义务以及轻微案件等。例如，《韩国刑事诉讼法》将缺席审判程序启动的条件限定在轻微案件或被告人拒绝到庭两种情形；日本除上述两种情形外，增加了法院免除被告人到场义务的情形；《意大利刑事诉讼法典》在 2014 年废除了缺席审判制度，仅保留了被告人明确放弃出庭并由辩护人代表其出庭的情形。葡萄牙则属于实体上诉模式中对缺席审判适用情况较多的国家，在葡萄牙的刑事诉讼制度中，被告人有正当理由不应传的，具有向法院告知的义务——无论该正当理由是否可预见，否则即视为不应传，判定其缺席不具有正当理由。此种情况以及被告人违反出庭义务、被通知或告知通知后未出庭的，法庭认为有必要延期的可以延期，否则应适用缺席审判。

（四）域外刑事缺席审判救济程序适用的不同情形

1. 不设置救济程序的情形——作为保全程序的刑事缺席审判

作为保全程序的缺席审判一般不对刑事案件被告人的刑事责任作

出实质性裁决，而主要解决被告人不在场时诉讼程序的进行以及证据保全等问题。作为保全程序的缺席审判，较为典型的当数法国重罪法庭的缺席审理程序与《德国刑事诉讼法》第二编第八章规定的缺席审理程序。依照《法国刑事诉讼法典》第 379 – 3 条、第 379 – 4 条、第 379 – 5 条的规定，重罪法庭可以对重罪案件进行缺席审判并对被告人作出定罪量刑裁决，该裁决具有形式意义，可以作为抓捕被告人的依据。缺席审判重罪法庭中被缺席判决有罪的被告人到案时，重罪法庭判决的所有处分视为不曾作出，并按照普通程序重新审理，对重罪法庭中作出的缺席判决不开放上诉途径。《德国刑事诉讼法》第 285 条则明确规定，对缺席人不进行法庭审理，启动该程序的目的是为缺席人以后到案的情况保全证据。作为保全程序的缺席审判中，缺席审理程序服务于最终按照普通程序进行的审理，因此在该情形下，法律无须为缺席审理开放任何救济程序。

2. 仅提供一般救济程序的缺席审判

所谓一般救济程序，即与普通刑事诉讼程序相同的救济程序，在此种情形下，依缺席审理程序审理的案件与依一般程序审理的案件无异。此外，一般救济程序针对的是判决本身，而非作出判决的缺席审理程序，此种情形下法律不提供针对缺席审理程序的特殊救济程序。

（1）被告人被驱逐出庭时的缺席审判

被告人作为出庭人员，当其扰乱法庭秩序时，有可能被强行驱逐出庭。各国法律通常确认该种情形仅具形式意义的缺席审理，普遍对该种情形的缺席审理作出例外规定。如法国重罪法庭中，此种情形下作出的裁决全部视为对席作出，轻罪法庭与违警罪法庭则遵循《法国刑事诉讼法典》第 413 条的规定，即任何人在庭审开始时到庭，此后再声明其缺席庭审的，不予受理。《德国刑事诉讼法》第 231b 条也将该情形列为可以缺席审理的情形，且未规定相应的特殊救济程序。《俄罗斯联邦刑事诉讼法典》第258条、《西班牙刑事诉讼法》第687条[①]、《奥地利共和国刑事诉讼法典》第234条、《保加利亚刑事诉讼法典》第267条以及其他国家的相关规定几乎都将此种情形下的缺席审判排除于严格意义的缺席审判制度之外。而在被告人出庭具有权利属性的诉讼制度中，通常将被告人被驱逐出庭的情形拟制为权利放弃，如《美国联邦刑事诉讼规则》第43条中，将被告人无视警告坚持其扰乱法庭秩序之行为而被驱逐出庭的情形视为放弃出庭权利的表现。无论从出庭义务属性出发对被告人违反义务下达程序制裁，还是从出庭权利出发将被告人被驱逐出庭拟制为权利放弃，从救济程序的角度看，各国对该种情形下的缺席裁判态度较为统一，即不提供特殊救济程序。

（2）在案被告人无正当理由拒绝出庭与擅自中途退庭的缺席审判

被告人无正当理由拒绝出庭隐含的信息为：其一，被告人已经到案；其二，司法机关已经履行了告知义务，且被告人知晓庭审过程和刑事判决的存在；其三，法庭未免除被告人的出庭义务；其四，被告人拒绝出庭的意思表示一定是明示的，且该拒绝无正当理由。被告人已经到案是判定其拒绝出庭的重要前提，如被告人并未到案，法庭认为其出庭有必要的，首先应借助公共力量对被告人采取强制措施迫使其到案，被告人到案后才存在其无正当理由拒不出庭的问题，如被告人未到案则不能以“拒不出庭”为由进行缺席审理。因此，在此种情形下，被告人不出庭是庭审的唯一障碍，而这一障碍来源于被告人无正当理由的拒绝，法庭需要排除该障碍以保障诉讼的正常进行，排除方式无非是将被告人强行带至法庭、延期审理等待被告人自愿出庭或者是在被告人缺席的状态下进行审理。事实上，被告人无正当理由拒

① 《西班牙刑事诉讼法》，季奕鸿、朱昕怡、周凡译，载《世界各国刑事诉讼法》编辑委员会编译：《世界各国刑事诉讼法》（欧洲卷·下），中国检察出版社2016年版，第1543—1625页。后文有关《西班牙刑事诉讼法》条文，如无特别注明，均引自同一法典。

绝出庭与其扰乱法庭秩序的行为性质较为类似，前者是以消极的不作为对抗审判程序，后者则是以积极的作为扰乱法庭秩序，两种情形下的缺席审判都具有程序制裁属性，无须为被告人提供针对缺席审判程序的特殊救济程序。但需要说明的是，该种情形并非必然导致缺席审判程序的启动，而是属于法院、法庭或主审法官自由裁量的范畴，如上述主体认为案件存在不宜缺席审理的情形——如被告人不在场将导致事实调查出现障碍等，则可以选择延期审理或强制被告人到庭等其他措施。各国的刑事诉讼法律规定中也基本体现了上述精神，且在所有案件中皆可适用。如法国在重罪（第320条）、轻罪（第410条）及违警罪（第544条）法庭审理中皆规定了该情形下的程序适用，且作出的判决全部视为对席判决；日本与韩国在该情形下的规定则极为相似，依据《日本刑事诉讼法》第286条之2的规定，即使在被告人不到庭即不得开庭的场合，如被羁押的被告人在公审日经传唤后无正当理由拒绝到场，由监狱官吏带送有显著困难时，法院可以对被告人进行缺席审判。《韩国刑事诉讼法》第277条之2与上述规定基本一致。美国将该种情形视为被告人放弃出庭权利，依据《美国联邦刑事诉讼规则》第43条（c）款的规定，无论法庭是否告知被告人有在审判中在场的义务，在审判开始后被告人自愿缺席，一律视为放弃出庭权利，可以适用缺席审判。意大利则将其作为唯一适用缺席审判程序的情形，依据《意大利刑事诉讼法典》第420-2条的规定，只有在被告人明确表示放弃出庭且有辩护人代表其出庭的情况下，方可进行缺席审理。此外，《保加利亚刑事诉讼法典》第269条、《荷兰刑事诉讼法典》第280条[①]、

① 《荷兰刑事诉讼法典》，魏武译，载《世界各国刑事诉讼法》编辑委员会编译：《世界各国刑事诉讼法》（欧洲卷·中），中国检察出版社2016年版，第827—946页。后文有关《荷兰刑事诉讼法典》条文，如无特别注明，均引自同一法典。

《哈萨克斯坦共和国刑事诉讼法典》第 335 条第 2 款第 3 项[①]、《土库曼斯坦刑事诉讼法典》第 353 条[②]都将被告人拒绝出庭作为可以启动缺席审判的情形，且不提供任何特殊救济程序。被告人擅自中途退庭与拒绝出庭的行为性质及处理方式类似。

（3）经被告人申请或同意解除其出庭义务的缺席审判

关于此种情形的缺席审判，各国法律的规定有几个共同特征：其一，各国均对该情形适用缺席审判程序的前提作出规定，即不能适用于严重犯罪；其二，法院、法庭或者主审法官认为被告人的出庭并非必要，且如在庭审过程中发现被告人出庭有必要的，可再次要求被告人出庭；其三，该种情形下的缺席审判不提供特殊救济程序。在前提的表述形式上，部分国家从“罪”的角度加以规定。如法国将该情形的适用限制在轻罪与违警罪中（《法国刑事诉讼法典》第 411 条、第 544 条）；俄罗斯（《俄罗斯联邦刑事诉讼法典》第 247 条第 4 款）、哈萨克斯坦（《哈萨克斯坦共和国刑事诉讼法典》第 335 条第 2 款第 1 项）将前提限定为轻度犯罪和中度犯罪。而更多国家从“刑”的角度加以规定，即以被告人可能被判处的刑罚为标准，一般为轻刑，如德国（《德国刑事诉讼法》第 233 条）、美国（《美国联邦刑事诉讼规则》第 43 条 b 款第 2 项）、新加坡（《新加坡刑事诉讼法典》第 154 条第 2 款）[③]、芬兰

---

① 《哈萨克斯坦共和国刑事诉讼法典》，赵路译，载《世界各国刑事诉讼法》编辑委员会编译：《世界各国刑事诉讼法》（亚洲卷），中国检察出版社 2016 年版，第 60—229 页。后文有关《哈萨克斯坦共和国刑事诉讼法典》条文，如无特别注明，均引自同一法典。

② 《土库曼斯坦刑事诉讼法典》，赵路译，载《世界各国刑事诉讼法》编辑委员会编译：《世界各国刑事诉讼法》（亚洲卷），中国检察出版社 2016 年版，第 467—571 页。后文有关《土库曼斯坦刑事诉讼法典》条文，如无特别注明，均引自同一法典。

③ 《新加坡刑事诉讼法典》，裴炜等译，载《世界各国刑事诉讼法》编辑委员会编译：《世界各国刑事诉讼法》（亚洲卷），中国检察出版社 2016 年版，第 572—645 页。后文有关《新加坡刑事诉讼法典》条文，如无特别注明，均引自同一法典。

(《芬兰刑事诉讼法》第八章第12条)①、挪威(《挪威刑事诉讼法》第281条)、日本(《日本刑事诉讼法》第285条)。此种缺席审判设立的目的是在法律规定、法庭许可的范围内为被告人减轻讼累,与前述被告人拒绝出庭的情形相比,该种情形的缺席审理是双方达成合意的结果,故无须提供特殊救济程序。

(4)被告人无罪的缺席审判

如法庭依据在案证据能够明显确定被告人无罪,此种情形下不仅可以启动缺席审判程序,而且无须提供特别救济程序。被告人在缺席审理中被判无罪,即法庭未向被告人施加任何制裁,被告人的人身、财产及其他权利并未因缺席审判作出的判决遭到侵犯。但上述原因是从审判程序的实体结果角度进行解释,从诉讼程序的角度,即使被告人被判无罪,其仍然享有上诉权,被告人的程序性权利不因其无罪的裁判结果被剥夺,即在被告人出庭存在权利属性的话语体系下,法庭不能因被告人无罪而剥夺其出庭的权利,即便被告人对这种权利剥夺产生异议的可能性较小。

3. 设置特殊救济程序的情形

(1)对重罪案件被告人的缺席审判

刑罚的轻重是刑事诉讼程序能否简化的一项重要考量因素,重罪通常带来的结果是重刑,意味着被告人可能受到极其严厉的刑事制裁,此时法庭必须最大限度地保证程序公正。各国立法上也对重罪案件的缺席审判持审慎态度。在依刑罚轻重作为缺席审判程序适用标准的国家有如下两种情形:一是单独规定了重罪缺席审判的审理程序及特殊救济程序,如前文所述的法国刑事缺席审判制度仅规定了两种视为对席审判的情形(拒绝出庭与被驱逐出庭),其余情形启动的缺席审判

① 《芬兰刑事诉讼法》,吴宏耀、刘亚男译,载《世界各国刑事诉讼法》编辑委员会编译:《世界各国刑事诉讼法》(欧洲卷·中),中国检察出版社2016年版,第811—825页。后文有关《芬兰刑事诉讼法》条文,如无特别注明,均引自同一法典。

一律作为保全程序，在被告人到案时强制进行重新审理；俄罗斯则规定重罪案件的缺席审判在被告人到庭时可以依据监督审程序进行撤销。二是未对重罪缺席审判程序进行规定，即默认缺席审判程序不适用于重罪案件，但被告人拒绝出庭、被驱逐出庭、中途擅自退庭等情形除外，如日本、韩国、德国、奥地利、芬兰、挪威等国家皆存在类似规定。因此，在重罪案件中，应以普通程序审理为原则，以缺席审判程序为例外，在适用缺席审判程序时，也要以设置特殊救济程序为原则，以不提供特殊救济程序为例外。

（2）被告人可能存在正当理由不出庭的缺席审判

在被告人负有出庭义务的前提下，如果其具备不能出庭的正当理由，法庭在审判前得知的，一般应当延期审理或者采取其他措施，在审判后得知的，法庭应准许被告人提出申请或者异议并进行重新审理。在出庭义务观的语境下，正当理由一般指该事由影响了被告人履行出庭义务的现实性基础，导致被告人不能履行出庭义务。需要说明的是，被告人存在正当理由与法庭履行其义务不存在必然联系，即并非法庭履行了其应尽义务，就推定被告人不存在正当理由，但如法庭未履行其应尽义务，则属于程序违法的范畴。如法国轻罪法庭与违警罪法庭的缺席审判制度中，在法庭已经尽可能履行告知义务的情形下，仍然无法确认被告人知道其受到传讯，被告人也确实仍有可能不知道其受到传票传讯，被告人缺席的结果既不能归因于司法机关，也不能归因于其本人，这也是法国刑事缺席审判中最为典型的允许被告人提出异议的情形。而在德国缺席审判制度中，针对《德国刑事诉讼法》第232条规定的一些轻刑案件的缺席审理，如被告人不服判决可依据第235条在判决送达的一周内申请恢复原状，如被告人未曾得知传唤的，可以随时要求恢复原状。申请意味着被告人要向法庭说明理由，法庭决定是否同意其申请，而要求恢复原状则带有强制性，被告人一旦提出要求，法院不得拒绝。所以，被告人对缺席审判不知情是正当理由中最为有力的情形。对正当理由的判定一般属于法官自由裁量的范畴，但也有部分国家以法律形式作出规定，如葡萄牙将“不应传的正当理由”定义为“不能归责于缺席人的事实”，且该事实“妨碍其出席被传唤或通知的程序活动”，并对被告人赋予相应的告知义务，当该事由可预见时，应当在诉讼活动开始 5 日前进行告知，不可预见的应当在诉讼活动当日进行告知，且应当进行具体说明，否则视为无正当理由的缺席；当被告人以生病为由主张无法应传时，还应提供医疗证明并进行说明。法庭对正当理由的判定既可以在审判前，也可以在审判后。审判前确认无正当理由则构成缺席审判的部分启动事由，如法国（《法国刑事诉讼法典》第 379 –2 条）、土库曼斯坦（《土库曼刑事诉讼法典》第 246 条）、保加利亚（《保加利亚刑事诉讼法典》第 269 条）、荷兰（《荷兰刑事诉讼法典》第 280 条）、拉脱维亚（《拉脱维亚刑事诉讼法》第 464 条[①]）、葡萄牙（《葡萄牙刑事诉讼法典》第 117 条[②]）等国的相关规定；审判后确认有正当理由构成缺席审判的特殊救济程序启动事由，如德国（《德国刑事诉讼法》第 232 条、第 235 条）、芬兰（《芬兰刑事诉讼法》第八章第 11 条）、瑞士（《瑞士刑事诉讼法典》第 368 条）、土耳其（《土耳其刑事诉讼法典》第 198 条[③]）等国的相关规定；也可以两者并用，如法国（《法国刑事诉讼法典》第 410 条、第 412 条）、挪威（《挪威刑事诉讼法》第 281 条）等国的相关规定。

---

① 《拉脱维亚刑事诉讼法》，倪润译，载《世界各国刑事诉讼法》编辑委员会编译：《世界各国刑事诉讼法》（欧洲卷·中），中国检察出版社 2016 年版，第 1027—1152 页。后文有关《拉脱维亚刑事诉讼法》条文，如无特别注明，均引自同一法典。

② 《葡萄牙刑事诉讼法典》，张龚、曾莉译，载《世界各国刑事诉讼法》编辑委员会编译：《世界各国刑事诉讼法》（欧洲卷·中），中国检察出版社 2016 年版，第 1212—1288 页。后文有关《葡萄牙刑事诉讼法典》条文，如无特别注明，均引自同一法典。

③ 《土耳其刑事诉讼法典》，王贞会等译，载《世界各国刑事诉讼法》编辑委员会编译：《世界各国刑事诉讼法》（欧洲卷·中），中国检察出版社 2016 年版，第 1407—1453 页。后文有关《土耳其刑事诉讼法典》条文，如无特别注明，均引自同一法典。

第三节　国际公约中有关刑事缺席审判制度内容

通过对域外国家和地区刑事缺席审判立法及司法实践考察，可以发现，刑事缺席审判制度已经构成这些国家和地区诉讼制度不可缺少的组成部分。同时，刑事缺席审判制度为各个国家和地区确立后，经过发展，已超出国内法范畴，为联合国制定的国际公约、区域性国际公约以及国际刑事法院规则等所吸收并作为法律适用规则。从内容上考察，与刑事诉讼相关的国际公约可以分为两类：一类是预防犯罪、控制犯罪的公约，典型的如《打击跨国有组织犯罪公约》《反腐败公约》等；另一类是保障人权的公约，典型的如《禁止酷刑和其他残忍、不人道或有辱人格的待遇或处罚公约》《公民权利和政治权利国际公约》等。[①] 基于有效预防犯罪、追诉犯罪以维护国家秩序与安全的目的，缔约国往往积极、主动执行第一类公约。实际上，国家治理中贯彻人权保障价值观念已在世界范围达成共识，在利用缺席审判追诉犯罪过程中，保障人权类公约同样需要得到遵守和执行。

一、《公民权利和政治权利国际公约》

被视为联合国有关人权系列公约中最重要组成部分的《公民权利和政治权利国际公约》集中规定了公民在政治和社会生活中享有的基础性权利，公约相当一部分内容是关于在刑事诉讼中公民享有的诉讼权利，这些内容构成国际刑事司法基本准则，为刑事司法的最低标准。“保障基本人权是任何有效的刑事司法系统的根本，尤其是涉及联合国

---

① 陈光中主编：《〈公民权利和政治权利国际公约〉与我国刑事诉讼》，商务印书馆2005年版，第10页。

层面的司法系统，特定的程序选择必须置于人权框架之内。”[①] 该公约第14条规定，所有的人在法庭和裁判所前一律平等；在判定对任何人提出的任何刑事指控或确定他在一件诉讼案中的权利和义务时，人人有资格由一个依法设立的合格的、独立的和无偏倚的法庭进行公正的和公开的审讯；凡是被指控的人，在未依法证实有罪之前，应有权被视为无罪；凡被指控的人有权获得被告知被指控的性质和原因；被告人有权出席受审并亲自辩护或经由他自己所选择的法律援助进行辩护。按照公约规定，被告人出席受审是其享有的权利，被告人审判时应当在场，似乎该条规定内容并无例外，但是根据《世界人权宣言》基本精神以及国际司法实践做法，出现法定特殊情形，为保护其他正当利益，允许对被告人的权利进行一定限制，但这种限制需适当。《世界人权宣言》第29条第2款规定，人人在行使他的权利和自由时，只受法律所确定的限制，确定此种限制的唯一目的在于保证对旁人的权利和自由给予应有的承认和尊重，并在一个民主的社会中适应道德、公共秩序和普遍福利的正当需要。从该条的规定可以看出，在下列两种情况下可以对权利的行使进行必要的限制：第一，为了保证对旁人的权利和自由给予应有的承认和尊重；第二，为了保证适应道德、公共秩序和普遍福利的正当需要。[②] 在联合国司法判案中，强调被告人亲自到庭受审并不排斥对被告人的缺席审判，特定情形下法庭可以在被告人缺席时审理案件，例如虽然审判法院已经提前将开庭时间、地点等信息告知被告人，并申明被告人应当到庭，但被告人仍然拒绝行使出席的权利，此时进行缺席审判是正常的司法利益所允许的。[③] 1977年

---

① Gbran Sluiter, *Due Process and Criminal Procedure in the Cambodian Extraordinary Chambers* , Journal of International CriminalJustice, 2006, Vol. 4 (2) .

② 张吉喜：《论刑事缺席审判的适用范围——比较法的视角》，载《中国刑事法杂志》2007年第5期。

③ 赵波、刘畅：《国际刑事司法中的缺席审判——以联合国柬埔寨法院特别法庭米思·穆斯案为视角》，载《湖北警官学院学报》2016年第3期。

孟班戈诉扎伊尔案以及1996年马拉奇诉意大利案，表明缺席审判在某些时候、在司法利益有需要的情况下是可以允许的。缺席审判程序要求必须采取足够的措施将审判的时间和地点事先告知被告人并要求其出庭，否则本条所规定的各项权利根本无从实现。① 作为《公民权利和政治权利国际公约》执行机构的联合国人权委员会就该公约第14条发布第32号评论指出，公约第14条第3款（丁）项规定要求赋予被告人审判时在场的权利，但是缺席审判在司法利益有此需要的情况下有时也是可以允许的，比如尽管事先已及时将审判告知被告人，但被告人拒绝行使出庭权利。因此，只有采取必要措施及时传唤被告人并事先通知其审判的日期和地点，请其出庭，这类审判才符合第14条第3款（丁）项的要求。② 根据该意见，只要事先给予被告人必要的通知，例如开庭的时间、地点，但被告人自己决定不出席法庭，法庭对其缺席审理和裁决并没有违反《公民权利和政治权利公约》第14条第3款（丁）项规定。同样是针对第14条的适用，联合国人权委员会还曾指出，被告人和辩护律师有权积极寻求辩护权的有效行使以及勇于挑战案件处理中的不公行为。在特定情形下基于合理原因的缺席审判，严格执行辩护权的有关规定尤为必要。③

二、《联合国反腐败公约》

《联合国反腐败公约》为国际反腐败专门性法律文件，是世界各国开展反腐败国家间合作的法律基础与依据。其第54条规定，通过没收事宜的国际合作追回财产机制中，得考虑采取必要的措施，以便在

---

① 裴显鼎、王秀梅：《全球视阈中的缺席审判研究》，载《吉林大学社会科学学报》2019年第6期。

② 史立梅：《国际刑事司法中的程序与正义——国际刑事法院诉讼程序专题研究》，北京师范大学出版社2013年版，第132页。

③ Shlomit Stein, *In Search of "Red Lines" in the Jurisprudence of the ECTHR on Fair Trial Rights*, Israel law review, 2017, Vol. 50 (2).

因为犯罪人死亡、潜逃或者缺席而无法对其起诉的情形或者其他有关情形下，能够不经过刑事定罪而没收这类财产。该规定虽不是针对被告人刑事责任追究的内容，但规定了缺席审理腐败犯罪涉案财产程序，从而确立了腐败犯罪中非经刑事定罪的财产没收制度。其第 44 条规定，如果为执行判决而提出的引渡请求由于被请求引渡人为被请求缔约国的国民而遭到拒绝，被请求缔约国应当在其本国法律允许并且符合该法律的要求的情况下，根据请求缔约国的请求，考虑执行根据请求缔约国本国法律判处的刑罚或者尚未服满的刑期。根据该条规定，因引渡罪犯而开展的国家间刑事司法协助，被请求缔约国应当考虑请求缔约国已对犯罪人依据其本国法律判处的刑罚，因而承认各缔约国依照本国法律所作判决的法律效力。如果缔约国国内法确立有缺席审判制度，所作判决包括在其中。《联合国反腐败公约》并未就缺席审判制度作出直接、明示的要求，但在公约现行框架下，不反对缔约国国内法为实现反腐败目的而设立缺席审判制度，缔约国可以依据自身情况决定是否设立缺席审判制度。《联合国反腐败公约》的规定为相关国家确立缺席审判规则提供了制度环境并认可缺席审判的结果。

三、国际刑事法庭规则及《国际刑事法院罗马规约》

将出席法庭参与审判视为被告人享有的诉讼权利，在国际刑事诉讼史上经历了一个发展过程。“二战”后成立的纽伦堡国际军事法院《宪章》明确规定，允许法庭进行缺席审判。然而，从现代国际刑事诉讼实践来看，不管是联合国特设国际刑事法庭，还是常设的国际刑事法院，都明确禁止缺席审判。禁止缺席审判原则在前南斯拉夫问题国际刑事法庭及卢旺达国际刑事法庭均有所强调和适用。[①] 虽然前南斯拉夫问题国际刑事法庭禁止适用缺席审判原则，但在审判中产生过

① 朱文奇：《国际刑事诉讼法》，商务印书馆 2014 年版，第 260 页。

分歧。一部分人认为适用缺席审判并不与国际法相违背，另一部分人则担心缺席审判方式不再是罕见例外而是成为常态，并认为缺席裁决会削弱国际刑事法庭及联合国的合法性。①

国际刑事法院是联合国为惩治严重国际犯罪而常设的机构。与许多国际法庭一样，国际刑事法院依靠缔约国的能力和意愿来执行它的决定。从国际法院的角度而言，迟延的审判或者根本无法审判会削弱法院的威信，为惩治最为严重的犯罪以获取国际司法公正，最为有效的方法就是允许对被告人缺席审判。国际刑事法院创建时，是否允许对被告人缺席审判是争论激烈的问题。一些成员国认为缺席审判毫无意义而且违反公民权利保护原则，另一些成员国则认为缺席审判对于保障国际刑事法院裁决的有效性非常必要。② 1998 年制定的《国际刑事法院罗马规约》是国际刑事法院审理案件依据的主要程序规则。国际刑事法院有关审判中被告人是否在场问题的规定集中体现于《国际刑事法院罗马规约》第 63 条。根据该条规定，审判时被告人应当在场。如果在本法院出庭的被告人不断扰乱审判，审判法庭可以将被告人带离法庭，安排被告人从庭外观看审判和指示律师，并在必要时为此利用通信技术。只有在情况特殊、其他合理措施不足以解决问题的情况下，在确有必要的时间内，才能采取这种措施。该条确立了国际刑事诉讼中被告人出席法庭参与审判的权利，在原则上禁止对被告人缺席审判。国际刑事法院审理案件“被告人应当在场”，但对于“在场”如何认识，在国际刑事司法实践中有着不同理解。有人认为利用通信技术，例如视频方式让被告人参与法庭审判，可以视为被告人“在场”。也有人认为“在场”意味着被告人本人须亲自到庭接受审判。

---

① Mark Thieroff, Edward A. Amley, *Proceeding to Justice and Accountability in the Balkans: The International Criminal Tribunal for the Former Yugoslavia and Rule* 61, The Yale Journal of International Law, 1998, Vol. 23 (1) .

② Gary J. Shaw, *Convicting Inhumanity in Absentia: Holding Trials in Absentia at the International Criminal Court*, The George Washington International Law Review, 2012, Vol. 44 (1) .

关于缺席审判的概念在国际刑事法层面并无统一解释，这一概念经常被用来描述被告人缺席的不同情形。通常有四种缺席情形：（1）被告人明确表示不出席法庭而缺席；（2）被告人未明确表示不出席法庭而缺席；（3）法庭开庭审理后，被告人中途缺席法庭审判；（4）被告人因理解能力或其他因素没有能力参与审判而缺席。这些分类有交叉且每一种分类还有进一步细化的空间，其中前两种缺席审判意味着审判是在被告人自始至终未参与的情形下进行，后两种缺席审判则意味着被告人本人参与法庭审判的部分程序环节。多数情况下，国际刑事法院及国际刑事法庭禁止第一种情形和第二种情形的缺席审判，尽管该类法院或法庭允许被告人部分缺席法庭审判。①

已有法律规定未能完全解决国际刑事诉讼实践中出现的问题，实践中有被告人被国际刑事法庭所管辖并被法庭直接控制，但被告人出于拖延或者阻止对其的司法审判，而以各种理由拒绝出庭。联合国特设卢旺达国际刑事法庭的巴拉圭扎一案，被告人以法庭不公正为由拒绝出庭。卢旺达国际刑事法庭认定，被告人不出席法庭是因为他自己不愿意出席对他的审判，是在完全知道审判的情况下选择不行使出席审判的权利。既然出席审判是被告人享有的诉讼权利，那么此权利可以行使，也可以放弃。国际刑事法庭最终决定，虽然被告人巴拉圭扎不出席法庭，但案件审理仍继续进行。2003 年卢旺达国际刑事法庭修改了法庭的《程序和证据规则》，就“被告具有出席审判权”增加了一条新的规定，即如果一名被告人拒绝出席审判，审判庭就可以在该被告人继续坚持拒不出席情况下对其进行缺席审判。②《黎巴嫩特别法庭规则》第 22 条规定，在三种情形下特别法庭可以缺席审判：（1）被告人明确表示放弃出席庭审权；（2）另一国未能将被告人移交给特别法

---

① Caleb H. Wheeler , *Justice in the Absence of the Accused*, Journal of International Criminal Justice, 2019, Vol. 17 (2) .

② 参见朱文奇：《国际刑事诉讼法》，商务印书馆 2014 年版，第 261—263 页。

庭；（3）被告人潜逃或无法找到，而所有通知开庭信息的合理措施都已实施。其他条款还有涉及被告人因扰乱诉讼秩序而在其不在场情形下继续进行相应程序的规定。该缺席审判规定适用范围较为广泛，这在联合国层面的法院系统是绝无仅有的。[①] 此外，是否限制适用被告人缺席法庭的审判不应仅仅考虑处于争议的程序是否满足被告方权利保护的要求，法院还应考虑公众的利益，特别是受害者和证人的利益。[②]

包括国际刑事法院在内的各国际刑事审判机构，无论是否明文赋予了被告人审判时在场的权利，都在不同程度上允许了缺席审判的存在。这在一定程度上可以说明，缺席审判作为被告人在场权的例外情形，其存在具有一定合理性。具体到缺席审判的适用情形和程序保障，各国际刑事审判机构还存在重大分歧。[③] 但各国就国际刑事审判机构缺席审理案件同样需要严格遵守法庭审理正当程序并对缺席被告人利益予以特别关照，基本能够达成共识。

从缺席审判历史沿革来看，“从纽伦堡军事法庭、联合国前南斯拉夫问题法庭、卢旺达问题法庭、国际刑事法院，再到近期的黎巴嫩混合法庭，国际刑事审判机构对缺席审判的态度经历了从宽容到限缩再到适度放宽的曲折过程”。[④] 从国际特别刑事法庭、国际刑事法院的立法及司法实践来看，被告人出席审判是其享有的诉讼权利，并且是法庭审判的法定要求，只有在特定情况下并且作为最后手段才能对被告

---

① Wayne Jordash, Tim Parker, *Trials in Absentia at the Special Tribunal for Lebanon—Incompatibility with International Human Rights Law*, Journal of International Criminal Justice, 2010, Vol. 8 (2).

② Alexander Schwarz, *The legacy of the Kenyatta case: Trials in absentia at the International Criminal Court and their compatibility with human rights*, African human rights law journal, 2016, Vol. 16 (1).

③ 参见史立梅：《国际刑事司法中的程序与正义——国际刑事法院诉讼程序专题研究》，北京师范大学出版社 2013 年版，第 128 页。

④ 郭晶：《国际刑事缺席审判的规则演进与现实启示》，载《国外社会科学前沿》2020 年第 8 期。

人缺席审判，作为法定对席审判的例外。

四、《欧洲人权公约》

1950 年 11 月，欧洲委员会成员国在罗马签署《欧洲人权公约》。该公约为世界范围内首个区域性国际人权条约，制定目的为欧洲集体保障和施行《世界人权宣言》中所规定的基本权利和基本自由。该公约第 6 条集中规定了受刑事指控者在刑事诉讼中享有的最低限度权利，具体包括：（1）以他所了解的语言立即详细地通知他被指控罪名的性质以及被指控的原因；（2）应当有适当的时间和便利条件为辩护作准备；（3）由他本人或者由他本人选择的律师协助替他辩护，或者如果他无力支付法律协助费用的，则基于公平利益考虑，应当免除他的有关费用；（4）询问不利于他的证人，并在与不利于他的证人具有相同的条件下，让有利于他的证人出庭接受询问；等等。

《欧洲人权公约》没有明确规定缺席审判内容，缺席审判是司法实践发展的结果。为了落实该公约内容，欧洲设立了具体执行机构，例如欧洲人权委员会、欧洲人权法院等。① 多数英美法系国家司法制度是排斥缺席审判原则的，近年来一些大陆法系国家也是如此，尤其是德国和西班牙。欧洲法院对此持同样态度。反对缺席审判的理由在于缺席审判中辩护权以及倾听控辩双方意见等一些基础性程序要素的缺失直接影响了公正审判。然而，尽管存在反对意见，如果特定规则得到遵守且特别保障措施受到尊重，缺席审判仍被认为是一种正当机

---

① 1992 年是欧洲人权法院忙碌的一年，共作出了 70 项以上的裁决。除了一系列与意大利有关的民事事项裁决外，大部分裁决是涉及刑法及刑事程序法的，共有 28 项。这些数字本身已经说明了欧洲人权法院逐渐成为欧洲有关刑事司法中人权保障最权威的机构。Bert Swart，*The Case – Law of the European Court of Human Rights in* 1992，European Journal of Crime，Criminal Law and Criminal Justice，1993，Vol. 1（2）.

制。[①] 在科洛扎和鲁宾纳诉意大利（Colozza & Rubinat v. Italy）一案中，欧洲人权委员会认为，毫无疑问《欧洲人权公约》第6条第3款c项并非确保被告人在任何情况下出席法庭的权利。[②] 被告人的缺席可能与特定情况下法庭审判组织方式相关，例如他本人对听审的态度。在对待缺席审判的态度上，欧洲人权法院认为，缺席审判制度与《欧洲人权公约》的公正审判条款并不存在冲突，但应受其中若干权利保障条款的限制。[③]欧洲人权法院在处理具体案件过程中认可了特定情形下缺席审判制度，但要求严格限定刑事缺席审判的适用条件并保障被告人基本诉讼权利。

《欧洲人权公约》及欧洲人权法院判例对公约缔约国法律适用产生了实质性影响并具有约束力。2003 年，英国上议院在琼斯案中认为缺席审判系普通法的做法，也符合诉讼参与人享有《欧洲人权公约》相关权利的要求，但是法官应当十分谨慎且小心地行使在被告人缺席的情况下进行审判的自由裁量权。欧洲人权法院曾因意大利未达到刑事缺席审判要件的证明而拒绝了其引渡申请，直接影响了意大利国内对缺席审判程序的适用。克罗地亚因为未给予被缺席审判被告人以重新审判的机会而被认为违反《欧洲人权公约》第 6 条的规定并受到谴责。[④] 通过拉拉诉荷兰（Lala v. The Netherlands）一案，欧洲人权法院对公约中的人权条款进行了解释，而该内容异于荷兰国内刑事司法程序，荷兰刑事司法不得不就包括缺席审判在内的一些程序内容做出回

---

① Ralph Riachy, *Trials in Absentia in the Lebanese Judicial System and at the Special Tribunal for Lebanon: Challenge or Evolution?*, Journal of International Criminal Justice, 2010, Vol. 8 (5).

② Colozza & Rubinat v. Italy, 89 Eur. Ct. H. R. (ser. A) at 26; id. at 29 (1983).

③ 施鹏鹏：《缺席审判程序的进步与局限——以境外追逃追赃为视角》，载《法学杂志》2019 年第 6 期。

④ Elizabeta Ivičević Karas, *Reopening of Proceedings in Cases of Trial in Absentia: European Legal Standards and Croatian Law*, EU and Comparative Law Issues and Challenges Series, 2018.

应和调整。[①] 一系列缺席审判案例表明，一个普遍的标准可以从《欧洲人权公约》及与公约相关的判例中推导出来，从而影响各成员国国内司法实践。[②]

2016年3月9日，欧盟颁布了《关于强化无罪推定和刑事案件中出庭受审权利的指令》（以下简称《欧盟指令》）。依据该指令，在保证被调查人和被告人知情权的前提下，可以基于其明示或者默示的方式表达放弃参与诉讼的权利，成员国刑事审判采用缺席审理方式。参考该指令第8条之规定，依据缺席审判被告人的知情权是否得到充分的保障，即是否适用直接送达做了区分：第一，被缺席审判人确定知晓了审理期日和不出庭的法律后果，仍然不出庭，则缺席审判程序和判决、裁定不受任何限制的被允许和执行。第二，被缺席审判人知晓了审理活动的情况并委托一名“全权委托”的律师，或者由国家为其强制指派律师出席法庭审判，则适用第一种情形的结果。[③] 第三，被追诉人之前有逃跑的情形，被追诉人无法找到，也就无法及时地通知其审理期日。在这种情形下同样可以允许缺席审理程序，前提是成员国必须保证，如果被追诉人将来知晓了裁判，他有权申请重新审理。这种新的审理活动必须含有包括新证据在内的对案件事实的审查（该指令第9条）。[④]《欧盟指令》对于被告人是否提前知晓作了以上划分，针对缺席审判的程序公正性和判决的执行均会产生不同的法律效果。

---

① Evert F Stamhuis, *In Absentia Trials and the Right to Defend*: *The Incorporation of a European Human Rights Principle into the Dutch Criminal Justice System*, Law review (Wellington), 2001, Vol. 32 (3).

② Martin Bosef, *Harmonizing Procedural Rights Indirectly*: *The Framework Decision on Trials in Absentia*, North Carolina journal of international law and commercial regulation, 2011, Vol. 37 (2).

③ 陈卫东、刘婉婷：《检察机关适用刑事缺席审判的几个问题》，载《国家检察官学院学报》2019年第1期。

④ ［德］贝恩德·许乃曼：《刑事缺席审判：欧洲经验之比较》，程捷译，载《经贸法律评论》2020年第4期。

可以说，缺席审判程序在欧盟成员国合法适用的前提就是保障被追诉人的知情权。[①]

刑事诉讼中被告人辩护权利保障一直是《欧洲人权公约》及欧洲人权法院司法判例关注的重点。因被告人缺席法庭，被告人享有的部分最低限度权利无法正常享有和实施，但被告人获得律师帮助权不得减损。欧洲人权法院通过一系列判决确立了各缔约国缺席审判被告人辩护权行使的原则和标准，被告人没有正当理由不出庭不应成为剥夺其辩护权或是将其设定为法律援助辩护之例外的理由，不得以排除为其提供的法律援助作为惩罚被告人不出庭的手段。[②] 欧洲人权法院亦指出，决定不出席法庭的被告人仍享有委托辩护人代为辩护的权利。法庭支持有效辩护是公平审判的基础性条件之一，该内容不应受到限制。[③] 虽然为缺席被告人提供律师帮助是公正审判的基本要求，并得以增强缺席审判之正当性，但保障缺席被告人法律援助权并不意味着弱化被告人出庭的权利，而是通过法律援助帮助被告人更好地行使辩护权。[④]《欧洲人权公约》的立法及司法判例表明，欧洲国家缺席审判中被告人辩护权保障仍维持着较高标准。

小　结

人类社会早期的法律诉讼强调原告与被告出庭的双方构造，原告和被告同时出席法庭才能开启审判程序。随着社会发展，人类对法律制度功能有了新的认识并产生了新的要求，国家治理社会的方式也相

---

① 陈卫东、刘婉婷：《检察机关适用刑事缺席审判的几个问题》，载《国家检察官学院学报》2019 年第 1 期。

② 参见杨宇冠、高童非：《中国特色刑事缺席审判制度的构建——以比较法为视角》，载《法律适用》2018 年第 23 期。

③ Krombach v. France（n 145）para 89.

④ 赵常成：《国际人权视野下的中国式缺席审判》，载《西部法学评论》2019 年第 1 期。

应产生变化，这种变化反映在法律纠纷解决方式上就是诉讼模式和诉讼程序的演化和发展。现代刑事诉讼在发挥打击犯罪功能的同时还兼顾诉讼过程中当事人权利的保障。刑事诉讼中原则上不允许对案件当事人，尤其是被告人缺席审判，被告人出席法庭早期被视为一项义务，以协助司法机关查明案件事实。历经政治、经济及法律制度变革，出席法庭被赋予了权利内涵，成为当事人程序参与与有效辩护的重要内容。世界多数国家在普遍确认被告人庭审在场权的同时，也确立了刑事缺席审判制度，并通过立法予以确认和规制。域外相关立法及司法实践普遍强调刑事缺席审判制度需遵循刑事诉讼基本规律，因而在制度内容方面具有共同性，具体表现为：第一，确立缺席审判例外原则。刑事诉讼中被告人出席法庭为基础性原则，但原则并不排斥例外，各国普遍在宪法或刑事诉讼法中明确被告人出席法庭的对席审判为刑事诉讼基本原则，只有在特定情形下才允许例外适用缺席审判程序。第二，严格缺席审判适用条件。无论将被告人出庭归为权利属性、义务属性抑或权利义务兼有属性，各国均认识到缺席审判的制度价值与功能利弊，且这种认识正在不断深化和完善，为避免制度负面效应，设置了较为严格的缺席审判适用条件与启动标准。第三，保障诉讼主体最低限度诉讼权利。被告人不出庭势必影响其诉讼权利行使，但缺席审判中知情权、辩护权、救济权等须得到有效保证，这些权利不仅为被告人享有的基本诉讼权利，亦为刑事诉讼程序正当的基本标准。同时，各国法律对缺席审判内涵界定、案件适用范围、程序启动条件与标准、提起救济途径等的规定不尽相同，体现出各国制度的特殊性，形成不同国家制度适用特色。刑事缺席审判已超出国内法范畴而为全球性和区域性国际公约所吸收，尽管不同国家就缺席审判制度在国际层面尚存有争议，国际层面面临的问题也更为复杂，但国际刑事审判判例已突破传统习惯做法。国际刑事缺席审判的立法与实践深刻影响着成员国国内立法与实务操作。

第四章
立法解释论

法律是国家意志经过法定程序的表达形式，法律条文不仅明确行为人行为的方式，背后更是蕴含着国家对社会治理方案的选择、法律价值平衡以及立法技巧等内容。对法律进行解读的目的，一是分析法律条文的确切含义；二是揭示法律条文所隐含的制度背景、法律价值选择与平衡等；三是阐释法律条文适用的条件与框架。我国刑事缺席审判被正式确立为法律制度经历了一个发展过程，是为了适应我国国情及法治需求而做出的制度性选择。刑事缺席审判制度内容既涉及适用案件范围、适用条件、审判程序、救济程序等，也涉及案件管辖、法律文书送达、法律援助等。前者构成刑事缺席审判主体性制度，后者为刑事缺席审判配套性制度。

第一节　我国刑事缺席审判制度立法概况

一、我国刑事缺席审判制度立法进程

中国古代法律制度的主要特点为诸法合体、实体法与程序法合一。远在西周时期，中国诉讼程序的发展就已经比较完备，这时就有了刑事案件和民事案件诉讼程序的区分。审讯是司法机关在公堂上对诉讼

当事人双方以及证人进行讯问，求得被告人口供，核实证据的过程。它是诉讼中的一个重要环节，古代称之为“讯”“讯狱”“过堂”等。① 中国古代很早就奉行五辞听狱讼的审判方式，所谓“两造具备，师听五辞”便是法官在原告方和被告方都在场的情形下，通过察言观色的方法决断狱讼，避免偏听偏信。“以五声听狱讼，求民情”②，“五声”或称“五辞”“五听”，即法官在审理案件过程中通过“辞听”“色听”“气听”“耳听”“目听”五种方法对案件当事人察言观色，以帮助判断案件情况。“师听五辞”作为古代司法审判的基本制度，是审判经验的总结，以便发现案件真相，为案件准确裁决建立基础，同时在诉讼构造上确立了原告方和被告方都到场、双方以言词辩论的方式推进审判进程、法官则居中裁判的方式。“五辞听狱讼”的审判方式强调了原告方和被告方同时在场的重要性，这种审判方式对中国后世司法审判实践产生深远影响，构成中国古代审判的主体结构。

中国现代刑事诉讼制度肇始于清朝末年，刑事缺席审判被正式确立为法律制度始见于中华民国时期的法律。1935 年颁布的《中华民国刑事诉讼法》第 297 条规定，被告拒绝陈述者，得不待其陈述径行判决，其未受许可而退庭者，亦同。第 298 条规定，法院认为应科拘役、罚金或应谕知免刑或无罪之案件，被告经合法传唤无正当理由不到庭者，得不待其陈述径行判决。③ 中华民国确立的刑事缺席审判制度适用于以下三种情形：（1）最重本刑在为拘役或专科罚金之案件，被告经传唤无正当理由不到者；（2）被告拒绝陈述者；（3）法院因维持秩序起见于被告到场后复命其退庭者。考虑刑事审判的严重性和刑罚的严厉性，刑事缺席审判制度只作为例外适用，并为之确立了严格的适

① 李交发：《中国诉讼法史》，中国检察出版社 2002 年版，第 137 页。

② 《周礼·秋官·小司寇》。

③ 上海法学编译社编：《中华民国刑事诉讼法》，会文堂新记书局 1936 年。

用范围和程序。[①] 该时期刑事缺席审判采广义概念，被告人出庭但拒绝做陈述亦属于缺席范畴。中华民国时期缺席审判主要适用于轻刑案件，且作为对席审判之例外。当前我国台湾地区“刑事诉讼法”仍以广义概念来界定刑事缺席审判。

1949 年中华人民共和国成立后，开启了中国特色社会主义法律制度建设的新篇章，新时期刑事缺席审判制度的确立经历了一个发展变化过程。

（一）刑事缺席审判否定性阶段

1949 年中华人民共和国成立后的刑事立法和司法实践创设和丰富了中国特色刑事诉讼制度体系，中间虽有波折，但为当代刑事诉讼制度发展积累了经验。1979 年中华人民共和国制定了第一部《刑事诉讼法》，1996 年对《刑事诉讼法》进行了第一次修改，2012 年对《刑事诉讼法》进行了第二次修改。这一时期的刑事诉讼法未确立针对刑事责任的缺席审判制度，而且在法律中明确规定犯罪嫌疑人、被告人在诉讼中缺席，则带来的诉讼后果为诉讼程序中止或者终止。依据 2012 年《刑事诉讼法》第 15 条的规定，侦查阶段犯罪嫌疑人死亡的，侦查机关应当撤销案件；犯罪嫌疑人下落不明的，则不符合移送起诉条件，侦查机关不能将案件移送检察机关审查起诉。审查起诉阶段犯罪嫌疑人死亡的，检察机关应当作不起诉决定；犯罪嫌疑人下落不明的，则检察机关不得将案件向法院提起公诉。审判阶段被告人缺席法庭的，则审判机关中止或者终止审判程序。根据 2012 年最高人民法院《关于适用〈中华人民共和国刑事诉讼法〉的解释》（以下简称 2012 年最高法院《刑事诉讼法解释》）第 181 条的规定，人民法院对提起公诉的案件审查后，认为不属于本院管辖或者被告人不在案的，应当退回人民检察院。根据 2012 年《刑事诉讼法》第 200 条规定，在审判过程

① 张建伟：《作为一种特别程序的缺席审判》，载《中国检察官》2018 年第 12 期。

中，有下列情形之一，致使案件在较长时间内无法继续审理的，可以中止审理：（1）被告人患有严重疾病，无法出庭的；（2）被告人脱逃的；（2）自诉人患有严重疾病，无法出庭，未委托诉讼代理人出庭的；（4）由于不能抗拒的原因。中止审理的原因消失后，应当恢复审理。中止审理的期间不计入审理期限。关于自诉案件，2012 年最高法院《刑事诉讼法解释》第 275 条规定，被告人在自诉案件审判期间下落不明的，人民法院应当裁定中止审理。被告人到案后，应当恢复审理，必要时应当对被告人依法采取强制措施。虽然这一时期我国刑事诉讼法未确立缺席审判制度，但在一些具体程序运作中涉及缺席审判的情形。1996 年《刑事诉讼法》第 175 条规定，适用简易程序审理公诉案件，人民检察院可以不派员出席法庭。被告人可以就起诉书指控的犯罪进行陈述和辩护。根据该条规定，法院在适用简易程序审理案件过程中会出现检察官不出席法庭，控方缺席法庭审判的情形。但 2012 年修改《刑事诉讼法》时，对这一条规定进行了修订，在第 210 条第 2 款规定，适用简易程序审理公诉案件，人民检察院应当派员出席法庭。另外，2012 年最高法院《刑事诉讼法解释》第 241 条规定，被告人死亡的，应当裁定终止审理；根据已查明的案件事实和认定的证据，能够确认无罪的，应当判决宣告被告人无罪。该条规定表明对于被告人死亡的案件，有证据证明被告人无罪的，存在其不在场，诉讼程序仍继续进行并宣告无罪的情形。这一内容同样适用于依据审判监督程序再审的案件。或许正是出于预见性的考虑，2012 年最高法院《刑事诉讼法解释》第 384 条第 3 款特别规定，对原审被告人、原审自诉人已经死亡或者丧失行为能力的再审案件，可以不开庭审理。本条规定的原审被告人、自诉人死亡，既包括因伤病死亡，也包括因被执行死刑而死亡。[①] 2014 年呼格吉勒图案件和 2016 年聂树斌案件都是在

① 胡云腾：《聂树斌案再审：由来、问题与意义》，载《中国法学》2017 年第 4 期。

被告人被执行死刑后，依审判监督程序再审改判被告人无罪的典型案件。我国在正式确立刑事缺席审判制度之前确实有通过缺席审判程序审理和宣告已经死亡被告人无罪的实践，因而有学者认为，我国并非无刑事缺席审判制度，而是缺乏对被告人有罪适用缺席审判的制度。① 总体而言，这一时期我国不具备制度层面的刑事缺席审判制度，刑事法律中虽然有着例外规定，实践中也有实际操作，但只是作为案件办理过程中遇到特殊情况的变通处理方法，并不具有刑事缺席审判制度的典型特征。

（二）刑事缺席审判部分确立阶段

与刑事诉讼立法的谨慎、保守相比较，关于刑事缺席审判制度的理论探讨较为热烈，我国是否应当设立刑事缺席审判制度一直是焦点话题。特别是在民事诉讼法和行政诉讼法确立缺席审判制度后，引发了刑事诉讼领域有关缺席审判制度更多的讨论。许多学者主张在刑事诉讼法中引入缺席审判制度，以期满足刑事诉讼实践需要，同时保持与民事诉讼法和行政诉讼法程序制度设计的一致性。2003 年联合国通过《联合国反腐败公约》，我国于 2005 年正式批准该公约，该公约在我国生效。针对各国腐败犯罪问题，《联合国反腐败公约》确立了一些特别诉讼制度，允许在犯罪嫌疑人、被告人不在案的情况下启动追诉程序。刑事缺席审判制度在我国再次成为学术界和法律实务部门讨论的热点之一，这一时期有关缺席审判的研究主要围绕我国治理腐败犯罪工作展开，一些成果已为立法所吸收。正是在这一背景之下，我国于 2012 年第二次修改《刑事诉讼法》时设立了一项特别程序——违法所得没收程序。依据该程序，针对诉讼过程中犯罪嫌疑人、被告人逃匿或者死亡情形，人民法院可以在被告人不出席法庭情形下对其涉罪财产作出裁决。违法所得没收程序一方面回应了我国治理腐败等犯

① 陈卫东：《论中国特色刑事缺席审判制度》，载《中国刑事法杂志》2018 年第 3 期。

罪的现实需求，另一方面也是与《联合国反腐败公约》相衔接，落实公约相关内容的具体体现。违法所得没收程序正式被确立为法律制度后，关于该制度的性质引发了热烈的讨论。一种观点认为，违法所得没收程序仍然由检察机关代表国家提起并出庭支持诉讼主张，需要证明违法所得与犯罪事实之间存在因果关系；审判机关审理案件应当在被告人犯罪事实清楚，证据确实、充分的条件下作出没收违法所得裁定，因此，违法所得没收程序并非不涉及被告人定罪和量刑问题，实际上我国刑事缺席审判程序历经违法所得没收程序和强制医疗程序已获“隐性”承认。[①] 另一种观点认为，违法所得没收程序仅针对特殊案件中犯罪嫌疑人、被告人潜逃、死亡情形下的财产没收问题，不涉及被告人的定罪量刑问题，对犯罪嫌疑人、被告人追究刑事责任仍按照普通的刑事诉讼程序进行。违法所得没收程序更类似于民事责任追究程序。因此，违法所得没收程序并非刑事缺席审判制度。[②] 从两种程序的内容看，违法所得没收程序是在法院不对被告人定罪量刑的前提下，就犯罪所涉财产进行审理和裁决的一种特别程序，具有对物诉讼属性。违法所得没收程序也不同于刑法中的没收财产，不属于刑事强制措施范畴。违法所得没收程序主要是关于犯罪所涉财产的处置程序，实现了对“物”的缺席审判，在一定程度上体现了刑事缺席审判的精神。

（三）刑事缺席审判完全确立阶段

2012 年中共十八大召开，会议提出了中国新时期全面深化改革开放的主要目标，其中反腐败工作是党建和国家治理的一项重要内容。2014 年，为了贯彻落实中央政治局常委会会议精神，中央反腐败协调

---

① 参见梅腾：《〈中华人民共和国刑事诉讼法〉缺席审判程序之审视——基于刑事一体化原理之考量》，载《湖北社会科学》2019 年第 2 期；胡志风：《刑事缺席判决中的证明标准》，载《国家检察官学院学报》2018 年第 3 期。

② 参见彭新林：《腐败犯罪缺席审判制度之构建》，载《法学》2016 年第 12 期；杨雄：《对外逃贪官的缺席审判研究》，载《中国刑事法杂志》2019 年第 1 期。

小组会议提出了建立刑事缺席审判制度的任务。2016 年 7 月，全国人大常委会法制工作委员会提出了关于建立刑事缺席审判制度的研究报告。中央纪委建议在配合监察体制改革修改《刑事诉讼法》时，对刑事缺席审判制度作出规定。① 此后，刑事缺席审判制度正式进入立法议程。2018 年 3 月第十三届全国人民代表大会审议通过《监察法》，10 月全国人大常委会第六次会议审议通过《刑事诉讼法（修正案）》。修改后的《刑事诉讼法》的新内容主要体现在三个方面，即调整检察职能，协调《监察法》与《刑事诉讼法》的关系；总结试点经验，确立认罪认罚从宽制度及速裁程序；构建刑事缺席审判制度。刑事缺席审判制度在立法层面得到最终确立，至此刑事缺席审判制度正式成为我国一项法律制度。

通过对我国刑事缺席审判制度发展脉络的梳理，可以看出，虽然我国最早分别在民事诉讼法和行政诉讼法中确立了缺席审判制度，但是鉴于刑罚涉及公民基本生命权利、自由权利、财产权利等重大人身和财产利益，缺席审判制度与传统刑事诉讼目的、构造和价值存在一些冲突，同时考虑因被告人缺席诉讼难以查清案件事实，可能出现冤假错案，以及缺席审判裁决带来的执行困难等问题，我国对刑事诉讼中缺席审判程序一直持审慎态度。2012 年之前，刑事缺席审判制度本身在我国处于“缺席”的状态。② 2012 年第二次修改《刑事诉讼法》后，增加了犯罪嫌疑人、被告人逃匿、死亡案件违法所得没收程序，确立了因犯罪产生的对物的缺席审判制度。2018 年我国第三次修改《刑事诉讼法》，正式确立针对犯罪嫌疑人、被告人刑事责任的缺席审判制度。至此，完整的刑事缺席审判制度在我国得以确立。

---

① 王琦、刘奕湛：“加强境外追逃力度，我国拟修法建立刑事缺席审判制度”，http：//www. xinhuanet. com/2018 -04/25/c_ 129859295. htm，最后访问时间 2022 年 6 月 9 日。

② 张航：《刑事诉讼中的“缺席审判”》，载《学习时报》2019 年 1 月 23 日，最后访问时间 2022 年 6 月 9 日。

二、我国刑事缺席审判制度立法背景

相较于世界多数国家，我国缺席审判制度确立时间靠后；相较于我国民事诉讼缺席审判制度和行政诉讼缺席审判制度，刑事缺席审判制度确立时间最晚。刑事缺席审判制度确立的时间及主要内容特点与我国所处社会发展阶段及社会治理重心相关。“在法律制度的形成过程中，最重要的影响因素是建构者所处的具体社会环境。这种社会环境其实也就是社会成员与其所处环境长期互动而形成的文化模式或体系。”① 确立刑事缺席审判制度是我国刑事司法制度的一项重大改革，我国于2018年修改《刑事诉讼法》确立该制度，有着特定的立法背景和宗旨。

（一）完善社会治理，打击腐败犯罪

如前所述，我国刑事缺席审判制度确立与我国打击腐败犯罪和相关的司法改革密不可分。2018年《刑事诉讼法》在“缺席审判程序”一章规定缺席审判程序适用的案件类别，第一类提到的就是“贪污贿赂犯罪案件”。全国人大常委会法制工作委员会主任在第十三届全国人大常委会第二次会议上对《刑事诉讼法（修正草案）》所作的说明指出，增设刑事缺席审判制度是基于高度重视反腐败和国际追逃追赃工作的需要，以加强境外追逃追赃工作力度和手段。② 程序适用对象主要是外逃贪官，即增设缺席审判主要是为了反腐败和国际追逃追赃。“犯罪嫌疑人、被告人逃避侦查、审判的现象日益突出，特别是腐败犯罪分子携款外逃事件愈演愈烈。为了及时有效打击这类犯罪，防止犯罪嫌疑人、被告人逃避诉讼，避免因中止诉讼而导致的诉讼拖延等问

---

① 吴光升：《刑事诉讼程序的人性分析》，中国人民公安大学出版社2011年版，第10页。

② “关于《中华人民共和国刑事诉讼法（修正草案）》的说明”，http：//www.npc.gov.cn/npc/c12435/201810/6cda6a2ab98a41268452a87a89e0a0c6.shtml，最后访问时间2022年6月9日。

题，同时也解决涉案财产和有关赔偿问题，我国应探索建立缺席审判制度。”① 这一法律安排并非偶然，而是与我国当前社会治理、司法工作重心密切相关，需要从腐败犯罪治理内涵和面临的形势评判我国刑事缺席审判制度设置的内在机理。

“一个国家的法律制度，作为一种上层建筑，总是应这个国家的政治制度和经济制度的需要而产生，并应这两种制度的变化而发展的。”② 社会转型是社会从传统型向现代型转变的过渡过程，是传统因素与现代因素此消彼长的进化过程，这一过程的表现形式有三：由外到内、由表及里、由名到实。这一过程也是一种整体性的社会发展过程。③ 历史经验表明，当一个国家或者地区经历社会转型、经济变革时期，往往腐败犯罪多发，危害巨大。作为类型犯罪的腐败犯罪，损害的不仅是国家和社会正常的经济秩序，还扰乱社会秩序，破坏作为社会基础的民主与法治，特别是削减了国家促进自身发展及维持社会正义的能力。我国于 20 世纪 70 年代末 80 年代初开始奉行改革开放政策，启动社会各项制度改革。如今我国改革开放已进入“深水区”“攻坚期”，面临的国内形势、世界形势正在发生深刻变化，社会发展面临的机遇与挑战并存。这一时期的腐败犯罪也出现新的趋势：一是腐败犯罪人员外逃形势严峻。随着我国改革开放的深化，国内外人员往来、资金交流广泛，具有涉外因素的腐败犯罪高发，国内腐败犯罪人员逃往境外之行为本身便是具体表现。2018 年修改《刑事诉讼法》之前，我国不存在刑事缺席审判制度，遇到犯罪人逃往境外，无法到案，则刑事诉讼程序中止，犯罪追诉中断，难以实现惩治腐败犯罪的目标。二是伴随腐败犯罪人员逃往境外，大量腐败犯罪所得被转移至

---

① 樊崇义：《腐败犯罪缺席审判程序的立法观察》，载《人民法治》2018 年第 13 期。

② 李义冠：《美国刑事审判制度》，法律出版社 1999 年版，第 3 页。

③ 刘祖云：《社会转型：一种特定的社会发展过程》，载《华中师范大学学报（哲学社会科学版）》1997 年第 6 期。

境外。经济全球化带来的国家间经济交往的密切与便利，为国内腐败犯罪转移资金提供了新途径，给国家造成严重经济损失，影响到国家和集体的公共经济利益。

针对腐败犯罪的新特点、新问题，近年来我国加大针对腐败犯罪追逃追赃的工作力度并取得显著成绩。例如，2014 年至 2020 年 6 月，我国共从 120 多个国家和地区追回外逃人员 7831 人，包括党员和国家工作人员 2075 人、“红通人员” 348 人、“百名红通人员” 60 人，追回赃款 196.54 亿元，追回人数、追赃金额同比均大幅增长，新增外逃党员和国家工作人员明显减少。我国积极参与联合国、二十国集团、亚太经合组织、金砖国家等多边框架下的反腐败合作，与 28 个国家新缔结引渡条约、司法协助条约、资产返还与分享协定等 43 项，初步构建起覆盖各大洲和重点国家的反腐败执法合作网络。① 但是，也应当看到我国在治理腐败犯罪法律的执行与落实方面仍存在诸多问题，尤其是境外追逃追赃工作存在的制度性缺陷，在一定程度上影响了腐败犯罪治理向纵深发展。国际上国家间打击犯罪合作的通行做法是对犯罪人的引渡。我国虽然与一些国家签订了引渡条约，但是由于政治、经济、文化等各方面的因素，与西方发达国家之间签订的引渡条约极少。在“死刑犯不引渡”“政治犯不引渡”“酷刑风险不引渡”等国际法原则下，我国成功引渡外逃贪官的案例不多。② 外逃腐败犯罪人员难以引渡回国，诉讼程序中止，司法机关不能通过司法途径有效追诉犯罪，最终受到损害的是国家利益。长期以来，我国对于逃往境外腐败犯罪人员无法作出有法律效力的裁决，难以通过遣返、劝返、引渡等方式与有关国家和地区开展合作。确立缺席审判制度，可以根据案件事实

---

① “国家监察委员会关于开展反腐败国际追逃追赃工作情况的报告”，http://www.npc.gov.cn/npc/c30834/202008/e7e5519ba34a45c58a4fe552e91e9569.shtml，最后访问时间 2022 年 6 月 9 日。

② 邓思清：《刑事缺席审判制度研究》，载《法学研究》2007 年第 3 期。

对被告人缺席审理，确认其刑事责任并判处相应刑罚，为国家间的引渡等司法协助措施实施奠定基础，为后续刑罚执行提供法律依据。

对于逃往境外的腐败犯罪人员难以通过引渡及国际司法合作方式追究其刑事责任的，还有一种退而求其次的办法是通过特别程序对腐败犯罪所涉财产予以追缴，以挽回腐败犯罪的财产损失，这也是国际社会较为普遍的做法。我国2012年修改《刑事诉讼法》时设立了违法所得没收程序，该程序涉及对外逃犯罪人员财产作出处理，并不涉及被告人的刑事责任。但是在司法实践中我国违法所得没收程序实施效果欠佳，实现打击腐败犯罪程度有限，具体表现为：一是违法所得没收程序适用率低。“截至2016年年底，全国检察机关公诉部门共受理违法所得没收程序案件62件，决定向人民法院提出违法所得没收申请38件，其中大多数案件还处在公告、延长审理期限状态，严重影响了反腐败战略的实施和成效。”① 二是违法所得没收程序在实践中的运用状况不佳。违法所得没收程序未能起到预期的震慑、惩治腐败犯罪分子的作用。虽然2017年最高人民法院、最高人民检察院联合发布了《关于适用犯罪嫌疑人、被告人逃匿、死亡案件违法所得没收程序若干问题的规定》，就违法所得没收程序适用案件范围、违法所得界定、证明标准、具体审判程序等内容进行了细化规定，但实践中对外逃贪官的没收程序适用状况依然没有太大的改观。在某种程度上，违法所得没收程序对外逃贪官的追赃只能起到一定的作用。一方面，司法审判实践表明，违法所得没收程序在实践中发挥的作用很不理想，有的省份至今没有适用的实例；另一方面，违法所得没收程序本身就存在结构性的矛盾，即适用刑事诉讼特别程序是无法对被告人定罪的，但外国司法机关往往需要有罪判决才能协助执行没收程序，而刑事缺席审

---

① 赵晨光：《论我国腐败犯罪境外追赃机制存在的问题及其完善》，载《法学杂志》2019年第3期。

判制度可以在一定程度上消解这一矛盾。① 确立刑事缺席审判制度，对于腐败犯罪人员涵盖了刑事责任追究与涉案财产追缴，对逃往境外的腐败犯罪人员的缺席审判既有助于追赃，也有利于追逃。可以说，对外逃腐败人员的缺席审判制度，将与违法所得没收程序形成互动，从追逃和追赃两个方面加大我国腐败犯罪的惩治力度。② “如果说 2012 年《刑事诉讼法》增设的‘犯罪嫌疑人、被告人逃匿、死亡案件违法所得的没收程序’剑指‘追赃’，那么 2018 年《刑事诉讼法》增加的缺席审判程序则旨在‘追逃’，同时进一步弥补了‘特别没收程序’以裁定而非判决为依托从而在对外刑事司法协助中容易被诟病‘追赃’法律依据不充足的缺陷，由此完成了我国境外追逃追赃基本国内刑事程序的建构。”③ 此外，2018 年第三次修正《刑事诉讼法》的同时，全国人大常委会还表决通过了《国际刑事司法协助法》，在相当程度上印证了强化对外逃贪腐人员打击力度正是本次《刑事诉讼法》修改的重要目的。④

腐败问题是人类社会共同面临的难题，以预防和治理腐败为目标的法律制度是国家制度的组成部分。中共十八大以来，反腐败已成为我国全面从严治党和社会治理的重心。中共十九大报告再次强调：“不管腐败分子逃到哪里，都要缉拿归案、绳之以法。”“建立刑事缺席审判制度，为反腐败追逃追赃提供司法支持，是党中央推进反腐败国家立法和国际追逃追赃工作所做出的顶层设计。”⑤ 新的历史时期国家治

---

① 陈卫东：《刑事诉讼法修改若干问题研究》，载《内蒙古社会科学》2020 年第 3 期。

② 杨雄：《对外逃贪官的缺席审判研究》，载《中国刑事法杂志》2019 年第 1 期。

③ 李海滢：《监察体制改革背景下境外追逃追赃面临的发展与挑战》，载《河南社会科学》2019 年第 6 期。

④ 吴卫军：《检视与反思：工具理性视阈中的 2018 年〈刑诉法〉修改》，载《海峡法学》2021 年第 1 期。

⑤ 卞建林：《刑事诉讼法再修改面面观》，载《法治研究》2019 年第 1 期。

理腐败的主要特点为法治反腐。修订《宪法》，推进监察体制改革和制定《监察法》，修改《刑事诉讼法》，形成腐败治理的法律体系，为反腐败工作提供了法律依据，使得反腐败工作有法可依，各项反腐败制度相互衔接、配合。以2012年修改《刑事诉讼法》确立违法所得没收程序，2017年发布《关于适用犯罪嫌疑人、被告人逃匿、死亡案件违法所得没收程序若干问题的规定》，2018年制定《监察法》《国际刑事司法协助法》并修改《刑事诉讼法》确立缺席审判程序为标志，促成我国反腐败工作，尤其是追逃追赃工作的法治化。[①] 刑事缺席审判制度是从惩治腐败犯罪，减轻并挽回腐败犯罪造成损失的角度实现治理腐败犯罪的重要制度，是以法治思维和法治方式推进反腐败斗争、根据社会需要对我国相关法律程序所作的制度性安排，通过立法确立刑事诉讼缺席审判程序制度和司法协助程序制度，以进一步丰富反腐败和国际追逃追赃的手段，从而形成更加严密的反腐败国际追逃追赃法网。[②] 刑事诉讼中将腐败犯罪作为缺席审判适用的主要案件类型构成我国刑事缺席审判制度的一大特色，该种制度安排与我国政治体制、刑事政策以及国家治理重点密切相关。打击腐败犯罪，提升我国法治化社会治理能力，要求法律层面做出积极回应，这是我国确立刑事缺席审判制度的时代背景。

（二）开展国际合作，维护国家利益

建立刑事缺席审判制度是我国审时度势，顺应国际法治发展趋势，与世界其他国家展开司法合作，实现有效打击犯罪，维护国家利益的需要。腐败犯罪、恐怖活动犯罪等已经成为世界各国公害，各国除了巩固各自国内犯罪治理措施以外，强化国家之间司法合作也是治理犯

---

① 参见张磊：《从“百名红通人员”归案看我国境外追逃的最新发展——写在“百名红通人员”名单公布五周年之际》，载《法律适用》2020年第10期。

② 陈雷：《反腐败国际追逃追赃的制度创新》，载《中国纪检监察报》2018年11月15日，第6版。

罪的有效途径。《联合国反腐败公约》《联合国打击跨国有组织犯罪公约》的制定以及国家之间司法互助协定的签署，为各国打击特定犯罪提供了行动指南和准则，国际治理犯罪能力大幅度提升。

中国先后于2003年8月27日和2005年10月27日批准《联合国打击跨国有组织犯罪公约》和《联合国反腐败公约》，也相继与一些国家签订了司法互助协议。① 国际条约和司法互助协议在世界范围内或者国家之间确立了协同打击犯罪的法律原则和规则，其中确立的一些特别制度，突破了常规司法审判程序。例如，《联合国反腐败公约》允许对逃往境外的腐败犯罪人员继续进行侦查和起诉工作，在有明确司法令状和司法裁决的基础上执行强制措施或者追回犯罪财产等。我国《刑事诉讼法》中增设缺席审判制度，一方面是为了实现国内法律规定与国际条约规定有效衔接，另一方面也是国内法对所加入的国际条约相关内容的落实。

中国正进入社会改革开放的“深水区”，由社会矛盾引发的犯罪形势出现新的变化。腐败犯罪、恐怖活动犯罪和危害国家安全犯罪等犯罪活动不仅社会危害性大，在犯罪构成客观方面也体现出特殊性，例如腐败犯罪人员逃往国外，恐怖活动犯罪和危害国家安全犯罪人员与境外势力相勾结等。这些犯罪所侵犯的主要是国家、社会公共利益，对该类犯罪的有效追诉和打击本身就是对国家利益的维护。刑事缺席审判制度确立之前，因犯罪人逃往境外，而不得不中止犯罪追诉，对该类犯罪打击效果打了折扣。相关犯罪追诉方面存在的法律空白，使国家利益不能得到很好的维护。刑事缺席审判制度的确立为加强国际合作治理犯罪提供了法律依据和程序保障。

国家主权是一个国家的根本属性，是国家固有的在国内的最高权

① 国际追逃追赃工作中，我国先后与81个国家缔结引渡条约、司法协助条约等共169项。参见陆丽环：《依法依规追逃追赃》，载《中国纪检监察报》2020年11月11日，第1版。

力和在国际上独立自主权利。国家的司法权是国家主权不可或缺的组成部分以及国家主权行使的重要表现。司法权是实现国家利益的途径，同时司法主权本身也是国家利益的一部分。国际条约所确立的国际司法准则兼顾了国家主权与国际司法权，是对一国司法主权的承认与巩固。确立刑事缺席审判制度，管辖并追诉犯罪，无论犯罪人是否处于本国境内，使国家司法主权得以实现，这正是“国家利益观”的一种体现。通过缺席审判，认定被追诉人行为性质及社会危害性，向域外宣示我国治理特定种类犯罪的信心和决心。同时，一国国内行使司法权还需遵循所缔结国际条约或者区域性条约确定的国际司法准则。在国际人权保障规则体系之下，一国缺席审判制度受该规则体系约束，这也是在国际条约范围内取得其他国家司法合作的前提。

（三）补充刑事诉讼程序，完善刑事司法体系

中国有着悠久的法律文化史，经过漫长的社会发展，形成了具有自身特色的法律传统和法律制度。现代法律思想要求法律实体公正价值与程序公正价值并重。中国在刑事司法领域历来重视对犯罪追诉，以实现维护社会公共秩序、有效治理社会的目标，因而对法律实体公正价值有所侧重。我国传统上对于刑事缺席审判制度一般持消极甚至否定态度，理论上的原因主要是被告人“出庭受审”为世界各国及《公民权利和政治权利国际公约》对被告人保利保障的根本性要求，也是衡量刑事审判程序正当的基本标准。现实原因则主要是在改革开放以前，社会流动性很低，人员的境内外流动控制很严。加之刑事诉讼中羁押率很高，犯罪嫌疑人、被告人很难逃避审判，以致刑事缺席审判制度极少甚至没有现实必要性。由于以上原因，我国民事诉讼、行政诉讼中先行确立了缺席审判制度，而刑事诉讼中的缺席审判制度直至2018年才入法。① 但是近年来随着中国社会、经济等各方面发展，

① 参见顾永忠、张子君：《我国刑事缺席审判制度的立法意图与特色》，载《理论学刊》2019年第1期。

人口流动规模增大、速度加快，犯罪形势及诉讼形态发生很大变化，人们对法治的研究尤其是对法治的手段和功能的认知也出现维度转换和层次提升。在司法实践中，因犯罪嫌疑人、被告人缺席，导致诉讼程序中止，案件得不到终局处理，带来了新的社会不公。特别是对于腐败犯罪、恐怖活动犯罪等社会危害较大的犯罪类型，缺席审判制度的“缺席”，使得对特定犯罪治理产生障碍。刑事司法体系运行不畅，司法权威受到质疑。《刑事诉讼法》第1条明确规定，刑事诉讼的目的在于“保证刑法的正确实施，惩罚犯罪，保护人民，保障国家安全和社会公共安全，维护社会主义社会秩序”。刑事缺席审判制度的设立是为了充分实现刑事司法实体公正价值，体现司法权威。当然，缺席审判制度强调刑事司法实体公正价值的实现，并非贬抑程序公正价值，而是在两种价值之间力求一种平衡，因为刑事缺席审判制度也不能突破程序公正的底线标准。

刑事诉讼作为追究犯罪嫌疑人、被告人刑事责任的程序，除了具有确定被追诉人罪之有无、应否追究其刑事责任的功能，还具有通过法律解决纠纷的功能。我国传统刑事司法中只有对席审判方式，如果不问理由，一旦被告人缺席法庭，只能中断诉讼程序，将案件“悬置”，诉讼的法律纠纷解决功能无法实现。可见，刑事诉讼对席审判单一体系（或形式）存在不足，已不能满足当前乃至继续发展着的刑事司法实践需要。设立刑事缺席审判制度是对上述问题的回应。

从世界范围看，多数国家在刑事诉讼中确立了缺席审判制度；从国内范围看，我国民事诉讼法和行政诉讼法均已确立缺席审判制度。世界多数国家采用刑事缺席审判制度，说明多数国家所面临的问题具有共性并采取了类似的解决方式。民事、行政和刑事三大诉讼法尽管解决的实体问题不同，具体诉讼制度有较大差别，但同作为程序法，三者遵循着共同的诉讼规律，追求共同的价值目标，在诉讼原则及具体诉讼制度方面亦有相通之处。我国刑事诉讼法确立缺席审判制度，能够与民事诉讼法和行政诉讼法相协调。同时，确立刑事缺席审判制度也是顺应世界法治发展趋势，吸收其他国家的司法经验，完善我国司法体系，解决我国现实问题的重要举措之一。

“法学和民族志，一如航行术、园艺、政治和诗歌，都是具有地方性意义的技艺，因为它们的运作凭靠的乃是地方性知识。”① 中国刑事诉讼制度是在中国独具特色的社会、政治、经济、文化等语境下产生和发展起来的，中国的刑事缺席审判制度同样是在中国所处发展阶段、社会治理方式、法律制度运作机制等基础上得以建立和完善的。据此可以预期，中国刑事缺席审判制度将为世界范围缺席审判制度的进展做出具有自己特色的贡献。

第二节　我国刑事缺席审判制度立法框架

一、我国刑事缺席审判制度立法体例

我国的刑事缺席审判是针对特定范围的刑事案件，在被告人处于境外、患有严重疾病以及死亡等情况下，审判机关根据检察机关的起诉，依法追究缺席被告人刑事责任的一种特别审判程序。刑事缺席审判制度是建立在我国国情基础之上及特定历史背景之下，其立法体例和结构具有自身特点。

（一）我国刑事缺席审判制度立法体例特点

任何法律制度均会涉及规范内容与法律形式两个方面，前者是指法律规范所规制的内容，后者是指法律制度内容以何种形式表现出来，具体包括篇章体例安排、文字表达以及条文之间的逻辑关系等。立法技术是否科学、合理直接关系到具体法律制度内容的可操作性和适用

---

① ［美］克利福德·吉尔兹：《地方性知识：事实与法律的比较透视》，邓正来译，载《法律的文化解释》（增订本），三联书店1998年版，第73页。

结果。现代成文法的结构通常包括三要件：一是法的名称；二是法的内容；三是表现法的内容的符号。刑事诉讼法的结构技术，可以从两个层面予以解析和品读：一是关于法的框架设计的篇章结构技术，具体指如何将法条合理组合成节、章、编的技术要求；二是关于法规则的内部结构技术，即如何科学设置法规则的构成要素，以实现法条之意旨得到准确完整表达的技术。[①] 我国刑事诉讼缺席审判制度篇章体例安排体现出如下特点。

1. 专章特别程序规定

我国 1979 年《刑事诉讼法》并未设立特别程序，到 2018 年第三次修改《刑事诉讼法》，前后共设立五种特别程序，共计 31 个法律条文。刑事缺席审判制度是 2018 年修改《刑事诉讼法》时新增加的特别程序，在原有未成年人刑事案件诉讼程序，当事人和解的公诉案件诉讼程序，犯罪嫌疑人、被告人逃匿、死亡案件违法所得的没收程序，依法不负刑事责任的精神病人的强制医疗程序四种特别程序基础之上，作为第五编“特别程序”中的第三章加以规定。全章从第 291 条至第 297 条，共 7 个条文，内容涉及缺席审判适用的案件类型、适用条件、适用程序、救济机制及权利保障机制等方面，形成了我国较为完备的刑事缺席审判制度体系。

如本书第三章所述，除了瑞士等少数国家在刑事诉讼法中设立专章规定缺席审判制度外，世界范围内确立刑事缺席审判制度的多数国家是在刑事诉讼法律条文中明确规定被告人出庭的义务或者权利，法庭审判以对席审判为原则，然后设定例外条款，在法典不同部分就缺席审判适用情形、审理程序、辩护人辩护、程序回转和程序救济等进行规定。采用专章形式，将缺席审判制度内容集中规定是我国刑事诉讼立法的特色。该种立法体例的优点在于明确了我国缺席审判特别程

① 莫湘益：《刑事诉讼立法技术研究》，法律出版社 2017 年版，第 66 页。

序的属性。特别程序是相对于一般程序而言，意味着普通对席审判是我国刑事诉讼的常态，缺席审判则是常态的例外，只有在符合条件的特殊情形下才能适用该程序。新增设的缺席审判程序成为对席审判程序的有益补充，使诉讼程序的划分更加精细，更加符合诉讼客观实际，体现出多元化、分层次的诉讼立法趋势，使目前的刑事诉讼立法体系更加科学、完备。[①] 在适用特别程序处理案件过程中，应遵守特别程序的规定，特别程序中没有规定的，则适用普通程序的相关规定。

2. 内容一体化规定

其他国家主要根据适用案件类型的不同，将缺席审判制度内容分散规定于各审判程序，这方面最为典型的是法国。法国刑事诉讼法规定重罪案件、轻罪案件、违警罪案件均可适用缺席审判程序，刑事审判程序划分为重罪审判程序、轻罪审判程序以及违警罪审判程序，三类犯罪适用缺席审判对应三种审判程序，分别加以规定。我国《刑事诉讼法》中“缺席审判程序”一章涵盖了适用该程序的所有案件范围和案件类型以及审判程序、救济程序、辩护制度等内容。这种“一体”式立法模式，将不同情形的缺席审判集中加以规定，作为一个制度整体对待。“一体式”（或曰“打包式”）立法模式的结构优势在于：按照“相同事物同等对待”的逻辑，将相同或相近的程序排列组合在一起，便于一项制度的整体构建和程序的先后逐次安排，符合程序法的内在逻辑性并增强了实务操作的便利性。[②] 缺席审判内容集中规定，为司法机关理解和执行该制度提供了便利。

3. 概括描述与具体列举罪名相结合

从世界范围刑事缺席审判立法体例来看，罕见在立法中规定适用

---

① 甄贞、杨静：《缺席审判程序解读、适用预期及完善建议》，载《法学杂志》2019 年第 4 期。

② 万毅：《刑事缺席审判制度立法技术三题——以〈中华人民共和国刑事诉讼法（修正草案）〉为中心》，载《中国刑事法杂志》2018 年第 3 期。

缺席审判的类罪名或者具体罪名，域外国家和地区通行的做法是在刑事诉讼法典中按照重罪和轻罪标准划定适用案件范围，有的国家缺席审判只适用于轻罪，有的国家则轻罪、重罪皆可适用。考察适用缺席审判的国家，除了强调适用缺席审判中被告人的“明知”外，大多以重罪与轻罪、简易罪和可诉罪、死刑罪和非死刑罪等方式笼统地界定缺席审判的适用范围。[①] 我国则通过列举的方法，将缺席审判案件适用范围作了明确的界定。根据我国《刑事诉讼法》规定，可以适用刑事缺席审判程序的案件共有三种类型：第一种类型为针对身在境外的被告人进行的缺席审判，第二种类型为针对患有严重疾病的被告人的进行缺席审判，第三种类型为针对死亡被告人进行的缺席审判。针对三种类型的被告人适用缺席审判程序，在法律条文表述上并不完全相同。其中针对第一类身在境外的被告人进行的缺席审判，法律列举了适用的犯罪类罪名，即贪污贿赂犯罪案件以及需要及时进行审判，经最高人民检察院核准的严重危害国家安全犯罪、恐怖活动犯罪案件。第一类缺席审判适用的案件范围是特定的，是针对特定种类的犯罪采用的缺席审判。第二类和第三类缺席审判只是概括了适用的案件情形，即被告人患有严重疾病以及被告人死亡，并未具体列举具体适用罪名，因而第二类和第三类缺席审判适用不受案件类型和具体罪名的限制。

刑事缺席审判制度划定案件类型和适用罪名的立法体例是我国刑事诉讼立法的一个特色。缺席审判程序适用案件范围采用具体列举与概括描述相结合的立法模式，一是明确了我国缺席审判适用的重点。刑事诉讼制度的设计是各种法律价值权衡的结果。如前所述，我国设立缺席审判制度的一个重要背景是强化打击腐败犯罪力度，因而预计腐败犯罪案件是今后我国适用缺席审判制度的主要趋势。二是体现原则性与灵活性相结合。缺席审判制度立法既有针对案件类型和犯罪罪

---

① 裴显鼎、王秀梅：《全球视阈中的缺席审判研究》，载《吉林大学社会科学学报》2019 年第 6 期。

名的规定，也有针对某类案件的概括性规定，适应我国法律适用中针对不同案件类型采用不同处理方式的诉讼实践。

（二）围绕我国刑事缺席审判程序立法体例存在的争议

我国2018年修改《刑事诉讼法》首次专章规定了缺席审判制度，在立法体例及内容构建方面体现出一定的创新性。有观点认为，我国刑事缺席审判制度立法体例也存在问题。“中国当下的缺席审判程序具有两方面的局限：一方面是与生俱来的局限，这不独为中国所特有。被告人未参与庭审本身便是对正当程序及基本人权保障的一大冲击。另一方面则是制度设计的缺陷。”① 2018年《刑事诉讼法》第五编“特别程序”中“缺席审判程序”一章，第291条规定了身处境外被告人适用缺席审判的案件类型及条件；第292条规定了传票、起诉书副本的送达程序；第293条规定了被告人及其辩护人辩护权的行使和保障；第294条规定了缺席审判一般救济途径，即上诉、抗诉；第295条规定了缺席审判特殊救济途径，即当事人提出异议后的重新审理；第296条规定了被告人因患有严重疾病情形的缺席审判的适用；第297条规定了被告人死亡情形缺席审判的适用。缺席审判立法体例呈现出这样一种安排：第一类针对身处境外涉嫌特定罪名被告人适用缺席审判情形—第一类案件缺席审判程序适用及权利保障机制—第二类针对被告人患有严重疾病适用缺席审判情形—第三类针对被告人死亡适用缺席审判情形。这样的体例安排存在一个问题：第293条至第295条关于缺席审判程序和权利保障机制的内容无疑适用于第一类缺席审判案件，那么是否适用于第296条和第297条规定的第二类和第三类缺席审判案件？回答该问题需要明确两点。

（1）我国《刑事诉讼法》规定适用缺席审判程序的三种案件类型具有实质性差别

---

① 施鹏鹏：《缺席审判程序的进步与局限——以境外追逃追赃为视角》，载《法学杂志》2019年第6期。

具体而言：第一，被告人在案状况不同。第一类案件被告人从始至终不参与案件审判，甚至在侦查阶段就不在案，被告人往往出于逃避犯罪追诉的目的而逃至国外，因而属于完全意义上的缺席审判，构成典型的缺席审判。第二类案件和第三类案件，被告人在案并且已经参与法庭审判，只是因患有严重疾病或者死亡，无法继续参与法庭审判。第二，涉及犯罪类别和罪名不同。第一类案件适用的案件范围是特定的，即贪污贿赂犯罪和危害国家安全犯罪、恐怖活动犯罪，因而第一类案件适用缺席审判的犯罪罪名限定于该三种类型的犯罪。第二类、第三类案件适用缺席审判并无犯罪类型和罪名限制，任何刑事诉讼中遇有被告人患有严重疾病或者在审判过程中死亡情形，均可适用缺席审判程序。第三，犯罪轻重不同。第一类案件涉及的贪污贿赂犯罪、危害国家安全犯罪、恐怖活动犯罪在我国均属于重罪，且第一类案件适用条件之一为被告人在境外，本身也说明犯罪的严重性。第二类、第三类案件适用缺席审判并无犯罪轻重程度的差别，既可以适用于重罪，也可以适用于轻罪。第四，不同案件类型适用缺席审判功能不同。第一类案件适用缺席审判的目的在于通过追究身在境外涉嫌贪污贿赂犯罪、危害国家安全犯罪、恐怖活动犯罪的被告人的刑事责任，有效打击腐败等犯罪活动，维护国家经济利益、公共安全；第二类案件适用缺席审判的目的在于消除因被告人患有严重疾病而带来的审判障碍，提高审判效率，确保诉讼及时；第三类案件适用缺席审判的目的在于及时纠正错误裁判，恢复无罪被告人的利益，保障司法公正。有学者将三类缺席审判案件归纳为"明确刑事责任型缺席审判、解决诉讼障碍型缺席审判、为被告人正名型缺席审判三种基本形态"。[①] 实际上第二类案件和第三类案件是因为已经开启审判程序，遇有被告人患有严重疾病或者死亡的客观情况，均可视为是为消除审判当中出现

① 卞建林、吴思远：《刑事缺席审判程序：立法反思与实践走向》，载《求是学刊》2020 年第 5 期。

的障碍，转而适用缺席审判程序。有学者认为，从程序构造上看，后两种类型的缺席审判程序，实际上并不是一项完整的审判程序，而只是审判程序的一个环节（阶段）。后两种情况的缺席审判，实际上是一种排除审判障碍的方式，即普通审判程序在运作中遭遇客观障碍（被告人患有严重疾病且无法出庭或者被告人死亡），丧失审判要件，导致庭审无法正常进行，为排除这种审判障碍，只能选择在被告人不在场的情况下继续审判。因此，其性质上属于普通程序的一个环节，系普通程序处置审判障碍时的一项诉讼措施。2018 年《刑事诉讼法》修改增加的缺席审判制度，主要指《刑事诉讼法》第 291 条规定的情况。[①] 因而，第一类案件与第二类、第三类案件适用缺席审判程序的意义并不相同。

（2）我国《刑事诉讼法》规定缺席审判的三种案件类型适用的具体审判程序不同

根据刑事诉讼法的规定，第一类案件适用的审判程序及救济程序与第二类案件、第三类案件适用的程序存在较大差别。第一类案件为完全意义上的缺席审判案件，《刑事诉讼法》第 291 条规定的诉讼管辖、合议庭组成形式，第 292 条至第 295 条规定的法律文书送达方式、审判程序、辩护制度、救济程序等内容适用于第一类案件。第二类案件和第三类案件本来适用普通审判程序，遇有被告人患有严重疾病或者死亡情形等程序障碍，转而进入缺席审判，但在诉讼管辖等制度及审判程序适用上依然延续被告人患病前或者死亡前的制度和程序。

基于以上原因，有观点认为，第一种案件类型的缺席审判程序才是真正意义上的缺席审判程序，第二种和第三种案件类型的缺席审判

---

① 孙谦：《检察机关贯彻修改后刑事诉讼法的若干问题》，载《国家检察官学院学报》2018 年第 6 期。

程序并不是严格意义上的缺席审判程序。[①]“外逃人员缺席审判有着独立的诉讼结构和审判程序，后两种缺席审判系普通程序处置审判障碍时的诉讼措施，实为普通程序的一个环节，这两类缺席审判的管辖、审判组织以及被告人诉讼权利的保障主要应遵循普通审判程序的相关规定。”[②] 我国缺席审判适用“情形‘标准’缺少类型建构所需的中间高度性”[③]。既然三类案件不属于相同意义上的缺席审判，采用“一体”式立法模式将三者强行“打包”、捏合为一个制度，这种“强扭瓜”式的立法技术运用有待商榷。[④] 进而有观点认为宜将针对被告人患有严重疾病和被告人死亡案件的缺席审判的内容列入刑事诉讼法相关部分加以规定，作为普通刑事程序中处理审判障碍的诉讼措施。其中针对被告人患有严重疾病不能出庭的案件，将其列入现行《刑事诉讼法》第206条，补充中止审理的情形；针对被告人死亡但有证据证明其无罪的案件，将其列入《刑事诉讼法》第16条，补充法定不追究刑事责任的情形。仅将针对被告人潜逃境外的案件作为缺席审判类型，列入《刑事诉讼法》第五编“特别程序”中“缺席审判程序”一章。[⑤]

我国《刑事诉讼法》所确立的适用缺席审判程序的三种案件类型差异很大，所适用的具体审判程序亦不相同。第一类案件罪名是确定的并且条文规定位于“缺席审判程序”专章第一条，本章主要的程序条款也是围绕第一类案件设定，这种体例安排表明我国刑事缺席审判制度适用的重点是被告人身处境外的贪污贿赂犯罪和危害国家安全犯

---

① 参见万毅：《刑事缺席审判制度立法技术三题——以〈中华人民共和国刑事诉讼法（修正草案）〉为中心》，载《中国刑事法杂志》2018年第3期；陈国庆：《刑事诉讼法修改与刑事检察工作的新发展》，载《国家检察官学院学报》2019年第1期。

② 董坤：《论外逃人员缺席审判的三重关系》，载《法学杂志》2019年第8期。

③ 步洋洋：《论我国刑事缺席审判制度的类型化》，载《政法论坛》2020年第4期。

④ 万毅：《刑事缺席审判制度立法技术三题——以〈中华人民共和国刑事诉讼法（修正草案）〉为中心》，载《中国刑事法杂志》2018年第3期。

⑤ 钱程：《论我国刑事缺席审判制度的适用限度问题——兼议我国刑诉法修正案》，载《河北科技师范学院学报（社会科学版）》2018年第4期。

罪、恐怖活动犯罪，刑事缺席审判制度的设立有所倾斜和侧重。不论缺席审判的缘由如何，从诉讼形式看，均是被告人不能出席法庭，法庭审判结构不同于普通对席审判模式。将三种案件类型集中于“缺席审判程序”一章规定有一定合理性：一是设立专章将不同类型缺席审判案件集中规定，程序属性和程序内容明确，便于司法机关理解和适用；二是《刑事诉讼法》第16条为总则性规定，适用于刑事诉讼的各个阶段，难以突出缺席审判特别程序内容特点；三是虽然多数国家将缺席审判制度内容置于整个刑事审判程序并分散加以规定，但亦有国家采专章特别规定的立法例，我国采用该种立法模式也并无不妥。

当然，我国目前将不同类型适用缺席审判程序的案件加以专章规定，在法律条文排列和内容安排方面并非不存在问题。当前的缺席审判制度至少包含了三种不同的价值取向：加强反腐败追逃追赃力度和实效、确保诉讼及时和保障司法公正。这种多元化的功能设计与预期目的，使得缺席审判程序的核心功能模糊，难以体现该制度的特殊性，更难以通过统一的法理阐释来融贯多种不同的适用情形。① 依照惯常的立法模式，法律规范先集中规定某一制度所适用的案件范围和种类，再规定具体的适用程序。我国刑事诉讼法有关当事人和解的公诉案件诉讼程序，犯罪嫌疑人、被告人逃匿、死亡案件违法所得的没收程序，依法不负刑事责任的精神病人的强制医疗程序三种特别程序均采用此种立法模式。缺席审判程序采用了非常规的立法安排，第291条至第295条规定只适用于第一类缺席审判案件，而不适用于第二类、第三类缺席审判案件。从具体内容来看，法律条文所规定的案件管辖、境外法律文书送达、救济程序等内容也是针对第一种缺席审判案件类型设定的。立法应当充分考虑三种案件类型适用缺席审判的制度功能，根据三种案件类型适用程序的相同点与差异来安排法律条文，区分哪

① 左卫民：《如何打造具有法理合理性的刑事诉讼法——审思2018年刑事诉讼法修正案》，载《比较法研究》2019年第3期。

些程序或者制度内容适用于所有类型缺席审判案件，哪些内容属于不同类型案件的特别规定。例如，尽管第 292 条至第 295 条规定的内容大部分是针对第一类缺席审判案件类型制定，但其中第 293 条规定的缺席审判强制辩护制度应是统一适用于三种缺席审判案件类型。以现行法律的体例安排，可能会产生法律适用上的争议。立法完善中，可在第 296 条、第 297 条之后增加一款，说明第 296 条和第 297 条规定的第二类和第三类缺席审判案件类型适用第 293 条规定的缺席审判程序中强制辩护制度条款。

二、刑事缺席审判程序与违法所得没收程序的关系

我国 2012 年《刑事诉讼法》设立犯罪嫌疑人、被告人逃匿、死亡案件违法所得的没收程序，即对于贪污贿赂犯罪、恐怖活动犯罪等重大犯罪案件，犯罪嫌疑人、被告人逃匿，在通缉一年后不能到案，或者犯罪嫌疑人、被告人死亡，依照刑法规定应当追缴其违法所得及其他涉案财产的，可以适用违法所得没收程序。2018 年《刑事诉讼法》正式设立缺席审判程序。违法所得没收程序与缺席审判程序均属于特别程序，在法典中并列放在“特别程序”一编。2018 年《刑事诉讼法》修改后，“犯罪嫌疑人、被告人逃匿、死亡案件违法所得的没收程序”由原来的第三章变更为第四章，新增加的“缺席审判程序”作为第三章放在了“犯罪嫌疑人、被告人逃匿、死亡案件违法所得的没收程序”之前。应该说，违法所得没收程序与缺席审判程序是关联程序，二者既有联系，也有区别，在特定情形下两种程序会产生适用的竞合、衔接问题。

（一）违法所得没收程序与缺席审判程序的联系和区别

2012 年修改《刑事诉讼法》确立违法所得没收程序，违法所得没收程序的任务是追缴缺席的犯罪嫌疑人、被告人因其犯罪行为引起的违法所得及其他涉案财产。违法所得没收程序被视为部分确立了缺席

审判程序。2018 年修改《刑事诉讼法》确立了典型的刑事缺席审判程序，刑事缺席审判程序的任务是追究缺席被告人的刑事责任，并对犯罪所涉的违法所得及其他涉案财产作出处理。两种审判程序均是在刑事被告人不出席法庭情形下展开的审判，因而在诉讼形式上具有相似性；两种审判程序均涉及被告人犯罪行为引起的违法所得及其他涉案财产追缴，因而在内容上具有交叉性和重合性。

2018 年缺席审判程序确立后，关于两种程序的关系存有不同观点：一种观点认为违法所得没收程序将被缺席审判程序所取代，因为缺席审判程序在功能上较之违法所得没收程序更具优越性，二者是包含与被包含的关系。缺席审判程序的适用可以实现违法所得没收程序对涉案财产进行处置的功能，法律增设缺席审判程序后，在犯罪嫌疑人、被告人不到案的情况下对涉案财物的处置可以通过缺席审判程序完成，违法所得没收程序功能已经完全包含在缺席审判程序功能之中。另一种观点认为，违法所得没收程序与缺席审判程序是一种并列关系，两种程序的目标定位有着明显差异。“立法之所以将这两种程序同时规定在特别程序中，说明这两种程序都具有独立存在的价值，并且缺席审判程序的确立还具有补强没收程序的作用。”① “从境外追逃追赃的角度看，特别没收程序和刑事缺席审判，一个是简便易行、可以优先采用的法律措施，一个是具有较大不确定性、需要谨慎选择的‘最后手段’。” “不宜为图省事而将刑事缺席审判与特别没收程序简单地‘合二为一’。”② 违法所得没收程序与缺席审判程序的性质不同、功能各异，不构成立法上的繁复。缺席审判程序是对违法所得没收程序的深化和补充，只有实现二者的有机结合，才能更有效地打击和预防特

---

① 参见陈光中、肖沛权：《刑事诉讼法修正草案：完善刑事诉讼制度的新成就和新期待》，载《中国刑事法杂志》2018 年第 3 期。

② 黄风：《刑事缺席审判与特别没收程序关系辨析》，载《法律适用》2018 年第 23 期。

殊类型犯罪，也才能在我国刑事诉讼领域全面构筑起多元化庭审模式。[①] 也有观点认为，违法所得没收程序与缺席审判程序虽是并列关系，但适用中有主次之分。缺席审判程序优先于违法所得没收程序；违法所得没收程序补充缺席审判程序。[②]

探讨违法所得没收程序与缺席审判程序的关系，需要明确两种程序在功能、特点和内容等方面的联系与区别。

1. 违法所得没收程序与缺席审判程序的联系

第一，立法背景相似。从违法所得没收程序与缺席审判程序适用的案件类型看，两种程序适用的主要案件类型均包括贪污贿赂犯罪、危害国家安全犯罪和恐怖活动犯罪，表明运用两种程序打击犯罪的重点一致。特别是针对贪污贿赂犯罪，基于我国加入《联合国反腐败公约》以及深层次开展反腐败工作的需要，专门设立两种程序，以满足深化反腐、法治反腐的需求。一定程度上讲，违法所得没收程序与缺席审判程序都是出于对犯罪嫌疑人逃匿案件追逃追赃的需要而创设的。违法所得没收程序创设之初主要是作为缺席审判程序的替代性措施，以弥补我国当时缺席审判程序的缺位而导致的“追赃”不能。[③]

第二，程序属性相同。违法所得没收程序与缺席审判程序均作为普通对席审判程序的例外，作为特别程序而单独列为一编，适用特别程序规则。在2018年《刑事诉讼法》第五编“特别程序”中，“缺席审判程序”列为第三章，“犯罪嫌疑人、被告人逃匿、死亡案件违法所得的没收程序”列为第四章。

第三，缺失刑事审判重要因素。违法所得没收程序与缺席审判程

① 袁义康：《刑事缺席审判程序的合理性及其完善》，载《华东政法大学学报》2019年第2期。

② 郭天武、汤澈：《缺席审判程序与违法所得没收程序的竞合》，载《法治论坛》2019年第1辑。

③ 参见李海滢、王延峰：《缺席审判抑或独立没收：以“追赃”为基点的程序选择》，载《政治与法律》2019年第7期。

序均为法庭审判重要因素——被告人缺席法庭而进行的程序，在法庭审判形式上具有相似性。其中违法所得没收程序中被告人缺席的原因是逃匿或者死亡，针对贪污贿赂犯罪、危害国家安全犯罪和恐怖活动犯罪的缺席审判程序中被告人缺席的原因是身处境外。

第四，设置较高级别的审判管辖。没收违法所得的申请，由犯罪地或者犯罪嫌疑人、被告人居住地的中级人民法院组成合议庭进行审理。针对贪污贿赂犯罪、危害国家安全犯罪和恐怖活动犯罪的缺席审判由犯罪地、被告人离境前居住地或者最高人民法院指定的中级人民法院组成合议庭进行审理。两种程序的一审均为中级法院，表明我国对这两种程序适用的慎重性。

第五，相似的程序变动性和救济性。在审理过程中，在逃的犯罪嫌疑人、被告人自动投案或者被抓获的，人民法院应当终止审理违法所得没收程序。在审理过程中，被告人自动投案或者被抓获的，人民法院应当终止缺席审判程序，重新依照普通程序审理案件。两种程序中均规定，依照生效判决、裁定对罪犯的财产进行的处理确有错误的，应当予以返还、赔偿。

2. 违法所得没收程序与缺席审判程序的区别

第一，程序本质不同。违法所得没收程序只是单纯的追赃追逃，是从利益恢复层面所创设的制度；而缺席审判制度不仅在利益恢复层面，在社会关系恢复层面也有积极的效果。① 违法所得没收程序设立的主要目的在于弥补犯罪所带来的经济利益损失，缺席审判程序设立的主要目的在于实现刑罚功能，全面弥补犯罪所带来的经济利益和社会利益损失。

第二，诉讼客体不同。违法所得没收程序针对的是因犯罪人犯罪所涉及的财产，不就犯罪人的刑事责任进行裁决，是一种对“物”之

---

① 陈卫东、刘婉婷：《检察机关适用刑事缺席审判的几个问题》，载《国家检察官学院学报》2019 年第 1 期。

诉；缺席审判程序的设置是为了追诉缺席被告人的刑事责任，审理范围包括被告人的刑事责任以及因犯罪所涉及的财产，既是对“人”之诉，亦是对“物”之诉。前者是国内面向上，仅针对“财物”进行处理的程序；而后者则是国际面向上，围绕“人”展开的为司法协助提供裁判依据的程序，主要为解决潜逃境外的犯罪嫌疑人、被告人“追”及其涉案财物“回”的问题。① 在某种意义上，违法所得没收程序是一种被设置在刑事审判之前的附带民事诉讼，它只针对物，而不针对人，即使审查犯罪事实，也完全不涉及犯罪嫌疑人、被告人的定罪和刑事责任问题。违法所得没收程序应当紧紧围绕的中心只有一个：有关财物的来源或用途是否违法。② 缺席审判程序恰恰以被告人的定罪和刑事责任为主，同时解决因犯罪所涉财产问题，财产问题附带于定罪和刑事责任追究。

第三，庭前送达要求不同。违法所得没收程序要求审判机关受理没收违法所得的申请后，应当发出公告，公共告知启动违法所得没收程序等情况。公告期间为六个月，公告期满视为送达结束。犯罪嫌疑人、被告人的近亲属和其他利害关系人有权申请参加诉讼，也可以委托诉讼代理人参加诉讼。针对身处境外被告人的缺席审判程序中，审判机关应当通过有关国际条约规定的或者外交途径提出的司法协助方式，或者被告人所在地法律允许的其他方式，将传票和人民检察院的起诉书副本送达被告人。相比违法所得没收程序送达要求，缺席审判送达更为严格，将法律文书送达被告人是开启缺席审判程序的必要条件。

第四，审判程序不同。审判机关在公告期满后对没收违法所得的申请可以进行书面审理。利害关系人参加诉讼的，审判机关开庭审理。“‘违法所得没收程序’是一种非定罪财产没收程序，属于刑事诉讼法

---

① 袁义康：《刑事缺席审判程序的合理性及其完善》，载《华东政法大学学报》2019 年第 2 期。

② 黄风：《刑事没收与财产追缴》，中国民主法制出版社 2017 年版，第 47 页。

中将‘违法所得’与‘犯罪人’分别处理的特殊程序，不能以审判程序的标准予以评价。”[①] 缺席审判程序围绕被告人的刑事责任进行，一并解决因犯罪所带来的财产问题。刑事属性决定了该程序适用严格的刑事审判程序规则。例如，司法机关开庭审理案件，为缺席的被告人指派法律援助辩护，等等。

第五，证明标准不同。违法所得没收程序只针对犯罪所涉及财产的性质及归属作出裁决，对“物”之诉的属性使得该程序具有了某些民事诉讼程序的特点。在证明标准上，只要达到优势证据标准，审判机关就可以对犯罪所涉财产归属作出裁决。[②] 缺席审判程序因涉及刑事责任认定，因而要求达到最高证明标准，即案件事实清楚，证据确实、充分，综合全案证据，排除合理怀疑。

综上所述，我国违法所得没收程序与缺席审判程序在某些程序特点方面相似，程序功能也有一定的重合之处。违法所得没收程序与缺席审判程序虽然形式上都表现为犯罪嫌疑人、被告人缺席，在程序性质上均属特别审判程序，但在立法宗旨、适用的案件范围、处理方式等方面还存在诸多不同，在刑事诉讼程序体系中分属不同的范畴。缺席审判程序属于刑事诉讼中的对人诉讼，违法所得没收程序属于刑事诉讼中的对物诉讼。从涉案财物处理的角度看，在缺席审判程序中处理涉案财物要附属在对缺席的犯罪嫌疑人、被告人定罪量刑之后，属于定罪没收。违法所得没收程序事实上是围绕涉案财物的所有权进行的诉讼，通过法定程序确认有关财物不属于有关当事人，是未定罪没

---

① 陈伟、王文娟：《刑事缺席审判制度的源流、现状及分歧澄清》，载《河北法学》2019 年第 11 期。

② 2017 年最高人民法院、最高人民检察院《关于适用犯罪嫌疑人、被告人逃匿、死亡案件违法所得没收程序若干问题的规定》第 17 条第 1 款规定：“申请没收的财产具有高度可能属于违法所得及其他涉案财产的，应当认定为本规定第十六条规定的‘申请没收的财产属于违法所得及其他涉案财产’。”2021 年《最高人民法院关于适用〈中华人民共和国刑事诉讼法〉的解释》第 621 条作了相同的规定。

收。如果把对人诉讼视为刑事诉讼传统关注点的话，对物诉讼尽管也有较长的历史，但现代语境下的以违法所得没收为代表的对物诉讼程序，对于刑事诉讼体系的发展来说更具有非传统性与开拓性。缺席审判程序和违法所得没收程序在理论意义上分属刑事诉讼不同的程序体系范畴。① 为了强化反腐败追逃追赃工作，我国在 2012 年设立违法所得没收程序的基础上，于 2018 年增设缺席审判制度，对腐败犯罪形成双管齐下的法律应对局面。明确两种程序的联系和区别，一方面能够在更深层次上理解两种程序在刑事诉讼程序体系中的定位，另一方面可以为两种程序的具体适用提供指引。

（二）违法所得没收程序与缺席审判程序的独立适用

违法所得没收程序与缺席审判程序是两个独立的程序，有着各自的适用范围和适用条件。当某一案件符合一种诉讼程序的条件，而不符合另一种程序条件时，则只能适用该种诉讼程序。影响两种程序适用的因素主要包括以下几种。

1. 案件类型

尽管违法所得没收程序与缺席审判程序适用案件类型有重合部分，例如贪污贿赂犯罪、危害国家安全犯罪、恐怖活动犯罪是两种程序共同适用的案件类型，除此之外违法所得没收程序还可以适用于走私犯罪、洗钱犯罪、金融诈骗犯罪、黑社会性质组织犯罪、电信诈骗犯罪、毒品犯罪等案件，② 如果案件涉及这些罪名，被告人逃匿或者身处境外，有追缴犯罪所得的必要，则只能适用违法所得没收程序，而不能适用缺席审判程序。

---

① 杨静：《违法所得没收程序研究》，北京师范大学 2020 年博士论文。

② 根据 2021 年《最高人民法院关于适用〈中华人民共和国刑事诉讼法〉的解释》第 609 条的规定，违法所得没收程序适用案件范围包括：（一）贪污贿赂、失职渎职等职务犯罪案件；（二）刑法分则第二章规定的相关恐怖活动犯罪案件，以及恐怖活动组织、恐怖活动人员实施的杀人、爆炸、绑架等犯罪案件；（三）危害国家安全、走私、洗钱、金融诈骗、黑社会性质组织、毒品犯罪案件；（四）电信诈骗、网络诈骗犯罪案件。

2. 被告人死亡情况

违法所得没收程序和缺席审判程序适用条件中均包括被告人死亡情形，但应区分具体情况，决定采用何种诉讼程序。如果在审判程序启动之前被告人死亡，需要追究其财产责任的，则适用违法所得没收程序，而不能适用缺席审判程序。如果案件已经进入审判程序，在审判过程中被告人死亡，有证据证明被告人无罪的，则应当适用缺席审判程序；如果有证据证明死亡被告人有罪且需要追缴违法所得的，需要由检察机关另行提起违法所得没收程序。

3. 犯罪嫌疑人、被告人下落不明

对于犯罪嫌疑人、被告人潜逃境外的案件启动特别程序，涉及法律文书送达等问题。适用缺席审判程序和适用违法所得没收程序对送达法律文书的要求并不相同。将传票和人民检察院的起诉书副本准确送达被告人，是缺席审判程序适用的必要条件。知晓被告人在境外的确切住址是法律文书送达和顺利开展缺席审判的前提。如果被告人潜逃出境，因其辗转多地、居无定所或者隐瞒、虚构身份从而隐匿起来，无法向其送达相关法律文书，则不符合缺席审判程序适用条件。在违法所得没收程序中，审判机关受理违法所得没收申请后发布公告，通过公告的方式实现对潜逃境外的犯罪嫌疑人的送达。违法所得没收程序不以知悉潜逃境外犯罪嫌疑人确切住址为条件，因而其对送达条件的要求远低于缺席审判程序对送达条件的要求。对于潜逃境外的人员需要追究责任，其住址信息不明，适宜采用违法所得没收程序。

4. 不具备违法所得和其他涉案财产

虽然满足违法所得没收程序适用的案件类型，但案件不存在应当追缴的违法所得和其他涉案财产或者虽然涉及违法所得及其他涉案财产，但已为犯罪人所挥霍或数额小，通过违法所得没收程序追缴涉案财产的目的不能达到，则没有启动违法所得没收程序的必要。如果案件满足缺席审判条件，则可以适用缺席审判程序，通过追究被告人刑事责任，表明对被告人犯罪行为的否定性评价，彰显刑罚目的和功能。

（三）违法所得没收程序与缺席审判程序竞合选择适用

从违法所得没收程序与缺席审判程序的联系来看，违法所得没收程序体现缺席审判的精神，缺席审判程序则包含对涉案财产处置的功能。如果说2012年《刑事诉讼法》修订时增设违法所得没收程序仅解决了境外犯罪资产追缴、国际追赃问题，那么2018年《刑事诉讼法》修订时增设缺席审判程序，则既解决了国际追逃问题，也解决了国际追赃问题，即在对潜逃的职务犯罪嫌疑人定罪量刑的同时，还可一并没收追缴犯罪所得。[①] 特别是针对被告人处于境外的贪污贿赂犯罪案件、危害国家安全犯罪案件以及恐怖活动犯罪案件，在犯罪嫌疑人、被告人逃往境外不能到案，需要对违法所得及涉案财产进行追缴没收的情况下，案件满足违法所得没收程序与缺席审判程序两种特别审判程序适用条件，两种程序都有适用的空间，此时可能发生两种程序适用的竞合。从程序属性考虑，刑事缺席审判程序覆盖事项全面、规范解释优先和裁判效力权威的优势，决定了其效力位阶高于违法所得没收程序，[②] 适用缺席审判程序更有助于实现刑事诉讼目的。但在具体适用中，选择何种程序适用，需要根据案件的具体情况综合考量。

1. 诉讼目的

刑事案件性质、类型不同，犯罪追诉的重点不同，决定了启动诉讼程序的目的不同。如果诉讼的主要目的在于对被告人的行为进行依法评价，确定其刑事责任，乃至通过引渡等程序，将被告人缉拿到案，以实现刑罚功能，优先适用缺席审判程序；如果诉讼的主要目的在于追回犯罪人犯罪行为所涉及的财产，挽回犯罪所造成的经济利益损失，

---

① 陈雷：《反腐败国际追逃追赃的制度创新》，载《中国纪检监察报》2018年11月15日，第6版。

② 吕晓刚：《刑事缺席审判与判决前财产没收程序适用关系研究》，载《湘潭大学学报（哲学社会科学版）》2019年第4期。

则可以选择适用违法所得没收程序。

2. 证据取得

缺席审判程序与违法所得没收程序对证据的要求不同。缺席审判程序属于定罪没收程序，需要先对被告人的行为构成犯罪进行认定，然后附带解决犯罪所得和财产追缴问题。适用缺席审判程序实现对涉案财物的处置要以对被告人的犯罪行为定罪量刑为前提，案件裁决需要达到“案件事实清楚，证据确实、充分”的证明标准。因而，缺席审判程序对证据的要求较高，需要对证据之间、证据与案件事实之间是否存在矛盾进行检视，达到排除合理怀疑的程度。违法所得没收程序属于非定罪没收程序，为对“物”之诉。尽管在违法所得没收程序中也需对违法所得与犯罪行为之间的因果关系进行证明，但与针对犯罪构成的证明依然有所区别。违法所得没收程序证明标准低于定罪证明标准，只需达到较高程度的盖然性标准即可，因而对证据的要求较低。另外，对“人”之诉与对“物”之诉如果造成错案，社会所承担的后果并不相同，这也决定了缺席审判程序采用最高证明标准，从而严格于违法所得没收程序证明标准。选择启动何种程序，司法机关需要考虑刑事案件证据掌握情况。案件缺乏被告人的供述和辩解，但其他证据确实、充分，能够形成支持定罪量刑的证据锁链，则可以启动缺席审判程序；反之，适宜选择启动违法所得没收程序。

3. 司法协助

对于犯罪嫌疑人、被告人潜逃境外的案件处理，无论采用缺席审判程序，还是采用违法所得没收程序，均需得到犯罪嫌疑人、被告人实际所在国家和地区的司法协助，但两种程序对司法协助的依赖程度不同。缺席审判程序启动条件中的法律文书送达和案件裁决后判决书送达及执行均依赖于其他国家和地区的司法协助。根据 2018 年《刑事诉讼法》第 292 条的规定，拟启动缺席审判程序的审判机关应当通过有关国际条约规定的或者外交途径提出的司法协助方式，或者被告人所在地法律允许的其他方式，将传票和人民检察院的起诉书副本送达被告人。我国与有关国家签署的双边司法协助条约中，有的国家明确提出就通知被告人出席法庭事项不承担送达法律文书的义务。例如，2000 年签署的《中国政府和美国政府关于刑事司法协助的协定》第 8 条第 1 款明确规定："根据请求方的请求，被请求方应尽最大努力送达任何文书，但是对于要求某人作为被告人出庭的文书，被请求方不负有执行送达的义务。"因此，缺席审判程序从程序适用到判决执行对司法协助的依赖程度更高。违法所得没收程序中法律文书送达为公告送达方式，一般无须借助他国司法协助便可运作；违法所得没收程序判决执行，如果案件所涉及财产在国外的，则需要借助所在国的司法协助。通常对人的司法协助与对物的司法协助程序也不相同。竞合状态下选择启动缺席审判程序还是违法所得没收程序，我国与相关国家签订司法协助协议情况是需要考虑的重要因素。

（四）违法所得没收程序与缺席审判程序适用的相互转化

对于犯罪嫌疑人、被告人身处境外的贪污贿赂犯罪、危害国家安全犯罪、恐怖活动犯罪等案件，违法所得没收程序与缺席审判程序适用除了会发生竞合之外，还有可能发生程序转化，即随着程序条件的变化，违法所得没收程序与缺席审判程序相互转化。

对于身处境外的被告人启动缺席审判程序后，在案件审理过程中被告人死亡或者逃匿不知所踪经法定程序推定其死亡的，承担刑事责任的主体不复存在，启动缺席审判程序就丧失了必要性，审判机关应当裁定终止审理。需要继续追缴犯罪所得的，由具有管辖权的检察机关另行提起违法所得没收申请，从而启动违法所得没收程序，追缴没收死亡或者被推定死亡的犯罪嫌疑人、被告人的违法所得。此时，缺席审判程序便转化为违法所得没收程序。另一种情形是，对于逃匿境外且住址不明无法送达相应法律文书的犯罪嫌疑人启动了违法所得没收程序，案件审理过程中获知犯罪嫌疑人确切住址，且有必要追究其刑事责任的，可以裁定终止违法所得没收程序，从而启动缺席审判程序，同时追究其刑事责任和犯罪所涉财产责任。此时，违法所得没收程序转化为缺席审判程序。

综上，违法所得没收程序属于未定罪没收程序，不依赖于对犯罪嫌疑人刑事责任追究而将对涉案财物的处置分离出来，从而形成“对物处置”的独立程序体系，构成刑事诉讼中的对物之诉，程序设置侧重于对财产权的保护。缺席审判程序属于定罪没收程序，承载着追逃追赃双重功能，对于涉案财产性质认定及追缴依附于对被告人的定罪量刑处理，对涉案财物的处置较之普通刑事诉讼程序并没有任何变化，是基于效率因素对普通对席审判的有益补充。违法所得没收程序与缺席审判程序相互独立、互相兼容、互相补充，共同发挥惩治犯罪、保障人权的作用。缺席审判程序与违法所得没收程序一同构成了“人”和“物”追究的完整责任体系，在程序规范上实现了惩罚犯罪与保障人权的平衡。①

第三节　我国刑事缺席审判制度的主要内容

刑事缺席审判虽然作为普通对席审判的补充，属刑事诉讼中的特别程序，但仍为一项独立的刑事诉讼制度。刑事缺席审判内容涵盖了适用案件范围及适用条件、审判管辖、审判程序等，是一个完备的诉讼程序体系，具有自身的体系性和自洽性。

一、刑事缺席审判适用案件范围及适用条件

世界各国的刑事缺席审判制度各具特色，但共同之处为，基于对缺席审判特殊程序属性的认知，均对缺席审判制度适用案件范围和适

① 樊崇义：《2018 年〈刑事诉讼法〉修改重点与展望》，载《国家检察官学院学报》2019 年第 1 期。

用条件进行了明确规定并严格限定，我国也不例外。

（一）刑事缺席审判制度适用案件范围、条件法律规范及适用情况

我国2018年《刑事诉讼法》第一次以法典专章的形式确立刑事缺席审判制度，在第291条、第296条和第297条规定了我国刑事缺席审判制度适用的案件范围。根据所适用案件的特点，刑事缺席审判制度适用于三类案件。

1. 针对身在境外的被告人的缺席审判

（1）适用范围

2018年《刑事诉讼法》第291条规定，对于贪污贿赂犯罪案件，以及需要及时进行审判，经最高人民检察院核准的严重危害国家安全犯罪、恐怖活动犯罪案件，犯罪嫌疑人、被告人在境外，监察机关公安机关移送起诉，人民检察院认为犯罪事实已经查清，证据确实、充分，依法应当追究刑事责任的，可以向人民法院提起公诉。人民法院进行审查后，对于起诉书中有明确的指控犯罪事实，符合缺席审判程序适用条件的，应当决定开庭审判。根据该条规定，此种情形的缺席审判适用于两种案件：一种是贪污贿赂犯罪案件。本条中的“贪污贿赂犯罪案件”是指我国《刑法》分则第八章所规定的涉及国家工作人员的贪污贿赂类犯罪案件和其他章节明确规定按照《刑法》分则第八章贪污贿赂犯罪的规定定罪处罚的犯罪。① 根据我国《监察法》及《刑事诉讼法》的规定，监察委员会依照法律规定对国家公务人员涉嫌贪污贿赂职务犯罪进行调查；对涉嫌职务犯罪的，将调查结果移送人民检察院依法审查、提起公诉。人民检察院对于监察机关移送起诉

① 根据2018年中央纪律检查委员会、国家监察委员会印发的《国家监察委员会管辖规定（试行）》第12条的规定，监察委员会负责调查的贪污贿赂犯罪具体罪名包括：贪污罪；挪用公款罪；受贿罪；单位受贿罪；利用影响力受贿罪；行贿罪；对有影响力的人行贿罪；对单位行贿罪；介绍贿赂罪；单位行贿罪；巨额财产来源不明罪；隐瞒境外存款罪；私分国有资产罪；私分罚没财物罪；非国家工作人员受贿罪；对非国家工作人员行贿罪；对外国公职人员、国际公共组织官员行贿罪，共17个罪名。

的案件进行审查，认为符合起诉条件的，可以向人民法院提起公诉。人民法院负责对贪污贿赂犯罪进行审理和判决。针对特定腐败犯罪设定缺席审判制度体现了我国刑事立法带有一定的功利性色彩，或称为工具理性色彩。①

功利主义产生于18世纪末19世纪初的英国，是19世纪以来对西方政治经济思想影响最大的学说之一。功利主义的基本观点是将评价社会分配好坏的标准设定为社会中所有国民福利总和的大小；一个好的社会分配必须是提高国民福利总和的分配。功利主义把最大多数人的幸福作为首要的衡量标准，它追求的是幸福效益的最大化。②“人类的任何活动——无论是个体的还是社会的，都基于一定的功利目的，这本身就是正义的体现。在许多情况下，正义也是一种功利，但是为正义而正义，毫无功利可言的人类活动，是不存在的，也必定是不正义的。人们追求功利目的，又要受到一定正义原则的制约，不受正义规则限制的功利追求是实现不了的。”③ 从我国刑事缺席审判制度发展的历史沿革可以看出，严厉打击腐败犯罪，完善追逃、追赃措施，是我国制度设立的初衷。同时在制度设计中关注程序性要素，兼顾制度设定目的与法治理念与诉讼原理。我国刑事缺席审判制度本身就是公正价值与功利价值的统一，并具体体现于制度设计与制度运行过程。

另一种是严重危害国家安全犯罪、恐怖活动犯罪案件。“危害国家安全犯罪案件”包括《刑法》分则第一章规定的危害国家安全罪以及危害国家安全的其他犯罪案件。“恐怖活动犯罪案件”包括《刑法》分则第二章规定的相关恐怖活动犯罪案件，以及恐怖活动组织、恐怖

---

① 参见吴卫军：《检视与反思：工具理性视阈中的2018年〈刑诉法〉修改》，载《海峡法学》2021年第1期。

② 杜宝庆：《刑事实体公正研究》，法律出版社2015年版，第36页、第38页。

③ 曲新久：《刑法的精神与范畴》（修订版），中国政法大学出版社2003年版，第94—95页。

活动人员实施的杀人、爆炸、绑架等犯罪案件。[①] 我国《反恐怖主义法》第3条列举了具体的恐怖主义性质行为。[②] 在2018年《刑事诉讼法（修正案)》讨论稿中，刑事缺席审判适用案件范围只有贪污贿赂犯罪案件，并不包括危害国家安全犯罪案件和恐怖活动犯罪案件，后来修正案表决通过时增加了后两类犯罪案件。将缺席审判程序适用范围扩大至危害国家安全犯罪案件和恐怖活动犯罪案件是为了衔接我国《国家安全法》和《反恐怖主义法》，通过强化对危害国家安全犯罪和恐怖活动犯罪案件的追诉与审判，维护国家安全和公共秩序，同时对接违法所得没收程序的相关规定。缺席审判程序适用于以上类型案件，“体现了审判权在职务犯罪、危害国家安全犯罪案件中的特殊延伸状态”[③]。

（2）适用条件

刑事缺席审判是普通对席审判的例外，程序属性为特别程序，因而法律规定了具体的适用条件。同时，因缺席审判程序本身具有的负面价值，可能对正当程序带来一定损害，为了防止或者减弱负面价值影响，法律规定了严格的适用条件。在我国，并非任何贪污贿赂犯罪案件、危害国家安全犯罪案件、恐怖活动犯罪案件均适用刑事缺席审判程序，而是需要满足特定的法定条件。

---

① 喻海松：《刑事诉讼法修改与司法适用疑难解析》，北京大学出版社2021年版，第49页。

② 《反恐怖主义法》第3条第1款、第2款规定：“本法所称恐怖主义，是指通过暴力、破坏、恐吓等手段，制造社会恐慌、危害公共安全、侵犯人身财产，或者胁迫国家机关、国际组织，以实现其政治、意识形态等目的的主张和行为。本法所称恐怖活动，是指恐怖主义性质的下列行为：（一）组织、策划、准备实施、实施造成或者意图造成人员伤亡、重大财产损失、公共设施损坏、社会秩序混乱等严重社会危害的活动的；（二）宣扬恐怖主义，煽动实施恐怖活动，或者非法持有宣扬恐怖主义的物品，强制他人在公共场所穿戴宣扬恐怖主义的服饰、标志的；（三）组织、领导、参加恐怖活动组织的；（四）为恐怖活动组织、恐怖活动人员、实施恐怖活动或者恐怖活动培训提供信息、资金、物资、劳务、技术、场所等支持、协助、便利的；（五）其他恐怖活动。”

③ 安琪：《刑事缺席审判程序的制度解构与适用探讨》，载《北京政法职业学院学报》2018年第4期。

①贪污贿赂犯罪、危害国家安全犯罪、恐怖活动犯罪案件适用缺席审判均需满足的条件。第一，犯罪嫌疑人、被告人在境外。犯罪嫌疑人、被告人在境外是贪污贿赂犯罪、危害国家安全犯罪、恐怖活动犯罪案件适用缺席审判的前提条件。首先，如何理解“境外”？对此《刑事诉讼法》的规定并不明确。根据我国《出入境管理法》第89条规定，对“出境”的语义解释为由中国内地前往其他国家或者地区，由中国内地前往香港特别行政区、澳门特别行政区，由中国大陆前往台湾地区。根据该条规定，境外是指其他国家或者地区以及我国香港、澳门、台湾地区。对身处其他国家或者地区的犯罪嫌疑人、被告人适用缺席审判，依据刑法和刑事诉讼法进行追诉是我国设立缺席审判程序本来目的所在。依据《出入境管理法》对“境外”的解释，对包括我国香港、澳门、台湾地区亦适用缺席审判程序有其合理性，理由在于：犯罪行为发生在我国大陆地区，港、澳、台虽属中华人民共和国不可分割的部分，但却与我国大陆地区分属不同的法域，各自有不同的法律体系和刑事法律规定，无论是在事实认定、科处刑罚、证据规则还是诉讼程序等方面都存在诸多不同，因此，对于在大陆地区实施的犯罪，理应在大陆地区依据刑法和刑事诉讼法进行追诉。① 其次，犯罪嫌疑人、被告人在境外不同于下落不明。下落不明是指不知道要寻找的人在什么地方，包括在境内的下落不明、在境外的下落不明以及不清楚在境内还是在境外的下落不明。作为适用缺席审判条件的“在境外”应当是明确知悉境外犯罪嫌疑人、被告人地址，而不包括其在境外下落不明的情形。根据《刑事诉讼法》第292条的规定，人民法院决定开启缺席审判程序，需要将传票和人民检察院起诉书副本送达被告人，这是人民法院适用缺席审判程序的法定条件。被告人下落不明，则无法将相关法律文书送达被告人。对于下落不明的被追诉

① 刘梅湘：《刑事缺席审判程序与违法所得没收程序辨析》，载《人民司法》2019年第28期。

人适用缺席审判，司法机关难以尽到告知义务，影响被追诉人诉讼知悉权，可能直接损害审判程序公正，因而我国对被追诉人下落不明的案件排除适用缺席审判程序。这也是缺席审判程序与违法所得没收程序在适用条件方面的区别之处，缺席审判程序适用条件更为严格。最后，犯罪嫌疑人、被告人在境外需有证据证明，并达到一定证明标准。刑事案件经过侦查机关侦查、国家监察机关调查以及检察机关审查起诉，需要进行缺席审判的，由检察机关向审判机关提起缺席审判公诉。检察机关提起公诉需要满足起诉的法定条件，既包括程序性要件，也包括实体性要件。被告人在境外属于程序性要件，由检察机关提供相应证据予以证明。对于程序性事项的证明不需要使用严格证明方法，采取自由证明即可。当然，证明的程度也不能太低，以优势证明标准较为妥当，毕竟缺席审判是在被告人不在场的情况下进行的，被告人既无法提出于己有利的证据，也无法对控方的证据进行质疑和反驳，过低的证明要求可能会导致缺席审判程序的滥用。① 被告人在境外是否有证据证明以及证明是否达到证明标准由审判机关进行审查。另外，犯罪嫌疑人、被告人在境外且拒绝回境内接受侦查（调查）、审查起诉及审判的才能适用缺席审判。

第二，犯罪嫌疑人、被告人的行为构成严重犯罪。《刑事诉讼法》第 291 条规定的贪污贿赂犯罪案件适用缺席审判并无犯罪轻重条件的限制，也就意味着只要身处境外的犯罪嫌疑人、被告人犯有贪污贿赂罪，无论犯罪轻重均可适用缺席审判程序。出于诉讼效率考虑，缺席审判耗费司法资源巨大，法律文书送达、法律裁决执行等依赖于国家间的司法协助，对于轻微贪污贿赂犯罪适用缺席审判不符合诉讼经济和诉讼效率原则。另外，被告人犯罪后逃往境外之行为本身可以视为犯罪性质较为严重。根据 2021 年最高人民法院《刑事诉讼法解释》第

① 刘梅湘：《刑事缺席审判程序与违法所得没收程序辨析》，载《人民司法》2019 年第 28 期。

610条规定，在违法所得没收程序中对“重大犯罪案件”的范围界定，包括在省、自治区、直辖市或者全国范围内具有较大影响的犯罪案件，或者犯罪嫌疑人、被告人逃匿境外的犯罪案件，可见犯罪嫌疑人、被告人逃匿境外本身就是构成严重犯罪的表现。由上可知，在具体的司法运作中会倾向于选择对严重贪污贿赂犯罪适用缺席审判程序。对于被告人涉嫌危害国家安全犯罪、恐怖活动犯罪，刑事诉讼法明确限定适用于严重犯罪，犯罪轻微的，不适用缺席审判程序。

第三，案件事实清楚、证据确实充分。根据《刑事诉讼法》第291条的规定，人民检察院向人民法院提起缺席审判公诉的条件为犯罪事实已经查清，证据确实、充分，依法应当追究犯罪嫌疑人刑事责任。从法律条文表述看，检察机关提起缺席审判公诉与提起普通对席审判公诉适用条件并无不同，均为犯罪事实已经查清，证据确实、充分，依法应当追究刑事责任，但由于犯罪嫌疑人不在案，侦查以及审查起诉过程中辩护方力量薄弱，检察机关对犯罪嫌疑人不在案案件提起缺席审判公诉需保持慎重。案件事实清楚，证据确实、充分，证据达到一定证明标准是检察机关提起缺席审判公诉的基本前提。犯罪嫌疑人虽不在案，但其身份必须查明且明确其在境外的确切地址；现有证据能够证明犯罪嫌疑人实施了犯罪行为；案件事实是清楚的，有确实、充分的证据支撑；作为指控犯罪事实依据的诸证据之间不存在矛盾；等等。

②危害国家安全犯罪、恐怖活动犯罪案件适用缺席审判程序需要满足的特别条件。《刑事诉讼法》第291条规定了贪污贿赂犯罪适用缺席审判与危害国家安全犯罪、恐怖活动犯罪适用缺席审判共同的适用条件，对危害国家安全犯罪、恐怖活动犯罪适用缺席审判还有特别规定。危害国家安全犯罪、恐怖活动犯罪适用缺席审判除了需满足被告人在境外、属于严重犯罪等条件外，还需满足以下条件：第一，需要及时进行审判。这是对危害国家安全犯罪和恐怖活动犯罪案件适用缺

席审判程序的时间要求，需要具备时间的紧迫性。第二，经最高人民检察院核准。对危害国家安全犯罪和恐怖活动犯罪适用缺席审判程序需要经过特别审批程序，即由最高人民检察院进行核准。因为危害国家安全犯罪和恐怖活动犯罪案件社会危害性大，往往涉及国家与国家之间的关系，要求经最高人民检察院核准，体现了对这两种犯罪适用缺席审判的重视与谨慎。危害国家安全犯罪与恐怖活动犯罪罪名要求可视为适用缺席审判程序的实体性要件，时间性要求和核准程序要求可视为程序性要件。危害国家安全犯罪和恐怖活动犯罪案件适用缺席审判程序需要同时满足实体性要件和程序性要件。

（3）适用情况

我国于 2018 年 10 月第三次修改《刑事诉讼法》确立缺席审判制度，在相当一段时间内，司法实践中尚未有针对贪污贿赂犯罪、危害国家安全犯罪和恐怖活动犯罪适用缺席审判程序的案例。有学者针对第 291 条规定的三类案件适用缺席审判程序产生“空置”的原因进行了分析：一是我国第一次设立刑事缺席审判制度，缺乏此三类案件适用缺席审判程序的经验，司法实践对缺席审判持审慎态度；二是此三类案件适用缺席审判制度有严格的条件限制，完全符合适用条件的案件并不多；三是部分因制度本身内含的“政治性”所致。针对外逃人员的缺席审判，适用对象一般为监察机关办理的贪污贿赂案件，而监察机关本身的“政治机关”定位，表明其在办案中必须考量极其复杂的政治关系。危害国家安全案件、恐怖活动犯罪案件也往往与政治因素交织。我国缺席审判程序是否适用或“备而不用”实则并非一个单纯的法律问题。① 我国针对贪污贿赂犯罪、危害国家安全犯罪和恐怖活动犯罪适用缺席审判的阙如实为各种原因综合所致。

2021 年 3 月 8 日，最高人民检察院检察长向第十三届全国人民代

① 参见聂友伦：《刑事缺席审判的构建基础与实践展开》，载《内蒙古社会科学》2020 年第 3 期。

表大会第四次会议作最高人民检察院工作报告，报告中提到，2020年，检察机关用好法定特别程序，力促追逃追赃。对7名逃匿、死亡贪污贿赂犯罪嫌疑人启动违法所得没收程序；首次适用缺席审判程序，对潜逃境外19年的贪污犯罪嫌疑人程某昌提起公诉。公开资料显示，程某昌曾任河南省政府驻香港豫港集团有限公司董事长，利用职务便利贪污公款308万余元，2001年2月逃往境外。2002年，国际刑警组织发布红色通缉令，但程某昌至今没有归案。2020年，最高检察院指导河南省检察机关对程某昌适用缺席审判程序提起公诉。① 2021年12月9日，河南省郑州市中级人民法院公开开庭缺席审理程某昌贪污一案。郑州市中级人民法院依法将传票和起诉书副本送达被告人程某昌后，程某昌未按要求到案。程某昌的近亲属代为委托两名辩护人为其出庭辩护。庭审中，控辩双方分别出示了相关证据，并进行了质证，在法庭主持下充分发表了意见，程某昌的近亲属委托辩护人代其宣读了最后意见。2022年1月17日，河南省郑州市中级人民法院对被告人程某昌以贪污罪判处有期徒刑12年，并处罚金人民币50万元；追缴程某昌贪污犯罪所得依法予以返还。这是我国适用刑事缺席审判程序审理的第一起外逃被告人贪污案。② 首起贪污贿赂犯罪缺席审判破冰适用，为我们提供了检视我国缺席审判程序适用的机会。

2. 针对患有严重疾病被告人的缺席审判

（1）适用范围

《刑事诉讼法》第296条规定，因被告人患有严重疾病无法出庭，中止审理超过6个月，被告人仍无法出庭，被告人及其法定代理人、

---

① 参见蒋安杰：《缺席审判：从纸面到行动》，载《法制日报》2021年3月11日，第6版；王亦君：《程三昌成外逃贪官适用刑事缺席审判程序第一人》，载《中国青年报》2021年3月9日，第6版。

② 参见郑州市中级人民法院网：http：//zzfy. hncourt. gov. cn/public/detail. php? id =27471，最后访问时间2022年6月9日；参见光明网：https：//m. gmw. cn/baijia/2022 -01/17/1302767286. html，最后访问时间2022年6月9日。

近亲属申请或者同意恢复审理的，人民法院可以在被告人不出庭的情况下缺席审理，依法作出判决。根据该条规定，针对被告人患有严重疾病原因适用缺席审判并无案件范围的限制。该种情形缺席审判，可以适用于轻罪案件，也可以适用于重罪案件；可以适用于任何罪名，不受罪名限制；可以适用于公诉案件，也可以适用于自诉案件。立法上未就针对被告人患有严重疾病适用缺席审判程序的案件范围作更多限制。此类缺席审判适用案件范围广，一是因为“患有严重疾病”为诉讼中的客观原因，是一种“意外”，不同于被告人基于主观故意逃避刑事追诉的缺席审判；二是该种缺席审判的适用以被告人方的申请或者得到其同意为前提，在很大程度上减轻了缺席审判程序正当性不足的弊端。

（2）适用条件

与针对被告人在境外的贪污贿赂犯罪、危害国家安全犯罪和恐怖活动犯罪适用缺席审判案件类型相区别，此种情形下被告人在案，处于公安司法机关控制之下。该种情形适用缺席审判需满足以下条件：

第一，被告人患有严重疾病无法出庭。案件已经进入法庭审判阶段，被告人患有严重疾病且因为疾病原因影响到其出席法庭的能力，被告人患有严重疾病将导致其无法出庭的结果。该条件表明被告人所患疾病为“严重疾病”，患有一般疾病不在此列。对于“严重疾病”如何理解？所谓“严重疾病”是指被告人因患病无法辨认、控制自己的行为，无法表达自己的真实意思，也包括出庭可能影响其生命健康等。[①] 基于缺席审判程序特别审判程序属性，对于“严重疾病”不宜作宽泛性理解，应作限制性解释。一种为被告人因为疾病丧失辨认、控制自己行为的能力，无法表达自己真实意思，例如被告人因疾病陷入昏迷，无法表达意思，或者因患精神病丧失诉讼行为能力；另一种

① 李寿伟主编：《中华人民共和国刑事诉讼法解读》，中国法制出版社 2018 年版，第 738 页。

为被告人虽未丧失辨认能力，可以表达真实意思，但病症危急，离开医护机构救治措施可能影响其生命。另外，被告人患有严重疾病应当有医疗机构的诊断证明。

第二，中止审理超过6个月被告人仍无法出庭。被告人患有严重疾病并非适用缺席审判程序的直接理由。根据《刑事诉讼法》第206条规定，在审判过程中，被告人患有严重疾病无法出庭，致使案件在较长时间内无法继续审理的，可以中止审理。所以中止审理是审判法院对被告人患有严重疾病情形通常的处理方式，只有在中止审理超过6个月，被告人因身体疾病原因仍然无法支持参加审判的，才可以适用缺席审判程序。

第三，被告人及其法定代理人、近亲属申请或者同意恢复审理。对于符合被告人因患严重疾病无法出庭，中止审理超过6个月的情形，需要适用缺席审判程序的，可以通过两种方式启动缺席审判程序：一是由相关人员提出申请。被告人是案件当事人，本人和其法定代理人可以提出申请。如果中止审理超过6个月，被告人因疾病仍然无法辨认、控制自己的行为，无法表达自己的真实意思，其近亲属可以提出申请。二是人民法院认为可以适用缺席审判程序。被告人因患有严重疾病中止审理超过6个月，仍不具备开庭审理条件，人民法院认为案件需要适用缺席审判程序，可以征求被告人及其法定代理人、近亲属的意见，相关人员同意恢复审理的，人民法院可以决定适用缺席审判程序。对于满足法定条件的案件，人民法院对是否采用缺席审判程序有裁量权，可以启动缺席审判程序，也可以不启动缺席审判程序，继续执行中止审理。因被告人患有严重疾病启动缺席审判程序的两种方式表明，程序启动需要被告人及其法定代理人、近亲属和审判法庭达成意思合意，这是缺席审判适用的必要条件，否则无法启动缺席审判程序。

基于当事人及其法定代理人、近亲属申请或者人民法院征求相关人员意见实际赋予了被告人等主体在适用缺席审判程序上的选择权，体现了对当事人意愿的尊重。这里并未严格区分被告人本人与其法定代理人、近亲属的申请或者同意恢复审理。笔者认为，申请或同意恢复法庭审理本质上是被告人享有的诉讼权利，应由其本人行使该权利，只有在被告人丧失诉讼行为能力，无法辨认或者控制自己行为时，才宜由其法定代理人、近亲属申请或者同意恢复审理，避免法定代理人、近亲属独立地位过高，“一定程度上代理权溢出授理权”。①

(3) 适用情况

笔者从中国裁判文书网及新闻报道中收集到了一定数量的刑事缺席审判案例。从公开资料情况来看，这些案件均为被告人因患病无法出席法庭而适用缺席审判程序。《刑事诉讼法》第296条规定的案件类别成为目前我国适用缺席审判程序的主要情形。案件具体情况如下：

我国刑事缺席审判案例一览表②

序号	作出裁判的法院或案号	罪名	刑罚
1	(2016) 鲁1602刑初354号	集资诈骗罪	无罪
2	(2000) 市刑初字第138号	贪污罪	免予刑事处罚
3	(2016) 鲁0785刑初125号	寻衅滋事罪	免予刑事处罚
4	(2017) 辽0782刑初207号	危险驾驶罪	免予刑事处罚
5	(2018) 冀0534刑初70号	危险驾驶罪	免予刑事处罚
6	(2018) 辽0281刑初123号	故意伤害罪	免予刑事处罚

① 张可：《刑事缺席审判制度之中国叙事——以新〈刑事诉讼法〉为范本》，载《郑州大学学报（哲学社会科学版）》2020年第2期。

② 本表信息来源于中国裁判文书网及公开新闻报道，未列举案号的项目皆来源于公开新闻。本表案例中法院适用缺席审判程序与作出缺席判决均在2018年《刑事诉讼法》修改后，案号年份为收案年度而非判决时间。所收集案例截至2020年11月。

续表

序号	作出裁判的法院或案号	罪名	刑罚
7	（2019）川 1703 刑初 363 号	盗窃罪	免予刑事处罚
8	（2018）鲁 0911 刑初 10 号	故意伤害罪	管制一年
9	（2015）临刑初字第 93 号	非法入侵住宅罪	管制二年
10	辽宁省阜新市太平区人民法院	寻衅滋事罪	拘役一个月，缓刑二个月
11	（2017）闽 0305 刑初 29 号	危险驾驶罪	拘役一个月十五日，缓刑二个月，并处罚金人民币一千元
12	（2019）鲁 0124 刑初 113 号	危险驾驶罪	拘役一个月十五日，并处罚金七千元
13	（2018）吉 0221 刑初 323 号	危险驾驶罪	拘役二个月，缓刑三个月，并处罚金人民币六千元
14	（2017）闽 0922 刑初 17 号	故意伤害罪	拘役六个月，缓刑八个月
15	（2019）皖 1221 刑初 88 号	贪污罪	有期徒刑六个月，缓刑一年，并处罚金十万元
16	安徽省黄山市歙县人民法院	寻衅滋事罪	有期徒刑七个月
17	浙江省温州市文成县人民法院	故意伤害罪	有期徒刑十个月
18	（2018）黔 0221 刑初 241 号	交通肇事罪	有期徒刑一年，缓刑一年

续表

序号	作出裁判的法院或案号	罪名	刑罚
19	（2019）吉 0204 刑初 94 号	寻衅滋事罪	有期徒刑一年
20	（2017）川 1529 刑初 156 号	盗窃罪	有期徒刑一年四个月，并处罚金人民币三千元
21	（2018）黔 0201 刑初 263 号	交通肇事罪	有期徒刑一年六个月，缓刑一年八个月
22	湖北省武汉市蔡甸区人民法院	贩卖毒品罪	有期徒刑一年十个月，并处罚金人民币一万元
23	（2018）湘 0703 刑初 312 号之二	销售伪劣产品罪	有期徒刑一年十个月，并处罚金人民币四万元
24	（2016）云 0702 刑初 76 号	过失致人死亡罪	有期徒刑二年，缓刑三年
25	（2018）辽 0603 刑初 28 号	贪污罪	有期徒刑二年六个月，并处罚金人民币二十万元
26	（2018）湘 0702 刑初 62 号	交通肇事罪	有期徒刑三年，缓刑三年
27	（2018）吉 0403 刑初 20 号	放火罪	有期徒刑三年，缓刑三年
28	（2019）吉 0122 刑初 181 号	故意伤害罪	有期徒刑三年，缓刑三年

续表

序号	作出裁判的法院或案号	罪名	刑罚
29	（2017）鲁 01 刑终 318 号	受贿罪、滥用职权罪	有期徒刑三年十一个月，并处罚金十万元
30	浙江省湖州市南浔区人民法院	诈骗罪	有期徒刑六年零六个月，并处罚金人民币三十五万元
31	（2018）粤 0117 刑初 680 号	行贿罪、单位行贿罪	有期徒刑七年
32	（2016）内 0782 刑初 62 号	贩卖、运输毒品罪	有期徒刑九年，并处罚金人民币二万元
33	（2017）赣 0424 刑初 249 号	走私、贩卖、运输、制造毒品罪	有期徒刑十五年，并处没收财产四万元
34	（2015）忻中刑初字第 38 号	故意杀人罪	无期徒刑
35	（2017）闽 08 刑终 225 号之一	信用卡诈骗罪	裁定撤销原判、发回重审
36	浙江省嘉兴市平湖市人民法院	贩卖毒品罪	不详
37	福建省厦门市思明区人民法院	销售假药罪	不详
38	广西壮族自治区南宁市上林县人民法院	交通肇事罪	不详

从以上案件资料可以看出，尽管我国刑事缺席审判制度的立法初衷主要在于对身处境外犯有贪污贿赂罪的人员进行追逃追赃，实现有效打击贪污贿赂犯罪的目的，但目前刑事缺席审判制度适用的主要领域为《刑事诉讼法》第 296 条规定的被告人患有严重疾病的情形。这

一现象说明在司法实践中通过缺席审判程序解决因被告人患病使得审判中断从而导致案件久拖不决有着迫切的现实需求。

从所判处的刑罚情况看，主刑刑期在三年及三年以下（包括无罪和免予刑事处罚）的占据了适用缺席审判程序案件的多数。我国目前适用缺席审判程序案件主要为轻罪案件，表明法官对适用缺席审判程序案件持慎重态度，但并不排斥对少量重罪案件适用缺席审判程序。

依据《刑事诉讼法》第 296 条之规定，该情形下的缺席审判必须中止审理超过 6 个月，且在被告人及其法定代理人、近亲属申请或同意恢复审理的情形下，人民法院才可以进行缺席审判。如被告人及其法定代理人、近亲属不同意适用缺席审判程序，则不能启动，否则属于程序违法。因缺席审判制度实施时间不长，司法实践中对缺席审判适用条件掌握程度不一，但多数案件能够严格按照法律规定的条件适用缺席审判程序。例如，2016 年山东省 Z 市 T 区人民法院在审理被告人宫某贪污罪一案时，宫某因生病无法参与庭审，法院决定中止审理。2018 年《刑事诉讼法》修正后，法院发出通知，依法询问宫某及其近亲属是否申请该案继续审理或者同意对本案恢复审理，宫某的儿子以书面方式拒绝，该院即裁定中止审理。[①] 也有个别案件是否符合缺席审判程序适用条件尚有争议，例如，2017 年福建省 N 市 G 县人民法院审理洪某故意伤害罪一案中，因被告人洪某患有疾病，无法出庭受审，法院裁定案件中止审理。2019 年 10 月，该法院在被告人洪某因患有严重疾病无法参与庭审，其近亲属不同意适用缺席审判程序，且公诉机关 G 县人民检察院当庭提出适用缺席审判程序违法的情形下，仍径自作出缺席判决，其理由在于：“合议庭在庭前已充分向洪某近亲属释明了关于缺席审理的法律规定、法律后果，依法为洪某指定辩护人。洪某近亲属接受释明后虽表示不同意恢复法庭审理，进行缺席审理，但

---

① （2017）鲁 0405 刑初 46 号。

其未能说出拒绝同意的正当理由。本院认为，可以视为依法告知洪某近亲属相关的法律规定及程序，已充分保障被告人合法的诉讼权利，符合刑事诉讼法关于缺席审理的立法本意，可以按照上述规定进行缺席审理，依法作出判决。”① 《刑事诉讼法》第 296 条规定之情形的缺席审判程序启动条件在于“申请或同意”而非“无正当理由拒绝”，其立法本意在于允许被告人放弃出庭权利，拒绝放弃权利当然无需理由，又何谈正当与否？

3. 针对死亡被告人的缺席审判

（1）适用范围

《刑事诉讼法》第 297 条第 1 款规定，被告人死亡的，人民法院应当裁定终止审理，但有证据证明被告人无罪，人民法院经缺席审理确认无罪的，应当依法作出判决。第 2 款规定，人民法院按照审判监督程序重新审判的案件，被告人死亡的，人民法院可以缺席审理，依法作出判决。按照刑事责任自负原则，被告人死亡，则不再具备追究其刑事责任的必要，刑事审判程序随之终止。被告人死亡情形的终止审理有例外，就是被告人虽然死亡，但有证据证明被告人无罪，或者是按照审判监督程序重新审理案件，则诉讼程序继续进行，继续进行的诉讼程序因被告人的死亡而适用缺席审判程序。《刑事诉讼法》第 16 条规定，刑事审判中被告人死亡，引发的诉讼程序变化为法院终止审理，审判程序不再进行，或者宣告无罪。

《刑事诉讼法》第 16 条与第 297 条第 1 款是何关系？一种观点认为，两个条文内容相同，第 297 条第 1 款为第 16 条内容在特别程序中的重申。从刑事诉讼法立法沿革看，对审理过程中被告人死亡案件的缺席审判并非 2018 年修改《刑事诉讼法》新设立的制度，2012 年最高人民法院《刑事诉讼法解释》第 241 条第 9 项规定：“被告人死亡

---

① （2017）闽 0922 刑初 17 号。

的，应当裁定终止审理；根据已查明的案件事实和认定的证据，能够确认无罪的，应当判决宣告被告人无罪。”2018 年《刑事诉讼法》将其作为缺席审判的情形之一，是对该制度的再次强调，并为其提供技术意义上的实现路径。[①] 另一种观点认为，虽然两个条文都规定了庭审中被告人死亡的，可以裁定终止审理，也可以判决宣告被告人无罪，但从条文适用的前提和具体情形看并不相同。《刑事诉讼法》第 297 条第 1 款与第 16 条的关系不是法条的简单重复，而是在被告人死亡的前提下，区分庭审对证据认定和事实查明的不同情况，分别作出处理的规定。《刑事诉讼法》第 16 条并未涵盖被告人在庭审中死亡，法庭继续缺席审理，并作出裁判的情形。第 16 条中的无罪判决本质上是对席审理后的“缺席宣判”；第 297 条第 1 款的无罪判决则是实质意义上“缺席审理”后的无罪判决。[②] 笔者认为，2018 年修改《刑事诉讼法》之前，第 16 条的内容就已存在，因当时未确立缺席审判制度，第 16 条内容为审判过程中被告人死亡情形的应对措施。2018 年修改《刑事诉讼法》正式确立缺席审判制度，第 16 条作为法典总则部分条款包含两部分内容，一是法庭经过审理，宣判前被告人死亡的，根据对席审判中已经查明的事实，法庭“缺席宣判”被告人无罪；二是法庭审理过程中被告人死亡，法庭适用缺席审判程序判决宣告被告人无罪。第 297 条第 1 款作为特别程序条款，专门适用于被告人在审理过程中死亡，适用缺席审判程序判决宣告被告人无罪。

被告人在刑事诉讼过程中死亡，案件事实存在不同情况。有的案件被告人犯罪事实清楚，有确实充分的证据加以证明；有的案件被告人无罪事实清楚，有确实充分的证据加以证明；有的案件既有被告人有罪的证据，也有被告人无罪的证据，案件事实真伪不明；有的案件

---

① 刘腾肤：《中国刑事缺席审判制度：理解与完善》，载《四川师范大学学报（社会科学版）》2019 年第 2 期。

② 董坤：《被告人死亡案件缺席审判程序研究》，载《法学》2020 年第 10 期。

虽无证明被告人无罪的证据，但现有的有罪证据不确实、不充分，案件事实真伪不明。对于不同案件情况，刑事诉讼法通过适用终止诉讼程序或者缺席审判程序分别予以处理，符合刑事诉讼基本规律。有证据证明被告人无罪案件适用缺席审判程序有利于保障死亡被告人的人格利益。如果说旨在追究被告人刑事责任的缺席审判“天然”存在缺陷的话，那么，旨在为死亡且被冤枉的被告人平冤昭雪的缺席审判又具有“天然”的积极意义，这样的被告人未能出现在审判法庭的缺憾因为这种缺席审判的目标而被弥补。显然，能够告慰已经死亡但被冤枉的被告人的，唯有通过缺席审判还其清白。① 针对死亡被告人的缺席审判无案件范围限制，任何犯罪符合条件，均可适用缺席审判程序。

（2）适用条件

该种缺席审判适用的基本条件为被告人死亡。针对死亡被告人的缺席审判包括两种情形：一是在普通审判程序中，人民法院受理案件后被告人死亡，如果有证据能够证明被告人无罪的，人民法院适用缺席审判程序继续审理案件，经审理能够确认被告人无罪的，则作出被告人无罪的判决。此种情形适用于一审程序，也适用于二审程序。如果经审理能够确认被告人有罪的，人民法院应作出终止审理的裁定。对于“被告人无罪”如何理解？根据2021年最高人民法院《刑事诉讼法解释》第606条的规定，所称“有证据证明被告人无罪，经缺席审理确认无罪”包括案件事实清楚，证据确实、充分，依据法律认定被告人无罪的情形，以及证据不足，不能认定被告人有罪的情形。“被告人无罪”既包括有确实充分证据证明被告人无罪，也包括证据不足，不能认定被告人有罪，而依照“疑罪从无”原则处理的认定无罪。应该说，该司法解释符合刑事诉讼法的本意。该种情形的缺席审判不是为了打击特定犯罪，亦非侧重司法效率，其目的相当单纯：为准确惩

① 王敏远：《刑事缺席审判制度探讨》，载《法学杂志》2018年第8期。

罚犯罪，保证无辜者不受刑事追究提供制度保证。在更广泛的意义上是为了保护被告人人格权、名誉权以及体现司法公正。

二是人民法院依照审判监督程序重新审理的案件，被告人已死亡的，人民法院缺席审理该案件。人民法院依照审判监督程序审理的是裁判已经发生法律效力，事后发现事实认定或者法律适用确有错误的案件，针对该类案件进行重新审理的目的在于纠正错误的裁判。再审案件是在发现原生效裁判确有错误等法定情形下提起的，因此，人民法院经过缺席审判后，需要根据案件的实际情况作出判决。第一，从法律条文表述来看，与第一种情形不同，这种情形下的缺席审判为人民法院对已生效判决提起再审程序，原审被告人死亡的。原审被告人死亡可以发生在再审程序启动之前，也可发生于再审程序进行之中，法院均可依缺席审判程序继续审理。因为审判监督程序并无独立适用的审判程序，人民法院依照审判监督程序对案件进行重新审理具体适用的程序取决于原生效裁判适用的程序以及是否由上级法院提审，要么适用第一审程序，要么适用第二审程序。如果是在审判监督的一审或者二审审理过程中被告人死亡，则适用第一种情形的缺席审判。第二，人民法院按照审判监督程序重新审判的案件，被告人死亡的，如果有证据证明被告人无罪，以及虽无证据证明被告人无罪，但证明被告人有罪的证据不确实、不充分，自然可以判决宣告被告人无罪。对于人民法院按照审判监督程序重新审判的案件，被告人死亡，原判决定罪无问题，但量刑畸轻畸重的，对死亡被告人是否可以改判，刑事诉讼法的规定并不明确。2021 年最高人民法院《刑事诉讼法解释》对该问题进行了补充规定，其第 607 条规定，人民法院按照审判监督程序重新审判的案件，被告人死亡的，可以缺席审理。有证据证明被告人无罪，经缺席审理确认被告人无罪的，应当判决宣告被告人无罪；虽然构成犯罪，但原判量刑畸重的，应当依法作出判决。根据该条规定，人民法院按照审判监督程序重新审判的案件，被告人死亡的，如果是人民检察院认为原判量刑畸轻（包括因定罪错误导致量刑畸轻）而提起抗诉的、人民法院因原审量刑畸轻而启动审判监督程序的，或者经审查认为原判正确或者量刑畸轻的，应当裁定终止审理。除此之外，应当缺席审理。经审理，确认被告人无罪或者证据不足，不能认定被告人有罪的，或者虽然构成犯罪但是原判量刑畸重的，应当依法作出判决。① 针对死亡被告人开启缺席审判程序体现了我国刑事诉讼法对被告人法治利益的最大保护以及兼顾实质正义与程序正义价值的平衡。

（3）适用情况

如前所述，针对被告人死亡情形的缺席审判，在2018年修改《刑事诉讼法》之前刑事诉讼立法及司法解释已有所体现，只不过并未以“缺席审判程序”命名。在司法实践中，发生于2014年的呼格吉勒图强奸杀人案再审程序以及2016年聂树斌强奸杀人案再审程序，因二人均已被执行死刑，我国司法机关对这两起案件进行再审事实上已经是对被告人的缺席审判。2018年修改后的《刑事诉讼法》正式确立缺席审判制度，“对已被定罪处刑的死亡被告人的缺席审判实质上是对司法实践中已存在现象的立法认可”。“对已死亡的被告人的再审判决并非此次《刑事诉讼法》的制度创新，而是对已有立法和司法实践的弥补。”② 针对死亡被告人的缺席审判为死亡被告人刑事责任认定和宣判提供了明确的制度保障。2018年以后，法庭审理过程中被告人死亡以及依照审判监督程序审理被告人死亡案件，可以直接适用缺席审判程序。刑事诉讼中针对死亡被告人适用缺席审判在立法意图、适用条件及实践操作等方面均不存在制度性障碍。

---

① 李少平主编：《最高人民法院关于适用〈中华人民共和国刑事诉讼法〉的解释理解与适用》，人民法院出版社2021年版，第582页。

② 刘腾肤：《中国刑事缺席审判制度：理解与完善》，载《四川师范大学学报（社会科学版）》2019年第2期。

4. 评价

与其他国家和地区刑事缺席审判制度适用案件范围及适用条件相比，我国刑事缺席审判制度具有鲜明的特色。

第一，明确适用缺席审判案件罪名。针对被告人患有严重疾病案件和被告人死亡案件两类缺席审判并无犯罪类别和罪名的限制，原则上任何犯罪均可适用。针对身在境外的被告人进行的缺席审判则明确了犯罪罪名，即贪污贿赂犯罪、危害国家安全犯罪和恐怖活动犯罪。从各国现有刑事缺席审判制度看，基本上未见到按照具体罪名或者类罪名设定缺席审判范围者，明确缺席审判适用案件罪名鲜明显示了我国犯罪治理的重点。针对贪污贿赂犯罪适用缺席审判程序主要是由于严厉打击腐败犯罪的需要；针对严重危害国家安全犯罪和恐怖活动犯罪适用缺席审判程序是由于该类犯罪严重威胁国家安全和社会秩序稳定，因此希望通过及时审判尽快恢复被犯罪破坏的生产生活秩序。其中提升打击腐败犯罪力度，强化追逃追赃效果是我国确立缺席审判制度的主要动因，该类犯罪构成我国缺席审判的重心和主要内容，该内容体现出我国与域外缺席审判制度不同的特点。为了打击特定种类的犯罪设定缺席审判制度，是在我国司法制度背景和刑事政策下的制度创造。

第二，区分不同事由设立缺席审判程序适用范围。世界各国均按照不同事由确立本国的缺席审判适用案件范围，并无定例。我国《刑事诉讼法》针对司法实践中的三种情形设立缺席审判制度，三种情形实质是出于不同的理由与目的，反映了不同的价值判断与利益衡量。我国三类适用缺席审判案件的事由，有的与其他国家具有类似性，有的为我国所独有。针对贪污贿赂犯罪适用缺席审判的目的是有效追诉和惩罚该类犯罪，确保犯罪人不致因不在境内而逃脱法律追究。其他国家未有专门针对贪污贿赂犯罪设定缺席审判程序的先例。针对被告人患有严重疾病的缺席审判主要是基于诉讼效率的考量，不至于因被告人患病而使得审判程序久拖不决，这也是其他国家设定缺席审判范围的普遍做法。我国将此类案件缺席审判程序启动权赋予被告人及其法定代理人、近亲属，在考虑诉讼效率的同时，兼顾人权保障和司法公正。针对有证据证明无罪的被告人死亡案件的缺席审判主要是考虑对被告人权利的保护以及对错误裁决的纠正。其他国家对于错误裁决通常通过抗告或者再审程序解决，并未在缺席审判中予以规定。我国审判监督程序中则突出了利用缺席审判对无罪但已死亡被告人的救济，突出对无罪被告人权利的保护。

第三，缺席审判适用条件严格。我国对适用缺席审判案件设定了严格的条件要求。司法机关针对被告人身在境外案件，需要满足“被告人在境外”的前提判断、“需要及时进行审判”的及时性判断、“经最高人民检察院核准”的程序判断以及“严重的”性质判断，只有符合以上判断条件才可适用缺席审判。[①] 针对被告人患有严重疾病的案件，设定了中止审理6个月期限，如果在此期限内患病被告人恢复健康，则恢复对席审判程序，只有在中止审理超过6个月而被告人仍无出席法庭能力，不得已的情况下才可以适用缺席审判程序。对缺席审判设定严格的条件限制，表明我国对缺席审判程序适用的慎重态度。

我国刑事缺席审判制度是依据所处时代背景与具体国情设定的，优点为适用条件严格，适用范围明确，有助于避免制度被滥用。同时目前缺席审判制度也存在一定缺陷，主要表现为案件适用范围窄，灵活性较差，不能完全满足司法实践需求。作为一项新的制度，缺席审判实践应用，特别是针对贪污贿赂犯罪、危害国家安全犯罪和恐怖活动犯罪的适用，缺少实务经验，尚未经受大量实践检验，程序适用效果仍需进一步考察，有关缺席审判制度的理论根基、程序技术也值得继续深入探讨。

---

① 樊崇义：《2018 年〈刑事诉讼法〉修改重点与展望》，载《国家检察官学院学报》2019 年第 1 期。

（二）围绕我国刑事缺席审判制度适用案件范围及适用情形的争议

因法律传统、刑事政策、诉讼模式以及犯罪客观形势等因素不同，各个国家和地区确立的刑事缺席审判适用案件范围及适用条件各不相同。我国2018年《刑事诉讼法》确立了社会主义中国刑事缺席审判制度，无论是立法篇章体例，还是制度内容，均体现了中国特色，在世界范围内增添了刑事缺席审判制度独立的一元。缺席审判适用案件范围及适用条件是缺席审判制度的核心内容，也是制度运作的前提。该问题历来是我国刑事缺席审判制度理论争议的热点，有关争议也体现在立法过程中。在2018年《刑事诉讼法修正案（草案）》一次审议稿的审议和此后征求意见过程中，对于缺席审判程序的适用范围，特别是案件范围，仍然存在较大认识分歧。有意见提出，刑事缺席审判的适用范围是重大问题，立法应当作出明确规定，以便司法实践具体运用，避免认识分歧或者不当适用。建立缺席审判制度的目的，是加强境外追逃；同时考虑到缺席审判尚欠缺实践经验，建议将其适用范围明确限制在贪污贿赂犯罪案件。未来如认为有必要、条件已成熟，再视情况通过立法而不是司法解释扩大适用范围。也有意见认为，应当根据实际需要，适当扩大缺席审判的适用范围。① 2018年《刑事诉讼法（修正案）》已获得通过并实施，关于缺席审判相关内容的讨论仍在继续。

1. 适用诉讼类型：公诉还是自诉

刑事案件依照起诉主体的不同，可以划分为自诉案件和公诉案件。自诉案件由自诉人以个人名义直接向法院提出刑事指控，以追究被告人的刑事责任；公诉案件由检察机关代表国家依法向法院提出刑事指控，以追究被告人的刑事责任。无论是自诉案件还是公诉案件，诉讼

---

① 参见喻海松：《刑事缺席审判程序的立法进程》，载《法律适用》2018年第23期。

过程中都有可能出现诉讼障碍而影响诉讼进程，我国《刑事诉讼法》对诉讼过程中出现的部分诉讼障碍规定了相应处理措施和应对程序，缺席审判就是其中一种。

2018 年《刑事诉讼法》“缺席审判程序”一章规定的被告人在境外、被告人患有严重疾病无法出庭和被告人死亡情形的缺席审判适用于公诉案件是毫无疑问的。这三种类型案件适用缺席审判程序均是针对被告人一方缺席法庭的，如果作为控诉方的检察机关及检察官缺席法庭，不得适用缺席审判程序。根据 1996 年《刑事诉讼法》的规定，人民法院适用简易程序，检察机关可以不派检察官参加，意味着依简易程序审理的公诉案件，会出现控诉方缺席的缺席审判。随着 2012 年《刑事诉讼法》修改，该规定被废止，人民法院依简易程序审理案件，要求检察机关及检察官应当出席法庭。根据 2018 年《刑事诉讼法》规定，依照速裁程序、简易程序、普通程序审理的公诉案件，检察机关都应当派员出席法庭，参加法庭审判，我国公诉案件不存在控诉方缺席一说。从世界范围看，除了韩国等少数国家规定特殊情况下检察官可以缺席法庭，多数国家均要求公诉案件检察机关及检察官必须出庭支持控诉。检察机关作为国家公诉机关，代表国家行使权力，要求检察官出庭支持公诉，以此体现并在规定上符合国家权力本质属性、权力运作的庄重性以及程序的严格性。

对于自诉案件是否适用缺席审判程序，我国现行法律有所涉及，但未加以明确规定。对于自诉人而言，自诉人向法院提起自诉，应当出席法庭提出和支持自己的诉讼主张。我国现行法律规定的自诉人缺席法庭有以下几种情况：

第一，自诉人无正当理由。2018 年《刑事诉讼法》第 211 条规定，自诉人经两次依法传唤，无正当理由拒不到庭的，或者未经法庭许可中途退庭的，按撤诉处理。根据该条规定，自诉人无正当理由不到庭或者中途退庭的，诉讼后果是按撤诉处理，诉讼终止。

第二，自诉人有正当理由。《刑事诉讼法》第 206 条规定，在审判过程中，有下列情形之一，致使案件在较长时间内无法继续审理的，可以中止审理，其中包括自诉人患有严重疾病，无法出庭，未委托诉讼代理人出庭的。根据该条规定，自诉案件审理中自诉人无法出席法庭有正当理由的，例如患有严重疾病，诉讼后果是中止审理。该条适用的前提是自诉人未委托诉讼代理人出庭，如果自诉人患有严重疾病无法出庭，但其委托了诉讼代理人，由诉讼代理人代理其出庭的，则审判程序可以继续进行。因刑事自诉程序与民事诉讼程序具有相似性，自诉人就实体性权利和程序性权利有处分权，可以委托代理人行使诉讼权利，因而该种情形下尽管自诉人缺席法庭审判，但并非严格意义上的缺席审判，仍属于对席审判。

第三，自诉人被反诉。根据 2021 年最高人民法院《刑事诉讼法解释》第 334 条规定，告诉才处理和被害人有证据证明的轻微刑事案件的被告人或者其法定代理人在诉讼过程中，可以对自诉人提起反诉。反诉案件适用自诉案件的规定，应当与自诉案件一并审理。自诉人撤诉的，不影响反诉案件的继续审理。自诉案件的自诉人被提起反诉，自诉案件的自诉人身份转化为反诉案件的被告人，原自诉案件自诉人撤诉的，如果其不出席法庭，其缺席反诉案件的审判就属于被告人缺席情形而不再属于自诉人缺席情形。

第四，自诉人提起上诉后撤回上诉。根据 2021 年最高人民法院《刑事诉讼法解释》第 383 条规定，上诉人在上诉期满后要求撤回上诉的，第二审人民法院经审查，认为原判认定事实和适用法律正确，量刑适当的，应当裁定准许；认为原判确有错误的，应当不予准许，继续按照上诉案件审理。自诉人提起上诉后要求撤回上诉，人民法院不允许撤回的，案件进入二审程序，如果上诉人拒绝出席法庭，也不委托诉讼代理人，案件如何处理，法律没有明确规定。笔者认为，该种情形下二审法院可以进行缺席审判。民事诉讼中遇到类似上诉人不到庭情形视为撤诉，刑事诉讼更加强调案件事实认定准确性及法律适用正确性，特别是原判事实不清、证据不足或者将无罪判为有罪、轻罪重判等情况，上诉人不到庭，可开启缺席审判，发挥二审法院对一审裁决全面审查和纠错功能。

对于被告人而言，现行法律规定的自诉案件被告人缺席法庭有以下几种情况：

第一，被告人下落不明。根据2021年最高人民法院《刑事诉讼法解释》第332条规定，被告人在自诉案件审判期间下落不明的，人民法院可以裁定中止审理；符合条件的，可以对被告人依法决定逮捕。根据该条规定，自诉案件被告人下落不明，带来的程序后果是中止审理。

第二，被告人患有严重疾病。《刑事诉讼法》第206条规定，在审判过程中，被告人患有严重疾病，无法出庭致使案件在较长时间内无法继续审理的，可以中止审理。根据该条规定，自诉案件被告人患有严重疾病不能出席法庭，法院通常的处理方式是中止审理。同时《刑事诉讼法》“缺席审判程序”一章第296条规定，因被告人患有严重疾病无法出庭，中止审理超过6个月，被告人仍无法出庭，被告人及其法定代理人、近亲属申请或者同意恢复审理的，人民法院可以在被告人不出庭的情况下缺席审理，依法作出判决。该条规定并未区分适用于不同诉讼类型，该条内容同样适用于自诉案件。第296条为特别程序条款，相对于第206条普通条款，具有优先适用效力。基于被告人患有严重疾病原因，排除诉讼障碍，实现诉讼效率价值，公诉案件与自诉案件并无不同。

第三，被告人死亡。2018年《刑事诉讼法》第297条规定的被告人死亡案件的缺席审判并未区分公诉案件和自诉案件。笔者认为，《刑事诉讼法》第297条规定同样适用于自诉案件。自诉案件被告人在自诉案件审理过程中死亡的，人民法院裁定终止审理。有证据证明被告人无罪的，人民法院应当适用缺席审判程序继续就案件进行审理和裁决。针对自诉案件提起的审判监督程序，被告人死亡的，适用缺席审判程序。诉讼过程中被告人死亡的案件，通过普通审判程序或者审判监督程序的缺席审判，维护无罪被告人及其近亲属的合法利益及尊严，在公诉案件和自诉案件中同等重要。

2. 适用案件范围：重罪还是轻罪

从世界范围看，关于刑事缺席审判程序适用的案件范围，多数国家和地区规定只适用于轻罪案件，也有国家和地区规定可以适用于轻罪和重罪案件，“值得注意的是，并无现代法治国家将刑事缺席审判程序仅适用于重罪案件，那些将刑事缺席审判程序适用于重罪案件的国家同时也将该程序适用于轻罪案件”①。

我国《刑事诉讼法》规定了三类适用缺席审判程序的案件。因被告人在境外的贪污贿赂犯罪、危害国家安全犯罪和恐怖活动犯罪适用缺席审判的，其中危害国家安全犯罪和恐怖活动犯罪案件在法律条文中明确规定需是“严重危害国家安全犯罪、恐怖活动犯罪案件”，且对两种犯罪启动缺席审判程序需要经最高人民检察院核准，从实体条件和程序条件限定了重罪范围。对于被告人身在境外的贪污贿赂犯罪适用缺席审判，法律并未明确是轻罪还是重罪。不过从犯罪后被告人潜逃境外判断，罪行越严重潜逃境外的可能性越大，且犯罪后逃往境外之行为本身也是从重量刑的情节，因而适用缺席审判程序的贪污贿赂犯罪通常是重罪。根据现行法律规定，我国刑事诉讼中针对被告人患有严重疾病和被告人死亡案件适用缺席审判程序并无案件范围的限制，重罪案件与轻罪案件均可适用。其中针对被告人死亡案件适用缺席审判程序，主要目的在于恢复无罪被告人的人格利益以及纠正冤假错案，程序适用不设定案件范围是合理的。针对被告人患有严重疾病

---

① 杨帆：《刑事缺席审判制度的比较法考察——以适用范围与权利保障为切入点》，载《政治与法律》2019 年第 7 期。

情形适用缺席审判程序案件范围仍然值得思考。被告人患有严重疾病是因客观原因造成被告人无法正常出席法庭，与被告人基于逃避刑事法律制裁为目的的缺席法庭有所区别。对于轻罪案件适用缺席审判，基于当事人选择权和诉讼效率价值考量是合理的；对于重罪案件，则当事人诉讼权利保障和程序正当性成为诉讼价值衡量的重心，此时以中止诉讼程序处理更为合理。因而，有必要对被告人患有严重疾病适用缺席审判的案件范围进行限制，该种情形以适用于轻罪案件为宜。

如前所述，如果视被告人患有严重疾病和被告人死亡是刑事诉讼中遇到的特殊情况，为排除程序障碍而对该类案件适用缺席审判程序，并非典型意义的缺席审判，只有第一类针对被告人在境外的贪污贿赂犯罪、危害国家安全犯罪和恐怖活动犯罪案件是典型意义的缺席审判，我国缺席审判制度适用案件范围是很窄的。打击腐败犯罪和危害国家安全、恐怖活动犯罪是我国当前刑事政策关注和法律制度实施的重点，立法目的是使该类案件成为适用缺席审判程序的主要情形，这也体现了我国刑事缺席审判程序适用案件范围被限缩于重罪的特征。在此基础上，我国对适用缺席审判程序案件范围有必要进一步加以探讨。关于我国刑事缺席审判适用案件范围探讨涉及两个方面的问题，一是缺席审判是否有必要扩大适用案件范围；二是缺席审判是否适用于死刑案件。

（1）缺席审判是否有必要扩大适用案件范围

关于刑事缺席审判适用案件范围，英美法系国家刑事诉讼程序采用当事人主义诉讼模式，加之司法传统影响，缺席审判案件范围主要限于轻罪案件。大陆法系国家刑事诉讼程序采用职权主义诉讼模式，强调司法机关在法庭审判中的功能和作用，通常重罪案件和轻罪案件均可适用缺席审判程序。我国刑事诉讼传统历来为职权主义甚至是强职权主义诉讼模式，近年来历经一系列司法改革，刑事诉讼模式不断调整，当事人主义诉讼模式的特点和做法被吸收，但我国职权主义诉讼模式的本质并未改变。根据我国《刑事诉讼法》的规定，针对被告人患有严重疾病和被告人死亡特殊情况适用缺席审判的目的是排除程序障碍以及保证无罪的人的合法权益，这两类适用缺席审判的情形既包括轻罪案件，也包括重罪案件，其他适用缺席审判程序的案件类型通常为重罪案件。相对于其他国家针对被告人下落不明的缺席审判适用案件范围，我国缺席审判案件范围是狭窄的，立法目的主要围绕被告人身处境外的重罪案件，而且是罪名明确的重罪案件。我国缺席审判制度规范“外延”应有的开放性阙如，使得现行《刑事诉讼法》下的缺席审判适用情形划分标准削减了缺席审判制度的适用空间，致使较多应适用于缺席审判之情形无法涵摄于立法之下，遏制了刑事缺席审判制度应有功能的发挥。①

关于我国刑事缺席审判适用案件范围的理论探讨，存在两种观点：一种观点认为，缺席审判程序适用于所有刑事案件，既适用于轻罪案件，也适用于重罪案件。无论重罪案件还是轻罪案件，被告人缺席法庭都是共同面临的问题，缺席审判可以成为普遍的规则，排除诉讼障碍，确保法庭审判顺利进行。另一种观点认为，缺席审判是对席审判的例外，应当慎重适用，缺席审判只能适用于严重犯罪或者是特定的严重犯罪。根据我国刑事司法的实际情况，基于特定目的，例如打击腐败犯罪的需要，设定严格的适用条件，例如被告人潜逃境外，案件社会影响巨大等，只有满足以上条件才可适用缺席审判程序。我国2018年《刑事诉讼法》修改时设立专门的缺席审判程序，明显是采纳了后一种观点。我国《刑事诉讼法》的立法进程表明我国对待缺席审判程序的确立持稳妥、慎重态度。立法的尘埃落定并不影响对该问题的继续研究。

笔者认为，未来《刑事诉讼法》修改中有必要扩大我国刑事缺席审判适用案件范围，除了2018年《刑事诉讼法》确立的三类案件适用

---

① 步洋洋：《论我国刑事缺席审判制度的类型化》，载《政法论坛》2020年第4期。

缺席审判程序外，其他案件亦可适用缺席审判程序。缺席审判程序适用于重罪案件，也适用于轻罪案件。第一，缺席审判制度作为特别审判制度，相对于对席审判制度是一种例外，但被告人缺席法庭现象可能出现于任何类型的案件诉讼中，现象本身并不区分案件类型，只要被告人不出席法庭就具有适用缺席审判的可能性。司法实践中轻罪案件占犯罪案件数量的多数，缺席审判制度只适用于重罪案件，适用案件范围限定过窄，限制了缺席审判制度应有功能与作用的发挥。轻罪治理模式将是我国社会治理的主要形式，围绕轻罪的程序设置是轻罪治理模式的重要内容。2014 年 10 月，中共十八届四中全会通过《中共中央关于全面推进依法治国若干重大问题的决定》以后，扩大犯罪圈、采取“轻罪化”的立法模式已经成为我国刑事立法的发展趋势。[①]第二，轻罪案件与重罪案件在刑事诉讼程序中的意义不完全相同。审视轻罪案件的基本架构和运作逻辑，不难发现其有两个特点：一是案件适用范围的广泛性；二是对被告人权利影响较小。[②] 对重罪案件的裁判，程序公正价值地位突出；对于轻罪案件，将诉讼效率、当事人意愿等因素纳入程序选择考虑范围，程序公正价值可以适当减损，因而各国刑事诉讼程序有了简易程序、处罚令程序等简便程序设置。相对于重罪案件，轻罪案件适用缺席审判程序，对缺席被告人权益的影响较小。轻罪案件中适用缺席审判，因为轻罪案件对被告人权利影响较小，如果发生误判，错误成本并不高，依照经济分析的理论，在此类案件中应当追求审判成本的节约，强调诉讼效率。[③] 缺席审判程序适用于轻罪案件是世界上确立缺席审判制度国家的普遍做法。第三，

---

① 白岫云：《建立我国轻罪体系的构想》，载《法治日报》2020 年 11 月 11 日，第 11 版。

② 梅腾：《〈中华人民共和国刑事诉讼法〉缺席审判程序之审视——基于刑事一体化原理之考量》，载《湖北社会科学》2019 年第 2 期。

③ 谢小剑：《刑事缺席审判：价值平衡中的制度建构》，载《中国刑事法杂志》2007 年第 1 期。

举重以明轻，我国认可严重犯罪适用缺席审判程序，轻罪案件理应同样适用缺席审判程序。对于审判程序要求严格的重罪案件，在满足特定条件的情况下可以适用缺席审判程序，对于一般轻罪案件适用缺席审判程序不存在理论上的障碍。

我国重罪和轻罪均可适用缺席审判程序并不意味着重罪案件和轻罪案件适用相同的缺席审判条件。基于重罪案件和轻罪案件性质不同，对重罪案件适用缺席审判程序的条件需要严格限定，条件设定需明确而具体。2018 年《刑事诉讼法》第 291 条针对被告人在境外的贪污贿赂犯罪、危害国家安全犯罪和恐怖活动犯罪适用缺席审判条件设置就是有益的尝试，也确立了我国缺席审判制度的特点：一是明确适用的罪名；二是严格设定了该类案件适用的实体性条件和程序性条件。对轻罪案件可以按照类别概括性设定适用缺席审判的条件，并可以在特定诉讼程序，例如速裁程序、简易程序中赋予被告人在是否出席法庭事宜上一定的选择权。

各个国家关于轻罪和重罪划分的标准并不相同，因而也决定了一个国家适用缺席审判程序案件的范围。多数国家规定缺席审判程序适用于轻罪案件，例如，根据《美国联邦刑事诉讼规则》第 43 条规定，适用缺席审判的轻罪案件是指可被判处罚金或 1 年以下监禁或二者并处的犯罪案件。《德国刑事诉讼法》第 232 条规定的缺席审判，适用于预期仅单处或者并处 180 日以下的日额罚金、保留处刑的警告、禁驾、收缴、没收、销毁或者废弃的犯罪案件。根据《日本刑事诉讼法》第 284 条、第 285 条规定，对于相当于 50 万元以下罚金或者罚款的案件，相当于拘留的案件以及相当于最高刑期为 3 年以下的惩役或监禁或者超过 50 万元罚金的案件，均可适用缺席审判。从域外相关立法例来看，多数国家将法定刑作为划分重罪与轻罪的标准。以某一法定自由刑的具体刑期作为轻重犯罪的明确界限，是国际社会通行的做法。比如，德国是 1 年自由刑；法国是 10 年自由刑；俄罗斯是 2 年自由刑；

美国则大致以 1 年的定期监禁刑作为重罪和轻罪（和/或微罪）的界限。[①] 意大利刑法将犯罪分为两大类：重罪和违警罪。根据《意大利刑法典》第 39 条的规定，依法应当被判处无期徒刑、有期徒刑或罚金的行为属于“重罪”的范围，依法应当被判处拘役或罚款的行为属于“违警罪”范围。[②]

我国刑法对于轻罪的划分与其他国家有很大不同，其他国家列入轻罪范围的一些犯罪行为在我国属于治安管理处罚的行为，因而上升不到刑罚处罚范围。关于重罪与轻罪的划分标准存在着不同的理论学说。我国刑法学界对轻罪和重罪的界定标准主要存在实质说、形式说和综合说三种学说。其中，实质说主张通过犯罪性质或者社会危害性来确定轻罪和重罪的界限。形式客观说主张通过量刑或处罚幅度区分二者，包括法定刑说和宣告刑说。综合说则是以实质说为主，辅以形式说区分二者。[③] 探讨我国轻罪与重罪划分标准，须从实体法和程序法两个层面着手。在刑法层面，属人管辖和保护管辖都将 3 年有期徒刑作为是否追究刑事责任的临界点，缓刑制度亦以 3 年有期徒刑作为适用的临界点。从刑事诉讼法层面，基层法院审理案件，对满足条件的可以适用简易程序。适用简易程序审理案件，对可能判处 3 年有期徒刑以下刑罚的，可以组成合议庭进行审判，也可以由审判员一人独任审判；对可能判处超过 3 年有期徒刑的，应当组成合议庭进行审判。基层人民法院管辖的可能判处 3 年有期徒刑以下刑罚的案件，案件事实清楚，证据确实、充分，被告人认罪认罚并同意适用速裁程序的，可以适用速裁程序，由审判员一人独任审判。[④] 从保持刑法和刑事诉

---

① 田兴洪：《轻重犯罪划分新论》，载《法学杂志》2011 年第 6 期。

② 《意大利刑法典》，黄风译，中国政法大学出版社 1998 年版，第 11 页。

③ 参见梅腾：《〈中华人民共和国刑事诉讼法〉缺席审判程序之审视——基于刑事一体化原理之考量》，载《湖北社会科学》2019 年第 2 期。

④ 参见梅腾：《〈中华人民共和国刑事诉讼法〉缺席审判程序之审视——基于刑事一体化原理之考量》，载《湖北社会科学》2019 年第 2 期。

讼法体系相互协调的角度，将3年有期徒刑作为划分我国轻罪和重罪的标准较为适宜，可能判处3年以下有期徒刑、拘役、管制或者独立适用附加刑的为轻罪，可能判处3年有期徒刑以上刑罚的为重罪。

（2）缺席审判是否适用于死刑案件

我国针对被告人在境外的贪污贿赂犯罪、危害国家安全犯罪和恐怖活动犯罪案件适用缺席审判程序，实际上将该类案件的适用范围限定为严重犯罪。这三种犯罪在刑法中均有死刑罪名设置，对于可能判处死刑的案件是否适用缺席审判，或者说适用缺席审判程序能否判处被告人死刑？从现有法律条文表述看，并未进行限制，适用缺席审判程序存在着对这三种犯罪案件适用死刑的可能性。但是从法理及司法操作层面考察，对该问题应谨慎对待。笔者认为，对于判处死刑的案件应当排除缺席审判程序适用，即不得通过缺席审判判处被告人死刑。目前相当一部分学者持此观点，[①] 主要理由如下：

第一，死刑涉及剥夺人的生命，是最为严厉的刑罚。刑罚的严厉性要求配备作出死刑裁决的诉讼程序的严格性。缺席审判中被告人不参与法庭审判，其辩护权行使受到很大限制。被告人的缺席也对完整的控辩审三方诉讼构造带来一定的冲击，程序正当性不足。如果说对于非死刑案件，突出诉讼效率价值、实体公正价值，可以有限减损程序公正价值，对于死刑案件，则应将程序公正价值置位于首位，非经严格、完整的诉讼程序，不得判处被告人死刑。在我国，判处死刑案件除了经历一审、二审，还必须经历死刑复核程序。《刑事诉讼法》第246条规定："死刑由最高人民法院核准。"第251条第1款规定："最高人民法院复核死刑案件，应当讯问被告人……"讯问被告人是最高法院复

---

① 参见邓思清：《刑事缺席审判制度研究》，载《法学研究》2007年第3期；张建伟：《作为一种特别程序的缺席审判》，载《中国检察官》2018年第12期；陈光中、胡铭：《〈联合国反腐败公约〉与刑事诉讼法再修改》，载《政法论坛》2006年第1期；甄贞、杨静：《缺席审判程序解读、适用预期及完善建议》，载《法学杂志》2019年第4期。

核死刑案件必经程序。被告人不在场，死刑复核程序则无法适用。

第二，死刑刑罚的严厉性要求适用最严格的证明标准。刑事诉讼法规定对于死刑案件的证明同样需要达到“犯罪事实清楚，证据确实、充分”。基于死刑的严厉性及错误适用的不可回复性，司法操作中实际上掌握着比一般刑事案件更为严格的标准，例如据以定罪的事实具有确定性、唯一性、排除其他可能性。① 缺席审判中被告人不在案，难以获得被告人犯罪主观性方面的证据，法庭质证受到影响，都在一定程度上会对按照死刑案件证明标准处理案件造成影响。

第三，国际上遵循着“死刑犯不引渡”原则。“死刑犯不引渡 ”是指 ，当被请求国认为请求国所要求引渡的罪犯在被引渡以后，有可能在请求国被判处死刑，将不予引渡。死刑犯不引渡已经成为引渡制度中的刚性原则。② 世界上相当一部分国家废除了死刑或者有死刑但长时间不执行死刑，适用缺席审判程序判处被告人死刑难以获致这些国家认可。我国设定缺席审判制度目的之一为对身处境外的犯罪人追逃追赃，“死刑犯不引渡”的惯例则直接影响这一目的的实现。一方面，身处境外的被告人所犯罪行极其严重，依照我国法律应当判处死刑；另一方面，适用缺席审判程序判处被告人死刑，在境外的被告人即使所犯罪行严重也无法被引渡回国，缺席审判裁决无法兑现，司法面临两难的抉择。对于缺席审判的被告人不适用死刑，通过引渡和追缴财产使得犯罪人承担一定的刑罚，挽回因犯罪引起的经济损失，部分实现了刑罚功能。可见，对于缺席审判的被告人不得判处死刑只能是两害相权取其轻的一种选择。③ 推而广之，除了目前法律规定的被告人在境外的贪污贿赂犯罪、危害国家安全犯罪以及恐怖活动犯罪，

---

① 参见宋英辉、孟军、何挺等：《死刑案件证据运用指引建议论证稿》，法律出版社 2016 年版，第 170—171 页。

② 贾宇：《跨国追逃的困境与出路》，载《人民检察》2008 年第 12 期。

③ 张建伟：《作为一种特别程序的缺席审判》，载《中国检察官》2018 年第 12 期。

未来其他可能纳入法律的规定被告人在境外适用缺席审判的严重刑事犯罪遵循相同的原则。

3. 适用情形：扩张还是限缩

刑事缺席审判程序得以启动源于遇到特殊情形被告人不能出席法庭，正常的审判程序无法运行。缺席审判是对席审判的例外，刑事诉讼中被告人缺席法庭的情况并不常见，因而设定缺席审判的适用情形范围不宜过大，也不宜过小。缺席审判适用情形范围过大，可能导致缺席审判的滥用，直接冲击刑事诉讼中对席审判基本原则；缺席审判适用范围过小，则不能适应司法的现实需求，无法充分发挥缺席审判制度效能。

2018 年《刑事诉讼法》确立的刑事缺席审判适用案件范围反映了我国对缺席审判的理论认知、政策把握以及技术处理。我国《刑事诉讼法》确立的缺席审判适用的三类案件对应三种被告人缺席法庭情形。针对贪污贿赂犯罪、危害国家安全犯罪和恐怖活动犯罪的缺席审判适用情形为被告人在境外，此外还有针对被告人患有严重疾病以及被告人死亡情形的缺席审判，可以看出我国刑事缺席审判适用情形涉及被告人在境外、被告人患有严重疾病以及被告人死亡三种。对此，法律的规定明确而具体。其中被告人在境外属于主要基于被告人主观原因的缺席审判，被告人患有严重疾病和被告人死亡属于基于客观原因的缺席审判。相较于其他国家的法律规定，我国刑事缺席审判适用情形范围较窄。如第三章所述，其他国家和地区适用缺席审判的情形多样，范围广泛，区分了因客观原因导致的缺席审判和因被告人主观原因导致的缺席审判，基于被告人主动申请的缺席审判和被动的缺席审判，司法机关裁量的缺席审判，等等。严格限定缺席审判适用情形范围反映了对缺席审判适用的慎重态度。我国目前缺席审判适用情形存在的主要问题，一是并未按照缺席情形类别综合考虑缺席审判制度，例如未明确区分基于被告人主观原因的缺席审判和基于案件客观原因的缺席审判，基于被告人自愿的缺席审判和基于被告人非自愿的缺席审判，而是采用多元混合，具体列举的方式设定。二是我国缺席审判适用情形范围过窄，尚不能满足司法的现实需求。法律移植是一国法律发展的重要途径，虽说我国法律移植过程中需要避免“西方中心主义”“完全拿来主义”的思维范式，但是，在我国法制建设以及法学发展过程中，如果不重视甚至无视西方法制及其法学的示范意义，既不现实，在目前来看，亦不可能。具体到我国刑事诉讼制度而言，其理念、制度的“进化”乃至“进步”更是与法律移植紧密相关。① “在法的问题上并无真理可言，每个国家依照各自的传统自定制度与规范是适当的。但传统并非老一套的同义语，很多改进可以在别人已有的经验中吸取源泉。”② 我国有必要综合司法实践中的具体情况，参考其他国家和地区的立法例，系统化考虑缺席审判适用范围，科学合理设置缺席审判适用的条件和情形，促进缺席审判制度法定化和科学化。

（1）被告人下落不明

犯罪人实施犯罪行为后，为了逃避刑事责任追究，往往会选择潜逃等方式摆脱司法机关控制。世界多数国家刑事缺席审判针对的是已经进入刑事诉讼程序、被告人在案的案件。如果被告人自始不在案，下落不明，则不适用缺席审判程序或者不被视为严格意义的缺席审判。例如，《德国刑事诉讼法》第 276 条规定，犯罪嫌疑人居所不明的可以进行裁决，但这种裁决的功能是为缺席被告人到案后的情况保存证据，不具有对缺席者定罪量刑的实质意义。也有国家法律规定对被告人下落不明的案件适用缺席审判。俄罗斯就重罪案件被告人下落不明的可以适用缺席审判，但严格限定适用条件。法国规定对轻罪和违警罪案

---

① 汪海燕：《刑事诉讼法律移植研究》，中国政法大学出版社 2015 年版，第 24 页、第 31 页。

② ［法］勒内·达维德：《当代法律主要体系》，漆竹生译，上海译文出版社 1984 年版，第 2 页。

件被告人下落不明的，可以适用缺席审判。我国现行《刑事诉讼法》的规定排除了对被告人下落不明适用缺席审判的情况，即使在第291条规定贪污贿赂犯罪、危害国家安全犯罪和恐怖活动犯罪案件适用缺席审判，对被告人在境外的要求也是确切知道其在国外的住址，能够送达法律文书，而不属于下落不明。《刑事诉讼法》未放开对下落不明被告人适用缺席审判，与我国刑事司法传统和诉讼价值选择有关。我国刑事司法历来重视对犯罪的控制与打击，但追诉和打击犯罪的前提是准确认定案件事实。被告人口供一直在我国证据体系中占有重要地位，被告人不在案，影响了案件事实认定的准确性。加之我国严格的司法责任制度，司法人员面临错案责任追究，造成我国对被告人下落不明案件适用缺席审判的谨慎。笔者认为，我国未普遍就被告人下落不明案件适用缺席审判程序符合当下司法境况。如果对特定犯罪被告人下落不明的情形确有必要缺席审判，可以采用特别立法的方式。对贪污贿赂犯罪、危害国家安全犯罪和恐怖活动犯罪被告人在境外的情形以及针对被告人下落不明犯罪违法所得没收的审理，均是此类处理方式。

（2）被告人无正当理由拒绝出庭或者中途退出法庭

一些国家规定的缺席审判制度发生在审判阶段，被告人无正当理由拒绝出庭或者中途退出法庭是适用缺席审判程序的主要情形。这种情形下的缺席审判以被告人已接收法律文书、了解法庭审理相关信息为前提。德国、意大利、日本、韩国等国家刑事诉讼法均有类似规定。笔者认为，此种情形的缺席审判目前在我国不具有现实紧迫性。第一，我国刑事诉讼中对被告人适用羁押措施的比例较高。大陆法系以及英美法系主要国家，羁押措施采司法审查模式，加之保释等非羁押措施的普遍适用，审判前对被告人的羁押率比较低，被告人不直接处于司法机关控制之下，增加了被告人无正当理由拒绝出席法庭的可能性。我国刑事诉讼中对被告人采用羁押措施的比例较高。尽管近些年针对强制措施制度进行了一系列改革，改变各种强制措施适用条件，增加逮捕措施事后审查机制等，我国刑事诉讼中，尤其是审判前阶段，对被告人的羁押率有所下降，但羁押率仍维持在较高的水平。被告人在被羁押的情况下，无正当理由拒绝出庭发生的概率不大。第二，拘传、取保候审、监视居住等非羁押措施能够保证被告人到案及出席法庭。除了拘留、逮捕羁押措施外，我国还有拘传、取保候审、监视居住等非羁押措施。对于被告人无正当理由拒不到庭接受讯问的，可以适用拘传措施，拘传措施具有强制性；被采取取保候审、监视居住的被告人，被传讯时不能及时到案，违反取保候审、监视居住相关规定的，可以转化为羁押性强制措施，确保其审判时在案。

（3）被告人扰乱法庭秩序

良好的法庭秩序是法庭审判顺利进行的前提和保障，来自被告人扰乱法庭秩序的行为给庭审程序制造障碍。一些国家规定被告人扰乱法庭秩序的行为系被告人自身的恶意行为，需要承担相应后果。法官可以要求被告人退庭或者将其强行带离法庭，法律允许继续审理的，则可以适用缺席审判程序。德国、美国、日本、意大利等国家均将该种情形列为缺席审判的范围。我国《刑事诉讼法》对被告人扰乱法庭秩序的行为一直都有规定。2018 年《刑事诉讼法》第 199 条规定了诉讼参与人违反法庭秩序的处理。在法庭审判过程中，如果诉讼参与人或者旁听人员违反法庭秩序，审判长应当警告制止。对不听制止的，可以强行带离法庭；情节严重的，处以 1000 元以下的罚款或者 15 日以下的拘留。对聚众哄闹、冲击法庭或者侮辱、诽谤、威胁、殴打司法工作人员或者诉讼参与人，严重扰乱法庭秩序，构成犯罪的，依法追究刑事责任。根据该条规定，若包括被告人在内的诉讼参与人违反法庭秩序，可以强行将其带离法庭。被告人因违反法庭秩序被强行带离法庭，审判程序如何进行，现行法律规定并不明确。司法实践中的做法也不统一，有的案件在被告人被强行带离法庭后继续审理，有的案件则休庭，另定时间再行开庭审理。被告人违反法庭秩序，妨碍法庭审理程序正常进行，损害的是司法的尊严以及公共利益。被告人明知行为的后果仍然实施此类行为，应承担相应的法律后果。我国《刑事诉讼法》有必要将被告人违反法庭秩序、阻碍审判程序正常运行的情形列为缺席审判程序适用范围。此种情形适用缺席审判，对被告人都要给予就公诉发表意见的机会。而且，在被告人缺席情况下，要确保辩护人在场，并由辩护人代其行使辩护权；在被告人继续出庭后由法官和辩护人告知其审判经过，如果已经对其作出判决的，要及时告知其结果并通知其上诉期限，以保障被告人合法之权益。① 法院通过剥夺被告人在场资格，对被告人出庭权予以必要限制，维护了司法秩序，也符合程序利益要求。

（4）被告人申请或同意

以被告人缺席法庭是否自愿为标准，可以将缺席审判划分为两类：一是基于被告人自愿的缺席；二是在特定情况下，被告人非基于自愿的缺席或者被告人是否自愿不明确的缺席。“被告人的出庭权具有可放弃性”，同时“被告人的出庭权具有可限制性”，因而上述情形下对被告人缺席审判均有正当性。② 基于被告人的自愿选择不出席法庭是域外国家和地区适用缺席审判程序的常见情形。

《美国联邦刑事诉讼规则》规定，对于轻罪案件，经被告人书面同意，法庭允许对被告人缺席进行传讯、答辩、审理与科刑。美国作为英美法系国家的代表，突出刑事诉讼中被告人出席法庭的权利属性，被告人作为当事人对是否出庭拥有一定的选择权。

《德国刑事诉讼法》规定，对于轻微刑事案件，依被告人申请可以解除被告人审判时到庭的义务。德国为大陆法系国家的代表，刑事诉讼中强调被告人出席法庭的义务属性。即便如此，也允许被告人在

---

① 参见王新清、卢文海：《论刑事缺席审判》，载《中国司法》2006 年第 3 期。

② 参见张吉喜：《论刑事缺席审判的适用范围——比较法的视角》，载《中国刑事法杂志》2007 年第 5 期。

轻罪案件中基于自愿解除其出庭义务。放宽简易程序庭审在场义务是世界各国普遍性规定。[①] 多数国家和地区允许被告人选择不出席法庭参与审理主要适用于轻罪案件或者依照简易程序审理的案件。

我国2018年《刑事诉讼法》第296条规定的被告人患有严重疾病的案件，无论是基于被告人及其近亲属主动申请，还是法院经其同意适用缺席审判，均表明被告人对适用缺席审判程序可以进行选择，适用缺席审判程序建立在被告人自愿基础之上。我国刑事诉讼中应当扩大基于被告人自愿基础上的缺席审判的适用范围，规定对于案件事实清楚、证据确实充分、争议不大的轻罪案件，被告人可以申请不出席法庭。第一，我国学界较为普遍地认为被告人出席法庭同时具有权利属性和义务属性，被告人申请不出席法庭是权利属性的体现，这一点与其他国家具有相似性。第二，在法院审理的案件中轻罪案件占了多数，赋予被告人申请缺席审判权利，可以有效回应司法实践中审理轻罪案件被告人因主观原因或者客观原因无法出席法庭带来的长时间中止审理，提高诉讼效率，节约司法成本。第三，将被告人申请缺席审判的案件范围限定于案件事实清楚、证据确实充分、争议不大的轻罪案件，可以将被告人不出席法庭给法庭审理带来的负面影响程度降到最低。第四，认罪认罚从宽制度的确立以及简易程序和速裁程序的广泛适用为轻罪案件的缺席审判创造了条件。简易程序和速裁程序适用的案件范围往往是案件事实清楚、证据确实充分的案件，认罪认罚从宽制度不仅认可了被告人就案件实体问题认罪认罚选择，还赋予了被告人关于适用何种审判程序的选择权。这些程序改革和新制度设定为我国缺席审判适用提供了程序空间。2020年前8个月，检察机关办理刑事案件认罪认罚从宽制度适用率达83.5%，适用认罪认罚从宽制度检察机关起诉到法院案件适用速裁程序和简易程序比例超过适用普通

---

① 崔凯：《义务视阈下的被告人庭审在场问题研究》，载《政法论坛》2017年第2期。

程序比例。[①] 在刑事速裁程序中，庭审的形式化和量刑建议的精准化几乎消弭了被告人出席庭审的传统价值，赋予被告人速裁缺席审判选择权，既符合被告人的主体性理论，又符合多方诉讼主体的内在利益诉求，同时既具有宪法和法律基础，又具有正当性。[②] 对于轻罪案件，如果被告人认罪且知悉不出席法庭的后果，可以以书面形式或者以法庭记录形式向法庭声明放弃出席法庭参与审判权，或者经法定程序传唤的被告人不愿出席法庭且知悉不出席法庭的后果，可以对被告人适用缺席审判程序。

综上，我国《刑事诉讼法》正式确立缺席审判制度，采用列举的方式列明缺席审判适用的案件范围和适用的具体情形。相较于域外国家和地区，我国现有法律规定充分考虑了犯罪治理的重点，立法体现了审慎态度，但缺席审判适用案件范围及适用情形较窄。我国刑事缺席审判制度的建立是着眼于境外追逃追赃这一特定时期的特殊政治需求的，这本无可厚非，但如能在此基础上，追求诉讼理念的完善，借鉴其他国家成熟的制度经验，健全我国制度体系，也将是对我国刑事诉讼程序的重要丰富和补充。[③] “我国刑事司法改革所应秉持的价值观也在于平衡和协调。当然，强调刑事司法改革的核心价值取向在与本土制度与域外经验的兼容与平衡并不是要置特定国家的历史传统与文化背景于不顾，一味追求某种特定的价值准则与制度规则，而在于强调刑事司法改革必须遵循刑事司法系统与外部环境生态平衡的客观规

---

① 参见最高人民检察院检察长于2020年10月15日在全国人大常委会上所作《最高人民检察院关于人民检察院适用认罪认罚从宽制度情况的报告》，http://www.npc.gov.cn/npc/c30834/202010/ca9ab36773f24f64917f75933b49296b.shtml，最后访问时间2022年6月9日。

② 吴进娥：《被告人刑事速裁缺席审判选择权的构建与运行机制研究》，载《政治与法律》2020年第8期。

③ 武晓艺：《理论缺失与制度隐患：刑事缺席审判制度的法治化重构——兼论我国〈刑事诉讼法修正案〉的完善》，载《海南大学学报（人文社会科学版）》2019年第3期。

律性。”① 在刑事缺席审判适用案件范围及情形问题上，需遵循“严格限制”与“适度扩大”并行原则。“‘严格限制’与‘适度扩大’其实并不是对立关系，其所指并非同一层面。‘严格限制’至少包括两层含义：一是指缺席审判程序的适用范围立法不宜规定得过宽，以免实践中因无此类实践经验而在适用时乱了方寸；二是司法适用时要从严掌握，比如将程序的启动条件拔高，或者将程序的启动权赋予最高检察机关行使。‘适度扩大’则是针对目前的立法结果而言的，意即认为缺席审判程序仅适用于三种情形未免失之于窄，对于实践中已然存在的被告人缺席情形未能‘一网打尽’。”② 司法实践的样态丰富多彩，如何发挥缺席审判程序最优价值，科学界定和划分缺席审判案件类别和适用情形，仍是今后我国刑事诉讼立法、司法需要细化和完善的内容以及理论研究需要关注的焦点。

二、刑事缺席审判管辖及审判组织

（一）缺席审判案件管辖

“司法是重要的公共资源，总量有限，增扩不易，面对各类案件，需要区分繁简难易、按照所涉利益，统筹调配人力、分配法庭、设置程序、安排审限，不可能对所有案件平均用力。”③ 缺席审判程序是针对特定案件展开的审判，案件的特殊性不仅体现为适用的案件类型特殊，也表现为所适用的程序与普通案件对席审判程序有所差异。案件管辖是启动对缺席犯罪嫌疑人、被告人进行追诉首先遇到的问题。案件的管辖与分配不仅是司法机关日常工作的核心内容，也是司法组织

---

① 张能全：《社会转型中的刑事司法改革与制度创新研究》，中国政法大学出版社2017年版，第184页。

② 郜占川：《严格限制刑事缺席审判适用范围》，载《检察日报》2021年3月30日，第3版。

③ 何帆：《完善民事诉讼独任制适用范围应当把握的六个问题》，载《人民法院报》（理论周刊）2020年3月12日，第5版。

发挥职能、应对案件数量变化、保持相对灵活性的关键，还是司法廉洁的重要环节。[①] 域外国家和地区适用刑事缺席审判程序的案件主要为轻罪案件，多由普通基层法院管辖，例如英国的被告人缺席审判案件由治安法院管辖，法国根据犯罪案件轻重分别由重罪法庭、轻罪法庭和违警罪法庭负责审理缺席审判案件。我国针对不同类型案件的缺席审判适用不同的审判管辖制度。针对因被告人患有严重疾病无法出庭，中止审理超过6个月的案件，经被告人及其法定代理人、近亲属申请或者同意恢复审理适用缺席审判程序的，审判管辖取决于患有严重疾病被告人中止审理前所处的审判程序，中止审理前审理案件的法院为后续缺席审判的管辖法院。针对被告人死亡案件适用缺席审判，被告人在审判过程中死亡的，如果有证据证明被告人无罪，则由同一法院继续缺席审理该案件；案件判决已经生效，人民法院按照审判监督程序重新审判案件，如果被告人由于已被执行死刑或者因其他原因死亡的，缺席审理案件的人民法院按照审判监督程序管辖制度确定。以上两类缺席审判案件管辖法院可能是一审法院，也可能是二审法院，基层法院、中级法院、高级法院和最高法院均可作为缺席审判案件的管辖法院。

2018年《刑事诉讼法》中“缺席审判程序”一章有关审判管辖内容的条文是专门针对贪污贿赂犯罪、危害国家安全犯罪和恐怖活动犯罪缺席审判作出的规定。《刑事诉讼法》第291条规定，对于犯罪嫌疑人、被告人在境外的贪污贿赂犯罪案件，以及需要及时进行审判，经最高人民检察院核准的严重危害国家安全犯罪、恐怖活动犯罪案件，由犯罪地、被告人离境前居住地或者最高人民法院指定的中级人民法院组成合议庭进行审理。法律确定由中级人民法院管辖缺席审判第一审案件是出于以下考量：

---

① 吴高庆等：《腐败犯罪刑事程序研究》，法律出版社2016年版，第18页。

第一，适用缺席审判的案件类型为贪污贿赂犯罪、严重危害国家安全犯罪和恐怖活动犯罪案件，这几类犯罪案件社会危害性大，在我国均属于严重犯罪，刑罚裁量均涉及无期徒刑、死刑。根据《刑事诉讼法》第21条的规定，危害国家安全、恐怖活动案件以及可能判处无期徒刑、死刑的案件，由中级人民法院作为第一审管辖。第291条关于危害国家安全犯罪案件和恐怖活动犯罪案件管辖规定与第21条规定的内容一致。司法实践中属于职务犯罪的贪污贿赂犯罪案件，被告人潜逃境外的，通常案件性质比较严重，涉案财产数额巨大，对该类案件可能判处无期徒刑、死刑的，有关案件管辖的内容同样与第21条规定的内容一致。第291条将潜逃境外贪污贿赂犯罪案件被告人可能判处无期徒刑、死刑以下刑罚案件第一审审判提升为中级法院管辖，实质上是扩充了第21条规定内容。缺席审理被告人在境外的贪污贿赂犯罪、危害国家安全犯罪和恐怖活动犯罪，这几类案件往往案情重大，由中级法院进行第一审，可以确保案件审判质量。

第二，缺席审理案件，被告人不出席法庭，法庭调查、法庭辩论等程序的运行比普通对席审判程序有更高的要求。由中级法院进行第一审，体现了我国对缺席审判程序适用持审慎态度。

第三，贪污贿赂犯罪、危害国家安全犯罪和恐怖活动犯罪案件适用缺席审判的一个条件是被告人在境外，案件具有“涉外”因素，法院法律文书送达及裁决执行均需与外国司法机关进行沟通和合作，由中级法院进行一审案件管辖，便于中国与其他国家进行司法协助。也有观点从刑事诉讼立法技术考量，认为根据《刑事诉讼法》第299条规定，刑事犯罪违法所得没收程序的受理法院为中级人民法院。根据刑事没收程序的本质特征，缺席审判程序是没收程序的前置条件，其理应同等符合级别管辖之要件。① 缺席审判案件与违法所得没收案件在管辖上应当

① 王译：《完善财产型职务犯罪缺席审判程序设置之探讨》，载《湖北社会科学》2018年第12期。

做到相互衔接和相互协调。

除了级别管辖以外，《刑事诉讼法》第 291 条还确定了贪污贿赂犯罪、危害国家安全犯罪和恐怖活动犯罪适用缺席审判的地域管辖，即由犯罪地、被告人离境前居住地的中级人民法院负责审理第一审案件。根据我国相关司法解释，犯罪地是指犯罪行为发生地和犯罪结果发生地；居住地是指被告人户籍所在地或者经常居住地。缺席审判案件由犯罪地或者被告人离境前居住地的中级人民法院管辖，便于司法机关调查、核实证据，正确、及时处理案件，恢复为犯罪所破坏的社会秩序。

《刑事诉讼法》第 291 条除确立了缺席审判案件一般地域管辖原则，同时还确定了指定管辖原则，即由最高人民法院指定的中级人民法院进行审理。指定管辖原则可以弥补一般地域管辖的不足，体现出缺席审判管辖制度的灵活性。与普通刑事案件通常由上级人民法院指定管辖不同，缺席审判案件是由最高人民法院指定管辖。指定管辖在缺席审判案件管辖不明或者有管辖权的法院不适宜行使管辖权时适用。由最高人民法院指定管辖是基于缺席审判案件特殊性及诉讼具有涉外因素考虑。

虽然《刑事诉讼法》只对缺席审判管辖制度作出明确规定，根据我国的司法体制，相关规定内容延伸至审判前阶段，从而间接确定了缺席审判案件侦查管辖及审查起诉管辖制度。相应级别的监察委员会、国家安全机关、公安机关分别负责职务犯罪中的贪污贿赂犯罪、危害国家安全犯罪、恐怖活动犯罪案件的调查或者侦查并移送审查起诉，相应级别的人民检察院向中级人民法院提起缺席审判诉讼。

（二）缺席审判审判组织

法院审理刑事案件通过一定的组织形式来进行，审判组织代表法院对具体案件进行审理和裁决。2018 年《刑事诉讼法》第 291 条规定，对于犯罪嫌疑人、被告人在境外的贪污贿赂犯罪案件、严重危害国家安全犯罪案件和恐怖活动犯罪案件，人民法院进行审查后，起诉书中有明确的指控犯罪事实，符合缺席审判程序适用条件的，应当决定开庭审判。案件由犯罪地、被告人离境前居住地或者最高人民法院指定的中级人民法院组成合议庭进行审理。“应当”意味着缺席审判程序与《刑事诉讼法》规定的其他特别程序不同，只要符合条件的就应当开庭缺席审理，法院对于这一特别程序的选择适用没有自由裁量的余地。由中级人民法院组成合议庭进行审理，表明合议庭是涉嫌这三种犯罪案件缺席审判的基本审判组织形式。在我国，基层人民法院适用简易程序、速裁程序的案件可以由审判员一人独任审判，中级人民法院审判第一审案件应当组成合议庭进行。法律规定缺席审判程序采用合议制审判，而不能采用独任制审判，是保证缺席审判案件质量的基本要求。缺席审判案件裁决的作出必须建立在合议庭成员充分参与法庭审理和集体合议的基础之上。根据《刑事诉讼法》第 183 条规定，中级人民法院审判第一审案件，应当由审判员 3 人或者由审判员和人民陪审员共 3 人或者 7 人组成合议庭进行。由合议庭对案件进行审判有两种组成方式：一是由专业的审判员组成合议庭；二是由审判员与人民陪审员共同组成合议庭。基于缺席审判程序适用案件类型的特殊性、重大性和涉外性，案件审理对审判人员有较高的专业知识要求。同时，因被告人不出席法庭，法庭上对证据的调查和审查判断需要较高的法律技能，因而合议庭全部由审判员组成应该成为缺席审判案件的基本审判组织形式，以保证审判的公正高效。同时，考虑增进社会公众对缺席审判程序的认同感，弥补专业审判人员与纷繁复杂社会脱节的不足以及避免司法预断、排除不适格证据，对司法权形成必要制约，可以对部分缺席审判案件适用人民陪审制度。① 对于确有必要吸收人民陪审员参加审判的案件，以审判员和人民陪审员共 7 人组

① 袁义康：《刑事缺席审判程序的合理性及其完善》，载《华东政法大学学报》2019 年第 2 期。

成的大合议庭为宜。[①] 大合议庭中一定数量的专业法官参与审判，确保案件审理的专业水准，同时吸收一定数量的人民陪审员参与审判，兼顾社会民众对于有重大社会影响案件的意见表达。大合议庭审判组织功能与缺席审判程序性质相契合。缺席审判中人民陪审员就案件事实认定独立发表意见，并与审判员共同表决；就法律适用可以发表意见，供审判员参考，但不参加表决。此外，案件经过缺席审判，罪犯在判决、裁定发生法律效力后到案，罪犯对判决、裁定提出异议的，人民法院重新审理时，应重新组成合议庭审理案件，先前参加缺席审理程序的法官回避。重新组成合议庭可以避免庭审法官受先前缺席审判形成心证的影响，公正处理案件。

《刑事诉讼法》第 291 条第 2 款关于审判组织的规定只适用于犯罪嫌疑人、被告人在境外的贪污贿赂犯罪案件、严重危害国家安全犯罪案件和恐怖活动犯罪案件的缺席审判程序。对于第 296 条规定的被告人因患严重疾病案件和第 297 条规定的被告人死亡案件的缺席审判适用何种审判组织，未进行特别规定。这两类案件缺席审判的审判组织形式取决于先前的诉讼程序。对于被告人患有严重疾病缺席审判的，缺席审判的审判组织与中止审理前的审判组织相同，由同一审判组织继续缺席审理案件。在案件审理过程中被告人死亡的案件，有证据证明被告人无罪，由同一审判组织继续审理并作出裁决。对于被告人死亡案件提起审判监督程序的，则按照审判监督程序确定采用具体的审判组织形式。

---

① 2021 年最高人民法院《刑事诉讼法解释》第 213 条第 2 款规定："基层人民法院、中级人民法院、高级人民法院审判下列第一审刑事案件，由审判员和人民陪审员组成七人合议庭进行：（一）可能判处十年以上有期徒刑、无期徒刑、死刑，且社会影响重大的；（二）涉及征地拆迁、生态环境保护、食品药品安全，且社会影响重大的；（三）其他社会影响重大的。"

三、刑事缺席审判程序

审判程序是决定被告人定罪量刑的决定性阶段，因而构成刑事诉讼的中心环节和主要阶段，审判是法定的必经程序。中国语境下的刑事审判程序体现公正与效率、实体公正与程序公正、打击犯罪与保障人权动态平衡价值观。审判程序运作遵循独立、中立、参与等诉讼规则。刑事缺席审判程序在形式上与普通对席审判程序有所区别，但在实质上仍然属于国家为追诉犯罪启动的程序机制。对席审判作为既定的常态审判方式应当遵循正当程序原则毋庸置疑，缺席审判程序仍有必要遵循正当程序原则，甚至基于缺席审判程序的某些“缺陷”更加强调正当程序原则的适用。无罪推定原则、辩护原则、证据裁判原则等基本诉讼原则仍然构成缺席审判程序的根基，被告人的知悉权、辩护权、救济权等基本权利不得克减。

2018 年《刑事诉讼法》中“缺席审判程序”一章确立了适用缺席审判的三种案件类型，并具体设置了缺席审判案件适用的程序环节。针对不同的案件类别，《刑事诉讼法》分别规定了不同的程序要求。《刑事诉讼法》第 291 条至第 295 条所规定的程序内容主要适用于犯罪嫌疑人、被告人在境外的贪污贿赂犯罪案件，以及需要及时进行审判，经最高人民检察院核准的严重危害国家安全犯罪、恐怖活动犯罪案件。对于该类案件法律规定了严格的适用程序，以保证缺席审判的公正性。第 296 条规定的针对患有严重疾病被告人的缺席审判，在法庭审理过程以及被告人辩护权、上诉权行使等方面与普通审判程序基本相同。第 297 条规定的针对死亡被告人的缺席审判在本质上属于衔接性规定，且其适用一般都有利于被告人，因此并无程序上的特殊要求，但被告人的法定代理人、近亲属及其委托的辩护人有权参与其中，有权提出有利于被告人的事实、证据和意见。对于在审判过程中被告人死亡，但有证据证明被告人无罪的，法院按照原来的程序继续进行审理。对于按照审判监督程序重新审判的案件，被告人死亡的，法院依据审判监督适用的具体程序缺席审理案件。可见，我国缺席审判的三种案件类型分别适用不同的审判程序，其中第 291 条确定的被告人在境外的贪污贿赂犯罪案件、危害国家安全犯罪案件以及恐怖活动犯罪案件适用的审判程序具有缺席审判的典型特征，构成我国缺席审判程序制度的主体内容。

对缺席犯罪嫌疑人、被告人的犯罪追诉制度内容集中体现于审判程序，但不限于审判程序。审判之前的监察机关调查程序或者侦查机关侦查程序和检察机关审查起诉程序构成审判机关缺席审判程序的前提和基础。刑事缺席审判程序可以划分为缺席审判准备程序，内容主要涉及对缺席起诉的审查、法律文书送达；法庭审判程序，内容主要涉及法庭调查、法庭辩论、评议和宣判等；救济程序，内容主要涉及对一审缺席判决的上诉、抗诉以及程序回转。同普通对席审判程序相比，缺席审判程序遵循着对席审判程序基本规则，同时又具有特殊性。有关刑事缺席审判具体程序内容放在第五章进行具体阐述。

第四节　刑事缺席审判中的律师辩护

“人们说刑事诉讼的历史就是扩大辩护权的历史。”① 辩护制度是刑事诉讼制度的重要组成部分。刑事诉讼中的辩护权是犯罪嫌疑人、被告人享有的基本权利，许多国家不仅将该权利规定于刑事诉讼法，还普遍将其作为宪法性权利纳入宪法规范，而且还为世界所公认，确立于国际公约之中。国际公约中“享有律师的权利”原则，涉及三个相互关联的权利，即选择法律援助的权利、被告知享有这一权利的权利，以及获得免费的法律援助的权利。律师帮助权在实现对犯罪嫌疑

① ［日］田口守一：《刑事诉讼法》，刘迪等译，法律出版社 2000 年版，第 89 页。

人权利保障方面，主要有以下两个作用：一是通过律师提供的法律专业性的帮助，可以克服大多数犯罪嫌疑人因缺乏对法律的了解而产生的弱点和不足，使辩护权的行使更为有效和积极；二是通过律师的帮助，可以有效地增加羁押程序的透明度，成为一种制约侦控机关滥用逮捕羁押权的重要力量，使羁押的公正性得到保障。[①]“他人辩护更是将来自民间的匡扶正义引入诉讼，使公诉案件中政府权力受到民间正义力量的制约，迫使控诉方有理有据地指控和证明犯罪，还无辜者以清白，保障有罪者的合法利益。”[②] 辩护制度在刑事审判中发挥着监督和制衡公权力作用，具有维护司法公正的社会意义。

被告人完整的刑事辩护权包括被告人出席法庭审判并替自己辩护的权利；被告人选择律师为自己辩护的权利；被告人获得法律援助的权利。[③] 刑事诉讼中被告人可以自己行使辩护权，也可以经由他选择的律师或者法律援助帮助他行使辩护权。被告人自行辩护权从刑事诉讼程序启动至程序终结始终享有。由律师帮助行使辩护权取决于犯罪嫌疑人、被告人委托律师的诉讼阶段，犯罪嫌疑人、被告人可以委托律师参与整个诉讼过程，也可以在某个诉讼阶段委托律师提供法律帮助。不同于对席审判程序中被告人和辩护人共同行使辩护权，缺席审判中被告人本人不出席法庭，自行辩护无法实现，律师帮助行使辩护权成为缺席审判中辩护的主要形式，缺席审判中的辩护制度因此具有特别意义。

《刑事诉讼法》第293条规定，人民法院缺席审判案件，被告人有权委托辩护人，被告人的近亲属可以代为委托辩护人。被告人及其近亲属没有委托辩护人的，人民法院应当通知法律援助机构指派律师为

---

① 朱文奇：《国际刑事诉讼法》，商务印书馆2014年版，第270页。

② 张建伟：《作为一种特别程序的缺席审判》，载《中国检察官》2018年第12期。

③ 陈光中主编：《〈公民权利和政治权利国际公约〉与我国刑事诉讼》，商务印书馆2005年版，第155页。

其提供辩护。该条适用于针对贪污贿赂犯罪、危害国家安全犯罪、恐怖活动犯罪的缺席审判。

处于境外的触犯此三类罪名的被追诉人获得辩护人帮助的方式有三种：一是被追诉人自行委托辩护人，被追诉人在境外委托国内辩护人需办理法定手续。二是被追诉人没有委托辩护人，其近亲属可以代为委托辩护人，其中被追诉人的意见与近亲属意见不一致的，以被追诉人的意见为准。根据2021年最高人民法院《刑事诉讼法解释》第601条第1款之规定，被告人有权委托或者由近亲属代为委托一至二名辩护人；委托律师担任辩护人的，应当委托具有中华人民共和国律师资格并依法取得执业证书的律师；在境外委托的，应当依照《刑事诉讼法解释》第486条的规定对授权委托进行公证、认证。三是被追诉人未委托辩护人，其近亲属也未代为委托辩护人，则人民法院应当通知法律援助机构指派律师担任其辩护人。根据《刑事诉讼法》第293条的规定，缺席审判适用强制性辩护。基于被追诉人在境外以及所涉案件通常为重大复杂案件，缺席审判中的辩护主要呈现为辩护律师的辩护。"由于被告人不出庭，与控诉方进行和平的、有秩序的对抗，只能依赖他人辩护，此为律师担当辩护人的必要性的来源。"① 本部分集中探讨缺席审判中辩护律师的辩护。

一、刑事缺席审判中律师辩护的特殊性

（一）诉讼理论上的特殊性

1. 特殊的诉讼结构

从传统职权主义诉讼模式看，法官依职权收集调取证据和听取控辩双方对于证据和案件事实的意见，以查明案件事实真相。缺席审判中因被告人缺席，导致法官行使职权进行调查时，失去了最重要的证

① 张建伟：《作为一种特别程序的缺席审判》，载《中国检察官》2018年第12期。

据来源之一——口供。整个审理过程中，法官无法听取被告人对案件事实及法律适用的意见，主要依靠检察官提供的证据和发表的意见判断案件事实。而从当事人主义诉讼模式看，法庭通过控辩双方平衡的对抗以实现程序正义，进而实现实体正义。该模式中法官根据控辩双方在对抗过程中的表现，对案件事实做出判断。缺席审判中被告人的缺席使得控辩双方的对抗严重失衡，事实上，一方缺席的对抗等同于非对抗。"顾名思义，缺席审判程序一改传统两造辩论的刑事诉讼格局，在被告人缺席的情况下进行审理并作出判决。故在诉讼机理上，缺席审判程序并非公正审判（fair trail）程序，而是以牺牲必要的正当程序（due procedure）为代价来实现迅速审判、迅速执行，以防止权利（尤其是对物权）长期处于权属不确定的状态。"① 因此，对于缺席审判，无论是职权主义还是当事人主义，一旦进入审判程序，诉讼结构均呈现出由控方主导的局面。

在对席审判中，理想的诉讼结构为控辩审三方呈等腰三角形，控辩双方在法官主持下，平等对抗，密切互动。在相同语境下的缺席审判程序中，辩方力量缺失，导致诉讼结构呈现不均衡和不稳定状态。具体表现为，一是控辩审三方结构中，辩护方地位因被告人的缺席而弱化，为维持三角形结构需要强化辩护人地位和权利加以弥补。由辩护律师承担起辩护职责，力求恢复控辩双方平等武装、良性互动的均衡状态，这是平衡诉讼结构的内生需要。由辩护律师代表辩方行使权利，则仍然可以维持两造对抗的基本设计，维持对席审判中基本诉讼原则的适用。二是处于辩护方的辩护律师和被告人由对席审判中的二元结构转变为缺席审判中的单极结构，法庭上律师与被告人协同辩护转变为律师单方辩护。被追诉人的缺席使得辩方力量受到削弱，这是缺席审判制度在不同诉讼价值之间进行选择和妥协的结果。为了维持

① 施鹏鹏：《缺席审判程序的进步与局限——以境外追逃追赃为视角》，载《法学杂志》2019 年第 6 期。

刑事诉讼三角形结构，不至于因辩护方地位和力量削弱导致诉讼结构失衡，缺席审判中辩护人与被告人的关系需要重新塑造。在被告人缺席法庭审判情形下，辩护律师的参与成为缺席审判的必要条件。无论是基于被告人及其近亲属委托辩护，还是司法机关通知法律援助机构指派辩护，均确保缺席审判中控辩审三方在场的基本诉讼样态。辩护律师的参与确保控辩双方平等对抗，填补被告人缺席带来的辩护空白。

2. 特殊的辩护关系

特殊的诉讼结构对应着特殊的辩护关系。对席审判中，无论是对抗型诉讼还是协商型诉讼，被追诉人都需要凭借辩护律师的法律专业知识和专业技能，帮助维护自身的权利。表现在诉讼关系上，被追诉人与辩护律师的联系较为紧密，被追诉人会密切关注辩护律师的辩护工作，也会积极提供对自身有利的证据或者证据线索供辩护律师使用。在辩护律师履职过程中不尽职、专业性表现不足时，被追诉人可以通过解除委托关系等手段约束辩护律师的行为，同时通过自行辩护对辩护律师的辩护进行补充与完善。在被告人与辩护人关系方面，通说认为辩护人享有相对独立的诉讼主体地位，这意味着辩护人拥有并不完全依附于被追诉人的辩护权。不仅如此，法律还将一些被追诉人及其近亲属所没有的专属辩护权利赋予辩护律师，如会见权、阅卷权、调查取证权等。这样的制度安排是考虑到辩护律师的专业性，通过扩大辩护人的辩护权利来更加有效地保障被追诉人的诉讼权利。二者之中，似乎辩护律师在诉讼中处于绝对主导地位，但从辩护权的存在根据看，一般认为辩护权的主体是二元性的，辩护权由被追诉人和辩护人分别享有。从辩护权的原发性角度分析，享有辩护权的第一性主体是被追诉人，经过其本人、近亲属委托或者司法机关指定委托，其辩护人成为行使辩护权的第二性主体。① 因辩护权的原发性主体是被追诉人，

① 参见韩正武：《辩护权主体的宪法面向》，载《福建论坛（人文社会科学版）》2014 年第 5 期。

且受律师委托制度、被追诉人对诉讼的亲历性等因素的影响，虽然大部分辩护权实际由辩护律师行使，但辩护律师与被追诉人的辩护关系呈现由被追诉人主导的合作状态。辩护律师的职责是维护被追诉人的利益，在法律允许的范围内，辩护律师行使辩护权应首先考虑被追诉人的意见。辩护律师的相对独立性更多体现在对具体法律的适用判断以及辩护策略、方法的选择上。总的来看，在对席审判中律师辩护依附于被追诉人的辩护，辩护关系呈现为由被追诉人主导的较为紧密的协作关系。

在缺席审判中，被追诉人与辩护律师的关系较为松散。首先，对于被追诉人委托的辩护人，基于被追诉人在诉讼过程中的非亲历性，被追诉人对辩护律师的辩护工作可能缺乏了解，如果辩护律师履职过程中不尽职或者造成被追诉人权利受损，则被追诉人无法及时做出反应，也缺乏有效的制约性手段。对于被追诉人近亲属委托的或者是法律援助机构指派的辩护人，尤其对于法律援助律师，被追诉人容易产生不信任感，辩护人与被追诉人的区隔性使得辩护人的独立性更高。其次，被追诉人身处境外的缺席审判中，受会见成本、律师执业潜在风险等因素影响，辩护律师很难与被追诉人进行有效沟通，辩护律师与被追诉人的沟通、协商是辩护方有效行使辩护权的基础。同对席审判中辩护人与被追诉人紧密的辩护关系相比，缺席审判中的辩护关系存在着明显差异，呈现出较为松散的状态。

此外，缺席审判中辩护关系还体现为由辩护律师主导的非协作关系。虽然律师辩护权是第二性的权利，但从辩护权主体的主导性角度看，我们不得不认同律师才是辩护权的真正主体，① 这一理论在缺席审判中得到了更好的印证。对于缺席审判中对辩护人持消极协作态度的被追诉人而言，被追诉人犯罪后潜逃境外等行为在一定程度上表达

① 参见韩正武：《辩护权主体的宪法面向》，载《福建论坛（人文社会科学版）》2014 年第 5 期。

出其对于诉讼的抗拒与非合作性，对其诉讼权利放弃或者漠然对待。辩护律师不仅承担了与被追诉人私法上的委托关系，还带有国家赋予其的辩护职责。辩护律师需要承担主要辩护职责，基于职业准则与法律要求，维护被追诉人的合法权利。如果辩护律师就辩护策略得不到被追诉人的积极回应并与其达成合意，其辩护工作只能依照自身的思路开展。对于缺席审判中对辩护人持积极合作态度，希望通过辩护人辩护维护自身利益的被追诉人而言，基于被追诉人对审判的非亲历性，被追诉人往往在与辩护律师进行沟通后，将更多的权利授予律师。其中，大部分辩护行为都是辩护律师基于专业与经验基础做出，显示出其在辩护关系中的主导性地位。总的来看，缺席审判中律师的辩护对被追诉人依附性不强，辩护关系呈现为由辩护律师主导的较为松散的非协作关系。需要说明的是，尽管缺席审判中辩护律师与被告人的诉讼结构与诉讼关系发生了某些形式上的变化，但辩护律师的职责仍以维护被告人的合法利益为第一要义。我国辩护律师履行辩护职责遵守的伦理规范与处理辩护律师和被告人关系方面，缺席审判与对席审判同样面临着由律师忠诚当事人义务与维护社会公益义务的“双中心模式”向以维护委托人利益为唯一目标的“单一中心模式”转型。“单一中心模式”以维护委托人利益作为辩护律师的唯一目标，追求委托人利益的最大化，避免损害委托人利益的行为。①

（二）司法实践中的特殊性

1. 辩护律师介入的复杂性

对席审判中，随着我国“刑事案件律师辩护全覆盖”试点的不断推广，通过值班律师制度、法律援助律师制度、由其近亲属代为委托以及被追诉人自行委托等方式，辩护律师基本上可以介入全部刑事诉讼阶段。缺席审判中，基于现行法律规定及实践中的操作，辩护律师

---

① 陈瑞华：《辩护律师职业伦理的模式转型》，载《华东政法大学学报》2020 年第 3 期。

介入诉讼具有复杂性。

（1）在缺席审判中辩护律师的介入时间具有复杂性

对席审判中，刑事诉讼的侦查阶段、审查起诉阶段、审判阶段被追诉人均可自行委托辩护人，对于被追诉人未委托辩护人的可能判处死刑案件、未成年人犯罪案件等特定种类案件，侦查机关、检察机关和审判机关均有义务通知法律援助机构指派法律援助律师为被追诉人提供辩护。根据《刑事诉讼法》第 34 条规定，犯罪嫌疑人最早可以自被侦查机关第一次讯问或者采取强制措施之日起委托辩护人。在审判前阶段，处于被羁押状态的被追诉人还可以获得值班律师的帮助。在缺席审判中，由于被追诉人身处境外，原则上并不存在被羁押的情况，在审判前阶段无法获得值班律师的帮助。根据《刑事诉讼法》第 293 条规定，被告人及其近亲属没有委托辩护人的，人民法院应当通知法律援助机构指派律师为其提供辩护。根据该条规定，对于缺席审判案件只有在审判阶段，被告人没有辩护人的，法院才为其通知法律援助机构指派律师。对于审判前的侦查阶段、审查起诉阶段犯罪嫌疑人未委托辩护人的，侦查机关、检察机关是否应当通知法律援助机构指派律师并不明确。如果审判前阶段不适用指派法律援助辩护，则对审判前阶段被告人享有的辩护权和在审判中被告人享有的辩护权未能做到平等保护。如果侦查阶段和审查起诉阶段对于不在案的犯罪嫌疑人同样适用指派法律援助辩护，而案件经过审查未必满足缺席审判条件而进入审判阶段，案件可能中止于侦查阶段或者审查起诉阶段，指派法律援助辩护成为不必要。指派法律援助辩护面临着操作困境。我国《刑事诉讼法》第 35 条规定，犯罪嫌疑人、被告人可能被判处无期徒刑、死刑，没有委托辩护人的，人民法院、人民检察院和公安机关应当通知法律援助机构指派律师为其提供辩护。针对贪污贿赂犯罪、危害国家安全犯罪、恐怖活动犯罪案件适用缺席审判程序，在辩护方面有可能适用第 35 条的规定。以贪污罪为例，根据最高人民法院、最高人民检察院《关于办理贪污贿赂刑事案件适用法律若干问题的解释》的规定，将300万元作为贪污金额特别巨大的起点，通常可以理解为被告人贪污超过300万元，即有可能被判处无期徒刑，也就满足了第35条规定的应当为其提供法律援助辩护的条件。相当一部分适用缺席审判程序的贪污贿赂犯罪被追诉人是符合第35条规定的情形的。严重危害国家安全犯罪、恐怖活动犯罪案件也有类似的情形。这里存在着《刑事诉讼法》第35条与第293条的协调问题。同时，对于受以上三种犯罪追诉的部分被追诉人，可能判处的刑罚低于无期徒刑的，则不享有指定法律援助辩护权。在我国，强制辩护仅适用于被告人是“盲、聋、哑人，或者是尚未完全丧失辨认或者控制自己行为能力的精神病人”以及“可能被判处无期徒刑、死刑”等情形，与我国刑事缺席审判的三种适用类型虽存在一定的交叉但并无包含关系，潜逃至境外的被告人很有可能最高被判处无期徒刑以下刑罚。我国刑事缺席审判辩护人必须出庭不单是刑事缺席审判救济措施，更是《刑事诉讼法》新增的强制辩护情形。[①] 强制辩护并非刑事诉讼中一种普适性的程序配备，而是在特定情形下为了维护特别利益而做的制度安排，属于特别救济手段。另外，在国际层面，审判前阶段的辩护权缺失可能会影响其他国家对我国缺席审判程序是否符合公平审判要求的判断。如若其他国家认为我国为追逃进行的缺席审判没有达到公平审判的要求，就有可能拒绝我国的引渡请求。[②]

笔者认为，《刑事诉讼法》有必要将第293条规定的法院缺席审判阶段指定法律援助辩护的内容提前至检察机关审查起诉阶段。对于犯罪嫌疑人在境外的三种案件审查是否提起缺席审判公诉以及适用缺席

---

① 刘腾肤：《中国刑事缺席审判制度：理解与完善》，载《四川师范大学学报（社会科学版）》2019年第2期。

② 郭晶：《缺席审判与引渡追逃的紧张关系及突破》，载《吉林大学社会科学学报》2019年第6期。

审判程序审理的案件分别由检察机关和审判机关通知法律援助机构指派律师为其提供辩护。

第一，对于犯罪嫌疑人在境外无法到案的犯罪案件，侦查（调查）机关①认为不适宜适用缺席审判程序的，可以采用通缉等追逃措施，维持案件侦查（调查）状态，直至犯罪嫌疑人归案。侦查（调查）机关认为案件符合缺席审判条件，可以向检察机关移送案件并建议适用缺席审判程序。检察机关负责审查起诉，对是否提起缺席审判公诉拥有裁量权。依照控审分离、不告不理原则，检察机关审查起诉是对犯罪嫌疑人启动缺席追诉的重要阶段，指定法律援助辩护设定于该阶段较为适宜。

第二，辩护人的职责是维护被追诉人的合法利益，被追诉人的利益包括实体性利益和程序性利益。是否对犯罪嫌疑人启动缺席审判程序是一种重要的程序性利益，决定着犯罪嫌疑人进入何种审判程序，适用不同的审判程序也间接影响着对被告人定罪量刑等实体性利益。因所涉及程序利益重大，检察机关审查起诉阶段吸收辩护人参与辩护，就是否提起缺席审判公诉提出意见，对于被追诉人辩护权行使具有实质性意义。当涉嫌三种罪名的“犯罪嫌疑人身处境外，但案件仍然进入了审查起诉阶段，则意味着诉讼程序已然导向了缺席审判前的‘准特别程序’，案件的性质和诉讼走向发生了特殊变化，此时应当考虑给予身处境外的犯罪嫌疑人特殊的诉讼关照”②。

第三，我国《刑事诉讼法》第 291 条规定对三种案件适用缺席审判程序的一个重要目的是实现对犯罪人的追逃追赃，实现该目的需要取得相关国家的司法协助，有关国家提供司法协助的前提是对犯罪人的追诉和审判程序具有正当性，完善的辩护权是诉讼程序正当的标志

① 侦查指侦查机关就刑事案件展开的侦查；调查指各级监察委员会对国家公务人员犯罪的调查。

② 董坤：《论外逃人员缺席审判的三重关系》，载《法学杂志》2019 年第 8 期。

之一。联合国《引渡示范条约》第 3 条规定了缔约国有权拒绝请求国引渡请求的适用情形，其中在 g 项规定："请求国的判决系缺席判决，被定罪的人未获有审判的充分通知，也没有机会安排辩护，没有机会或将不会有机会在其本人出庭的情况下使该案获得重审。"

第四，可以协调《刑事诉讼法》第 35 条和第 293 条规定内容之间的关系，缺席审判程序有关辩护内容属于特别法规定，相较普通条文规定优先适用，从而消除法条适用中的矛盾。从诉讼经验而言，辩护人介入诉讼程序时间越早，越容易对案件的走向产生影响。审判前程序中辩护律师的缺失，不利于被追诉人诉讼权利保障。至于被追诉人委托辩护人辩护及近亲属代为委托辩护，同样设置于审查起诉阶段为宜。

（2）在缺席审判中辩护律师的介入渠道（方式）具有复杂性

对席审判中，无论是被追诉人近亲属代为委托辩护还是法律援助辩护，辩护关系的成立均以被追诉人的认可为条件。在缺席审判中，因被追诉人在境外，存在无法与被追诉人取得联系的情形，则辩护关系的成立是以近亲属的认可或者法律援助机构的认可为条件的。根据被追诉人与辩护人关系中的权利保留原则，被追诉人对于直接影响其自身关键性权益和道德自由的保留性权利享有最终的决定权。《刑事诉讼法》第 293 条规定被追诉人近亲属可以代为委托辩护人，第 294 条规定被追诉人近亲属有独立的上诉权，辩护律师经被追诉人近亲属同意，可以提出上诉。委托辩护权和上诉权均为被追诉人享有的专属权利，第 293 条和第 294 条规定这两项权利可以由被追诉人的近亲属和辩护人代为行使，属于当事人权利保留原则的例外情形。在无法知悉被追诉人真实意愿的情况下，根据被追诉人利益最大化原则，推定辩护关系受到被追诉人认可。缺席审判中被告人有权委托辩护，而且赋予被告人的近亲属直接委托辩护的权利。在缺席审判中存在不同的辩护律师介入渠道，一是由被追诉人确认而介入诉讼的辩护律师；二是推定被追诉人确认而介入诉讼的辩护律师。此外，缺席审判中辩护律师的介入具有跨地域性。由于被追诉人身处境外，辩护律师往往需要跨地域进行会见、调查取证等工作，辩护工作会受到一些司法领域以外的因素影响，例如出入境管理政策、其他国家或者地区的法律法规等。辩护工作方式具有特殊性，例如境外被追诉人提供的证据如何提交法庭、法律文书送达的方式、外国法的查明等。缺席审判中的辩护内容和方式较对席审判程序更为复杂，需要专业的指引与帮助。

2. 辩护律师与被追诉人辩护合意的阻隔性

缺席审判中，被追诉人以逃避法律制裁为目的逃往境外的，被追诉人缺乏与辩护人达成合意的动因。被追诉人的意愿是逃避刑事司法对其的约束，辩护律师尤其是法律援助律师是以推动诉讼进程为目的而设置的角色，被追诉人与辩护律师的合作带来的不仅仅是诉讼权利的保障，还有随着诉讼程序推进可能到来的司法引渡，因而被追诉人可能对整个缺席审判持漠视、逃避态度。还有一部分案件，由被追诉人近亲属代其委托辩护人或者由司法机关指定法律援助辩护，辩护人可能无法同被追诉人取得联系，但仍然参与审判并推动审判进程，则辩护行为是在未与被追诉人达成合意的情况下做出。

对于辩护人与境外被追诉人能够取得联系的缺席审判案件，辩护工作也面临诸多困难。

一是法律援助律师难以获得被追诉人的信任，影响辩护合意的达成。辩护人参与法庭审判是缺席审判程序的必要条件，从被追诉人角度而言，可能认为司法机关指定法律援助辩护的目的是启动缺席审判程序以完成犯罪追诉，因而法律援助辩护更多具有形式化意义，对其权利保障效果不佳。法律援助律师在诉讼中被夹在国家机关与被追诉人个体之间，地位尴尬，辩护作用有限。

二是基于律师执业风险、辩护成本等因素考虑，辩护律师缺乏与被追诉人沟通以及参与缺席审判的积极性。同普通诉讼程序中的辩护不同，因缺乏被追诉人就案件事实的供述和辩解这一重要证据种类，辩护律师更依赖于其他类型的证据展开辩护，诉讼中辩护律师就其他证据主动调查取证需求增大。而缺席审判针对的贪污贿赂犯罪、危害国家安全犯罪以及恐怖活动犯罪案件，辩护律师个人取证难度极大，也面临着取证风险。辩护律师与境外被追诉人沟通不畅，成本增加，这些因素均影响辩护律师与被追诉人达成合意及参与诉讼的广度与深度。

三是即使被追诉人与辩护律师建立信任关系，技术因素的限制也影响着双方能够达成合意的程度。被追诉人在境外，通常辩护律师通过短时间、低成本的国内会见被追诉人了解案件情况及其诉求的方式无法实现。辩护律师赴境外与被追诉人进行会面和沟通，受辩护成本、诉讼期限、域外法律规定等限制，在大多数案件中都难以实现。辩护律师或可与被追诉人通过现代通信技术进行沟通与协商，例如身处境外的被追诉人与境内辩护律师以视频通话、电子邮件等方式替代传统的面谈式会见。该种技术操作方式可以解决跨地域性所带来的联系不便的问题，有效提高沟通效率，保障辩护权的实施，但该种联系方式也存在不足。利用一些第三方平台进行联系，存在保密性不强的问题，可能发生国家秘密、个人隐私等信息泄露，并由此带来一系列连锁问题。另外，法律未明确此类会见的合法性，是否可以参照对席审判中的律师会见程序，对被追诉人以及辩护律师的各项权利进行保障尚不明确，同时如果办案机关使用技术侦查等手段取证，该证据是否符合程序，是否具有证据能力，也存在不确定性。

3. 律师辩护方式的特殊性

缺席审判中律师辩护的内容与对席审判中存在较大差异。长期以来，在我国形成了围绕“口供”而展开的审理模式，随之而来的是辩护律师的辩护内容也主要围绕被追诉人的“口供”展开。具体来看，对席审判中辩护人通常针对被追诉人做出的不利供述进行防守型的辩护，从中寻找控方程序上的缺陷以及逻辑上的合理怀疑，表现较为被动。缺席审判中因被追诉人不在案，使得原本作为定案重要根据的“口供”的证据地位降低，转而依据其他证据定案的要求提高。首先，在“口供”的获取方面，处在非羁押条件下的被追诉人，更倾向于不会做出于自己不利的陈述，因此“口供”也就不会出现在控方证据中。缺少了“口供”，控方更依赖于其他证据，其中更多为间接证据，而间接证据的特点导致了案件事实存在更多不确定性，控方指控成立难度加大。从证据角度而言，缺席审判拓展了辩护律师的辩护空间，在辩护的方式上以证据对抗证据，辩护律师的辩护由被动转向主动。其次，除了传统定罪量刑等实体性辩护外，缺席审判程序本身作为特别程序，程序启动需要具备法定条件，也成为辩护内容。此外，缺席审判案件往往涉及追逃追赃问题，案件所涉财产同样成为辩护对象。缺席审判中形成定罪辩护、量刑辩护、程序性辩护、证据辩护、财产辩护等“多头并进”的辩护局面。

二、刑事缺席审判中律师辩护权内容

刑事辩护是刑事诉讼法的一项基本原则，辩护权也是犯罪嫌疑人、被告人享有的诸项诉讼权利中最具“执行力”的权利。缺席审判中，通过被追诉人及其近亲属委托辩护或者司法机关通知法律援助机构指派辩护实现了缺席审判中律师辩护的全覆盖。没有辩护律师出庭为被告人辩护，则不能进行缺席审判程序。被追诉人缺席案件诉讼可以划分为审判前阶段和审判阶段，辩护相应可以划分为审判前的辩护与审判中的辩护。现行《刑事诉讼法》集中规定了缺席审判程序中辩护制度内容。如前所述，在审判前阶段与审判阶段保障被追诉人辩护权同等重要，缺席审判案件辩护权内容有必要延伸至审判前阶段。缺席审判程序中被追诉人辩护权主要由辩护律师帮助行使，辩护律师在缺席审判中享有的诉讼权利构成辩护权的主要内容。

（一）会见权

狭义的会见仅指律师会见被采取羁押性强制措施的犯罪嫌疑人、被告人，而广义的会见包括律师以多种方式会见在押的以及非在押状态下的犯罪嫌疑人、被告人，本书讨论的会见是从广义上理解的会见。会见权是犯罪嫌疑人、被告人获得律师帮助权的重要组成部分。一方面，它在保障被刑事追究者的知情权、增强被追诉方的防御能力、维持控辩平等方面发挥着重要作用；另一方面，对于律师来说，会见权的保障也是其有效展开辩护业务的基础和前提。[①] 会见是辩护工作开展的最基础性条件，通过会见辩护律师可以初步掌握诉讼中的关键信息。会见是指导后续辩护工作开展的重要环节，辩护律师行使辩护权，以行使会见权为前提条件。缺席审判中律师会见与对席审判中律师会见有较大差异。在普通程序中，律师与被采取羁押措施的犯罪嫌疑人、被告人会见主要发生在看守所，会见过程受到监督；律师与未被采取羁押措施的犯罪嫌疑人、被告人会见不受场所限制，通常二者同处一地，面对面会见容易实现。缺席审判中，基于犯罪嫌疑人、被告人身处境外的原因，一方面，如果犯罪嫌疑人、被告人不委托辩护人或者不认可其近亲属代为委托以及法律援助机构指派律师，可能就不发生辩护律师与犯罪嫌疑人、被告人会见问题；另一方面，辩护律师与犯罪嫌疑人、被告人建立辩护关系，因存在空间物理障碍以及诉讼成本消耗等局限，双方会见受到很大限制。随着通信技术发展，通过远程视频等方法会见成为选择，会见形式发生变化。另外，普通诉讼程序中辩护律师与犯罪嫌疑人、被告人面对面会见，会见的私密性能够得到保障。而缺席审判中的会见，律师与被追诉人之间通过通话、电子邮件、通信软件等方式远程会见，其沟通过程私密性降低。因案件涉及贪污贿赂犯罪、危害国家安全犯罪以及恐怖活动犯罪，所涉案情重

① 参见李奋飞：《程序合法性研究——以刑事诉讼法为范例》，法律出版社2011年版，第240—241页。

大，相当数量案件涉及国家秘密，辩护律师还面临着一定执业风险。

会见是辩护律师行使辩护权的基础，了解尽可能多的信息，依靠信息制定有效的辩护策略，尽职为被追诉人找到罪轻或者无罪的根据，是辩护律师工作的重点。缺席审判案件需要平衡针对特定案件采取技术侦查措施与辩护律师会见权的关系，一是给予辩护律师以及被追诉人充分选择会见渠道的自由；二是在审判过程中对于通过侵犯会见私密性得来的证据进行严格排除，以保障辩护律师的会见权利。

（二）阅卷权

刑事诉讼中，阅卷是辩护律师了解控方指控案件事实及掌握证据材料情况的主要渠道。阅卷对于辩护具有双重意义：一方面，对于辩护律师一段时间内的辩护工作做出检验，通过阅卷可以在一定程度上了解控方的思路，通过与辩护律师的辩护思路进行比对，发现辩护工作存在的遗漏与缺陷；另一方面，通过阅卷开启新的辩护阶段，基于阅卷的结果，辩护律师梳理其中的逻辑关系与具体细节，制订新的辩护计划。阅卷权是辩护律师的专属性权利，在审查起诉阶段开始后，辩护律师可以对案卷进行查阅、摘抄和复制。对席审判中，辩护律师可以通过多种渠道获取案件信息，律师在阅卷后会将其中的情况与被追诉人进行核实，以分析辩护的重点并制定相应的辩护策略。而缺席审判程序由于被追诉人的缺席，辩护律师与被追诉人在交流与沟通上更为困难，更加倚重于通过阅卷了解案件信息，阅卷权对于辩护权的意义较对席审判中更为显著。缺席审判中因缺少被追诉人口供，辩护律师阅卷效果更加依赖于案卷的完整性与真实性。

（三）调查取证权

在普通对席审判中，辩护律师以及被追诉人可以在质证的过程中，通过对控方证据进行逻辑和事实上的反驳，降低其证明力，来达到其诉讼目的。在缺席审判中，由单极性的辩护关系所导致的辩护方法的不同，使得证据辩护在律师辩护中的比重增大，在审判中更有可能呈现出控辩双方在证据上的尖锐对抗。刑事诉讼中辩护律师获取证据信息的主要途径有三种：一是通过阅卷了解控方掌握案件事实及证据情况；二是通过会见当事人了解相关证据线索；三是通过调查取证获得相应证据并提交司法机关。缺席审判中，案卷中往往缺少犯罪嫌疑人、被告人口供这一重要证据类型，犯罪嫌疑人、被告人身处境外带来的会见困难也阻碍了辩护律师从当事人处获得证据线索，通过调查取证获取证据信息在辩护中的地位提升。为保证律师辩护的完整、有效，辩护律师调查取证权不可或缺。

缺席审判中，辩护律师调查取证除了从犯罪嫌疑人、被告人处获取证据线索存在障碍以外，还受其他条件限制。缺席审判程序适用的贪污贿赂犯罪、危害国家安全犯罪以及恐怖活动犯罪类型涉及国家安全、公共利益保护且案情重大，辩护律师难以介入调查取证。其中贪污贿赂犯罪由国家监察机关负责调查，调查阶段被调查人不享有辩护权，自然也就不存在辩护律师调查取证的空间。因案件涉及国家安全、公共利益保护，我国《刑法》第306条规定的律师伪证罪对于律师威慑作用更大。相较于普通诉讼程序，辩护律师在缺席审判中调查取证更为小心谨慎。虽然《刑事诉讼法》第43条规定，辩护人认为在侦查、审查起诉期间公安机关、人民检察院收集的证明犯罪嫌疑人、被告人无罪或者罪轻的证据材料未提交的，有权申请人民检察院、人民法院调取，因辩护律师从当事人处获取证据线索的有限性以及因涉及特别调查、国家秘密等辩护律师介入审判前阶段的困难性，使得实现该申请司法机关调查取证权同样存在困难。针对缺席审判中证据调查申请，检察机关、审判机关有必要予以重视。

（四）审查起诉阶段发表意见权

对于检察机关而言，维护律师辩护权的主要方式是允许律师参与审查批捕和审查起诉活动，在这两个程序中听取辩护律师的意见，接受律师的书面辩护意见和材料，在作出是否批准逮捕决定和提起公诉决定时，充分考虑辩护律师的意见。[①] 基于我国检察机关负有的公正行使国家检察权的义务，检察机关在审查起诉过程中，安排辩护律师参与的环节，并保障律师提出意见的权利，具有合理性。在缺席案件审查起诉中，检察机关无法讯问犯罪嫌疑人，听取辩护律师意见的重要性对于检察机关公正与准确处理案件不言而喻。我国《刑事诉讼法》将贪污贿赂犯罪、危害国家安全犯罪以及恐怖活动犯罪案件提起缺席审判公诉的权力赋予了检察机关。第 291 条规定，人民检察院认为犯罪事实已经查清，证据确实、充分，依法应当追究刑事责任的，可以向人民法院提起公诉。法条表述使用的是“可以”，这意味着检察机关可以酌定案件情况决定是否向审判机关提起缺席审判公诉，检察机关对此拥有裁量权。缺席审判程序的提起有着严格的适用条件，辩护律师通过程序参与，提出意见，影响检察机关的起诉决定，一方面可以有效保护被追诉人利益，另一方面可以防止检察机关公诉权滥用。辩护律师发表意见的具体内容，既可以涉及实体问题也可以涉及程序问题；既可以通过书面方式发表意见，也可以通过口头方式发表意见；既可以在审查起诉结束前统一提出，也可以在审查起诉的过程中分次提出。

（五）申请召开庭前会议的权利

《刑事诉讼法》第 187 条规定，在开庭以前，审判人员可以召集公诉人、当事人和辩护人、诉讼代理人，对回避、出庭证人名单、非法证据排除等与审判相关的问题，了解情况，听取意见。该条确立了我国刑事审判中的庭前会议制度。庭前会议的主要功能包括：证据开示、非法证据排除、争点整理、沟通说服、程序分流、调解与和解等。庭前会议以解决程序性争议为首要目标，同时应当加强对被告人的权利保障。[②] 庭前会议的启动形式可以划分为两类，即由法院依职权启动

---

① 陈瑞华：《刑事辩护制度四十年来的回顾与展望》，载《政法论坛》2019 年第 6 期。

② 参见熊秋红：《刑事审判模式下的庭前会议功能定位》，载《人民法院报》2017 年 6 月 14 日，第 2 版。

和依控辩双方申请启动。2021 年最高人民法院《刑事诉讼法解释》第 226 条规定，案件具有下列情形之一的，人民法院可以决定召开庭前会议：（1）证据材料较多、案情重大复杂的；（2）控辩双方对事实、证据存在较大争议的；（3）社会影响重大的；（4）需要召开庭前会议的其他情形。控辩双方可以申请人民法院召开庭前会议。申请召开庭前会议的，应当说明需要处理的事项。人民法院经审查认为有必要的，应当决定召开庭前会议；决定不召开庭前会议的，应当告知申请人。被告人及其辩护律师在开庭审理前申请排除非法证据，并依照法律规定提供相关线索或者材料的，人民法院应当召开庭前会议。

庭前会议在缺席审判中可以发挥特殊作用。首先，适用缺席审判的贪污贿赂犯罪、危害国家安全犯罪以及恐怖活动犯罪通常符合证据材料较多、案件重大复杂的特点，加之被告人潜逃境外，社会影响较大，针对这三类案件适用庭前会议制度，可以有效整理诉讼争点，为顺利进行法庭审判奠定基础。其次，缺席审判程序本身有着法定的适用条件和标准，是否满足法定条件是开启该程序的前提，因而缺席审判是否满足法定条件也成为辩护律师进行程序性辩护的重要内容。庭前会议中控辩双方就案件是否满足缺席审判适用条件的辩论结果，决定着后续审判程序的走向。最后，被告人身处境外及案件缺少被告人口供证据种类、辩护律师普遍审判前阶段不介入诉讼以及调查取证困难等因素决定了缺席审判中辩护律师获取证据信息受到很大限制。通过庭前会议进行证据开示，可以弥补辩护律师获取证据信息不足的缺陷，促进法庭审判控辩双方辩论的实质化，帮助法庭准确查明案件事实，有效维护被告人合法利益。

（六）律师辩论的权利

缺席审判程序相较于对席审判程序，缺少了讯问被告人、被告人参与质证、被告人在庭最后陈述等环节，对席审判中被告人和辩护律师二元辩护转变为辩护律师单极辩护格局，辩护力量削弱，控辩力量有失衡的可能性。为了维持控辩双方的相对平衡，缺席审判中，法庭有必要对辩护律师在审判程序中的辩论权利给予必要关照。

法庭审判过程本质上是一个控诉、辩护、审判三方在不完全信息下进行论证博弈的过程。随着论辩对话的不断进行，控辩双方会不断地添加信息或者证据来维护自己的观点，并反驳对方的观点，审判方根据控辩双方在论辩过程中提供的新的信息和已掌握的情况，不断地修正信念，最终得出案件裁决结论。① 缺席审判中辩护方的辩论职能主要由被告人的辩护律师行使。辩护律师辩论的主要内容，一是就案件证据展开质证以辩明案件事实；二是就案件法律适用发表意见。控辩双方的辩论发言是法庭审理阶段的主要形式。在法庭审理中“不仅允许辩方针对控方所构建的待证事实主张和证据体系进行反驳和质疑，同时还应当允许辩方根据实体和程序法要件构设与控方的事实主张和证据体系不一致或者完全相反的对抗性待证事实主张和证据体系。为法官的居中裁断提供理性选择空间”②。一直以来我国刑事审判中存在质证、辩论的形式化现象，主要表现为法庭出示证据以宣读笔录为主、控辩双方答辩缺少交流和交锋等，严重影响了辩护效果。缺席审判中，被告人不参与法庭审判，辩护律师辩护缺少了来自当事人的制约，有可能加剧庭审辩论形式化现象。我国正在进行庭审实质化改革，“为实现庭审的实质化，裁判方式必须完成由‘卷宗中心主义’到‘言词辩论中心主义’的转变”③。庭审实质化强调控辩双方当庭质证、当庭辩论意见对案件裁决结果产生实质性影响。缺席审判中，“要保障律师在庭审中发表质证、辩论意见以及发问的权利，确保律师具有平等的陈

---

① 参见贺寿男：《司法裁判中的理性实现研究》，中国社会科学出版社 2013 年版，第 48 页。

② 左卫民：《反思过度客观化的重罪案件证据裁判》，载《法律科学》2019 年第 1 期。

③ 周长军、彭俊磊、韩晗：《刑事庭审实质化研究——以诉讼公开为视角》，载《山东审判》2017 年第 5 期。

述及辩论机会和时间，保证发言的完整性"①。一方面，要保证辩护律师有合理的发言时长，与控方发言时长保持在平等水平上，这一点不应机械地计算时间，而是以庭审中各方发言的总时长为评判标准，具体节奏仍由法官掌握；另一方面，要保证辩护律师发言的完整性，不轻易打断辩护律师的发言，保护律师质证有效性。缺席审判中辩护人质证与辩论分两种情形：一种情形为辩护人能够与缺席被告人沟通和联系，辩护律师在征询被告人意见前提下进行法庭质证和辩论；另一种情形为辩护律师无法与缺席被告人沟通和联系，则由辩护律师根据法庭审理情况独自为被告人利益进行法庭质证与辩论。举证质证过程由法官主持，具体顺序以及方式可视庭审情况灵活适用。对于控辩双方有异议的关键证据，应予以特殊关注。缺席审判中"口供"的缺失，使得案件事实的展现更依赖于其他证据。给予控辩双方对证据进行充分辩论的机会，围绕证据的关联性、合法性、真实性发表意见，对于判断证据能力以及证明力有重要意义。

（七）律师提起救济权

无救济则无权利，救济机制是公民权利行使的重要保障。对席审判中，辩护律师可通过投诉机制、控告申诉机制、上诉机制为犯罪嫌疑人、被告人提起救济。投诉机制是通过向侵犯犯罪嫌疑人、被告人诉讼权利的机关或者个人的同级机关或者上一级机关提出投诉，通过行政化的审查，对侵犯犯罪嫌疑人、被告人权利的问题进行调查并做出救济。控告申诉机制是通过向侵犯犯罪嫌疑人、被告人权利的机关或个人的同一级或者上一级人民检察院提出申诉和控告，由人民检察院审查，以通知的方式对国家机关行为进行纠正，以救济犯罪嫌疑人、被告人权利。这两种权利救济机制，在缺席审判中，与对席审判中基本保持一致，辩护律师均有权独立提起救济，以维护犯罪嫌疑人、被

① 邢世伟："周强：确保律师有平等的陈述和辩论时间"，http：//www.bjnews.com.cn/news/2015/08/20/375005.html，最后访问时间 2022 年 6 月 9 日。

告人的权利。接受投诉、申诉控告的机关，严格遵照法律法规的要求，对侵权行为及时处理。

就刑事审判而言，上诉是当事人不服第一审法院裁决最直接的救济机制。上诉机制不同于前两种救济机制，其属性是司法救济机制，有着严格的法律程序和最高的法律效力。对席审判中，被告人不服第一审法院裁决的，只能由被告人提起上诉，辩护律师无权独立提起上诉，只能经过被告人的特别授权，代理被告人提起上诉，其主要原理在于是否提起上诉属于当事人决定的涉及自身重大利益的事项，只能由其作出决定。《刑事诉讼法》第294条规定，缺席审理案件，人民法院应当将判决书送达被告人及其近亲属、辩护人。被告人或者其近亲属不服判决的，有权向上一级人民法院上诉。辩护人经被告人或者其近亲属同意，可以提出上诉。被告人是刑事诉讼的当事人，法院的裁决涉及其刑事责任的认定和承担，和其有着直接的利害关系，被告人当然享有上诉权。赋予被告人近亲属独立上诉权是缺席审判程序的特别规定，这是考虑到缺席审判中被告人在境外无法直接行使上诉权的特殊性以及近亲属有着维护被告人利益的意愿，为了最大限度保障被告人的诉讼权利而作出的规定。无论是被告人还是近亲属，对法院判决不服，均可委托辩护律师提起上诉，由辩护律师代为提起上诉。对于被告人积极参与诉讼的，可以委托辩护律师提起上诉。对于被告人消极参与诉讼的，其近亲属可以提起上诉，近亲属同样可以委托辩护律师代为提起上诉。

缺席审判中是否应当赋予辩护律师独立提起上诉的权利，理论界存有争议。持赞同意见的观点认为，缺席审判中赋予辩护律师独立的上诉权存在合理性。一是辩护律师在刑事诉讼中具有独立的诉讼地位。我国《律师法》及《律师办理刑事案件规范》均明确规定，律师担任辩护人，应当依法独立履行辩护职责。辩护律师履行辩护职责的主要目的在于维护被告人利益，赋予其独立上诉权以启动二审程序对一审裁决过程和结果进行审查，可以最大化保护缺席被告人利益。二是《刑事诉讼法》已经赋予被告人近亲属独立的上诉权，同样道理，赋予律师独立上诉权可以起到类似作用。加之律师辩护为专业性活动，律师更有能力判断和实施上诉行为，从而实现被告人利益保护最大化。当然需要根据缺席审判具体情况确定是否赋予辩护律师独立上诉权。缺席审判过程中，被告人虽不参加法庭审判，但积极参与诉讼并与辩护律师密切联系的，不宜赋予辩护律师独立提起上诉的权利；对于被告人消极参与诉讼的，可以赋予辩护律师独立提起上诉的权利。笔者认为，缺席审判中不宜赋予辩护律师独立提起上诉的权利。一是辩护权是被告人享有的专有权利，具有很强的人身依附性。尽管被告人出于有效辩护的需要，会将辩护权委托辩护律师行使或者特定情况下由司法机关指派法律援助辩护，但辩护律师辩护权的权利来源仍然是被告人的辩护权。上诉权作为辩护权一项重要权利内容，理应归属于被告人本人。二是缺席审判中赋予了被告人近亲属独立的上诉权，对此不能以律师独立上诉权进行简单类比。被告人近亲属提起上诉的案件，二审法院审理中的上诉人仍为第一审被告人，审判仍然是围绕一审被告人的刑事责任展开，案件裁决结果与被告人有直接的利害关系。法律赋予被告人近亲属独立上诉权是考虑到被告人与近亲属的紧密关系，被告人被定罪与近亲属有着间接利害关系，如果缺席审判涉及财产问题，与近亲属可能有直接利害关系。法律赋予被告人近亲属独立上诉权是基于缺席审判特殊性而作的变通性规定。辩护律师与案件既无直接利害关系，也无上述间接利害关系，不具备赋权的基础。

（八）拒绝辩护权

辩护律师介入刑事诉讼是基于犯罪嫌疑人、被告人的委托或者公安司法机关通知法律援助机构的指派，辩护律师与犯罪嫌疑人、被告人是代理与被代理关系。辩护律师一旦接受委托或者指派，就应当尽职履行辩护职责，没有正当理由，不得拒绝辩护或者代理。辩护律师无正当理由单方面终止辩护，不仅构成民事法律关系上的违约，也有违律师执业规则。辩护律师严格履行辩护义务不排除特定情况下可以解除与被代理人的辩护关系。我国《律师法》第32条规定，委托事项违法、委托人利用律师提供的服务从事违法活动或者委托人故意隐瞒与案件有关的重要事实的，律师有权拒绝辩护或者代理。该条确立了辩护律师的拒绝辩护权。辩护律师拒绝辩护权的内容同样适用于缺席审判程序。因缺席审判程序的特殊性，辩护律师拒绝辩护权呈现出一定复杂性。首先，同对席审判程序相比，缺席审判中被告人的近亲属享有较多的诉讼权利。缺席审判中被告人的近亲属不仅可以代被告人委托辩护人，不服法院判决还可以独立提起上诉而不必经过被告人的同意。缺席审判中对委托人的理解不仅包括犯罪嫌疑人、被告人本人，还包括近亲属。缺席审判近亲属委托辩护中，近亲属委托事项违法、利用律师提供的服务从事违法活动或者故意隐瞒与案件有关的重要事实的，辩护律师有权拒绝辩护。其次，对于“委托人故意隐瞒与案件有关的重要事实”如何理解？“以事实为根据，以法律为准绳”是我国刑事诉讼的基本原则，了解案件事实是辩护律师开展辩护工作的基础，委托人故意隐瞒与案件有关的重要事实使得辩护工作失去了基础，也有损委托人与辩护律师建立相互信任关系，因而辩护律师可以拒绝辩护。缺席审判中，犯罪嫌疑人、被告人身处境外，因客观原因或者被告人故意逃避与辩护律师接触，辩护律师无法与犯罪嫌疑人、被告人取得联系，无法联系导致辩护律师无法从犯罪嫌疑人、被告人处了解案件事实，这种情形是否属于“故意隐瞒与案件有关的重要事实”？犯罪嫌疑人、被告人或者其近亲属委托辩护律师建立委托关系后，犯罪嫌疑人、被告人及其近亲属消极应诉，辩护律师无法通过犯罪嫌疑人、被告人及其近亲属了解案件事实，可以视为委托人“故意隐瞒与案件有关的重要事实”，从而拒绝辩护。原因在于缺席审判中委托人的消极应对，产生的效果类似于“故意隐瞒与案件有关的重要事实”，可能导致辩护律师无法正常行使辩护权利。这实际上是对“故意隐瞒与案件有关的重要事实”做了扩大解释。以上情形只适用于委托辩护，对指派的法律援助辩护则不适用。委托辩护是委托人与辩护律师建立的代理与被代理关系，是一种民事法律关系，基于意思自治原则，委托方与被委托方均有处分权。指派法律援助辩护则不然，指派法律援助辩护同样是在刑事被追诉人与辩护律师之间建立了代理与被代理关系，但同时这种辩护还是国家为保证特定案件辩护制度的有效运作而加诸的义务，义务则不可处分。

三、刑事缺席审判中律师行使辩护权的保障机制

刑事辩护制度不仅关系到国家权力与公民个人权利配置均衡性问题，也关系到刑事司法权力之间配置合理性问题，更关系到刑事诉讼结构合理问题与程序正当性水平问题。[①] 为了避免辩护律师为被告人提供辩护成为一句空话，需为辩护律师行使辩护权提供必要保障。为此，1990 年联合国第八届预防犯罪和罪犯待遇大会通过的《关于律师作用的基本原则》在第 16 条至第 22 条专门规定了各国政府保证律师履行职责的措施，例如确保辩护律师“（a）能够履行其所有职责而不受到恫吓、妨碍或不适当的干涉；（b）能够在国内以及国外旅行并自由地同其委托人进行磋商；（c）不会由于其按照公认的专业职责、准则和道德规范所采取的任何行动而受到或者被威胁会受到起诉或行政、经济或其他制裁”；律师拥有法庭言论豁免权；律师获得查阅案件相关数据、档案和文件机会；辩护业务保密等。同对席审判相比，缺席审判中诉讼结构发生一定变化，辩护律师的辩护发挥着更加突出的作用。从法律上，缺席审判不仅不会削弱律师辩护，反而强化了律师辩护；并且由于在缺席审判下，被告人不出庭，律师的辩护责任更重，辩护

① 张能全：《社会转型中的刑事司法改革与制度创新研究》，中国政法大学出版社 2017 年版，第 307 页。

作用更为突出。[①] 缺席审判中辩护律师功能的发挥离不开法律层面以及现实层面对律师辩护权及其行使过程的重视与保障。

（一）缺席审判中辩护律师的有效介入

要保障辩护律师在缺席审判中的有效介入，首先是在律师介入诉讼的时间节点上需要提前。对席审判中，辩护律师介入诉讼的时间点是犯罪嫌疑人被侦查机关第一次讯问或者采取强制措施之日，在缺席审判中，此条件显然无法适用。《刑事诉讼法》第293条只规定了法院审判阶段委托辩护和指派法律援助辩护内容，似乎立法意在排除非审判阶段辩护律师介入犯罪嫌疑人缺席诉讼的情况，但《刑事诉讼法》第35条又规定了审判前阶段适用委托辩护和指派法律援助辩护的情形，也就是说在缺席审判前阶段，缺席审判一章法律虽未指明被追诉人有委托辩护律师的权利，但根据第35条规定，犯罪嫌疑人有权申请法律援助律师为其提供辩护。如前所述，缺席审判案件委托辩护与指派法律援助辩护提前至检察机关审查起诉阶段为宜。一方面可以协调法条之间的内容一致性，另一方面可以根据缺席审判程序特点，最大限度保障被追诉人辩护权行使。《刑事诉讼法》第173条规定，人民检察院审查案件，应当听取辩护人的意见，并记录在案。辩护人提出书面意见的，应当附卷。该规定同样适用于缺席审理案件。

调查取证对于辩护律师介入诉讼的深度至关重要。不同于对席审判中证据使用，缺席审判由于缺少了被告人“口供”，法庭调查与法庭辩论主要依据口供以外的证据类型展开，如辩护律师未能有效进行调查取证工作，在审判中难免呈现被动的态势。贪污贿赂犯罪、危害国家安全犯罪以及恐怖活动犯罪辩护律师调查取证面临的技术性困难以及法律风险，使得辩护律师调查取证积极性不高。缺席审判中，调查取证对于辩护的开展意义重大，辩护律师调查取证的重要性提升。长远来看，通过

---

① 顾永忠：《2018年刑事诉讼法再修改对律师辩护的影响》，载《中国法律评论》2019年第1期。

审判中心主义改革，构建更为合理的诉讼结构，是维护缺席审判程序律师辩护权的最经济途径。而短期内，以具体的制度设计作为支点，对缺席审判制度进行完善，也可以有力保障律师辩护权的顺利行使。鉴于在缺席审判中，辩护律师调查取证对于辩护的重要意义，律师自身调查取证权以及申请司法机关收集调取证据权应受到法律保障。

缺席审判中，阅卷时间、范围与程度同样影响着辩护律师介入诉讼的深度。由于被追诉人的缺席，辩护律师难以从被追诉人处获得有价值的信息，更多案件细节需要律师从阅卷中挖掘。通过阅卷，辩护律师可以将其与自己所掌握的证据进行比对，基于卷宗所呈现出的“事实”，制定辩护思路。同时，通过阅卷，也可以发现一些新的线索，无论是关于程序部分还是关于实体部分，都为辩护工作的开展提供动力。保障辩护律师尽早阅卷、及时阅卷、完整阅卷是辩护律师深入介入诉讼的条件，也是刑事辩护实质化的着力点。

（二）司法机关为律师辩护提供便利

刑事诉讼控诉、辩护和审判三方诉讼构造中，作为控方的检察机关和作为审判方的法院均为国家机关，代表国家行使职权。处于辩护方的犯罪嫌疑人、被告人和辩护律师往往是公民个人，个人力量难以与国家力量抗衡，所以现代法治国家均在刑事诉讼中设定无罪推定、辩护等基本原则以及规定辩护方享有的一系列诉讼权利，追求控诉方与辩护方力量的相对平衡。如果说对席审判中辩护律师可以和被告人“协同作战”，共同行使辩护权，缺席审判中则是辩护律师“单枪匹马”，以辩护律师行使辩护权为主，辩护方力量有所削弱。为了维护合理的三方诉讼构造，司法机关需要对辩护律师行使辩护权给予必要关照，为其诉讼行为提供便利。一是及时告知犯罪嫌疑人、被告人及其近亲属有权委托辩护人，对于符合条件的案件通知法律援助机构指派律师提供辩护。国家承担刑事法律援助责任并非赋予受援人特权，而是保障公民在辩护权上实质性的平等。① 二是告知辩护律师案件进程以及境外被追诉人的基本信息，包括联系方式、所在地址等信息，便于辩护律师与被追诉人沟通、会见。三是为保障辩护律师能够为辩护做充分准备及有效参与诉讼，司法机关应向其及时送达起诉书副本等法律文书。四是对于辩护律师境内调查取证的申请，检察机关和审判机关予以积极回应，帮助辩护方收集调取证据。案件涉及境外调查取证的，目前对律师个人取证、认证程序尚无相关规定，境外收集的证据是否只有通过“双认证”程序才具有证据能力，尚无定论。对于辩护律师申请调取对案件定罪量刑起关键作用的证据的，由司法机关出面按照与相关国家司法协定的要求执行更为可行。五是为辩护律师阅卷提供便利。缺席审判中的阅卷是辩护律师了解案件事实、掌握证据信息最主要的方式。司法机关有义务为律师阅卷提供便利，具体措施包括司法机关及时将案卷状态通知辩护律师、简化阅卷手续、设置专门阅卷场所以及提供复印设备等。

（三）缺席审判中的强制辩护与有效辩护

刑事缺席审判制度确立指派法律援助辩护，旨在为缺席审判的被告人提供法律帮助，以保障其辩护权实现。在更宏观背景之下，此规定目的为维持基本的诉讼结构，保证诉讼程序正当性。刑事缺席审判作为一种应对被告人逃避追诉的机制，“意味着此类制度是一种非常态制度，其内在结构设计与其所对应的常态化制度相比存在一定差别。承认这种差别，并非认同降低此类程序的诉讼权利保障，而是认为此类程序的权利保障机制可能需要作出不同于常态制度的特殊安排，比如，强制辩护、重新审理等方面的探索”②。指派法律援助辩护与强制

① 汪海燕：《责任、范围和标准：刑事法律援助制度的隘口》，载顾永忠主编：《刑事法律援助的中国实践与国际视野》，北京大学出版社2013年版，第164页。

② 初殿清：《美国启动刑事缺席审判的规范限定与司法裁量》，载《环球法律评论》2020年第3期。

辩护有所交叉，但不完全等同。强制辩护与指派法律援助辩护是有联系又有区别的制度。指派法律援助辩护强调的是必须为符合条件的被告人指派辩护人，但没有要求庭审时辩护人必须到场，也没有规定没有辩护人参加审判的案件，有罪判决不能生效。而要求审判时辩护人必须到场；缺乏辩护人参加的审判，裁判不发生法律效力，是强制辩护的基本内容。[①] 基于缺席审判的特殊性，宜采用强制辩护制度，切实维护缺席被告人诉讼权利，以保证缺席审判程序的正当性及裁判结果的准确性。审判法院缺席审判案件，被告人有权委托辩护人，被告人的近亲属可以代为委托辩护人。被告人及其近亲属没有委托辩护人的，人民法院应当通知法律援助机构指派律师为其提供辩护。法律援助律师应当出席法庭，法律援助律师不出席法庭的，审判法院不得开庭审理。法律援助律师未参加法庭审理，属于严重程序违法情形，审判法院的裁决则不发生法律效力。

辩护伴随诉讼而产生和发展。辩护制度经历了从自行辩护到辩护人辩护、从委托辩护到法律援助辩护、从主要是审判中的实体辩护到审前阶段的程序性辩护的发展历程。[②] 从“有辩护”到“有效辩护”同样是辩护制度历史进步的标志。有效辩护概念源自美国的判例法，将有效辩护奉为被告人的宪法权利，并将无效辩护与程序错误并列为上级法院撤销原判、发回重审的依据，这是美国刑事诉讼制度的特殊经验。[③] 美国联邦最高法院通过斯特里克兰案的判决确定了判断无效辩护的行为标准和结果标准，即律师辩护行为是否存在缺陷；律师的

① 王新清、胡晴晴：《刑事缺席审判程序中被告人的权利保障——以被告人在境外案件为对象展开的分析》，载《南都学坛（人文社会科学学报）》2019 年第 6 期。

② 参见陈卫东主编：《刑事诉讼法学》（第三版），高等教育出版社 2019 年版，第 110—112 页。

③ 陈瑞华：《刑事诉讼中的有效辩护问题》，载《苏州大学学报（哲学社会科学版）》2014 年第 5 期。

不当辩护行为是否造成了不利于被告人的诉讼结果。[1]“无效辩护”与“有效辩护”虽不是相互对应的概念，但无效辩护从反方向为有效辩护提供了注解，如今有效辩护已成为律师职业标准。如果说普通对席审判中律师的有效辩护对被告人权利保护重要，缺席审判中“单兵作战”律师的有效辩护意义更为突出。缺席审判中律师的有效辩护不仅对保障被告人合法权益必要，同时对于推动审判进程，确保审判质量，促进实体公正符合程序公正要求也至关重要。缺席审判中有效辩护的内容包括：第一，确保辩护律师从业能力与素质。缺席审判中的辩护律师不仅应具备基本的法律知识和素养，还应具有一定年限从事刑事辩护执业经历。担任缺席审判辩护人以具有一定法律素养、拥有丰富法庭经验的律师为宜。律师接受委托或者指派后，应认真负责准备和实施辩护。第二，确保辩护律师有效介入缺席审判程序并充分发挥辩护功能。司法机关及时告知被告人及其法定代理人、近亲属委托辩护权，为符合条件的被告人及时指派法律援助辩护；告知辩护律师刑事诉讼进程并为其介入诉讼提供便利。同时，辩护人与缺席被告人及其近亲属克服空间以及心理上的障碍，有效进行沟通与交流也是保证辩护律师有效介入诉讼的内容。第三，确保辩护律师合理辩护意见得到采纳。为此，法庭对辩护律师提出的辩护意见应当进行充分的考虑，并尽可能采纳；法官认为律师提出的辩护意见无法采纳时，有义务向辩护律师告知其提出的辩护意见不被采纳的理由，而不应当直接拒绝接受。这是保障缺席审判辩护质量的需要，也是尊重辩护律师工作的需要。[2] 第四，完善违反有效辩护情形案件得到救济制度。根据美国无效辩护判例与理论，案件构成无效辩护会导致程序上的后果，即撤

---

① 陈瑞华：《刑事诉讼中的有效辩护问题》，载《苏州大学学报（哲学社会科学版）》2014 年第 5 期。

② 彭江辉：《论我国刑事缺席审判有效辩护的实现路径》，载《湘潭大学学报（哲学社会科学版）》2020 年第 3 期。

销原判，发回重审。我国刑事诉讼中针对有损被告人诉讼权利的情形也有二审撤销原判，发回重审的法律规定，与有效辩护理论有重合之处，但并无专门针对违反有效辩护原则的规定。在我国指望刑事诉讼法在一审法院违反法律程序之外，仅仅根据律师辩护不力的情况，来确立另一类型的撤销原判制度，显然不切实际。① 但至少在有效辩护理念指导下，提升缺席审判中辩护质量是有可作为的。

小　结

中国的刑事缺席审判制度是在特定历史社会背景以及当代刑事政策基础上确立起来的。刑事缺席审判程序独立成章、罗列具体适用罪名、设立特殊救济程序等，在立法篇章体例构建及制度内容设计方面体现出自身特点，在刑事司法领域贡献着中国的经验。通过对刑事缺席审判制度立法的文本解释，揭示出中国刑事缺席审判制度在刑事诉讼中的地位、功能、架构、运作机制以及运作效果。毫无疑问，缺席审判制度设立完善了刑事诉讼体系，促进刑事司法科学发展。不可否认，中国刑事缺席审判在适用案件范围及适用条件和标准方面仍有改革的必要和空间。缺席审判制度主要适用于轻罪案件，适用情形范围需要扩大。刑事缺席审判制度的运行离不开管辖、法律文书送达、审判程序、救济程序等程序机制。一方面需要优化具体程序机制，保证通过程序实现缺席审判制度目标；另一方面需要协调缺席审判程序机制与普通诉讼程序机制的衔接与协调，确保刑事诉讼整体制度功能。刑事辩护在缺席审判中发挥着更为重要的作用，强制辩护是刑事缺席审判运行的底线，有效辩护构成缺席审判辩护的指导理念。

---

① 陈瑞华：《刑事诉讼中的有效辩护问题》，载《苏州大学学报（哲学社会科学版）》2014 年第 5 期。

第五章

程序论

审判要素缺失为缺席审判与对席审判的主要区别之处，但缺席审判的实质仍然为一种审判程序，审判过程决定着缺席被告人刑事责任认定。“犯罪行为、刑事举证责任、法庭审理与刑罚结果四者之间必须有现实的联系，国家只能对那些在诉讼中已经得到证实的罪行进行刑罚处罚。”① 审判程序构成刑事缺席审判制度的核心内容。缺席审判程序除了遵循特别审判程序的相关规定，同时不得违反刑事审判程序的基本原则与规则。广义的刑事缺席审判程序由审判前程序、审判程序以及救济程序构成，并辅以管辖制度、送达制度、合议制度、法律援助制度等为支撑。

第一节　正当程序视野下的刑事缺席审判程序

一、正当程序理论

（一）正当程序理论的缘起与发展

正当程序理论的发展是从不言自明到被强调再到被丰富的过程。

① 祁亚平：《刑事庭审之事实认定的本质、局限以及罪案评价研究》，法律出版社2016年版，序第1页。

在这一词语正式出现于法律条文前，其核心思想——依照一定的法律及程序审理案件就已经根植于人们心中，证据在希腊语与罗马法中虽然难以找到与正当程序相对应的术语或价值表述，但部分希腊文学作品与罗马著作中均对“不经审判的处罚”“不经判决的暴力”给予了强烈的指斥和谴责。这些大多非法律著作的文本，却一定程度上体现了正当程序的核心价值，而这种核心价值在古代法学家看来是一种“确定而无需陈述的原则”。①

正当程序相关价值表述在法律条文中的正式出现可追溯至 11 世纪的西欧，1024—1039 年在位的神圣罗马帝国皇帝康拉德二世曾颁布诏令：“不依帝国法律及同等贵族的审判，不得剥夺任何人的封地。”②此后，英王约翰于 1215 年在《英国大宪章》第 39 条中承诺：“凡自由民除经贵族的合法裁判或根据国家的法律以外，不受逮捕、监禁、剥夺、放逐或用任何别的方式加以摧残。”③ 至 1354 年爱德华三世在位时，正当法律程序这一名词才正式出现于法律条文中。爱德华三世公布的《伦敦西敏寺自由法》第 3 条规定：“任何人，无分身份或地位，非经正当法律程序，不得予以放逐、处死、没收其财产，或剥夺其继承权。”在这一过程中，正当程序从价值表述被强调到其本身名词化，并逐步成为英国普通法重要的原则性观念。美国在历史上与英国有着千丝万缕的联系，其法律观念也深受英国影响。1641 年《马萨诸塞州自由典则》第 1 条即规定：“除非根据本团体经由大会依照公平、正义，明白制订而已公布之法律的权力，对任何人，均不得剥夺其生命，污损其名誉，逮捕、限制、放逐、危害其身体，夺取其妻室子女，剥夺其动产及不动产。”美国联邦宪法第 4 条修正案及第 14 条修正案第 1

① ［爱尔兰］约翰·莫里斯·凯利：《西方法律思想简史》，王笑红译，汪庆华校，法律出版社 2010 年版，第 66 页。

② 焦洪昌、李树忠：《宪法教学案例》，中国政法大学出版社 1999 年版，第 62 页。

③ 《不列颠百科全书》（国际中文版）（Encyclopedia Britannica International Chinese Edition）第五卷，中国大百科全书出版社 1999 年版，第 430－431 页，due process 条。

款也均将正当程序作为宪法原则加以规定："未经正当法律程序，不得剥夺任何人的生命、自由和财产。"此后，正当程序理论在美国得到了进一步的丰富和发展。美国法学界及联邦最高法院将正当法律程序分为"程序性正当程序"和"实体性正当程序"，程序性正当程序用以规制法律实施的方法和过程，它要求用以解决利益争端的法律程序必须是公正、合理的；实体性正当程序则是对联邦和各州立法权的一种宪法限制，按照实体性正当程序的要求，任何一项涉及剥夺公民生命、自由或财产的法律都应当符合公平、正义、理性等基本理念。① 正当程序理论已为当今世界各国普遍认可并规定于有关司法的主要国际公约之中，指导着各国立法及司法实践。

（二）正当程序理论与刑事缺席审判程序

正义是社会制度的首要价值，程序正义是法治的核心。罗尔斯明确反对功利主义正义观，他认为正义作为社会制度的前提条件，具有绝对的先在权。一个社会，无论是制度层面，还是理论层面，必须依赖于正义的伦理维度。正义优先于自由，并保障着自由，在此前提下，"一种理论，无论它多么精致和简洁，只要它不真实，就必须加以拒绝和修正；同样，某些法律和制度，不管它们如何有效率和有条理，只要它们不正义，就必须加以改造和废除"②。对个体公民来说，正义规制着个人权利的神圣性，"每个人都拥有一种基于正义的不可侵犯性，这种不可侵犯性即使社会整体利益之名也不能逾越。因此，正义否认了一人分享更大利益而剥夺一些人的自由是正当的，不承认许多人享受的较大利益能绰绰有余地补偿强加于少数人的牺牲"③。所以，在一个正义的社会里，平等的公民自由是确定不移的，由正义所保障的权

① 陈瑞华：《刑事诉讼的前沿问题》，中国人民大学出版社2016年版，第210页。

② ［美］约翰·罗尔斯：《正义论》，何怀宏等译，中国社会科学出版社1988年版，第3页。

③ ［美］约翰·罗尔斯：《正义论》，何怀宏等译，中国社会科学出版社1988年版，第3—4页。

利绝不受制于政治的交易或社会利益的权衡。程序正义原则，是以自然公正为主要法理依据的，其基本含义是在司法追诉尤其是在刑事诉讼中，应依法定的、合理的程序和标准对待被追诉者。

“缺席审判的必要性无法证成其正当性，这是两个截然不同的问题。”① 公正性是诉讼程序的首要价值，刑事审判方式必须满足程序正当性要求。从形式上看，缺席审判程序作为对席审判程序的例外，与对席审判程序有着显著区别，但从实质上看，缺席审判程序仍然为国家为追诉犯罪而启动，属于程序机制。如果说作为程序机制的对席审判程序应当遵循正当程序原则，缺席审判程序同样应当遵循正当程序原则。“在保证被告人相关诉讼权利的情况下，缺席判决应该成为一种缺席之下的正义。”② 我国缺席审判制度无疑体现了工具合理性的一面，但制度的确立及良好运行要求其实现工具合理性与价值合理性的统一。③ 保障刑事被追诉者正当程序权利被认为是衡量刑事法律正义与否的重要标准，体现了对人权的法律保障。在程序正义原则的基础上，缺席审判中被追诉人仍应依据法律赋予的程序性权利保障自身权益。

二、刑事缺席审判与底限正义

“正当程序”是一个较为模糊的范畴。何种程序可以称为正当程序？人们对其难以给出一个统一的、明确的答案。这是由于正当程序是人们对于正义观念之追求的部分外化，而人们对于正义的定义带有一定的主观色彩，不同文明程度的社会以及社会中不同层次的人在不

---

① 赵常成：《国际人权视野下的中国式缺席审判》，载《西部法学评论》2019 年第 1 期。

② 高永明：《正当程序视野下的刑事缺席判决制度研究》，载《甘肃政法成人教育学院学报》2007 年第 5 期。

③ 参见王春梅、李清龙：《刑事缺席审判制度的合理性透视与制度完善》，载《中国人民公安大学学报（社会科学版）》2021 年第 1 期。

同法律文化的熏陶下很难对正义做出完全一致的解读。然而，经过积淀的法律文明成果体现出一些共同价值取向，不同的法律文化间既存在着明显的差异，也体现出众多的相似之处。正如美国学者博登海默所言："我们需要指出的是，的确存在着一些最低限度的正义要求：这些要求独立于实在法制定者的意志而存在，并且需要在任何可行的社会秩序中予以承认。这些要求中有一些必须从人的生理构造中寻找根源，而其他的一些要求则植根于人类所共有的心理特征之中。同样，还有一些要求是从人性的理智部分，亦即是从人的知性能力派生出来的。这些法律有序化的基本规定的有效性为这样一个事实所证实，即它们在所有诞生于最为原始的野蛮状态的社会中都以某种形式得到了承认。"① 这种"最低限度的正义要求"超越了人与人之间的具体差异而被普遍承认，也是不同法律文化间存在相似性的原因所在。具体到诉讼法律制度中，自古以来就存在着一些构建和运作诉讼程序的公理性原则，这些公理性原则被视为人类自然理性的反映，直接影响和制约着人类社会诉讼机制的构建和运作。② "底限正义"论，"其基本内涵和要求在于肯认刑事诉讼领域存在着一种'最低限度的正义要求'，这种'最低限度的正义要求'在世界范围内具有普遍适用性，这种普适性超越了国家、种族和社会的具体状况，从而体现为一种无差别的公理"。③

按照刑事诉讼程序对特定犯罪予以追诉，同时维持诉讼程序公正、保护被追诉人诉讼权利，实质上体现的是秩序与正义、整体利益与个体利益的关系问题。我国设立刑事缺席审判制度的主要目的之一是制裁贪污贿赂、危害国家安全和恐怖活动等特定种类的犯罪，救助犯罪

---

① ［美］E. 博登海默：《法理学——法律哲学与法律方法》，邓正来译，中国政法大学出版社 2017 年版，第 293 页。

② 万毅：《底限正义论》，中国人民公安大学出版社 2006 年版，第 5 页。

③ 万毅：《超越当事人/职权主义——底限正义视野下的审判程序》，中国检察出版社 2008 年版，第 88 页。

被害人，稳定社会秩序。法治社会治理要求国家按照宪法及刑事诉讼法所确立的诉讼程序追诉犯罪，犯罪追诉中尊重公民享有的基本权利。秩序价值与程序正义价值在本质上并不矛盾，都是人类所追求的价值目标，但在具体操作层面，二者可能发生冲突。当秩序价值与程序正义价值产生冲突时，是偏向于秩序价值，突出国家的整体利益，还是侧重于程序正义价值，强调个体利益，不同的国家甚至同一国家在不同历史时期，政策选择都会有所不同。尽管缺席审判是各个国家和地区根据司法实际在多元诉讼价值观动态平衡中做出的制度选择，突出诉讼效率价值，强调打击犯罪、实现社会治理目的，但作为一种诉讼程序不得突破刑事诉讼制度构建和运行所遵循程序正当底限标准，制度运行中法治原则应当坚守，公民权利保障应得到维护。

马克斯·韦伯曾认为，从罗马法的形式主义原则中发展起来的现代西方法律的主要特征是法律程序的理性化。在此意义上，脱离法律规则和程序的行为都可被称为非理性。① 诉讼程序不仅具有保证实体公正的工具价值，还具有自身独立价值，程序本身的正当性是评价诉讼程序价值的重要标准。我国 2018 年修改《刑事诉讼法》，无论是缺席审判制度、值班律师制度、认罪认罚从宽制度等都必须遵守程序正义原理。② 我国缺席审判制度设立，试图通过司法程序追究缺席被告人刑事责任，成为打击犯罪，实现社会治理的方式之一。按照正当程序基本要求，追诉犯罪须严格遵守法定程序，诉讼中尊重被追诉者的权利和人格尊严。具体而言，在缺席审判中应当明确以下底限原则：

（一）无罪推定原则

犯罪嫌疑人、被告人因各种原因缺席法庭审判，很容易让人联想到刑事被追诉人实施犯罪后有意逃避审判，避免被追究刑事责任，在

---

① 陈金钊：《法律解释的哲理》，山东人民出版社 1999 年版，第 150 页。

② 樊崇义：《2018 年〈刑事诉讼法〉最新修改解读》，载《中国法律评论》2018 年第 6 期。

事实层面可能确实如此，但在刑事诉讼程序理论层面，其所遵循的是有罪推定的思维方式，在被告人未经法院裁决的情况下，而推定其构成犯罪。在现代社会，有罪推定被视为野蛮、专横、蔑视人的尊严理念的体现。“无罪推定原则由于其人权保障方面的重要意义，可以说是刑事司法人道、民主、文明的标志，是法治社会应有的内容。”① 根据无罪推定原则，任何人在被判决确定有罪以前，均应被视为无罪的人，当作无罪的人对待，享有与之相应的诉讼权利。并且只有经过合法、正当的程序并由司法机关作出有罪判决以后，才能对其定罪和处罚。缺席审判中即使被告人不在案，也不能假定其犯罪人身份。被告人向犯罪人身份转化只能通过法庭审判环节。

（二）比例原则

“比例原则是公法领域的帝王条款，任何公权力要进入私领域，对个人私权利进行限制，都需要通过比例原则来进行‘正当性证成’。”② 比例原则作为公法领域的基本原则，其实质是在国家权力行使的目的与所采取的手段之间建立关联，要求国家权力行使兼顾公共目的和公民基本权利保障，在社会运转中公共利益与个人利益保持一种均衡比例状态。“从法理上说，比例原则建立在法治理念中限制国家权力思想之上；从法律技术上说，所谓的比例原则，其核心内容就是：政府不能采取任何一个总成本高于总利益的行为。它要求国家在保护公民个人权利与保护国家和社会公益之间应当保持一种合理的比例和平衡关系。”③

虽然权力与权利之间不能单纯认定是一种此消彼长的关系，二者有时会产生一定程度的交叉抑或重叠，但保障权力的正常运作和对其

---

① 樊崇义等：《刑事诉讼法再修改理性思考》（修订版），中国人民公安大学出版社 2020 年版，第 27 页。

② 张红：《指纹隐私保护：公、私法二元维度》，载《法学评论》2015 年第 1 期。

③ 杨开湘：《刑事诉讼与隐私权保护的关系研究》，中国法制出版社 2006 年版，第 97 页。

进行防御与限制的根本均是以最优化的形式实现公民权利，而其中又以预防后者对权利存在的威胁为重。刑事诉讼作为国家公权力运作的场域，同样需要顾及程序的谦抑性，需要遵循比例原则。刑事诉讼中需依照比例原则处理对席审判程序与缺席审判程序的关系。第一，缺席审判适用案件范围特定。基于我国打击腐败犯罪追逃追赃的刑事政策，危害国家安全、恐怖活动犯罪危害的严重性和追诉的困难性，以及为无罪被告人及时还原案件本来面目的现实需求，对这几类犯罪案件适用缺席审判程序是必要的。即使是针对某一类犯罪适用缺席审判，同样需遵循比例原则。对于被告人潜逃境外的重大腐败犯罪案件有必要适用缺席审判程序，对于一般腐败犯罪案件则不需适用缺席审判程序。缺席审判程序一经适用，无论被适用对象是否愿意，都应接受裁决结果。但是另一方面，适用缺席审判程序直接关系着被告人出庭权、质证权、救济权的行使，进而通过案件审理裁决影响其人身、财产等实体性权利，这些权利往往又是宪法规定的公民基本权利，因而缺席审判只能适用于特定范围的刑事案件并且作为程序例外，以避免不必要或不受限制的缺席审判对公民的基本权利造成侵犯。对所有案件平均用力，不仅无法实现刑罚的根本目的，还可能浪费司法资源，有损社会法治基础。第二，缺席审判应当遵循迫不得已原则。“在多数情况下，诉讼行为只能表现为一个被动反应过程，而不能进行积极扩张。”① 实现同一法律目的有数个程序可以选择时，应选择对公民权利损害最小的程序。能够通过其他方法实现追逃追赃的，就不要适用缺席审判，例如通过违法所得没收程序能够追缴犯罪所得的，就适用违法所得没收程序。除了需要解决财产责任，还需追究外逃人员刑事责任时，才启动缺席审判程序。能够使用红色通缉令将犯罪嫌疑人、被

① 任学强：《腐败犯罪特殊诉讼程序研究》，上海交通大学2010年博士论文。

告人拘捕到案的，也不适用缺席审判程序。[①] 总体而言，刑事追诉中能够适用对席审判程序的，就不适用缺席审判程序；能够使用常规追诉手段的，就不使用特别追诉手段，缺席审判只能作为最后的审判途径。

（三）控辩平衡、审判中立原则

在刑事诉讼法律关系中，控辩审三方共同组合成一种正三角形架构，控辩双方分别位于底端两角行使各自职能，而法院居于三角形顶端，负责审理和裁判。控辩平衡，就是指在这种正三角形的诉讼构造下，处于三角形底端两角的控辩双方享有平等的法律地位、对等的权利义务和相当的攻防能力。[②] 相较于民事诉讼平等主体之间“权利”与“权利”对抗的特点，刑事诉讼中的对抗产生于“权力”与“权利”之间，是国家公权力与公民个人私权利的对抗。而刑事诉讼中的法官作为中立者，其作用在于实现公权力制约，保障私权利，从而维持控辩平衡的态势。审判中立要求审判人员在那些利益处于冲突状态的各方参与者之间保持一种超然和不偏不倚的态度和地位，不对任何一方存有偏见和歧视。[③] 在控辩平衡与审判中立的共同作用下，刑事诉讼的基本架构方能保持平衡与稳定，从而正确发挥其作用。因此，控辩平衡与审判中立原则是刑事诉讼制度构建和运行时必须遵循的基本原则之一。

刑事缺席审判程序与普通审判程序相比，其特点在于被告人的缺席，也就意味着被告人辩护权的部分缺失，这就使得控辩双方的诉讼力量天然处于一种不对等的状态。因此在制度构建上，需要考虑如何

---

① 参见王敏远：《刑事诉讼法修改重点问题探讨》，载《法治研究》2019 年第 2 期。

② 叶肖华：《论控辩平衡的建构》，载《苏州大学学报（哲学社会科学版）》2008 年第 1 期。

③ 刘中欣：《审判中立论——以刑事诉讼为视角》，中国政法大学 2011 年博士论文。

平衡控辩双方的力量对比，以实现控审平衡。从控诉一方来看，首先应限制缺席审判的适用案件范围和严格适用条件，防止控诉方随意提起缺席之诉致使该程序被滥用；其次应赋予控方更多的证明责任和义务，要求其在无被告人口供的情况下也能做到案件事实清楚，证据确实、充分的程度。法院作为中立方，需对控诉方提交的案件进行审查，以确定其是否符合缺席审判程序的适用条件，是否属于本院管辖，材料是否齐全。从辩护一方来看，需要增加辩护方的力量以实现庭审的充分对抗，而其中的重点就在于被告人辩护权的行使。法院首先应履行告知义务，敦促被告人到庭参与审判或自行委托辩护人，如被告人缺席且未进行委托辩护，法院则应为其指定辩护以保障其辩护权。在裁判结果上，法院仍应当保持中立，不能仅因被告人的缺席而判定其有罪，不能因被告人的缺席忽视对其有利的证据和事实，而应站在客观、公正的立场上，根据庭审中查明的案件事实，正确适用法律并作出判决。此外，缺席审判中被告人不出庭，使得相对于公权力本来就处于弱势的辩护方更加弱势，法官对被告人还负有关照义务。“法官角色如何调整，影响诘问是否导致法庭沦为弱肉强食的杀戮战场，其中，法官能否尽其诉讼上的照料义务，更是关键所在。”①

三、刑事缺席审判与权利不可克减

缺席审判是国家在治理犯罪与保障公民基本权利价值矛盾中所做的一种制度选择。缺席审判程序不具备刑事诉讼典型的诉讼特征和构造，因而在程序正当性方面有所欠缺，这种欠缺的一个表现便是缺席人员诉讼权利的限缩。“法律制度史表明，对公民权利最大、最危险的侵犯，不是发生在公民之间，而是来自国家和政府，或者说来自于公

① 林钰雄：《严格证明与刑事证据》，法律出版社 2008 年版，第 195 页。

权力。"[①] 作为审判程序适用例外，刑事缺席审判有其特定的适用范围和条件，它一旦为国家所滥用，很容易侵犯公民的基本权利。"被告人虽然'缺席'，但对被告人合法权益的保障不能'缺席'，刑事缺席审判中程序公正和实体公正不能'缺席'。"[②] 一些公民享有的基本权利——往往构成该国宪法性权利的核心，在刑事诉讼中具有独特地位，是维持人的尊严、身心健康、完整的必要保障，是对人权核心价值的最底线的维护。这些权利为不可克减的、没有限制的绝对性权利。

不可克减的权利（non - derogable rights）这一概念与人权条约紧密相关，是指人权条约的缔约国在任何情况下（包括在紧急状态或者战争时期）都不得减损或者损害人权条约所规定的某些权利，减免其承担的国家基本义务。[③] 国家为了有效追诉犯罪，在特定情形下允许启动缺席审判程序对被告人展开审判，普通对席审判的原则内容不再具有绝对强制性，是对基本审判制度的调整理性反映，一定范围内克减当事人享有的诉讼权利也具有可以谅解的理由。但是克减要有一定限度，克减的程度以特定情形所严格需要为限，并且克减的权利内容不得与正当程序项下的最基本权利相矛盾。正如《公民权利和政治权利公约》第4条所规定，在社会紧急状态威胁到国家的生命并经正式宣布时，国家得采取措施克减其在本公约下所承担的义务，但克减的程度以紧急情势所严格需要者为限，此等措施并不得与它根据国际法所负有的其他义务相矛盾，且不得包含纯粹基于种族、肤色、性别、语言、宗教或社会出身的理由的歧视，并不得克减一系列当事人享有的基本司法权利。对于不可克减权利内容的规定，是刚性的、不通融

---

① 谢佑平：《〈反酷刑公约〉的价值与一般原则》，载《人民检察》2006年第10期。

② 吴学安：《被告人"缺席"合法权益保障不能"缺席"》，载《人民政协报》2021年2月9日，第12版。

③ 参见龚刃韧：《不可克减的权利与习惯法规则》，载《环球法律评论》2010年第1期。

的，是对国家权力容忍的最低限度。“当一个政体陷入紧急状态中，民选的立法和行政机关往往倾向于以国家安全和公共安全的名义，采取剥夺公民权利的严厉措施，而司法部门就负有抵制民选机关的任务，来保护公民的基本权利。”① 保护不可克减的权利有助于在刑事缺席审判中维护法治原则。不可克减的权利是国家机关行使权力的边界，亦是公民权利保障的最低标准。保护不可克减的权利对于在特定犯罪追诉中维护法治原则和保护人权至关重要。如果借口情况特殊，而突破人权保护的底线，动摇的将是法治的根本。

尽管世界各国对待刑事缺席审判制度采取不同态度，缺席审判制度本身也不直接违背国际人权法的规定，但是，根据正当程序的基本要求，缺席审判不能成为限制或剥夺被告人获得公平审判权利的手段，采行缺席审判的国家或者国际刑事审判机构，必须给予缺席被告人充分的程序保障，这是缺席审判具有正当性的前提条件。② 除了刑事被告人所享有的一般性的程序保障，比如获得公开、公平审判和无罪推定等内容之外，至少还应保证缺席被告人的下列程序性权利：知情权、辩护权、质证权、救济权等。

1. 知情权

知情权一词源于英文“right to know”，有时也被翻译为“了解权”“知悉权”，一般认为它是公民依法享有的知悉、获取、了解与法律赋予该主体权利相关的各种信息的自由和权利。知情权既适用于私法领域，例如《消费者权益保护法》确立的消费者知悉商品真实情况的权利；也适用于公法领域，即“公民所享有的从行使公共权力的国家机关或其他组织了解、获取、知悉信息的自由和权利”③。知情权又可分

① 洪国禄、张途：《反恐时代的司法权》，载《研究生法学》2010 年第 4 期。

② 史立梅：《国际刑事司法中的程序与正义——国际刑事法院诉讼程序专题研究》，北京师范大学出版社 2013 年版，第 134 页。

③ 刘广登：《论知情权》，载杨海坤主编：《宪法基本权利新论》，北京大学出版社 2004 年版，第 152 页。

为广义的知情权和狭义的知情权。广义的知情权是针对所有公民而言，凡对国家刑事司法活动有兴趣的人均有权了解案件处理的信息。这种公众性权利也被称为“资讯权”。狭义的知情权则是针对某一特定人而言的，指在某一具体案件中，特定的案件当事人为了自身的利益，向行使公共权力的机关要求了解与本人有关的案件资料和其他有关信息的自由和权利。刑事诉讼中，犯罪嫌疑人、被告人享有的知情权，是后一种意义上的。例如，在逮捕犯罪嫌疑人时，执法机关应当告知犯罪嫌疑人逮捕他的理由，并应告知对他提出的所有指控；起诉机关对被告人提出控告时，应当告知对他提出的指控的罪名、性质和原因；在审判前，许多国家通过证据开示或者阅卷制度赋予了犯罪嫌疑人证据知悉权。赋予犯罪嫌疑人充分的知情权，主要是为了确保其在诉讼中能够充分、有效地做好防御的准备。

知情权是被告人行使其他诉讼权利的前提条件，在缺席审判中，被告人知情权的缺失首先影响的是缺席审判之程序公正性的问题，如被告人对缺席审判的发生从未知情，则缺席审判程序本身可能遭到否定，因这种缺席是司法机关未履行或未完全履行告知义务所导致的，不能将其归因于被告人，从而导致缺席审判程序不具有正当性。从世界主要国家关于刑事缺席审判的立法来看，在确立异议制度的情形下，多数立法允许被告人在具有正当理由的情形下对已作出的缺席判决提出异议，从而推翻缺席审判程序及其判决，使刑事审判回到从未进行审理的状态，而被告人知情权的缺失，是其中最为典型的正当理由之一。有些国家的立法虽然未规定异议制度，却也将法院未履行送达相关文书义务导致被告人知情权缺失视为程序违法，要求法院对案件重新审理。再从缺席判决的实体公正性来看，被告人对缺席审判的不知情使其对庭审处于毫无防备的状态，无法对控方提出的案件事实和证据进行反驳，也无法提出对自己有利的案件事实和证据，被告人的意见被完全隔绝于庭审之外。这就导致庭审中控辩双方的力量对比呈现

“一边倒”的趋势，而在此情形下法院作出的缺席判决更是难言客观、公正。因此，在刑事缺席审判中，保障被告人的知情权，既是保护被告人人权的必然要求，也是保障缺席审判程序及判决结果公正性的内在要求。

2. 辩护权

“确保每个被追诉者在其利益受到威胁的时刻，都能获得律师的有效辩护，确保律师在被委托或者被指定担任辩护人之后，用尽一切合法合理的手段，穷尽所有司法救济途径，为委托人争取一个更好的诉讼结局，这是一种最低限度的司法正义要求。”① 辩护权在英文中的表述为“defense right”，所以也被称为防御权。辩护权是刑事诉讼法的一项重要范畴，根据其囊括的范围不同，在内容上又有广义和狭义之分。狭义的辩护权是指被追诉人针对指控进行反驳、辩解以及获得辩护人帮助的权利，具体而言包括陈述权、提供证据权、提问权、辩论权、获得辩护人帮助权等权利。② 而广义辩护权则几乎包括被告人所有用于防御刑事追诉的诉讼权利，除狭义辩护权外，还包括证据调查请求权、上诉权、申诉权等。③ 刑事审判中的辩护权一般采用狭义辩护权的概念。辩护权的不可克减是维持控辩平衡，进而实现程序正义的关键所在，在被告人享有充分辩护权的基础之上，辩护方才能有效行使其职能，实现控诉方与辩护方的平等对抗，在此情形下产生的实体判决之公正性也更有保障。此外，辩护权还能对侦查权、起诉权乃至于审判权等刑事诉讼中的国家公权力形成制约，有效防止国家公权力对公民私权利的不正当侵害。

辩护权是一项宪法权利，也是刑事诉讼中被告人享有的一项基本

---

① 陈瑞华：《刑事诉讼法》，北京大学出版社 2021 年版，第 244 页。

② 艾超：《辩护权研究》，武汉大学 2010 年博士论文。

③ 陈兴良：《为辩护权辩护——刑事法治视野中的辩护权》，载《法学》2004 年第 1 期。

权利。在刑事缺席审判中，被告人辩护权的实现，直接关系到缺席审判程序是否具有正当性，是否能够保障被告人人权的问题。如前所述，缺席审判中被告人的缺席导致其自我辩护的缺失，尽管这种缺失能够被证明具有正当性，但法院仍然要采取其他措施尽可能弥补这种缺失，使被告人的辩护权在缺席审判过程中得以最大限度的实现。被告人主动委托辩护人出庭是较为理想的方式，在此情形下，被告人与辩护人进行沟通和交流更具有主动性，双方就案件事实与法律适用部分交换意见，能够使辩护人在庭审中发表的辩护意见更具有针对性，庭审中控辩双方的对抗更充分。而在缺席被告人未委托辩护人时，人民法院也应为其进行指定辩护，尽管指定辩护的效果与被告人自行辩护和委托辩护相比可能相去甚远，但却为被告人辩护权的行使提供了一种底线保障，使其辩护权不至于落空。

3. 质证权

质证作为一种证据调查方式，通常由诉讼主体对相关证据进行分析鉴别。“对质权认识的逻辑起点应当在于将其作为‘权利’对待，其次才是对质本身的作用。唯有如此，才能更加全面地挖掘对质权意义的内涵。”① 刑事诉讼中的质证权，是指被告人当庭对于控方证据进行反驳、质疑的权利。在刑事诉讼中，控辩双方均享有举证和质证的权利，但双方的侧重点并不相同，控诉方主要通过举证来证明被告人的犯罪事实成立，辩护方则主要通过质证对控诉方的指控进行防御。1950 年《欧洲人权公约》将质证权作为实现公正审判的最低限度的保证，质证权在欧洲大陆得以确认，并通过欧洲人权法院将《欧洲人权公约》中的这一较为原则的规定进一步细化。1966 年《公民权利和政治权利国际公约》第 14 条第 3 款也将质证权规定为“人人完全平等地有资格享受的最低限度的保证”，按照该条规定，刑事被告人能够

① 郭烁：《对抗秘密取证：对质权属性及范围重述》，载《现代法学》2020 年第 1 期。

"讯问或业已讯问对他不利的证人，并使对他有利的证人在与对他不利的证人相同的条件下出庭和受讯问"。质证是质疑证据基本属性及其证明过程，只有在法庭上经过质证的证据才能作为定案的根据。质证制度的设计与运作，不仅直接关系到案件的事实认定，也影响到双方当事人正当程序权利的实现。① 从权利的防御属性来看，质证权属于辩护权的范畴，同时也是辩护权的具体体现，对于刑事缺席审判同样是一项不可克减的权利。缺席审判中"口供"的缺失，使得案件事实的展现更依赖于其他证据。给予控辩双方对证据进行充分辩论的机会，对于判断证据能力以及证明力有重要意义。

4. 救济权

"救济"一词，语出《三国志·吴志·吴主传》："思平世难，救济黎庶，上答神祇，下慰民望。"古代汉语中，"救"即助也，是指给予帮助并使脱离危险状态；"济"本为水名，即四渎之一的济水，后引申为渡过，过河的意思。"救济"的前提就在于被救济的对象已经或将要处于危险状态。法律意义上的救济权是指"当宪法和一般法律所规定认可的权利受到侵犯因而形成某一特殊或具体的法律关系时（主要是诉讼法律关系，也包括非诉讼法律关系），此法律关系的当事人（首先是权利被侵害人）所享有的某些法律权利"②。依此解释，救济权可以解释为公民享有的，在其权利受到国家机关或者个人的不利影响时，从法律上获得自行解决或依法请求裁决机关予以保护和救助的权利，即保障公民的权利和自由不受违法和不当行为的侵害的一种权利。当公民的实体性法律权利受到侵犯时，其可以通过向审判机关提起诉讼的方式寻求救济，此时救济权表现为诉权。在诉讼过程中，司法机关就当事人的实体性法律权利、义务或者程序性权利、义务作出裁决，当事人不服，可以向上级司法机关寻求救济，此为诉讼中的

① 尚华：《论质证》，中国政法大学 2011 年博士论文。

② 王永福主编：《中国人权百科全书》，中国大百科全书出版社 1998 年版，第 117 页。

救济。人们通常从诉讼的角度理解救济权问题。法律救济的作用在于使当事人脱离法律制造的可能或已经发生的危险状态，即这种危险状态不是当事人本人的行为导致的，而是来源于法律的错误适用。

刑事缺席审判是在被告人不出席法庭情形下进行的审判，缺席审判天然的“缺陷性”既可能使被告人基本诉讼权利受损，也可能带来案件事实认定和适用法律错误，造成裁决结果错误。在刑事法领域，法律的错误适用将导致极其严重的后果，不仅无法发挥刑法保障人权与打击犯罪的重要作用，也可能使被告人蒙受不白之冤，对司法公信力和社会公平正义造成极大破坏。救济权是实现刑事缺席审判程序正义的重要保障，也是借由程序正义保障实体正义的重要途径。此外，救济权补足了刑事缺席审判程序的正当性基础。刑事缺席审判的“刑事”属性决定了公诉案件中控辩双方诉讼地位在事实上可能的不平等，与强力且高效运转、有着国家强制力作为保障的公权力机关相比，被告人总是处于弱势。现代刑事诉讼理论也越来越关注被告人的诉讼主体地位，更加强调被告人的权利保护。在这样的背景下，一种在被告人不在场时进行的审判活动，需要一个强力且体系化的救济制度来补足其正当性，救济程序则是其中不可替代的一环。

第二节　刑事缺席审判前程序

刑事诉讼程序可以划分为审判前程序和审判程序，不同诉讼阶段的任务不同，所设计的程序也不相同。刑事缺席审判是被告人缺席法庭所展现出来的审判样态，而被追诉人缺席诉讼可能是审判前阶段就发生的。完整的刑事缺席追诉制度包括缺席侦查、缺席起诉和缺席审判三个阶段。刑事缺席追诉的三大内容有一个共同的特点，就是犯罪嫌疑人、被告人未在案，但诉讼程序却未因其未在案而中止或者终结，程序因案件的特殊性及法律的明确规定按既定的路径走到了应有的终点，使案件有了明确的结论。可见，从形式上看，对于一些特殊的案件，尽管犯罪嫌疑人、被告人缺席，法律亦给出一个明确的判决，这正是设立刑事缺席追诉制度的直接目的所在。[①] 审判前阶段被追诉人缺席并非都有必要在审判阶段进行缺席审判，但审判前程序是审判程序的基础和前提，审判前被追诉人缺席案件的处理程序决定着缺席审判程序的启动及走向。2018 年《刑事诉讼法》在缺席审判程序一章只就审判阶段程序作出规定，审判前程序存在空白，有必要对审判前被追诉人缺席诉讼处理程序进行探讨。

2018 年《刑事诉讼法》第 291 条、第 296 条、第 297 条规定了三种不同类型的刑事缺席审判程序适用情形，就审判前程序而言，第 296 条规定的被告人患有严重疾病案件和第 297 条规定的被告人死亡案件缺席审判审前程序与普通程序相比并无特别之处，而第 291 条规定的贪污贿赂犯罪、危害国家安全犯罪和恐怖活动犯罪适用缺席审判程序，被告人在审前阶段通常不在案，因此此部分着重讨论第 291 条规定之情形的审判前程序。

一、刑事缺席审判前侦查（调查）程序

立案是刑事案件必须经过的法定阶段，标志着刑事诉讼程序的启动。根据《刑事诉讼法》第 112 条规定，我国刑事立案条件为有犯罪事实，需要追究刑事责任。按照这一条件，立案阶段并不要求明确知道何人是犯罪嫌疑人，只要现有事实在法律评价上是犯罪事件且需要追究刑事责任，法定机关就应当立案，而不论涉案人员是否在案以及是否在境内。经过立案的刑事案件便进入刑事侦查程序。

《刑事诉讼法》第 291 条规定的缺席审判情形可能涉及不同的侦查机关，依据该条之规定，该类缺席审判的适用案件范围为贪污贿赂犯

① 王圣扬：《从〈联合国反腐败公约〉看建立我国的刑事缺席追诉制度》，载《山东警察学院学报》2005 年第 6 期。

罪案件，以及需要及时进行审判，经最高人民检察院核准的严重危害国家安全犯罪、恐怖活动犯罪案件。其中，依据《监察法》第 11 条之规定，贪污贿赂犯罪案件由监察机关立案调查和移送起诉；依据《刑事诉讼法》第 4 条之规定，国家安全机关依照法律规定，办理危害国家安全的刑事案件，行使与公安机关相同的职权，即国家安全机关侦查的涉及国家安全犯罪案件由国家安全机关立案侦查和移送起诉。依据《公安机关办理刑事案件程序规定》第 290 条第 1 款之规定，公安机关对于犯罪嫌疑人在境外，需要及时进行审判的严重危害国家安全犯罪、恐怖活动犯罪案件，应当在侦查终结后层报公安部批准，移送同级人民检察院审查起诉。

刑事侦查阶段的任务是对已经立案的刑事案件进行调查，收集能够证明犯罪嫌疑人有罪或者无罪、罪轻或者罪重的证据材料，准确、及时地查明犯罪事实和查获犯罪人，为刑事诉讼顺利进行提供可靠根据。刑事侦查阶段的主要任务之一是查明并捕获犯罪嫌疑人，对于在境外的犯罪嫌疑人，应通知其到案或者通过发布通缉令、国际司法合作等方式确保其到案。缺席审判是刑事诉讼例外适用程序，因而能够达到对席审判标准的，就尽量避免适用缺席审判程序。如果穷尽各种措施，犯罪嫌疑人仍然在境外而不得，刑事侦查程序有以下几种处理情形：一是犯罪嫌疑人、被调查人在境外，案件事实未查清的，则侦查机关继续展开侦查工作。二是犯罪嫌疑人、被调查人在境外，根据收集的证据，能够查清案件事实，但不需要缺席审判的，则中止侦查程序，保持继续侦查的可能性。三是犯罪嫌疑人、被调查人在境外，根据收集的证据，能够查清案件事实，而且有必要进行缺席审判继续追究被追诉人刑事责任的，则由侦查机关将案件移送检察机关审查起诉。其中第三种情形构成缺席侦查，即侦查机关在刑事立案后，穷尽调查和强制措施，犯罪嫌疑人在境外，可以查明犯罪嫌疑人的行为构成犯罪，案件事实清楚，证据确实、充分，依法应当追究刑事责任，且有必要适用缺席审判程序，则侦查机关侦查终结，将案件移送检察机关审查起诉。

缺席侦查中，不同的侦查机关面临的共同问题在于被告人不在案，[①] 这一问题也突出了侦查机关在刑事缺席审判的侦查程序可能面临的重点和难点：

其一，“案人分离”的侦查模式对侦查机关提出更高要求。传统的侦查模式可以分为“由案到人”与“由人到案”两种模式，前者是通过犯罪事实确定犯罪嫌疑人，后者围绕确定的犯罪嫌疑人对案件展开侦查，但两者都属于“案人结合”的侦查模式。而《刑事诉讼法》第 291 条规定之情形中，犯罪嫌疑人已经潜逃至境外，侦查机关既无须通过案件事实推断犯罪嫌疑人身份，也不能以犯罪嫌疑人为突破口扩大战果，这种“案人分离”的侦查模式客观上加大了侦查机关侦破案件的难度。[②] 另外，“案人分离”的侦查模式迫使侦查机关在办案时面临“零口供”的现实，这就要求侦查机关需要加大对其他证据的调查力度，力求在无犯罪嫌疑人的供述与其他证据相互印证的情况下确定犯罪事实。

其二，实践中确定犯罪嫌疑人、被告人“在境外”可能存在难度。“在境外”是指犯罪嫌疑人、被告人在犯罪后潜逃至境外，或因其他原因出境后在境外滞留不归等情况。[③] 其中，“境外”应包括我国的港、澳、台地区。有学者认为，犯罪嫌疑人、被告人“在境外”既可能是藏匿，也可能是有着公开、合法的居所，但排除在境内逃匿的

---

① 极少可能出现被告人审前阶段在案，审判阶段不在案的情形，在此不做讨论。

② 参见黄豹：《刑事缺席审判程序对侦查的冲击与影响研究》，载《法学杂志》2019 年第 8 期。

③ 参见王爱立主编：《中华人民共和国刑事诉讼法释义》，法律出版社 2018 年版，第 617 页。

情况。[①] 但在实践中，通过排除犯罪嫌疑人、被告人在境内逃匿而推断其在境外是极其困难的，侦查机关仍然需要有充分的证据证明其身处境外。

判断犯罪嫌疑人、被告人是否在境外，主要有以下三种渠道：一是对正常出境或是使用化名、假名、假证件出境的犯罪嫌疑人、被告人，通过其出境记录——包括海关、边检的记录及录像进行判断，后者还要将该化名、假名或者假证件与犯罪嫌疑人、被告人进行同一认定；二是对偷渡出境的犯罪嫌疑人、被告人，需要找到偷渡中间人、偷渡实施人等确凿的证言、辨认笔录和其他相关证据印证方能认定；三是对确已在境外，但无法查明其出境方式的，则需要有明确的目击证人或者相关照片、视频等资料证明。[②] 以上几种证据中，从证明力的大小来看，最有力的证据是犯罪嫌疑人、被告人在境外的照片、视频及目击证人的证言，能够直接证明其身处境外；其次是犯罪嫌疑人、被告人的出境记录，也能够直接证明其不在境内；而被告人偷渡的情形中，确定犯罪嫌疑人、被告人出境需要多个证据相互印证，由侦查机关根据各方面线索综合进行判断。从证据获取的难易度上来看，出境记录的获取较为容易，而另外两种情形的证据获取难度较大，偷越国（边）境类犯罪具有隐蔽性，案件本身的破获难度较大，通过该渠道证实犯罪嫌疑人、被告人出境更是难上加难；而犯罪嫌疑人、被告人在境外被目击的证人证言及相关图片、视频的获取难度则视其在境外的活动情况而定，如其在境外有固定居所或行动轨迹时，证据的获取难度可能会降低，但如果犯罪嫌疑人、被告人选择在境外隐匿，侦查机关想要获取相关证据无异于“大海捞针”。

---

① 参见黄风：《刑事缺席审判与特别没收程序关系辨析》，载《法律适用》2018 年第 23 期。

② 参见黄豹：《刑事缺席审判程序对侦查的冲击与影响研究》，载《法学杂志》2019 年第 8 期。

此外，尽管《刑事诉讼法》第 291 条中的缺席审判程序在审前程序中仅要求侦查机关、公诉机关证明犯罪嫌疑人、被告人在境外，但这种程度对整个缺席审判程序而言还远远不够。依据《刑事诉讼法》第 292 条之规定，人民法院需要将传票和人民检察院的起诉书副本送达被告人，送达后被告人未按要求到案的，人民法院方可启动缺席审判程序开庭审理。而依据《国际刑事司法协助法》第 21 条之规定，办案机关向其他国家请求送达文书的，请求书应当载明受送达人的姓名或者名称、送达的地址以及需要告知受送达人的相关权利和义务。依据 2021 年最高人民法院《刑事诉讼法解释》第 598 条之规定，人民检察院依照《刑事诉讼法》第 291 条第 1 款的规定提起公诉的案件，需要向人民法院提供被告人的基本情况，包括明确的境外居住地、联系方式等。送达文书要求非常准确的地址，如果不掌握外逃人员在境外的准确居住地址，就不符合进行缺席审判的必备条件，在这种情况下，缺席审判是不能启动的。[①] 考虑到刑事缺席审判程序启动的现实需要，掌握犯罪嫌疑人、被告人准确居住地址这一“重任”极有可能还要落在侦查机关的肩膀上。

二、刑事缺席审判前审查起诉程序

检察机关在刑事诉讼中前接侦查机关后承审判机关，为审前程序的主导者。与西方国家相比，我国检察机关集法律监督、司法解释、起诉、部分案件的侦查职能于一体，享有更大的法律权威。[②] 缺席审判前程序中，检察机关起着主导作用。检察机关为我国法定公诉机关，拥有对侦查机关移送起诉的犯罪嫌疑人在境外的刑事案件审查起诉权。

---

① 参见黄风：《检察机关实施〈国际刑事司法协助法〉若干问题》，载《国家检察官学院学报》2019 年第 4 期。

② 祁亚平：《刑事庭审之事实认定的本质、局限以及罪案评价研究》，法律出版社 2016 年版，第 102 页。

审查起诉中，检察机关承担着程序启动控制者、犯罪嫌疑人、被告人权利保障者、调查质量评价和监督主体职责。① 审查起诉内容包括两个方面：一是案件事实是否已经查清，证据是否确实、充分，依法是否应当追究刑事责任；二是对犯罪嫌疑人是否有必要向法院提起违法所得没收程序或者是否有必要向法院提起缺席审判程序。刑事缺席审判案件的审查起诉程序相较于对席审判案件的审查起诉程序有所区别，针对《刑事诉讼法》第 291 条规定之情形的审查起诉具有如下特殊性：

（一）严重危害国家安全犯罪、恐怖活动犯罪案件提起缺席审判公诉的核准程序

依据《刑事诉讼法》第 291 条以及 2019 年最高人民检察院《人民检察院刑事诉讼规则》（以下简称最高人民检察院《刑事诉讼规则》）第 505 条第 1 款、第 2 款之规定，在犯罪嫌疑人、被告人在境外，人民检察院认为犯罪事实已经查清，证据确实、充分，依法应当追究刑事责任的前提下，对于监察机关移送起诉的贪污贿赂犯罪案件可以直接向人民法院提起公诉，但对于公安机关移送起诉的需要及时进行审判的严重危害国家安全犯罪、恐怖活动犯罪案件，需要经最高人民检察院核准才可以向人民法院提起公诉。依据最高人民检察院《刑事诉讼规则》第 506 条及最高人民检察院《人民检察委员会工作规则》第 8 条之规定，对上述两类需要报请最高人民检察院核准的案件，首先应由检察委员会对是否提起公诉进行讨论，检察委员会讨论提出提起公诉意见的，应当层报最高人民检察院核准，报送材料包括起诉意见书、案件审查报告、报请核准的报告及案件证据材料。另外根据最高人民检察院《刑事诉讼规则》第 156 条之规定，下级人民检察院报请核准缺席审判的案件由人民检察院负责案件管理的部门统一受理。依据最高人民检察院《刑事诉讼规则》第 507 条、第 508 条之规定，最

① 参见王斌、孔济夫：《论职务犯罪缺席审判的形式缺陷与实质完善——以检察官客观义务为视角》，载《成都理工大学学报（社会科学版）》2021 年第 1 期。

高人民检察院在收到下级人民检察院报请核准提起公诉的案卷材料后，应当及时指派检察官对案卷材料进行审查并提出核准或不予核准的意见，报检察长决定；对最高人民检察院核准提起公诉的案件，报请核准的人民检察院收到最高人民检察院核准决定书后，应当提起公诉，且起诉书中应当载明经最高人民检察院核准的内容。但是，缺席审判程序中，检察机关报请核准提起公诉案件时，上级检察院能否阻断报请核准程序？对于这一问题，最高人民检察院《刑事诉讼规则》并没有作出明确规定，仍需在实践中予以明确。①

（二）检察机关对提起缺席审判公诉的自由裁量权

《刑事诉讼法》第 291 条第 1 款之规定与第 176 条略有不同：《刑事诉讼法》第 176 条中，检察机关对符合起诉条件的案件，均“应当”作出起诉决定，即采取的是起诉法定主义，检察机关没有自由裁量的余地；而第 291 条第 1 款中，在案件符合起诉条件时，检察机关“可以”向人民法院提起公诉，最高人民检察院《刑事诉讼规则》第 505 条第 2 款的表述也与这一表述一致。有观点认为，此处的“可以”意指检察机关在被追诉人缺席的情况下可以自主决定是否起诉，也就是起诉便宜主义的体现；也有观点认为，这是一种授权规定，“可以”在被追诉人缺席的情况下提起公诉，是相较于以前的“不可以”而言的，并不是表明检察机关在被追诉人缺席的情况下可以自由裁量起诉还是不起诉。② 笔者赞同第一种观点，在贪污贿赂犯罪案件中，检察机关可以自主决定是否起诉，但在需要及时进行审判的严重危害国家安全犯罪、恐怖活动犯罪案件中则涉及一个裁量和核准的先后顺序问题，尽管《刑事诉讼法》第 291 条第 1 款及最高人民检察院《刑事诉

---

① 参见周颖：《缺席审判制度的程序适用与检察监督》，载《检察日报》2020 年 2 月 24 日，第 3 版。

② 参见陈卫东、刘婉婷：《检察机关适用刑事缺席审判的几个问题》，载《国家检察官学院学报》2019 年第 1 期。

讼规则》第505条第2款中的表述都将“核准”放在“裁量”之前——经最高人民检察院核准，可以向人民法院提起公诉，但以此推定检察机关对经最高人民检察院核准的案件在是否提起公诉上拥有自由裁量权是不合理的。笔者认为，在“核准”和“裁量”的先后顺序问题上，应当是“裁量”在前，“核准”在后。这一点也在最高人民法院《刑事诉讼规则》第506条、第508条中得到印证，即公诉机关对侦查机关移送起诉的需要报请最高人民检察院核准的案件，首先应由检察委员会讨论并提出是否提起公诉的意见，这一过程便是检察机关自由裁量的过程；裁量过后提出提起公诉意见的，再层报最高人民检察院进行核准，最高人民检察院核准后，报请核准的人民检察院必须起诉。

在此种情形的缺席审判中，赋予检察机关在决定起诉事项上的自由裁量权具有积极意义。检察机关在案件符合缺席审判程序启动条件的情况下，还要考量起诉是否有必要。一是视犯罪的情节轻重、涉案金额以及其他因素综合考量，如果涉案金额不高、情节不严重，检察机关在综合考量后认为没有必要启动缺席审判程序的，也可以暂时不予起诉。二是考量是否符合缺席审判程序设置的目的，即在特定情况下缺席审判对于实现诉讼目的是否确有必要。由于《刑事诉讼法》第291条中的缺席审判程序涉及被告人提出异议后的重新审理，而这种救济程序的存在可能使缺席审判程序耗费比普通程序更多的司法资源，因此，检察机关在衡量是否提起公诉时，需要考虑这种耗费是否值得，例如借由缺席判决能够实现引渡被告人到案，或是提起公诉能够实现良好的社会效应等，反之则不宜提起缺席审判程序。

（三）缺席审判案件的起诉机关问题

依据最高人民检察院《刑事诉讼规则》第505条第3款之规定，符合《刑事诉讼法》第291条之情形的缺席审判案件由有管辖权的中级人民法院的同级人民检察院提起公诉，也就确定了相应提起公诉的检察机关。从起诉机关的级别来看，中级人民法院对应的起诉机关为省、自治区、直辖市人民检察院分院，自治州和省辖市人民检察院。从起诉机关的地域来看，该类案件由犯罪地、被告人离境前居住地或者最高人民法院指定的中级人民法院管辖，起诉机关也按照法院相应的地域管辖确定。但由于《刑事诉讼法》第 291 条中规定了指定管辖的情形，依据最高人民检察院《刑事诉讼规则》第 328 条、第 329 条之规定，对指定管辖的案件，由公安机关移送起诉的，检察机关应当在公安机关移送起诉前协商同级人民法院办理指定管辖有关事宜；由监察机关移送起诉的，检察机关应当在监察机关移送起诉二十日前协商同级人民法院办理指定管辖有关事宜。

（四）检察机关对缺席审判案件的审查

对于被追诉人在境外的案件，检察机关对案件的审查分为几个方面：一是对案件是否符合刑事犯罪起诉条件进行审查，即犯罪事实是否已经查清，证据是否确实、充分，依法是否应当追究刑事责任。检察机关应当明确的是，缺席审判案件的审查起诉标准与一般案件无异，仍然要确保案件事实清楚，证据确实、充分，不能因被追诉人的缺席降低对案件的审查标准。对在案证据进行审查时，需要注意在无被追诉人供述与在案证据相互印证的情况下，其他证据之间是否能够相互印证并形成完整的证据链；注意证据合法性、真实性，对非法取得的证据应当予以排除，对不真实的证据不得将其作为审查起诉的依据；注意审查的中立性，既要注意能够证明被追诉人有罪或者罪重的证据，也不能因被追诉人缺席忽视其无罪或者罪轻的证据，对被追诉人有利或者不利的证据要同等予以关注；被追诉人或者其近亲属聘请辩护律师的，也应当按照《刑事诉讼法》第 173 条的规定听取辩护人的意见。① 二是要根据《刑事诉讼法》第 291 条第 1 款之规定审查案件是

① 参见陈卫东、刘婉婷：《检察机关适用刑事缺席审判的几个问题》，载《国家检察官学院学报》2019 年第 1 期。

否符合缺席审判的适用条件，即是否有证据证明被追诉人在境外。依据最高人民检察院《刑事诉讼规则》第505条第4款之规定，检察机关就缺席审判案件向法院提起公诉的，应当向人民法院提交被告人已出境的证据。

（五）检察机关对缺席审判案件的重新审查

依据最高人民检察院《刑事诉讼规则》第509条、第510条之规定，犯罪嫌疑人在审查起诉期间自动投案或者被抓获时，检察机关应当对案件重新进行审查；犯罪嫌疑人在严重危害国家安全犯罪、恐怖活动犯罪案件报请核准期间自动投案或被抓获时，报请核准的检察机关应当及时撤回报请并对案件进行重新审查；被告人在检察机关提起公诉后到案，人民法院拟重新审理的，人民检察院应当商人民法院将案件撤回并重新审查。需要注意的是，“商”这一形式为最高人民检察院《刑事诉讼规则》新增，那么“商”与以往规定的“商请”“协商”是否有所区别？“商请”带有请求的意思，在请求另一主体配合己方工作时使用；“协商”则属于一致决定的意思，由检察机关与其他主体达成一致后进行某项工作。而“商”在最高人民检察院《刑事诉讼规则》中除第510条以外，还在第263条、第268条、第357条中出现。第263条第2款规定，检察机关对于监察机关移送起诉的案件，认为需要调取有关录音、录像的，可以“商”监察机关调取；第268条第1款规定，检察机关应当“商”法律援助机构设立法律援助工作站派驻值班律师或者及时安排值班律师，为犯罪嫌疑人提供法律咨询、程序选择建议、申请变更强制措施、对案件处理提出意见等法律帮助；第357条第1款规定，检察机关立案侦查时认为属于直接受理侦查的案件，在审查起诉阶段发现属于监察机关管辖的，应当及时“商”监察机关办理。笔者认为，如果“商”的意义在于征求对方意见，由被“商”的机关决定，则完全可以沿用“商请”之表述；如果“商”的意义为与相对机关达成一致意见，也可以沿用“协商”的表述。问题在于与相对机关“商”后，在不能达成一致意见的情况下如何处理？对这一问题，最高人民检察院《刑事诉讼规则》目前处于一种语焉不详的状态。有观点认为，针对第357条管辖错位中的区别对待，“商”后的结果可能就是按照强势机关的意见办理。[①]以此推之，检察机关“商”监察机关时，就应按照监察机关意见办理，而“商”法律援助机构时，应按照检察机关的意见办理。这种模糊的处理方法显然损害了法律程序的确定性，但在缺乏实践经验时也是一种无奈之举。回归到最高人民检察院《刑事诉讼规则》第510条规定的情形中，人民法院是否准许人民检察院撤回案件切实关系着被告人的利益。

首先，最高人民检察院《刑事诉讼规则》第510条中检察机关的撤回案件与第424条中的撤回起诉不同。撤回起诉，是指在法庭审判过程中，人民检察院发现不存在犯罪事实或者犯罪事实并非被告人所为等情形时，将案件从人民法院撤回进行处理的一种诉讼活动。[②]该程序的本质是一种检察机关的自我纠错程序，设置目的在于保证起诉的准确性以及保护被告人利益。而第510条中的案件撤回，不仅不利于被告人利益的保护，还可能在一定程度上损害被告人利益。检察机关将案件撤回重新审查，就意味着案件从审判阶段回到了审查起诉阶段，检察机关还可以将案件退回侦查机关或调查机关进行补充侦查或调查，而案件一旦回到审前阶段，尤其是贪污贿赂犯罪的被告人可能再次处于监察机关的调查且律师无法介入的情况之下，加剧了被告人的程序负担。

其次，《刑事诉讼法》第295条规定的异议权是被告人针对缺席审判程序享有的一种救济途径，其目的在于使被告人获得对席审判的机

---

① 参见龙宗智：《新〈人民检察院刑事诉讼规则〉若干问题评析》，载《法学杂志》2020年第5期。

② 参见宋英辉、甄贞主编：《刑事诉讼法学》（第六版），中国人民大学出版社2019年版，第317页。

会，但案件如回到了审前阶段，无疑削弱了异议制度的救济作用，甚至使被告人因此惮于行使法律赋予其的救济权利。

再次，最高人民检察院《刑事诉讼规则》第 510 条之规定使被告人无法预知其提出异议后可能面临的法律程序，这种程序本应是确定的、可供被告人选择的，而在现有规定下却处于一种不确定的状态。

最后，对人民法院依据《刑事诉讼法》第 295 条拟重新审理的案件，检察机关是否有撤回案件重新审查的必要？笔者认为，检察机关提起公诉说明其认为案件的审查在无被告人供述的情况下也已经达到了犯罪事实清楚，证据确实、充分，依法应当追究刑事责任的起诉标准，即便被告人的到案及其供述可能对案件事实产生影响，也可以依据《刑事诉讼法》第 204 条之规定在审判过程中提出延期审理、补充侦查的建议；如检察机关在法庭审判过程中发现新的犯罪事实影响定罪、发现遗漏同案犯罪嫌疑人或罪行以及其他特殊情况，也可以通过补充、追加、变更起诉的方式予以更正。在缺席审判程序中，对被告人到案这一新情况，需要给予检察机关一定的时间从而保障其正确行使公诉职责，但出于维护异议制度的救济属性以及法律程序的确定性考虑，还是应当将这一时间控制在审判阶段以内。

第三节　刑事缺席审判程序

法庭审判是一种特定的诉讼活动，由一系列程序、步骤和具体制度组成并呈现一定层次性。“刑事审判是一种有阶段性和层次性的立体结构方式，即我们所讨论的‘法的空间’。刑事审判权运行可分为三个阶段，即庭前程序中的审判权运行，法庭审理程序中的审判权运行以及裁判程序中的审判权运行。刑事审判权运行可分为三个层次即程序运行与控制层次、诉讼请求的限定与支配层次、事实和证据的主张与审理层次。”[①] 刑事缺席审判制度是在特定空间运作的一套复杂的程序系统，审判程序是该系统的核心。需要在程序正当理念下设置科学合理的审判程序，以保障诉讼效率与诉讼公正之间的平衡关系，确保缺席审判程序功能实现。刑事缺席审判程序除了遵循普通刑事审判程序规则外，还遵循一些特殊程序规范。

一、刑事缺席审判庭前准备程序

（一）对公诉案件的审查

先有检察机关的缺席起诉，才有之后法院的缺席审判，无缺席起诉，缺席审判则无从谈起。这也是无起诉则无审判、审判受起诉制约的现代刑事诉讼之“不告不理”原则的应有之义，[②] 法院不能主动启动缺席审判程序。对于检察机关提起公诉的缺席审判案件，人民法院应当依法进行审查，并决定是否开庭审判。人民法院对公诉案件的庭前审查来源于《刑事诉讼法》第 186 条之规定以及最高人民法院《刑事诉讼法解释》相关规定。按照最高人民法院《刑事诉讼法解释》第 598 条之规定，对人民检察院依照《刑事诉讼法》第 291 条第 1 款的规定提起公诉的案件，人民法院应当重点审查以下内容：

其一，是否属于可以适用缺席审判程序的案件范围。对这一事项的审查包括三个方面：一是检察机关提起公诉的罪名符合缺席审判案件受理范围。我国能够提起公诉适用刑事缺席审判程序有着特定案件范围，即《刑事诉讼法》第 291 条规定的贪污贿赂犯罪、危害国家安全犯罪和恐怖活动犯罪。除此之外的罪名不在缺席审判范围之列。二是对于《刑事诉讼法》第 291 条中严重危害国家安全犯罪、恐怖活动

---

① 祁亚平：《刑事庭审之事实认定的本质、局限以及罪案评价研究》，法律出版社 2016 年版，第 106 页。

② 参见陈国庆：《刑事诉讼法修改与刑事检察工作的新发展》，载《国家检察官学院学报》2019 年第 1 期。

犯罪案件提起公诉，人民法院应对最高人民检察院是否核准进行审查，审查包括案卷中是否附有最高人民检察院核准决定书，以及起诉书上是否载明经最高人民检察院核准的内容，对未经核准的，人民法院应当将案件退回人民检察院。三是对证明被告人在境外的证据进行实质审查，依据最高人民检察院《刑事诉讼规则》第505条第4款之规定，检察机关提起公诉的，应当向人民法院提交被告人已出境的证据。尽管我国目前的庭前审查为程序性审查，但庭前审查的目的在于确定公诉机关提交的案件是否符合启动该诉讼程序的标准，在缺席审判程序中，公诉机关提交的证据是否足以证明被告人在境外，正是能否启动缺席审判程序的重要标准之一，如人民法院仅对该证据进行程序性审查，一旦在庭审中无法通过该证据认定被告人身处境外，将使缺席审判程序失去启动前提，也使得域外文书送达等工作耗费的司法资源付诸东流。因此，在缺席审判程序中，人民法院对证明被告人在境外的证据进行实质审查十分必要，如果经实质审查后，人民法院认为无法证明被告人在境外的，也应当将案件退回人民检察院。

其二，是否属于本院管辖。依据《刑事诉讼法》第291条第2款之规定，该条第1款规定的案件由犯罪地、被告人离境前居住地或最高人民法院指定的中级人民法院组成合议庭进行审理。对本条款需要结合《刑事诉讼法》第25条关于地域管辖的规定加以理解，依据该条之规定，刑事案件由犯罪地的人民法院管辖，如果由被告人居住地的人民法院审判更为适宜的，可以由被告人居住地的人民法院管辖。由以上规定可以列举确定管辖的几种情况：一是被告人犯罪地与离境前居住地一致时，由该地中级人民法院进行审判；二是被告人犯罪地与离境前居住地不一致时，原则上应由犯罪地中级人民法院进行审判，但如果被告人在离境前居住地民愤大或影响大，由离境前居住地的人民法院审判，更有利于震慑犯罪分子，有利于进行法制宣传教育时，可以交由被告人离境前居住地的中级人民法院进行审判；三是针对多个法院有管辖权或管辖权不明确的情况，例如犯罪地有多个、犯罪地不明确或被告人离境前居住地不明确的情况，需要由最高人民法院根据案件具体情况和审判需要，指定中级人民法院管辖。[①] 需要说明的是，在缺席审判案件中，对犯罪地有多个导致几个同级人民法院都有权管辖的情况，全国人大法工委编写的《中华人民共和国刑事诉讼法释义》（以下简称《释义》）认为此种情况应当由最高人民法院指定管辖，即不能按照《刑事诉讼法》第26条之规定由最初受理的人民法院审判或由主要犯罪地人民法院进行审判。人民法院经审查后，认为不属于其管辖的案件，应当按照最高人民法院《刑事诉讼法解释》第599条第2项之规定退回人民检察院。

其三，是否写明被告人的基本情况，包括明确的境外居住地、联系方式等。在该类案件中，检察机关不仅需要提供缺席被告人在境外的证据，还需要提供其明确的境外居住地和联系方式等信息，否则人民法院便无法将传票、人民检察院的起诉书副本以及判决书送达被告人，缺席审判程序也将无法启动。

此外，人民法院还需要审查：是否写明与被告人所涉嫌之犯罪有关的主要事实，并附证据材料；是否写明被告人有无近亲属以及近亲属的姓名、身份、住址、联系方式等情况；是否列明违法所得及其他涉案财产的种类、数量、价值、所在地等，并附证据材料；是否附有查封、扣押、冻结违法所得及其他涉案财产的清单和相关法律手续。上述材料需要翻译件的，人民法院应当要求人民检察院一并移送。

人民法院对检察机关提起缺席审判公诉案件进行审查后，按照最高人民法院《刑事诉讼法解释》第599条之规定，应当根据案件不同情况分别处理：①符合缺席审判程序适用条件，属于本院管辖，且材料齐全的，应当受理；②不属于可以适用缺席审判程序的案件范围、

---

① 参见王爱立主编：《中华人民共和国刑事诉讼法释义》，法律出版社2018年版，第46页。

不属于本院管辖或者不符合缺席审判程序的其他适用条件的，应当退回人民检察院；③材料不全的，应当通知人民检察院在30日以内补送；30日以内不能补送的，应当退回人民检察院。

（二）缺席审判送达程序

刑事诉讼中的送达是司法机关依照法定的程序和方式，将诉讼文件送交诉讼参与人、有关机关和单位的诉讼活动。送达是一项具有特定法律内涵的诉讼活动。从形式上看是向收件人交付某种诉讼文件，实质上是司法机关的告知行为。“在缺乏对席审理的基础时，是否已根据实际情况采用适当的方式对利害关系人进行未决诉讼的通知，从而保障其到庭参加诉讼的权利，则成为缺席审判获得正当性的关键所在。”①

《刑事诉讼法》第292条规定，对人民检察院依照刑事诉讼法第291条第1款的规定提起公诉的案件，人民法院应当通过有关国际条约规定的或者外交途径提出的司法协助方式，或者被告人所在地法律允许的其他方式，将传票和人民检察院的起诉书副本送达被告人。传票和起诉书副本送达后，被告人未按要求到案的，人民法院应当开庭审理，依法作出判决，并对违法所得及其他涉案财产作出处理。根据涉及的地域范围，可以将送达划分为境内送达和境外送达。针对贪污贿赂犯罪案件，以及需要及时进行审判，经最高人民检察院核准的严重危害国家安全犯罪、恐怖活动犯罪案件，犯罪嫌疑人、被告人在境外，适用缺席审判程序，在送达方面明显属于域外送达。域外送达与域内送达同作为送达行为有共通之处，同时域外送达因包含涉外因素，而具有自身特点。

1. 缺席审判送达的功能

“送达制度在诉讼中所获得的角色定位即是程序保障的要素之一。这一角色分配的依据来源于送达的制度属性，来源于它是法院审判案

① 杨剑：《缺席审判的基本法理与制度探索》，厦门大学出版社2016年版，第33页。

件所必须遵守的基本操作规程，是法院、当事人和传递其他诉讼参与人之间的诉讼行为的基本联系方式和传递诉讼信息的手段。”① 具体而言，刑事缺席审判送达制度的功能包括以下几个方面：第一，标志国家行使司法主权，确定案件管辖权。司法机关送达法律文书是一种“公”权力行为，表明案件已纳入一国司法处理程序，司法主权是一国国家主权的一部分。传票和起诉书副本有效送达给被告人，意味着我国法院开始对案件行使管辖权明示行使管辖权的具体法院。第二，保障诉讼当事人诉讼权利行使。“假如申诉的权利要成为一种令人鼓舞的权利，那么它必须让被告有权利知道控告他的案件。他须知道给出了什么证据，有关的他的证词是什么，因此必须给他一个公正的纠正和辩驳的好机会。”② 刑事审判关乎诉讼被告人刑事责任追究，可能直接导致的后果是其生命、人身自由、财产等公民基本权利的剥夺。法律文书送达的实质是保证当事人的知悉权，当事人只有收到相关诉讼文书并了解法庭审判信息，才能够确认自己的诉讼权利和诉讼义务并决定是否以及通过什么方式参与诉讼。法律文书送达确定了被告人实施诉讼行为，按照法律规定行使诉讼权利、履行诉讼义务的开始日期。被告人不按照法律文书确定的期限和内容进行相应诉讼行为，将承担程序法律意义的后果。第三，巩固缺席审判程序合法性。缺席审判程序因被告人的缺席而具有某种天然的“缺陷”，因而确保被告人知悉审判信息就有了特别意义，它标志着缺席审判程序启动的合法和正当。另外，通过缺席审判作出的裁决，会涉及其他国家或者地区的司法承认与协助执行，是否对境外被告人进行法律文书送达和必要的告知，将成为其他国家或者地区评判我国涉外裁判正当性的标准之一继而影响对裁决结果的承认与执行。

---

① 何其生：《域外送达指定研究》，北京大学出版社 2006 年版，第 24 页。

② ［英］丹宁勋爵：《法律的训诫》，杨百揆、刘庸安、丁健译，群众出版社 1985 年版，第 75 页。

2. 缺席审判送达程序

（1）送达的内容

审判是国家司法机关行使权力的活动，国家权力行使的重要体现便是产生一系列有法律效力的文书，法律文书中设定了相关人员的权利、义务。缺席审判程序的启动、审理和裁决过程中均会形成法律文书，其中一些法律文书会涉及诉讼当事人诉讼性和实体性权利、义务安排。相关法律文书的送达，一方面是实现当事人知悉权的需要，以便其决定是否采取下一步诉讼行为；另一方面送达行为也是法律文书生效的必要条件。根据《刑事诉讼法》第 292 条、第 294 条以及最高人民法院《刑事诉讼法解释》第 303 条、第 600 条、第 608 条之规定，缺席审判中涉及送达的法律文书主要包括传票、人民检察院起诉书副本、法院判决书。

①传票。对于检察机关提起缺席审判程序公诉的，法院经过审查认为符合缺席审判程序条件并决定启动缺席审判程序，下一步便是要确定开庭的时间和地点，通知案件当事人。在普通对席审判程序中，根据《刑事诉讼法》第 187 条规定，人民法院确定开庭日期后，应当将开庭的时间、地点通知人民检察院，传唤当事人，通知辩护人、诉讼代理人、证人、鉴定人和翻译人员。法院通知当事人开庭时间、地点的方式是传唤，即审判机关通过送达传票的方式通知当事人在确定的时间和地点参加法庭审判。刑事诉讼中传票传唤适用于具有人身自由的被告人（包括被取保候审或者监视居住的被告人），对于被采取强制措施处于羁押状态的被告人是否送达传票法律规定并不明确，司法实践中往往在向被告人送达起诉书副本时告知其开庭时间、地点。缺席审判中，法律关于传唤当事人的方式是明确的。第一，审判机关只能通过送达传票的方式通知身处境外被告人开庭信息，而不能采用口头通知等方式，这是缺席审判启动庭审的必要条件。第二，传票应记载开庭的时间、地点、被告人到案期限等信息以及告知不按要求到

案可能导致的法律后果——审判机关进行缺席审判案件等事项。

②起诉书副本。起诉书是检察机关代表国家提起公诉的书面依据，是检察机关代表国家正式向审判机关提出追究被告人刑事责任的重要法律文书，是审判机关对被告人行使审判权的前提。起诉书记载了案由和案件来源、案件事实、起诉的根据和理由。检察机关向法院提起公诉，移送起诉书正本和副本。审判机关决定开庭审判，将起诉书副本送达被告人。按照最高人民法院《刑事诉讼法解释》第 600 条之规定，人民法院立案后，还应当将起诉书副本送达被告人近亲属，告知其有权代为委托辩护人，并通知其敦促被告人归案。起诉书副本送达在刑事审判中有至关重要作用，从送达时起，被告人被正式告知检察机关对其指控的罪名、事实和法律依据。对指控信息的知悉是被告人行使辩护权的前提，也是被告人近亲属代被告人委托辩护人行使辩护权的前提。缺席审判中，传票和起诉书副本同时送达被告人。

③判决书。判决是审判机关就案件实体问题作出的处理决定，是审判机关代表国家行使审判权的体现。判决书记载了审判机关对案件事实的认定、法律适用理由以及裁决结果。无论是对席审判还是缺席审判，刑事判决都是对被告人刑事责任的最后认定，直接关乎被告人人身权和财产权等权利限制与剥夺。法律制度在设计上为这类国家司法行为设定了救济途径，当事人寻求法律救济的前提是知悉和了解审判机关裁决的内容，因而送达判决书具有了重要的法律意义。缺席审判，无论是有罪判决还是无罪判决均需送达被告人。形式与内容合法的判决也是我国与其他国家和地区进行司法协助、寻求司法合作的基础。

（2）送达的方式

对处于境外的被告人送达法律文书涉及两个或者两个以上的国家和地区。国家之间或者国家与地区之间送达法律文书的机制通常比较复杂。境外送达经常需要其他国家和地区政府机构的参与并且一般要适用复杂的程序。对处于境外被告人送达程序复杂且比较困难，法院需要根据案件具体情况，采取适当的送达方式。人民法院送达缺席审判相关法律文书可以通过有关国际条约规定的司法协助方式、外交途径提出的司法协助方式以及被告人所在地法律允许的其他方式。

一是有关国际条约规定的司法协助方式。该种方式见于我国签订、批准、加入的各项有关刑事司法协助方面或含有刑事司法协助内容的双边条约、多边条约以及国际公约。截至目前，我国已经批准了 56 项关于刑事司法协助的双边条约，并批准和加入了包括《联合国反腐败公约》《联合国打击跨国有组织犯罪公约》在内的多项涉及刑事司法协助内容的国际公约。人民法院在通过有关条约规定的司法协助方式进行送达时，首先需要注意符合我国《国际刑事司法协助法》第 20 条、第 21 条之规定，即人民法院应当制作刑事司法协助请求书并附相关材料，经最高人民法院审核同意后，由对外联系机关（一般为司法部）及时向有关国家提出请求，且请求书上应当载明受送达人的姓名或者名称、送达的地址以及需要告知受送达人的相关权利和义务。此外，还需要注意符合与被请求国签订双边条约或者共同加入的国际公约关于域外文书送达的具体规定。有些国家与我国签订的双边条约，明确规定被请求国对要求某人作为被告人（被指控犯罪的人员）出庭的法律文书不负有送达义务，例如日本、葡萄牙、澳大利亚、美国、墨西哥、泰国、马来西亚、马耳他等，但不负有送达义务不意味拒绝送达，在对方国家主管机关同意时，还是有实现送达的可能性；有些国家与我国签订的双边条约则对相关文书转交给被请求方的提前时间进行了规定，如与法国、韩国的双边条约均要求请求方应当在不迟于要求出庭日前 60 天将相关文书递交给被请求方，但在与韩国的双边条约中，存在被请求方在紧急情况下也可以同意较短期限的例外规定；而对于没有规定期限的条约，应按照我国《国际刑事司法协助法》第 22 条第 2 款之规定，至迟在开庭 3 个月前向对方提出协助送达出庭传票的请求。同时注意条约中关于送达证明的规定，一般而言，被请求方如完成送达，则需要向请求方提供送达证明；如未能完成送达，则需要向请求方说明理由。送达还需注意条约中关于文书译文的规定，一般情况下，请求书和辅助文件应当附有被请求方官方文字的译文，一些官方文字非英文的国家如韩国也接受英文译文。

二是外交途径提出的司法协助方式。依据我国《国际刑事司法协助法》第 5 条第 3 款之规定，我国与其他国家之间没有刑事司法协助条约的，通过外交途径联系。其中，没有刑事司法协助条约，是指我国与被请求国既没有签订双边刑事司法协助条约，也没有共同加入其他有关刑事司法协助的多边条约及国际公约，或不能依据上述条约请求被请求国送达的情形。结合《国际刑事司法协助法》第 6 条之规定，人民法院通过外交途径提出司法协助时，需要向主管机关即最高人民法院提交需要向其他国家提出的刑事司法协助请求，由最高人民法院负责审核并交由外交部进行对外联系。此种情况下，送达的具体方式和要求应按照双方的协商确定，但在提出的期限上，依据我国《国际刑事司法协助法》第 22 条第 2 款之规定，在与对方国家没有条约的情形下，应当至迟在开庭前 3 个月提出。

三是被告人所在地法律允许的其他方式。该条文表述是一种“其他”类规定，是对上述两种送达方式的补充。一方面，如上文中提到，我国与部分国家签订的双边条约中，将要求某人作为被告人（被指控犯罪的人员）出庭的法律文书列为被请求国不负有送达义务的事项，也就意味着送达请求可能遭到拒绝；另一方面，在司法机关仅能证明被告人身处境外，但尚未掌握其准确地址的情况下，也无法通过前述两种司法协助方式对被请求国提出请求。此外，国际刑事司法协助面对的是世界范围内的众多国家，而各国之间的法律存在一定的差异，也可能存在前两种途径以外的可行的送达方式，例如《释义》中提到的领事送达以及前文中提到的辩护律师送达，抑或邮寄送达以及由被告人近亲属进行送达等方式。但无论采取何种方式，均应遵循两个前提：一是该方式为被告人所在地法律所允许；二是保证该方式能够实现送达这一目的。

此外，有学者考虑到无法送达的情况在实践中客观存在，认为可以在缺席审判中增加公告送达的方式，以“避免缺席审判程序的规定因送达不能而沦为一纸空文”。① 笔者认为，在缺席审判的正当性层面上，公告送达属于间接送达，采取的是一种“推定被告已知”的模式，这种模式不能完全证明被告人对诉讼的知晓，在正当性层面上存在瑕疵。但如果能够在公告送达的同时辅以其他证据证明被告人已知诉讼，则能够修复公告送达的正当性瑕疵，是既符合我国的缺席审判实际需要，又遵守刑事审判国际人权准则的解决办法。② 但从司法实践层面来看，公告送达虽然能够解决刑事缺席审判难以启动的困境，却也可能导致“送达难”的问题遭到回避。相较于寻找逃匿境外的被告人的准确地址，公告送达这一方式的便捷性使其存在被滥用的风险，甚至可能导致其他送达方式被架空。因此，在现阶段不宜将公告送达纳入刑事缺席审判的送达方式中。

3. 送达的目的及送达标准

我国2018年《刑事诉讼法》修正草案一审稿曾表述为“被告人收到传票和起诉书副本后未按要求归案的”，后在正式颁布的条文中改为“传票和起诉书副本送达后，被告人未按要求到案的”，这一变化实际上是降低了缺席审判程序启动的门槛。有观点认为：“考虑到缺席审判制度的正当性存疑及后续国际刑事司法协助中可能面临的种种困

---

① 甄贞、杨静：《缺席审判程序解读、适用预期及完善建议》，载《法学杂志》2019年第4期。

② 郭晶：《国际刑事缺席审判的规则演进与现实启示》，载《国外社会科学前沿》2020年第8期。

难，采取一审稿中的‘收到’标准更为适宜。”① 笔者认为，被告人通过外逃的方式逃避刑事制裁，自然也极有可能通过拒收等方式逃避缺席审判，如果被告人需要“收到”相关文书方可，那么启动缺席审判程序的主动权掌握在恶意逃避刑事制裁的被告人手中。此外，送达程序的目的并不在于征求被告人对缺席审判程序适用的意见。尽管被告人的明示同意是缺席审判程序正当性的重要基础之一，但并非其唯一的启动条件，从域外缺席审判法律实践来看，在被告人未明示同意、法院履行了送达义务但被告人不知情或被告人有正当理由未到庭的情况下也可以启动缺席审判程序，不过要赋予缺席被告人异议权作为救济程序，给予其推翻缺席判决、重新获得对席审判的机会。回到《刑事诉讼法》第 291 条规定之情形的缺席审判程序，在该情形下，既不能将被告人的“收到”行为视为同意适用缺席审判程序，也无须将被告人的同意作为缺席审判程序启动的前提——因《刑事诉讼法》第 295 条赋予了被告人异议权。此情形下的送达程序主要有三个目的：一是保障被告人的知情权，这也对应着人民法院作为裁判者应当履行的送达义务。二是给予缺席被告人到庭的机会，包括上述送达方式中的法律法规、条约内容中对诸如送达期限等各种事项的规定，实际上都是为被告人从境外回国参与庭审创造条件。但此时被告人的缺席不能简单用放弃出庭权利或违反出庭义务加以衡量，因为此时被告人尚未到案，要求其出席庭审与要求其投案无异，不具有期待可能性。换言之，除去被告人无法或者无须被采取强制措施的情形以外，对其出庭权利义务的讨论都应建立在被告人实际处于司法机关控制之下的前提下，也是基于上述原因，才需要赋予此种情形中的缺席被告人以异议权。三是告知被告人不到庭将可能导致其受到缺席审判的法律后果，但这种告知在送达被告人的文书中需要注意表述的方式，因为在国际

① 武晓艺：《刑事缺席审判制度的知情权保障机制——以送达程序为视角的分析》，载《燕山大学学报（哲学社会科学版）》2020 年第 1 期。

刑事司法协助的实践中，这类表述通常被认为是带有强制性或者威胁性的，是一种不尊重被告人意愿的体现，可能使被请求国产生反感从而不利于域外送达工作的开展。①

送达的标准则根据送达方式的不同而有所差别，且在国际刑事司法协助中，不同国家的法律对于送达标准的规定也并不统一。在向被告人直接送达法律文书时，我国的送达标准以《刑事诉讼法》第 107 条以及最高人民法院《刑事诉讼法解释》第 204 条为依据。国际刑事司法协助中的送达类似于委托送达，但又与其有所区别。相似之处在于：二者都是由承办案件的公安司法机关委托收件人所在地的公安司法机关代为送达；受委托机关在送达后都应将送达回执寄回委托机关，在无法送达时都应当予以告知。不同之处在于：一是委托送达由委托机关直接委托受委托机关，而司法协助中的送达是委托方自下而上报告，受委托方自上而下执行；送达完毕后，受委托方自下而上报告，委托方自上而下通知。二是委托送达中，委托方与被委托方的送达标准是相同的，而司法协助的送达中，委托方与被委托方因法律规定的差异可能出现送达标准不一致的情况。例如按照委托方的法律规定，受委托方已经达到送达的标准，但按照受委托方的法律规定，其未达到送达标准并因此无法交付送达回执；或者是按照受委托方的标准已经送达完毕且交还送达回执，但其送达方式在委托方法律规定中尚未达到完成送达的标准。这就涉及委托方视为已经送达的标准究竟是以形式合法——被委托方是否交还送达回执为标准，还是以实质合法——被委托方的送达程序是否符合委托方的送达标准来确定。笔者认为，单纯的形式合法或者实质合法都不足以完全解决国际刑事司法协作中的送达标准问题，因此要将二者加以结合：在被请求国提供送达回执时，无论其是否符合我国《刑事诉讼法》的送达标准，均视为

① 参见黄风：《检察机关实施〈国际刑事司法协助法〉若干问题》，载《国家检察官学院学报》2019 年第 4 期。

已经送达；在被请求国未提供送达回执时，如果其送达程序符合我国《刑事诉讼法》关于送达的标准，则视为已送达；当且仅当被请求国未能提供送达回执，其送达程序也不符合我国的送达标准时，才视为未送达。

4. 送达效果

人民法院决定开庭审判的，将传票和人民检察院起诉书副本送达被告人是缺席审判的必要条件。人民法院按照人民检察院提供的被告人信息依法定方式将法律文书顺利送达被告人，被告人未按期到庭的，案件进入缺席审判程序。因境外送达情况复杂，如果人民法院未能将传票及人民检察院起诉书副本送达被告人，案件如何处理，现行法律未作出明确规定。笔者认为，法律文书送达并非仅仅是程式性工作，而是关乎被告人诉讼权利保障及程序正当性问题。如果人民法院无法将传票和人民检察院起诉书副本送达被告人，则不符合缺席审判条件，人民法院可以将案件退回人民检察院。相较于指控机关，人民法院不具备调查被告人信息专门技术条件，宜由指控机关继续调查被告人信息，满足缺席审判条件的，再行向人民法院提起缺席审判公诉。

（三）对被告人近亲属申请出庭的审查

根据最高人民法院《刑事诉讼法解释》第 602 条之规定，人民法院审理人民检察院依照《刑事诉讼法》第 291 条第 1 款的规定提起公诉的案件，被告人的近亲属可以申请参加诉讼中的庭审过程；如被告人的近亲属申请参加诉讼，应当在收到起诉书副本后、第一审开庭前向人民法院提出申请，并提供与被告人关系的证明材料；被告人有多名近亲属时，应当推选一至二人参加诉讼；对被告人提出申请的，人民法院应当及时审查决定。依据《刑事诉讼法》第 108 条第 6 项之规定，刑事诉讼中近亲属的范围包括被告人的夫、妻、父、母、子、女、同胞兄弟姊妹。如人民法院经审查后认为申请人属于被告人近亲属的范围，且其出庭不会对缺席审判程序产生不良影响，则应当准许其出庭。

缺席审判中参加法庭审判的缺席被告人的近亲属处于何种法律地位，法律规定并不明确。从参与庭审形式上看，近亲属代理缺席被告人参与，与诉讼代理人相似，但法律单独规定了缺席审判的辩护制度，由辩护人代理缺席被告人。近亲属作为诉讼代理人与辩护人存在功能上的重合。从参与庭审实质上看，根据最高人民法院《刑事诉讼法解释》第603条规定，被告人近亲属参加诉讼的，可以发表意见，出示证据，申请法庭通知证人、鉴定人等出庭，进行辩论。这些权利为诉讼当事人享有的诉讼权利，近亲属同样享有。特别是《刑事诉讼法》第294条赋予近亲属独立的上诉权，因而近亲属不同于一般的诉讼代理人。缺席审判中的近亲属是介于诉讼代理人和诉讼当事人的一类诉讼参与人，处于“准当事人”的诉讼地位。一方面，近亲属与缺席被告人具有紧密关系，有些案件涉及犯罪财产的认定与裁决，可能与近亲属有间接利害关系，近亲属参与庭审有助于维护缺席被告人及近亲属合法利益；另一方面，通过近亲属参与庭审，尽量弥补被告人缺席带来的程序缺陷，提升程序正当性。近亲属参与庭审是我国缺席审判颇具特别性的制度安排。

（四）刑事缺席审判庭前会议

庭前会议制度是我国2012年《刑事诉讼法》修改新增设的一项制度。依据2018年《刑事诉讼法》第187条第2款之规定，审判人员可在开庭前召集公诉人、当事人和辩护人、诉讼代理人，对回避、出庭证人名单、非法证据排除等与审判相关的问题，了解情况，听取意见。庭前会议之目的在于将可能影响庭审正常进行的阻碍先行解决，使庭审进程高效、顺畅。

1. 庭前会议在刑事缺席审判中的适用问题

按照最高人民法院《人民法院办理刑事案件庭前会议规程（试行）》（以下简称《庭前会议规程》）第1条第1款之规定，庭前会议只能适用于人民法院适用普通程序审理的案件。但在刑事缺席审判程序出现后，可以考虑在这一特别审判程序中适用庭前会议，原因如下：

其一，刑事缺席审判的审判程序性质决定其可以适用庭前会议。缺席审判程序并不是普通程序的简易化，与简易程序、速裁程序在本质上有所区别。简易程序、速裁程序都是在被告人认罪且同意适用简化程序的基础上进行，控辩双方对案件事实及相关证据的争议不大。而缺席审判程序的启动不以被告人的认罪为前提，被告人或是在《刑事诉讼法》第 291 条规定情形中因身处境外而缺席，或者是在第 296 条规定情形中因身患重病而缺席，这种缺席并非对裁判结果的结论性认同，由于被告人的缺席，庭审中的各个环节反而要相较于普通程序进行得更加充分。此外，《庭前会议规程》第 1 条第 1 款提到的“证据材料较多、案情疑难复杂、社会影响重大或者控辩双方对事实证据存在较大争议等情形”都可能在缺席审判程序中出现，而在简易程序和速裁程序中不会出现。

其二，在《刑事诉讼法》第 291 条规定情形的缺席审判程序中，庭前会议有利于节约司法资源。该种情形下的缺席审判涉及域外送达，需要给身处境外的被告人较长的准备时间，且境外送达本身流程较长，需要耗费大量的司法资源。如果在庭审中因回避、管辖权异议、证人出庭、排除非法证据等情况导致庭审中断，人民法院再次开庭时可能又要面临对域外被告人的送达问题，召开庭前会议可以确保在开庭前尽可能排除程序性阻碍，使庭审程序更加流畅、高效。

其三，缺席审判中的庭前会议有利于被告人近亲属参加诉讼及辩护律师行使辩护权。如前文所述，在《刑事诉讼法》第 291 条规定的情形中，辩护律师与境外被告人的沟通由于地理因素及被告人意志因素，可能存在一定困难。这就降低了其对案情的了解程度，并对其在庭审中行使辩护权产生不利影响。被告人近亲属这一主体对案件的事实及相关法律适用可能更为模糊，召开庭前会议，有利于被告人近亲属和辩护律师充分了解案情、明确案件争议焦点并交换意见，能够使其更加有效地行使辩护权，进而保障缺席审判庭审程序的公正性，保障被告人的权利。

其四，缺席审判中的庭前会议有利于控辩双方在庭审中的充分对抗。《刑事诉讼法》第 291 条规定情形的缺席审判案件中由于被告人供述的缺失可能性较大，检察机关在无被告人供述与在案证据相互印证的情况下，相对于同等条件下的普通程序，缺席审判中的公诉机关需要更多的证据对案件事实进行证明，也更需要证人出庭提供证言，这也就意味着控辩双方在庭审中针对实物证据及证人证言发生的对抗将会更为激烈。而庭前会议的功能之一就在于证据的预先处理，通过庭前会议，控辩双方能够更好地梳理证据材料脉络、整理出庭证人名单、进行证据开示并对非法证据予以排除，进而厘清争议焦点，使控辩双方在庭审中的对抗更加充分。

2. 庭前会议与缺席审判程序相适应的问题

现行《庭前会议规程》对庭前会议的规定是按照普通程序进行安排的，但在适用缺席审判程序时，因被告人的特殊情况，需要进行一定的程序性调整。

其一，辩护人听取被告人意见问题。按照《庭前会议规程》第 4 条以及第 19 条第 3 款之规定，被告人不参加庭前会议的，以及人民法院组织展示证据被告人不到场的，辩护人应当在召开庭前会议前听取被告人意见。但在刑事缺席审判中，辩护律师与被告人的沟通本身就存在一定的障碍，甚至无法与被告人进行沟通，此时可以考虑将辩护律师听取意见的范围扩大到其法定代理人及近亲属。最高人民法院《刑事诉讼法解释》第 602 条、第 603 条赋予了缺席审判被告人近亲属参加诉讼权。在《刑事诉讼法》第 291 条规定之情形中，尤其是在被告人近亲属出庭的情形下，辩护律师应当听取被告人及其近亲属意见。

其二，庭前会议的讨论事项问题。《庭前会议规程》第 10 条规定了十项庭前会议主持人可以向控辩双方了解情况的事项。在缺席审判程序中，有必要增加“是否对案件适用缺席审判程序有异议”作为讨论事项。如前文所述，在《刑事诉讼法》第291条规定的情形中，人民法院在缺席审判程序中审查公诉案件时，应当对检察机关提出的证明被告人在境外的证据进行实质性的审查，以确定缺席审判程序是否可以启动。在庭前会议中，对身处境外的被告人，主要讨论检察机关提出的证据是否能够证明被告人在境外，如果辩护方认为该证据不能证明被告人在境外而对缺席审判程序的适用提出异议，或者辩护方能够提供证据证明被告人在境内的，人民法院应当依法作出处理。总之，缺席审判程序的适用问题，应在庭前会议中解决完毕，以便控辩双方在庭审中可以着重就被告人的罪刑问题进行讨论。

二、刑事缺席审判庭审程序

（一）刑事缺席审判庭审程序遵循的原则

庭审程序是刑事缺席审判的核心环节，直接决定审判程序进程和案件裁决结果。尽管被告人不出席法庭，法庭审判仍需遵循审判程序基本原则。

其一，审判公开原则。审判公开是我国宪法和刑事诉讼法明确规定的一项重要基本原则。依据《刑事诉讼法》第188条第1款、第234条之规定，人民法院审判第一审案件应当公开进行；第二审案件在符合法定条件下尽可能公开开庭审理。在缺席审判案件中，审判公开的作用主要体现在两个方面：一是庭审公开对审判公正性的正向作用。由于被告人的缺席，刑事缺席审判程序的公正性受到各种质疑——公诉机关的证据是否确实充分、辩护人是否能够有效为缺席被告人提供辩护、人民法院是否能够根据庭审的实际情况进行公正裁决、被告人缺席的刑事审判会不会成为“走过场”，这些质疑确实是刑事缺席审判程序中可能出现的问题。通过社会公众的旁听、庭审直播以及新闻媒体的采访报道，能够对缺席审判的庭审程序及其判决结果起到监督作用，能够有效防止缺席审理程序流于形式，从而对缺席判决的公正性起到正向作用。二是庭审公开对刑事缺席审判程序之社会评价的正向作用。刑事缺席审判程序在我国刑事诉讼法中根基尚浅，实际判例较少，公众对其不甚了解；加之受“对簿公堂”的传统观念影响，其公正性也会遭遇先天的怀疑；最后，其本身“备而少用”的特点更意味着每一次缺席审判的公开都影响公众对该程序的评价。一场控辩双方对抗充分、程序合法、裁判结果公平公正的缺席审判程序能够使公众对缺席审判制度产生信心甚至使该信心得以强化，而一场流于形式的缺席审判则可能让公众质疑制度本身的公正性。因此，审判公开对缺席审判而言相较于普通程序更具有重要意义。尤其是《刑事诉讼法》第 297 条规定情形的缺席审判，其审判目的在于还已死亡的被告人以清白，宣告其无罪，更适宜在公开庭审的状态下进行。但是，缺席审判的公开也应当遵循《刑事诉讼法》第 188 条、第 234 条的相关规定，即在第一审案件中有关国家秘密或者个人隐私的案件不公开审理；涉及商业秘密的案件经当事人申请可以不公开审理；第二审案件中不属于应当开庭审理的情形可以不公开审理。

其二，辩论原则。“如果从权力构成来看，诉讼系属实际包含了三方主体和两个关系。三方主体是法官、起诉人、被告方。两个关系是指法官与当事人之间的审理关系，当事人之间的诉权关系。审理关系表现为法官确认事实和审判裁判的权威性，即‘至上性’；诉权关系表现为当事人辩论主义。”① 刑事诉讼中的辩论原则，是指在法庭审理过程中，控辩双方在人民法院的主持下有权就案件事实和争议的问题，各自陈述自己的主张和根据，互相进行反驳和答辩。我国《刑事诉讼法》第 198 条第 1 款、第 2 款规定：“法庭审理过程中，对与定罪、量刑有关的事实、证据都应当进行调查、辩论。经审判长许可，公诉人、

① 祁亚平：《刑事庭审之事实认定的本质、局限以及罪案评价研究》，法律出版社 2016 年版，第 106 页。

当事人和辩护人、诉讼代理人可以对证据和案件情况发表意见并且可以互相辩论。”辩论原则与辩护权原则关系密切，却也有严格的区别。辩护权原则所确定的是被告人拥有辩护权，但被告人拥有辩护权后应该如何行使，还需要由其他原则来决定。例如在侦查阶段，被告人的辩护权可能通过“辩解”“陈述”的方式表现，但在法庭审理阶段则以“互相辩论”的方式表现。因此，辩论原则是确定法庭审理程序结构的原则，决定着审判阶段的诉讼程序应当以何种方式进行。①

刑事缺席审判程序虽然存在被告人缺席的客观情况，但在辩护人出庭的情形下，缺席审判仍然是一种建立在双方辩论基础之上的审判活动，应当遵循辩论原则。缺席审判本质上仍然是言词审理程序，系根据一方之辩论而为判决，这是其基本特征。② 辩论原则的含义之一，在于控辩双方在法庭审理中的辩论权利平等，这是辩护方行使其辩护权的基础，也是正当程序对刑事缺席审判程序的内在要求。在遵循辩论原则的基础上，辩护方才能通过行使辩护权维护被告人的合法权利，行使其辩护职能。辩论原则的含义之二，在于确定控诉职能与审判职能的分离。我国《宪法》第140条规定：“人民法院、人民检察院和公安机关办理刑事案件，应当分工负责，互相配合，互相制约，以保证准确有效地执行法律。”《刑事诉讼法》第3条在此基础上又进行了着重强调：“对刑事案件的侦查、拘留、执行逮捕、预审，由公安机关负责。检察、批准逮捕、检察机关直接受理的案件的侦查、提起公诉，由人民检察院负责。审判由人民法院负责。除法律特别规定的以外，其他任何机关、团体和个人都无权行使这些权力。”辩论原则要求法院保持中立，恪守其审判职责，不得超越其权限。辩论原则的含义之三，在于控辩双方在诉讼中提出的事实与证据，需要经过辩论才能作为法

---

① 参见王秉新：《我国刑事诉讼中辩论原则试探》，载《现代法学》1980年第2期。

② 万毅：《超越当事人/职权主义——底限正义视野下的审判程序》，中国检察出版社2008年版，第151页。

院判决的依据。因此，法院应当充分听取控辩双方的意见，梳理争议焦点，引导双方对案件事实和法律适用进行更为深入的辩论，从而更加准确地掌握案件事实，并在此基础上作出正确的判决。

其三，禁止缺席不利原则。在刑事缺席审判中，法院不能仅因被告人缺席而作出对其不利的判决或决定。在实体层面上，审判机关需要明确意识到，被告人缺席的意义仅属于程序性事项的范畴，缺席不必然代表其因认罪而放弃出庭，不构成其对公诉机关指控事实的自认，也不能推定其自认，不能先入为主地对缺席被告人进行有罪推定。对被告人作出判决仍然要建立在案件事实清楚，证据确实、充分且正确适用法律的基础之上。在程序层面上，除因被告人缺席导致其不能行使的程序性权利外，不得对其诉讼权利进行随意克减，也不能随意增加其诉讼义务。缺席审判庭审的进行同样要遵循普通刑事审判程序的原则和理念。禁止缺席不利原则要求审判机关严格摒弃“缺席 = 有罪”的思维模式，注重缺席审判庭审的实质化，防止其沦为“走过场”。此外，法庭缺席审理过程中被告人到案引发案件重新审理，以及法庭经缺席审判就案件作出裁决，后因被告人提出异议引发案件重新审理，法官都不得因已经过的程序而对案件形成内心预断。

（二）刑事缺席审判第一审程序

刑事缺席审判程序总体上来说应按照普通程序的框架进行审理，但由于被告人的缺席，庭审中的具体程序需要根据该情况作出调整。

1. 开庭阶段

其一，被告人情况的说明。按照《刑事诉讼法》第 190 条以及最高人民法院《刑事诉讼法解释》第 235 条之规定，审判长宣布开庭后，应当查明被告人的具体情况。这种查明的方式一般是由审判长向被告人进行发问，但在缺席审判中无法实现。因此对被告人情况说明在缺席审判程序中的调整建议如下：被告人的具体情况，应当由审判长在开庭时予以公布，宣布完毕后询问公诉人和辩护人是否有误；被告人近亲属按照最高人民法院《刑事诉讼法解释》第602条之规定参加诉讼的，应当询问其近亲属；被告人有法定代理人的，也应当询问其法定代理人。其中还有关于起诉书副本的送达问题，如缺席审判属于《刑事诉讼法》第291条规定之情形启动的，审判长应当庭说明送达起诉书副本的方式、日期，并当庭出示送达回执或者其他凭证。如缺席审判属于第296条、第297条规定之情形，审判长应当说明被告人患病情况或者死亡情况。

其二，适用缺席审判程序的说明。审判长在说明被告人情况后，应在宣布案件情况时，同时宣布缺席审判程序的适用依据。依据第291条规定之情形启动的，应当庭说明被告人身处境外未按要求到案的情况和缺席审判程序的适用条件、法律依据，以及已告知被告人享有的诉讼权利之情况。依据第296条规定之情形启动的，应说明被告人的缺席原因，其本人或者其法定代理人、近亲属申请或者同意适用缺席审判程序的情况，以及缺席审判程序的适用条件、法律依据。依据第297条规定之情形启动的，应说明被告人在审理过程中死亡的情况及其死亡日期、继续审理适用的程序等。

2. 法庭调查与被告人陈述

在普通庭审程序的法庭调查中，公诉人宣读起诉书后，被告人应就起诉书指控的犯罪事实进行陈述或者辩解，并接受公诉人的讯问。在刑事缺席审判中，被告人由于缺席无法在庭审中亲自达成上述事项，但可能存在缺席被告人在庭审以外形成意见的情形。例如，身处境外的被告人在收到起诉书副本后，就起诉书指控的犯罪事实进行辩解并形成书面或影音材料交与辩护人。对该材料的处理有两种观点，一是将其作为被告人陈述，在公诉人宣读起诉书后予以公布；二是将其作为证据材料，在举证环节予以出示。笔者赞同后者，在缺席审判中，被告人本人关于案件的陈述也是重要的证据材料之一，不能因被告人缺席庭审而对其无视。但是，这种陈述又有别于被告人的当庭陈述与辩解。被告人当庭陈述后，需要接受公诉人的讯问，被害人及其法定代理人、诉讼代理人，被告人的法定代理人、辩护人的发问以及审判人员的讯问。此时，被告人的陈述以及其他诉讼参与人的发问都是庭审中直接言词原则的体现。而被告人在缺席审判中提交的关于案件事实的陈述更类似于一种书面证言。这就涉及被告人能否视为广义上的证人，其陈述能否作为证人证言加以采纳的问题。英美法的概念中将被告人、被害人、鉴定人均列为广义的证人，但大陆法系采取的是狭义的证人概念，我国刑事诉讼法采取的也是狭义概念，即证人范围排除了犯罪嫌疑人、被告人、被害人。① 被告人既然不是证人，其陈述自然不符合证人证言的法定证据形式。但也不符合犯罪嫌疑人、被告人的供述和辩解这一形式，因为该形式要求犯罪嫌疑人、被告人的陈述是向公安司法机关作出。因此，审判机关对这一类型的证据在庭审中如何加以利用，也是缺席审判这一新的审判制度对传统证据分类提出的新问题。

按照最高人民法院《刑事诉讼法解释》第 603 条之规定，在《刑事诉讼法》第 291 条涉及的案件类型中，被告人的近亲属参加诉讼的，可以发表意见，出示证据，申请法庭通知证人、鉴定人等出庭，进行辩论。《刑事诉讼法》第 198 条第 3 款规定，对席审判中审判长在宣布辩论终结后，由被告人做最后陈述。被告人最后陈述既是审判程序的必经阶段，也是被告人享有的一项诉讼权利。缺席审判中是否还设置被告人最后陈述？就这一事项，缺席被告人可能形成书面材料要求人民法院或者其近亲属、辩护人代为陈述。笔者认为，被告人最后陈述是法律赋予被告人的一项重要的诉讼权利，但赋予的对象仅限于出席庭审的被告人，因享受诉讼权利应与履行诉讼义务相对应。被告人的陈述涉及案件事实的，人民法院可以将其作为证据在法庭调查中予以采纳。当然，被告人对案件事实及法律适用通过书面材料表达最后陈

① 参见宋英辉、甄贞主编：《刑事诉讼法学》（第六版），中国人民大学出版社 2019 年版，第 190 页。

述意见，可以通过出席法庭的近亲属或者辩护人代为宣读。

3. 合议庭评议

在法庭评议阶段，缺席审判程序相对于普通审判程序在裁判结果上存在一些特殊规定。依据《刑事诉讼法》第292条之规定，人民法院对第291条规定之情形进行缺席判决时，应一并对被告人违法所得及其他涉案财产作出处理。这主要是考虑到该情形下的刑事缺席审判程序与违法所得没收程序的适用问题。从裁判对象来看，违法所得没收程序主要涉及对“物”的裁判；而刑事缺席审判程序既涉及对“物”的裁判，也涉及对“人”的裁判。从程序启动的条件来看，第291条规定之情形的缺席审判程序相对于违法所得没收程序的启动要求更高，违法所得没收程序的适用相对灵活。如果案件能够适用缺席审判程序的，就尽可能对案件的“人”与“物”一并作出裁判，既有利于打击相关犯罪，也避免了诉讼程序的重复，提高了诉讼效率。

依据《刑事诉讼法》第297条第1款之规定，在审理过程中被告人死亡的，应当裁定终止审理，但有证据证明被告人无罪，人民法院经缺席审理确认无罪的，应当依法作出判决。按照最高人民法院《刑事诉讼法解释》第606规定，“有证据证明被告人无罪，经缺席审理确认无罪”包括案件事实清楚，证据确实、充分，依据法律认定被告人无罪的情形，以及证据不足，不能认定被告人有罪的情形。

4. 宣判与判决书送达

依据《刑事诉讼法》第294条之规定，第291条规定之情形的缺席审判在宣告判决时，如被告人的近亲属在场，应告知其享有上诉权，以及上诉期限和上诉法院，判决书的送达范围也应包括被告人及其近亲属、辩护人。普通对席审判中，根据《刑事诉讼法》第202条规定，当庭宣告判决的，应当在5日以内将判决书送达当事人和提起公诉的人民检察院；定期宣告判决的，应当在宣告后立即将判决书送达当事人和提起公诉的人民检察院。但是在缺席审判情形下，人民法院往往面临向域外被告人送达判决书的问题，即便是在当庭判决的情况下，也不大可能在5日以内将判决书送达被告人，尤其是需要域外司法协助的情况下，可以参考传票及起诉书副本送达的相关规定，设置一个较长的期限对境外被告人进行送达。

5. 缺席审判过程中被告人到案的重新审理

依据《刑事诉讼法》第295条之规定，在审理过程中被告人自动投案或者被抓获的，人民法院应当重新审理，即之前经过的缺席审理程序归于无效。但这种情形仅针对第291条规定之情形的缺席审判程序。在第296条规定之情形的缺席审判中，如被告人因身体状况好转申请出庭，人民法院应当允许其出庭。但在被告人出庭前法院依法已经进行的缺席审理活动仍然有效。[①] 即在该情形下被告人到庭并不导致重新审理。因病缺席的被告人到庭后，为保护其知情权，人民法院也应当告知其经过的庭审内容，以便于其继续参与庭审。

6. 审判期限

《刑事诉讼法》第208条规定，人民法院审理公诉案件，原则上应当在受理后2个月以内宣判，至迟不得超过3个月，有符合法律规定特殊情形的，可以向上级人民法院以及最高人民法院申请延长。但是，《刑事诉讼法》第291条规定之情形的缺席审判往往涉及传票、起诉书副本及判决书等法律文书域外送达问题，如前文中提到，采取国际条约规定或外交途径提出的司法协助方式，根据被请求方的不同规定，需要在出庭前至少60日至90日将相关文书递交给被请求方，而请求方、被请求方内部上下级机关或不同机关之间的交接，以及请求方与被请求方的沟通还需要额外耗费时间。这就导致普通程序的审判期限难以适用于缺席审判程序。因此，缺席审判程序不宜适用普通对席审判程序审判期限，需针对缺席审判程序统一设置一个较长的审判期限，

---

① 参见王爱立主编：《中华人民共和国刑事诉讼法释义》，法律出版社2018年版，第641页。

且灵活规定，在此期限内不能审结的，可以按照《刑事诉讼法》第208 条之规定向上级人民法院或最高人民法院申请延长审判期限。

第四节　刑事缺席审判救济程序

一、我国刑事缺席审判救济程序的立法分析

（一）我国刑事缺席审判的救济模式

针对《刑事诉讼法》第 291 条规定之情形的缺席审判程序，我国采取的救济模式为上诉和完全异议相结合的双重模式。依据我国《刑事诉讼法》第 294 条第 1 款的规定，被告人或者其近亲属不服判决的，有权向上一级人民法院上诉，辩护人经被告人或者其近亲属同意的，也可以提出上诉。上诉权是刑事缺席审判程序作为一种审判程序应当赋予被告人的诉讼权利，赋予被告人上诉权，也意味着我国将缺席审判程序作为审判程序而非诉讼保全程序进行适用。与一般上诉程序不同的是，缺席审判中的上诉主体扩大到了被告人的近亲属，即该主体拥有与被告人相同的独立上诉权。这一规定对保障缺席被告人的上诉权利和审级利益具有积极意义。而对已生效缺席判决、裁定提出异议的规定来源于《刑事诉讼法》第 295 条第 2 款，即罪犯在判决、裁定发生法律效力后到案的，在交付执行刑罚前，人民法院应当告知罪犯有权对判决、裁定提出异议，罪犯提出异议的，人民法院应当重新审理。上诉、异议与重新审理的具体分析将在后文中详述。而针对《刑事诉讼法》第 296 条、第 297 条规定之情形的缺席审判，法律未对其救济程序作出特别规定，因此遵照普通对席审判程序规定进行。

关于异议权与上诉权的关系，有观点认为现有规定未协调二者之间的关系，应避免异议权和上诉权的功能重叠而浪费司法资源，被告人应当可以选择适用异议权或者上诉权，且异议申请被驳回后，被告

人有权继续提出上诉。① 从两种救济程序提起的时间点来看，上诉权存在于一审判决后，判决尚未生效时，而异议的提出是依据《刑事诉讼法》第 295 条的规定发生在判决、裁定发生法律效力之后，交付执行刑罚之前，也就意味着在时间关系上，上诉与异议的适用不存在重合的部分。判决未生效时被告人不得提出异议，判决生效则意味着上诉权已经灭失。所以，在我国现有规定下，不存在被告人既可以提出上诉又可以提出异议的情形，更不存在发生冲突时的适用顺序问题。尽管我国对刑事缺席审判规定了上诉与异议相结合的双重模式，但两种救济模式尚未发现相互冲突的情形。

（二）我国刑事缺席审判中的异议制度

1. 我国刑事诉讼异议制度的相关立法

“异议”二字在我国《刑事诉讼法》中并非出现一次，尽管我国尚未建立一个较为系统化、体系化的异议制度，但“异议”仍然占据着重要的地位。在我国《刑事诉讼法》中，异议可分为强制性异议和非强制性异议。非强制性异议是指，异议的提出并不会必然导致某种结果，需要法院听取异议并进行裁量后作出决定，如《刑事诉讼法》第 192 条中公诉人、当事人或者辩护人、诉讼代理人对证人证言、鉴定意见有异议，并不必然导致证人、鉴定人出庭的结果；第 201 条中被告人、辩护人对量刑建议提出异议，也并不必然导致人民检察院调整量刑建议。强制性异议是指，异议一经提出通常必然会导致某种结果，例如《刑事诉讼法》第 174 条中未成年犯罪嫌疑人的法定代理人、辩护人对未成年人认罪认罚有异议的，不需要签署认罪认罚具结书；依据第 214 条的规定，被告人对自己所犯罪行，对指控的犯罪事实或者对适用简易程序有异议的，及第 215 条中共同犯罪案件中部分被告人不认罪或者对适用简易程序有异议的，不能适用简易程序，第 222

---

① 参见刘玲胜军：《审判中心视角下刑事缺席审判制度救济程序的建构》，载《辽宁公安司法管理干部学院学报》2019 年第 3 期。

条、第223条中的速裁程序亦然；第282条中未成年犯罪嫌疑人及其法定代理人对人民检察院决定附条件不起诉有异议的，人民检察院应当作出起诉的决定。由上述举例可知，我国《刑事诉讼法》在诉讼程序上对异议的定位就是具有强制启动或者不启动某些程序的效果，这也与依申请启动的情形完全区分开来。

2. 我国刑事缺席审判异议制度的基本内容

按照我国《刑事诉讼法》的规定，刑事缺席审判中的异议制度即已经到案的罪犯在判决、裁定生效后，交付执行刑罚前，有权对已经生效的判决、裁定提出异议，罪犯提出异议的，人民法院应当重新审理。即刑事缺席审判异议制度的内容是赋予当事人异议权，该权利行使的条件：从权利行使的主体来看，该权利仅限于当事人本人行使，且《刑事诉讼法》第295条第2款中使用“罪犯”这一称谓，意味着行使该权利的主体仅限于经缺席审判程序被判有罪的被告人；从权利指向的对象来看，当事人只能针对已经生效的判决、裁定提出异议，可知其对尚未生效的判决、裁定不可提出异议，这也间接引出了异议权行使的时空条件。时间上，被告人到案的时间必须是在判决、裁定发生法律效力之后，其提出异议的时间必须是到案后，交付执行刑罚前，即在判决裁定未生效时到案的被告人不享有异议权，而应当认定为第295条第1款中的审理过程中到案，属于人民法院应当重新审理的情形；空间上，被告人必须到案，即其本人已经处于我国司法机关的实际控制之下，未到案的被告人对已生效的判决、裁定不享有异议权。

从异议权的权利运行机制来看，享有异议权的被告人可通过提出异议行使该权利，异议一经提出，即产生人民法院重新审理的法律效果。人民法院是异议权相对的义务人，在现有法律规定中，人民法院对被告人的异议权需要承担两种义务：一是告知义务，在交付执行刑罚前，人民法院有义务告知被告人有权提出异议；二是保障义务，被告人一旦提出异议，人民法院有义务进行重新审判以保障被告人权利效果的实现，这就意味着人民法院无权过问被告人提出异议的内容，被告人也没有义务对异议的内容进行说明，只需对提出异议表达“是”或者“否”的态度。

3. 我国刑事缺席审判异议制度的作用

异议制度在我国刑事缺席审判中主要发挥三个作用：其一，补足刑事缺席审判程序的正当性基础；其二，保障被告人的切身利益；其三，促进我国刑事缺席审判制度立法目的的实现。

异议制度能够补足我国刑事缺席审判程序的正当性基础。诚然，为了严厉打击腐败犯罪，适应制度反腐的新形势新目标，我国迫切需要刑事缺席审判为境外追逃提供制度支持。① 但评价一个法律制度的优劣，除去该制度面临的具体社会背景与政治需求，更应当考虑的是这一制度本身的设计是否正当合法。刑事缺席审判制度是一项因被告人缺席而“天然”存在缺陷的制度，在刑事缺席审判中，被告人的诉讼权利受到了减损，这是一个无法否认的事实。被告人的权利当然不是不可减损的，但这种减损必须建立在一定的正当性基础之上：一是出于被告人本人对权利的主动放弃；二是对被告人的权利减损是出于必要的理由，且借由法律设置的救济程序，被告人可以重新实现其被减损的权利，并消除其因权利被减损而受到的影响。因此，刑事缺席审判制度的必要性只是其正当性基础的一部分，还需要设置救济程序对其予以补足。异议制度作为一种能够推翻缺席审判程序，使案件审理回到原点的特殊救济程序，能够有效胜任补足制度正当性的角色。

异议制度能够切实保障被缺席判决的被告人的利益。异议权的权利性质首先赋予了被告人是否行使该权利的自由，其权利效果也将使案件缺席审理进程归零，消除被告人在权利减损下被审判的审理过程与裁判结果，并使被告人获得重新参与庭审的机会，不仅使其本人的

① 参见谢澍：《刑事缺席审判之类型化分析与体系化建构——以〈刑事诉讼法〉再修改为语境》，载《法学》2019 年第 12 期。

辩护权、申请回避权、举证质证权、最后陈述权等庭审中的诉讼权利得以实现，也保障了其上诉权和审级利益。

异议制度同样是我国刑事缺席审判制度实现其建构目的的重要条件。我国建立刑事缺席审判的直接目的在于加强境外追逃工作的力度和手段，[①] 异议权是实现这一目的不可或缺的组成部分。目前，我国开展追逃工作的方法主要有四种，分别是引渡、劝返、非法移民遣返和异地追诉。刑事缺席审判制度直接支撑的就是对外逃人员的引渡，借由缺席判决与境外达成司法协作，能够实现将被告人引渡回国的目的，这就要求刑事缺席审判的制度设计不能与现存引渡法律及相关条约相矛盾。我国《引渡法》第8条规定了八种应当拒绝引渡的情形，其中，请求国根据缺席判决提出引渡请求的情形属于第八种，且仅在请求国承诺在引渡后对被请求引渡人给予在其出庭的情况下进行重新审判机会时除外。此外，在我国与境外部分国家签订的双边引渡条约中，当请求方根据缺席判决提出引渡请求时，或有条约要求请求方保证在引渡后重新进行审理，或有条约要求请求方保证在引渡后给予被请求引渡人重新审理的机会。[②] 因此，是否在引渡后对被引渡人进行重新审理或是否给予其重新审理的机会，直接关系到追逃工作中我国是否能够依据缺席判决向其他国家提出引渡请求，关系到刑事缺席审判制度是否能为境外追逃工作提供制度支撑。异议制度扮演着给予被引渡人重新审理机会的角色，因此，无论在刑事缺席审判制度内部的构建中，还是在域外司法合作的实际应用中，异议制度都发挥着不可替代的作用。

（三）我国刑事缺席审判中的重新审理程序

我国刑事缺席审判制度规定了两种情形下的重新审理，依据《刑

① 参见“关于《中华人民共和国刑事诉讼法（修正草案）》的说明”，http://www.npc.gov.cn/npc/c12435/201810/6cda6a2ab98a41268452a87a89e0a0c6.shtml，最后访问时间2022年6月9日。

② 参见黄风：《对外逃人员缺席审判需注意的法律问题》，载《法治研究》2018年第4期。

事诉讼法》第295条的规定分为审理过程中的重新审理与判决、裁定生效后的重新审理。该程序启动需要符合以下几个条件：启动方式上，前者为人民法院依职权启动，后者在缺席判决中被判有罪的罪犯提出异议时由人民法院启动。时间上，前者为在审理过程中，值得注意的是，一审与二审程序毫无疑问属于审理过程中，但第一审判决作出后被告人的上诉期及其上诉后二审开庭前的时间也应当属于审理过程中，即一审开庭后，缺席判决、裁定生效前的时间都应当包括在内；后者为判决裁定生效后，交付执行刑罚前。空间上，二者的共同之处在于被告人必须到案，不到案不得启动重新审理程序。法律效果上，重新审理程序一经启动，即产生“恢复原状”的效果，已经经过的缺席庭审视为不曾进行，已经作出的缺席判决、裁定视为不曾作出，被缺席判决人的身份也应当由“罪犯”变为刑事被告人。①

那么，我国《刑事诉讼法》中的重新审理程序是否属于一种救济程序？审理过程中的重新审理不属于救济程序，如前文所述，被告人在审理过程中到案，使缺席审判程序失去了启动基础，重新审理是法院应当作出的程序转换。而判决、裁定生效后的重新审理则属于救济程序，对这一问题的讨论，需要建立在对重新审理程序正确理解的基础之上，重新审理既不是一个拥有独立审级的审判程序，也不是重新审理后的一审程序与二审程序的总称，而是一个诉讼程序重新启动的指令，其救济作用就在于使已经作出生效判决、裁定的案件审理回到原点，是对被告人程序性权利的救济。

刑事缺席审判重新审理程序是否有违一事不再理原则？一事不再理原则，是指对被追究者的同一行为，一旦作出具有法律效力的确定判决，不论是有罪还是无罪的判决，都不得再次启动新的刑事诉讼程序，即对同一行为不得再次进行审理和处罚。一事不再理原则侧重于

---

① 黄风：《对外逃人员缺席审判需注意的法律问题》，载《法治研究》2018年第4期。

对确定判决“既判力”的维护，以体现国家判决权威性以及保护被追诉者合法权益。刑事缺席审判审理过程中基于被告人到案的重新审理，因法院尚未作出有法律效力的确定判决，不违反一事不再理原则。刑事缺席审判结束，判决、裁定发生法律效力后，就案件进行重新审理，在形式上有违一事不再理原则，但正像缺席审判为对席审判的例外，该种情形的重新审理为一事不再理原则的法定例外，目的是补正缺席审判的固有缺陷，保障被告人的听审权与在场权。①

（四）我国刑事缺席审判中的第二审程序与审判监督程序

1. 刑事缺席审判第二审程序

（1）刑事缺席审判上诉权主体

刑事缺席审判作为一种审判程序，其中的被告人应当享有对缺席判决提起上诉的权利。上诉权的价值体现在确保缺席审判实体正义、程序公正及保障人权三个方面，根据此价值预设，上诉权因而具备利益平衡、权利救济及纠正错误裁判三大功能。② 考虑到《刑事诉讼法》第 291 条规定之情形的缺席审判中被告人地位的特殊性，我国《刑事诉讼法》还对缺席审判中的上诉程序作出了一些特殊规定，目的就在于充分保障被告人上诉权的行使。在一般的公诉案件中，具有上诉权的主体除被告人本人外仅限于其法定代理人，其近亲属如提出上诉，需要经过被告人的同意。而缺席审判制度将被告人的近亲属纳入上诉主体，赋予其独立的上诉权。依据我国《刑事诉讼法》第 108 条之规定，法定代理人的范围包括被代理人的父母、养父母、监护人及负有保护责任的机关、团体的代表；近亲属的范围包括配偶、父母、子女以及同胞兄弟姐妹。从法定代理人到近亲属的转变有两个原因：一是

---

① 参见李泊毅：《论缺席审判后重审与一事不再理原则之关系——兼论重审程序之完善》，载《中国社会科学院研究生院学报》2020 年第 5 期。

② 徐瞰：《刑事缺席审判制度上诉权问题研究》，载《东北大学学报（社会科学版）》2021 年第 1 期。

被告人主体性质的变化，法定代理人多出现于被告人无行为能力或者限制行为能力的情形，如被告人未成年或存在精神障碍，客观上使其行使权利不能正常进行，此种情形下，法定代理人通常以监护人的身份出现；而刑事缺席审判的被告人存在完全行为能力时，继续沿用法定代理人的规定显然不妥。二是刑事缺席审判的被告人客观上存在行使上诉权的障碍，在缺席审判中，被告人身处境外，客观上阻碍了其上诉权的行使。从诉讼程序层面来看，由代表被告人利益的近亲属代为行使部分权利，可以通过间接参与以实现视为参与的目的。[①] 从社会文化层面来看，近亲属这一群体在宏观上是最有可能为被告人主张利益的群体，使其代为行使被告人的部分权利，也符合几千年来根植于我国社会文化中“血浓于水”的家庭观念。

（2）刑事缺席审判上诉程序

相较于普通第一审程序的上诉程序，刑事缺席审判中的上诉程序具有一定的特殊性：其一，被告人的近亲属在缺席审判中成为法定的上诉主体；其二，我国《刑事诉讼法》未对缺席审判中的上诉期限与期限起算作特殊规定，依据第230条之规定，即不服判决的上诉期限为十日，自接到判决书的第二日起算，但因涉及法律文书域外送达，缺席审判中设置如此短暂上诉期限并不现实；其三，人民法院对上诉案件的审理方式与重审的规定，都应当依据缺席审判程序进行适当调整，一审适用缺席审判程序的案件，二审中符合开庭审理情形的，应当依照缺席审判程序开庭审理，需要发回重审的，原审人民法院也应当另行组成合议庭按照缺席审判程序进行审理。

有学者指出，《刑事诉讼法》第294条中仅规定了被告人或者其近亲属不服“判决”的，有权向上一级人民法院上诉，忽略了对“裁

① 参见张澎、姜金良：《论刑事缺席审判制度的具体构建——以〈刑事诉讼法（修正案）〉为基础》，载《中国社会科学院研究生院学报》2018年第6期。

定”的上诉，认为这是“立法技术的失误”。[①] 该观点理由之一：在案件附带民事诉讼时可能存在裁定问题，因此与《刑事诉讼法》第 227 条的规定不一致。笔者认为，首先，附带民事诉讼中的缺席审判不能一并适用第 294 条关于刑事缺席审判上诉的规定，因为附带民事诉讼的缺席审判在法律中本就先于刑事缺席审判存在。最高人民法院《刑事诉讼法解释》第 195 条第 2 款规定，刑事被告人以外的附带民事诉讼被告人经传唤，无正当理由拒不到庭，或者未经法庭许可中途退庭的，附带民事部分可以缺席判决。不过在刑事缺席审判出现后，附带民事诉讼出现了刑事被告人缺席的可能性，但总体上，对附带民事诉讼的裁判结果还是要依据《刑事诉讼法》第 227 条以及最高人民法院《刑事诉讼法解释》第 378 条之规定进行上诉。其次，对刑事缺席审判程序中可能出现的裁定，被告人依然不得上诉。一方面，由于刑事诉讼一审程序中的裁定适用情形较少，且裁定不会对被告人判处实际刑罚，甚至鲜有不利于被告人的裁定内容，通常仅涉及程序问题。另一方面，在缺席审判中，被告人根本没有参与诉讼程序，自然无权对程序性裁定问题提起上诉，而近亲属的上诉权尽管独立，但也来源于被告人，且近亲属并非刑事缺席审判中强制参与庭审的主体，对其规定拥有超出被告人上诉范围的上诉权显然也不合理。

该观点理由之二：在《刑事诉讼法》第 295 条第 2 款中被告人可以就已经生效的判决、裁定提出异议，与第 294 条之规定相矛盾。笔者认为，第 295 条第 2 款之所以出现裁定，主要由于案件可能经过二审，二审法院能够作出驳回上诉等不利于被告人的裁定，自然属于被告人提出异议的范围内。

该观点理由之三：如果说“判决”意味着对人裁判，“裁定”意味着对物裁判，仅就判决提起上诉，说明被告人及其近亲属不能就法

---

① 参见罗维鹏：《刑事缺席审判中被追诉人权利的程序性救济：模式选择与规则完善——以 2018 年〈刑事诉讼法〉为视角》，载《甘肃政法学院学报》2019 年第 5 期。

院的对物裁判提起上诉。笔者认为，对物裁判在犯罪嫌疑人、被告人逃匿、死亡案件违法所得的没收程序中表现为裁定形式，但在刑事缺席审判中，无论是对人裁判还是对物裁判均以判决形式表现，对被告人作出罚金、没收财产的财产刑判项也是如此。尽管两种程序在功能上存在一定竞合，但均有不同的上诉程序予以规制，在对物裁判的上诉上，违法所得没收程序的相关主体可以依据《刑事诉讼法》第300条对裁定进行上诉，刑事缺席审判程序的相关主体可以依据第294条提出上诉。因此，立法者在第294条仅规定判决情形是有意为之，而非立法失误。

（3）刑事缺席审判抗诉程序

依据《刑事诉讼法》第294条第2款之规定，人民检察院认为人民法院缺席审判的判决确有错误的，应当向上一级人民法院提出抗诉。人民检察院的抗诉在《刑事诉讼法》修正案草案中并未规定，但在草案审议过程中被加入，主要是为了发挥人民检察院代表国家行使检察权的作用。在刑事缺席审判中，同样可能存在人民法院认定事实、适用法律确有错误以及错误适用缺席审判程序的情况，对此，应赋予人民检察院提出抗诉的权力和职责。本条款重在强调人民检察院在缺席审判程序中的抗诉权，其具体程序应按照普通程序的抗诉规定进行。

（4）第二审程序开庭审理

依据《刑事诉讼法》第234条以及最高人民法院《刑事诉讼法解释》第393条之规定，除法定情形应当开庭审理外，第二审人民法院对其他情形是否开庭审理具有一定的自由裁量权。但是，对依法决定不开庭审理的上诉案件，第二审人民法院必须讯问被告人，听取其他当事人、辩护人、诉讼代理人的意见。但是在缺席审判中，第二审人民法院无法对被告人进行讯问，是否意味对缺席审判的第二审程序都应当开庭审理？这涉及对《刑事诉讼法》第234条第2款的理解问题。讯问被告人和听取其他当事人、辩护人、诉讼代理人的意见，是为了使第二审审判人员了解案件的基本情况，而非满足了上述条件就可以对案件不开庭审理。因此，第二审法院是否开庭，关键取决于上诉案件是否符合《刑事诉讼法》第 234 条第 1 款规定的第 1 项至第 4 项的情形，即被告人、自诉人及其法定代理人对第一审认定的事实、证据提出异议，可能影响定罪量刑的上诉案件；被告人被判处死刑的上诉案件；人民检察院抗诉的案件以及其他应当开庭审理的案件。

（5）第二审程序裁决

涉及被告人缺席的第二审程序有两种情形：第一种情形为第一审程序被告人出席法庭，法庭依照第一审程序对案件作出裁决，被告人不服裁决提起上诉或者检察机关认为一审裁决确有错误提起抗诉从而启动第二审程序。第二审庭审期间被告人死亡，如果案件有证据证明被告人无罪，则法院适用《刑事诉讼法》第 297 条的规定，适用缺席审判程序审理案件，法院经缺席审理认定被告人无罪的，应当判决被告人无罪，同时撤销第一审有罪判决。如果案件不存在有证据证明被告人无罪情况，则第二审法院只能作出终止第二审程序的裁定。此时，对第一审裁判如何处理？就第一审裁判被告人提起上诉或者检察机关提起抗诉，一审裁判处于存有争议状态，二审程序启动意味着一审裁判处于效力待定状态，因二审中被告人死亡而导致二审程序终止，仍需对一审裁判作出处理。因被告人死亡，追究其刑事责任已无意义，故应撤销一审裁判对被告人的有罪认定。“根据诉讼系属和审级裁判理论，二审法院不能忽视一审裁判的存在和效力，仅对二审程序加以终结，对一审裁判不置可否，既不维持也不撤销，而是应贯彻《刑事诉讼法》第 16 条对被告人不予追究刑事责任的原则，撤销一审裁判中的有罪认定，同时终结二审的审理程序，使案件彻底归零。”①

第二种情形为第一审程序适用缺席审判程序作出裁决，被告人及

---

① 董坤：《被告人死亡案件缺席审判程序研究》，载《法学》2020 年第 10 期。

其近亲属不服一审裁判提起上诉或检察机关提起抗诉，第二审程序继续缺席审理案件，并依据第二审程序进行审理和裁决，作出维持原判、改判或者发回重审的裁决。二审维持原判或者改判的，为终审裁判。

2. 审判监督程序在刑事缺席判决中的适用

审判监督程序在缺席判决中的适用是一个较为矛盾的问题：一方面，审判监督程序与异议制度存在区别，在前文中，对重新审判与重新审理在我国刑事诉讼法中适用的两种情形进行了辨析，两种程序的启动条件、程序后果以及保护的利益均存在区别，而这些区别也正是异议制度与审判监督程序的区别所在。从刑事缺席审判的自身属性对救济程序的来源进行探究，异议制度来源于“缺席”，上诉来源于“审判”，审判监督程序同样来源于“审判”。虽然在形式上，二者都有“重新”进行诉讼程序的外观，但发挥的作用却截然不同：审判监督程序重在纠正已经生效的判决、裁定中可能出现的错误，异议制度重在消除因被告人缺席对正当程序造成的不良影响；审判监督程序的最终目的在于救济当事人因错误的生效判决、裁定遭到侵犯的实体性权利，异议制度的目的则在于恢复当事人遭到克减的程序性权利。除重新审判与重新审理的区别外，这也是我国刑事缺席审判制度单独设置异议制度，而没有套用审判监督程序的另一个重要原因。但另一方面，审判监督程序与异议制度都有阻断已生效判决裁定确定力的作用，即便存在上诉情形，其形式存在部分重合而导致司法资源的浪费也是客观存在的现象，且这种司法资源的浪费不能归责于被告人，而应归责于出现错误的缺席审判程序及其作出的裁判结果。因此，在刑事缺席审判制度建立后，有必要对审判监督程序的规定做出相应调整。

二、我国刑事缺席审判救济程序存在的问题及完善

（一）我国刑事缺席审判异议制度中存在的问题及对策

1. 关于缺席审判异议权的争论

（1）异议权存废的争论

异议制度的设立是我国在建立刑事缺席审判制度中讨论最为激烈的话题之一，尤其是在到案罪犯对已生效判决裁定提出异议、人民法院应当重新审理这一情形上分歧最为严重。① 有观点认为该情形存在被告人滥用异议权的风险，造成对司法资源的极大浪费，随意推翻已生效判决也将动摇司法的权威性和终局性。② 也有观点认为尽管可能存在被被告人用以拖延审判、浪费司法资源的弊端，但在与尊重和保障人权的基本理念权衡中，赋予缺席审判的被告人异议权的正当性不容置疑。③

两种观点都各有其合理性，也各有理论视域所未及。我国刑事缺席审判制度包含的价值是多元的，因此在救济程序的设置上，也需要立足于制度设立的整体价值进行判断。在刑事缺席审判的制度构建中，不仅要对制度以内涉及的各种价值进行综合考量，更要对制度以外该制度能够带来的社会价值进行评估。既不能片面追求诉讼效率罔顾人权保障，亦不能因对被告人权利的过度保护违背该程序的构建初衷。上述两种观点存在的根本问题，就是都试图对不同的缺席审判情形适用相同的救济程序。对救济程序的构建，不能脱离救济程序适用的各种情形，而须着眼于每一种情形的缺席审判追求的是法的何种价值，才能相应地设置合理的救济程序，有的放矢。

---

① 喻海松：《刑事缺席审判程序的立法进程》，载《法律适用》2018 年第 23 期。

② 参见杨宇冠、郑英龙：《〈刑事诉讼法〉修改问题研究——以〈监察法〉的衔接为视角》，载《湖湘论坛》2018 年第 5 期。

③ 参见梅腾：《〈中华人民共和国刑事诉讼法〉缺席审判程序之审视——基于刑事一体化原理之考量》，载《湖北社会科学》2019 年第 2 期。

（2）异议权是否应受到限制的争论

与缺席审判异议权存废的争论不同，异议权限制观点认为应当赋予被告人就缺席审判裁决提起异议权，但对异议权应进行必要限制。

①对异议内容进行限制的观点。这一观点认为，被告人对缺席审判裁决提出异议需要提供明确的异议内容，例如被告人提出异议的，应当提供证据证明其未出席法庭接受审判具有合理理由；[①] 或者是规范罪犯提出异议的内容和提高启动重新审理的门槛。[②] 笔者认为，刑事缺席审判救济程序不宜适用限制异议模式。我国刑事缺席审判的异议制度只适用于第 291 条规定之情形，在该情形下，不应对被告人的异议权进行限制。被告人的异议权象征着其获得重新审理的机会，其含义就在于由被告人决定是否进行重新审理。如对被告人提出异议的内容施加限制，则必然存在其不能获得重新审理的情形，这就使得我国借由缺席判决达成国际司法协作、引渡被告人的必要条件缺失，直接导致刑事缺席审判制度的立法目的无法实现。我国对被告人的异议权未作出内容限制，其中的重要原因就在于与《引渡法》及相关国家的双边引渡条约之规定保持一致。[③] 因此，对被告人就缺席审判提出异议的内容不宜进行限制。

②对异议权设置期限的观点。设置被告人行使异议权的期限是提倡对异议制度进行限制观点的另一个主要内容，代表观点为自被告人收到生效判决之日起算期限，如不能确定被告人是否知晓判决的，则

---

① 参见肖沛权：《价值平衡下刑事缺席审判制度的适用》，载《法学杂志》2018 年第 8 期。

② 参见刘腾肤：《中国刑事缺席审判制度：理解与完善》，载《四川师范大学学报（社会科学版）》2019 年第 2 期。

③ 参见杨雄：《对外逃贪官的缺席审判研究》，载《中国刑事法杂志》2019 年第 1 期。

规定一个较长期限或不规定期限。[①] 上述观点具有一定合理性，异议权的权利属性决定其应当受到期限限制，这种限制既为督促被告人积极主张权利，也为避免其滥用权利造成不良后果。从域外立法来看，规定了缺席审判异议制度或者允许被告人申请进行重审的国家几乎都对二者进行了期限的规定，有的国家，例如法国、德国、比利时还对无法证明被告人知晓判决时的提出异议的期限进行了特殊规定。

我国刑事缺席审判制度事实上也对被告人行使异议权的时间进行了限制，依据《刑事诉讼法》第 295 条第 2 款的规定，被告人对已经生效的判决、裁定提出异议的时间为其到案后交付执行刑罚之前，这一期限规定较为模糊，可以做两种理解：一是被告人自判决生效之日起获得异议权，被告人到案仅是其行使异议权的前提条件；二是被告人到案后才享有异议权并可以提出异议，不到案则不享有异议权。从异议权的权利属性来看，前一种理解更为合理，但针对第 291 条规定之情形设置的异议权，不宜设置期限。从第 295 条之规定来看，立法的目的就是保证被告人的异议权能够在其到案后正常被行使或者放弃并产生相应的法律后果。如自被告人知晓判决后起算其行使异议权的期限，倘若期限经过导致被告人异议权灭失，而其本人尚未到案，待其到案后便无法再提出异议。如此将导致我国在对外引渡时无法做出被告人在引渡后将获得重新审理机会的保证。

总之，我国刑事缺席审判制度将被告人到案作为其提出异议的条件，是为了避免其再次缺席的情形发生，使异议制度充分发挥作用。基于上述考虑，不宜对异议制度设置期限限制。

2. 异议权在我国缺席审判中的适用

本部分主要讨论的刑事缺席审判适用情形，即第 291 条与第 296 条之规定是完全不同的两种情形。从立法初衷来看，前者的立法初衷

① 薛剑祥、周庆琳：《论刑事缺席审判中当事人到案后的重新审理程序》，载《法律适用》2018 年第 23 期。

为“加强境外追逃工作力度和手段”，后者则是为了提高诉讼效率，减轻被告人讼累；从制度价值来看，前者的主要价值为加强反腐败追逃追赃，后者的主要价值为确保诉讼及时；再从启动条件来看，前者为人民法院审查后依职权启动，后者为经被告人及其法定代理人、近亲属申请或同意，二者缺乏相对一致的运用场景与法理逻辑。[①] 在前述刑事缺席审判域外视角中，各国也通常采用对不同情形的缺席审判适用不同特殊救济程序的做法。基于上述考虑，我国对此两种情形设置了不同的救济程序，即第 291 条规定情形同时适用一般与特殊救济程序，对第 296 条规定情形不适用特殊救济程序，仅提供一般救济程序。[②]

（1）《刑事诉讼法》第 291 条规定情形缺席审判设置异议制度的依据

对符合《刑事诉讼法》第 291 条规定情形进行缺席审判的被告人，设置异议权为其提供救济，原因有三：

其一，贪污贿赂犯罪、危害国家安全犯罪、恐怖活动犯罪三类犯罪的重罪性质决定被告人应当对缺席审判享有异议权。被告人罪、责、刑的轻重，是刑事诉讼程序能否对正当程序进行有限减损的一项重要参考指标。尽管我国刑事缺席审判程序与简易程序、速裁程序在程序设置的价值理念上存在差别——追求诉讼经济只是刑事缺席审判程序价值理念的一部分。但不可否认的是，三种程序在事实上克减了被告人的权利，这种克减在形式上部分违背了正当程序的理念，因此需要通过救济程序对整体制度进行协调，以达到符合正当程序理念的目的。对正当程序的克减程度决定被告人遭遇不公正审判结果的风险大小，

① 左卫民：《如何打造具有法理合理性的刑事诉讼法——审思 2018 年刑事诉讼法修正案》，载《比较法研究》2019 年第 3 期。

② 参见王爱立主编：《中华人民共和国刑事诉讼法释义》，法律出版社 2018 年版，第 631— 636 页。

而犯罪的轻重程度则决定这种风险可能导致不公正审判结果的严重性。因此，被告人面临的刑罚越重，对审判程序正当性的要求就越高。依据上述推论，我国刑事诉讼中的简易程序与速裁程序均建立在“轻微后果”的情形中，且被告人的同意使其风险性显著降低。但《刑事诉讼法》第 291 条中规定的缺席审判具有导致“严重后果”的风险，这种风险的存在源自被告人的缺席，这就需要借由异议制度消除该风险及其可能导致的严重后果，以保障被告人的人权。此外，域外建立了缺席审判制度的国家和地区，大部分对重罪案件的缺席判决持审慎态度，对重罪案件原则上不进行缺席审判，如进行缺席审判，原则上必须为其提供相应的特殊救济程序。而我国《刑事诉讼法》第 291 条规定的三类犯罪在我国刑法中均属于刑罚较为严重的犯罪：贪污贿赂犯罪中，贪污罪、受贿罪最高刑为死刑，挪用公款罪、行贿罪最高刑为无期徒刑；危害国家安全犯罪中，七个罪名的最高刑可能达到死刑；恐怖活动犯罪中，虽仅有组织、领导恐怖活动的情形可能判处无期徒刑，但由于恐怖活动犯罪与危害公共安全犯罪及其他严重犯罪并发的可能性较大，被告人也极有可能面临极刑。

其二，不考虑被告人无法出庭原因启动缺席审判，决定了其应当享有异议权。如前文所述，被告人的主观意愿与客观条件是影响救济程序设置的另一个重要因素。在刑事缺席审判中，排除指控罪名的轻重，仅以被告人本人作为考量因素时，被告人主观上放弃出庭权利或者到案后拒绝履行出庭义务的，原则上不提供特殊救济程序；客观上不能履行出庭义务的，原则上不应缺席审判，如有必要理由必须缺席审判的，则应当提供特殊救济程序，这一点在域外立法中也得到了体现和印证。

其三，从《刑事诉讼法》第 291 条规定情形刑事缺席审判之价值取向来看，应当赋予被告人异议权。该情形下刑事缺席审判设置的首要价值在于及时惩罚犯罪，而实现惩罚犯罪需要司法机关作出并执行判决。缺席审判程序固然能完成作出判决并宣告被告人有罪的任务，但作出的判决如无法及时得到执行则刑罚功能无法得到充分实现，司法公信力会受到质疑，只有被告人到案，才有执行判决所判处刑罚的可能。因此，借由缺席判决与域外达成司法协作，促使被告人到案接受刑罚处罚是该情形下缺席审判程序构建的直接目标。

回顾学者们对异议制度可能带来的负面影响的担忧，诚然，异议制度的弊端就在于可能因重新审理导致司法资源的极大浪费，阻碍诉讼效率的实现，对生效判决、裁定的推翻也对法的安定性造成一定破坏，这些都是其救济效果“用力过猛”导致的不良后果。上述担忧是建立在被告人到案基础之上的，而异议制度正是域外部分国家借由缺席判决引渡被告人的必要条件之一，如因此对异议制度进行否定，恐有“投鼠忌器”之嫌。从刑事诉讼的整体过程来看，异议制度对诉讼效率的阻碍，远不及被告人无法到案对惩罚犯罪及时性的阻碍；异议制度导致的司法资源浪费，远不及境外追逃工作中人力、物力、财力的耗费；异议制度对法的安定性的破坏，远不及生效判决无法被执行、罪犯逍遥法外对司法公信力造成的破坏。

此外，还需要考虑重新审理程序与原判决、裁定的效力问题。《刑事诉讼法》第 291 条规定之情形的缺席被告人在判决、裁定发生法律效力后到案的，如其在交付执行刑罚前提出异议，人民法院应当重新审理，即按照一审普通程序进行审理，但这就涉及如何对待原缺席判决、裁定的问题。一种方案是人民法院在被告人提出异议后宣布重新审理，并对原判决、裁定予以撤销；另一种方案是参考审判监督程序，中止原判决、裁定的执行，在重新审理后的审判程序作出的判决中对原判决、裁定予以撤销。笔者认为前一种方案较为合理，如按照后一种方案方式执行，则原判决、裁定仍然是有效的，只是被中止执行，不符合重新审理的原意——缺席审判的判决、裁定视为不曾作出。再从撤销缺席判决、裁定的机关来看，被告人应向作出生效判决、裁定的法院提出异议，由该法院宣布撤销缺席判决、裁定并进行重新审理。出于保障被告人异议权行使以及其审级利益考虑，此处可以参考《刑事诉讼法》第 255 条、第 256 条之规定，即上级人民法院应当指令原审人民法院以外的下级人民法院重新审理，由原审人民法院审理更为适宜的，也可以指令原审人民法院审理，但应当另行组成合议庭，且重新审理均应按照第一审普通程序进行。

（2）《刑事诉讼法》第 296 条规定情形缺席审判异议制度问题

我国《刑事诉讼法》第 296 条规定了被告人患有严重疾病无法出庭的缺席审判，这一情形并不是我国设置刑事缺席审判制度的直接目的，却出现了“无心插柳”的效果，成为我国目前适用缺席审判程序的主要情形。从刑事缺席审判程序在我国《刑事诉讼法》中的条文规定来看，第 291 条至第 295 条的规定是一套完整的程序，第 296 条与第 297 条则单独规定了缺席审判程序适用的另外两种情形，即缺席审判异议制度不适用于第 296 条与第 297 条，第 292 条至第 295 条的规定仅适用于第 291 条中规定的情形。

异议制度对第 296 条规定之情形不应以全有或者全无的方式进行规定，而应以区分被告人轻重罪或者轻重刑为基础分别加以适用。刑事缺席审判的救济程序需要根据不同的启动情形进行设置，而该情形救济程序设置的不合理源于程序启动标准的不合理——不区分被告人罪行轻重，仅以其申请或者同意作为程序启动标准。尽管我国刑法中未对轻罪重罪进行划分，但被告人可能被判处的刑罚轻重有别却是客观存在的事实。如前文所述，权利放弃必须建立在无出庭必要的基础之上，如被告人面临重刑，即便案件事实清楚，证据确实、充分，也难以认定其不具有出庭必要性，因为刑罚的轻重是对正当程序减损及被告人权利克减的一项重要考量因素。以对正当程序减损与被告人权利克减程度更低的简易程序为例，1994 年 9 月 10 日在里约热内卢世界刑法学协会第十五届代表大会关于刑事诉讼法中的人权问题的决议中明确规定：严重的犯罪不得实行简易审判，也不得由被告人来决定是否进行简易审判。[①] 再从域外部分国家和地区的立法来看，法院免除被告人出庭义务或被告人申请或同意缺席审判的情形均存在案件判处刑罚较轻的限制，如韩国、日本、俄罗斯、德国、法国、芬兰等国家都有此类规定。

重罪案件的缺席审判与正当程序和被告人权利保护的价值取向冲突，需要异议制度予以调节。然而，申请或者同意之积极意思表示又与异议制度存在冲突，无论是经被告人及其法定代理人、近亲属申请的缺席审判，还是经人民法院建议，被告人及其法定代理人、近亲属同意适用的缺席审判，均体现了被告人等主体在适用缺席审判程序问题上与司法机关已经达成合意，在此情形下再次赋予其异议权，无异于为被告人提供出尔反尔的可能性。从域外立法来看，也无在被告人等主体申请或同意适用缺席审判时提供特殊救济程序的先例。

此外，设置异议制度与该情形下刑事缺席审判程序的价值取向相悖。该情形下的刑事缺席审判程序的根本价值取向就在于效率，而异议制度引起的重新审理程序势必对诉讼效率造成极大破坏，一旦启动重新审理程序，该情形下的刑事缺席审判就失去了其存在价值。从被告人角度出发，贸然提出异议导致的重新审理程序将可能使其面临重于缺席判决的刑罚；从司法机关角度出发，这种重新审理更会毫无意义地耗费大量的司法资源，在此情形下设置异议制度，极有可能导致两败俱伤的结果。

那么，该种情形下的缺席审判如何设置救济程序？我们认为，该情形适用救济程序应当结合刑罚的轻重进行考量，由于我国《刑法》对刑事犯罪不对罪名进行轻罪重罪的划分，因此可按照被告人可能被判处的刑罚作为标准。对刑罚较轻且经被告人及其法定代理人、近亲

---

① 转引自陈卫东、李洪江：《正当程序的简易化与简易程序的正当化》，载《法学研究》1998年第2期。

属申请或者同意适用缺席审判程序的，不提供特殊救济程序，仅保留上诉程序作为一般救济程序。对该情形中刑罚较重的被告人，原则上不应因其放弃权利进行缺席审判，尽管该情形的被告人存在因病不能出庭的客观情况，但该情形缺席审判程序的正当性毫无疑问来源于被告人及相关主体的申请或者同意，这也是缺席审判程序无需提供异议权作为特殊救济程序的原因。如果允许刑罚较重的被告人申请或者同意适用缺席审判，我国刑事诉讼法将会出现下述矛盾现象：可能被判处三年以上有期徒刑的被告人，甚至可能被判处死刑的被告人不能同意适用简易程序，却可以同意适用缺席审判程序，这显然是不合理的。但如有必要进行缺席审判，则无论是否经过其本人申请或者同意，都应当赋予被告人异议权。因设置异议制度有悖于诉讼效率的价值取向，无异议制度有悖于被告人权利保护的价值取向，而效率的实现需以公正为基础，因此“两害相权取其轻”。

如前所述，《刑事诉讼法》第296条规定之情形已经成为我国刑事缺席审判制度适用的主要情形，且人民法院判决的案件多为被告人犯罪情节及所受刑罚较轻的犯罪，初步呈现轻罪轻刑化的趋势。限制该情形下重刑案件适用缺席审判，既具有制度价值的合理性，又不会影响以至阻碍该条法律立法本意的实现。另外，司法实践中该情形下的缺席审判已经出现了判处缺席被告人无期徒刑的案例，也说明了在不限制重刑案件适用缺席审判程序的情况下，被告人确实有可能在缺席且无特殊救济程序的情况下被判处较重刑罚。

（二）我国刑事缺席审判第二审程序存在的问题及对策

1. 近亲属享有独立上诉权的问题及完善思路

（1）两种“独立”上诉权并存的矛盾问题

《刑事诉讼法》第294条规定，人民法院应当将判决书送达被告人及其近亲属、辩护人。被告人或者其近亲属不服判决的，有权向上一级人民法院上诉。辩护人经被告人或者其近亲属同意，可以提出上诉。

根据该条规定，针对第 291 条规定情形的缺席审判，被告人及被告人的近亲属均享有上诉权。与对席审判程序不同，缺席审判中被告人的近亲属享有独立上诉权。缺席审判中被告人和近亲属同时拥有独立上诉权本身存在潜在的矛盾。从权利本质属性来看，独立的基本含义即权利行使的自由，而作为权利本质属性或者构成要素的自由，通常指权利主体可以按个人意志去行使或者放弃该项权利，不受外来的干预或者胁迫。[①] 同时赋予不同主体行使作用于同一主体之同一权利的完全自由，就可能会出现因意志实质差异甚至意愿表达差异而发生冲突的情形，此时无论保障哪一方的权利自由，都会对另一方的权利自由产生损害。如被告人及被告人近亲属均拥有独立上诉权，就意味着被告人、近亲属这两种主体均有按照其个人意志上诉或者不上诉的权利，而二者行使或者放弃上诉权产生的法律后果都作用于作为刑事诉讼当事人的被告人，当二者意见发生冲突时，法院既不能同时尊重其不同意见，也不能同时实现不同的法律后果。

（2）权利自由属性视角下对《刑事诉讼法》第 294 条规定的解读

以权利的自由属性视角观察《刑事诉讼法》第 294 条，与一般上诉规定相比，其特殊之处就在于一般上诉规定要求被告人方提出的是“一种”意见，即被告人本人的意见；第 294 条中的上诉则允许被告人方提出“两种”意见，即被告人本人的意见和被告人近亲属的意见。两种意见一致时，该条文的施行不存在问题。但在二者意见不一致时，按照现行法律规定，无论哪一方提出上诉，均应当获得法院支持，随之而来的问题就是，当被告人服判且明确表示不上诉而近亲属要求上诉时，按照第 294 条的规定仍然应准许近亲属上诉，这显然是不合理的。[②] 被告人作为案件当事人本就是享有上诉权的法定主体，且案件

---

① 参见夏勇：《权利哲学的基本问题》，载《法学研究》2004 年第 3 期。

② 参见肖沛权：《价值平衡下刑事缺席审判制度的适用》，载《法学杂志》2018 年第 8 期。

的审理结果与其切身利益密切相关，近亲属的上诉权来源于被告人，理应遵从至少不违背被告人意愿的原则。但在现有规定下，被告人却失去了放弃上诉权的自由，在其近亲属主张上诉时，仍然要承担二审裁判的法律后果，如此规定相当于“被告人放弃上诉权需征得其近亲属的同意，近亲属不同意的，被告人不得放弃”，实际上侵犯了被告人的权利自由并强行导致了相应的法律后果。

综上，赋予被告人近亲属独立上诉权，确实拓宽了被告人行使上诉权的渠道，由于“上诉不加刑”原则的限制，在实体裁判结果上对被告人也无不良影响。但近亲属的意愿成为被告人放弃权利的障碍，这种部分压倒被告人放弃权利自由的做法，实际上侵犯了上诉权本身作为一种救济权利的权利属性。因此，笔者认为第 294 条规定的合理性是值得商榷的。

（3）对现有规定的完善思路

对《刑事诉讼法》第 294 条规定进行完善，需要尊重拓宽被告人在缺席审判制度中上诉权行使渠道的立法本意，在此基础上修复遭到侵犯的上诉权权利属性。既然被告人与其近亲属的上诉权独立性不能并存，可以凭借区分情形的方式进行调整。首先，在被告人不具有行使上诉权的能力时，应当尊重近亲属上诉权的独立性，上诉与否以近亲属意愿为准。其次，在被告人具有行使该权利的能力时，如被告人就上诉事宜表达了明确的意见，近亲属不得违背被告人的意愿；如被告人在上诉期限内未就上诉事宜表达意见，则以近亲属意愿为准。该部分内容可以参考《日本刑事诉讼法》第 356 条之规定，即除被告人外具有上诉资格并为被告人利益上诉的主体，其上诉不得违反被告人所明示的意思。而在此规定下又涉及判断被告人存在明示意愿的标准。

笔者认为，界定被告人存在明示意愿，需要符合以下几个条件：其一，被告人具有完全行为能力，能够正常表达其意思，即被告人在完全行为能力下表达的意愿才能视为其本人真诚且自由的意思表示。

其二，被告人的意愿是明示的意愿，是被告人明确表示上诉或者不上诉的意愿，在被告人未明确表示意愿时，即便上诉期限内被告人未提出上诉，也不应当视为其积极放弃上诉权。其三，被告人未做出与明确意思表示相反的行为，这一标准与我国刑事诉讼法中对上诉权灭失的界定有关。在我国刑事诉讼法中，即便被告人积极表达其放弃上诉权，该权利也并不因其放弃表示而灭失，在上诉期限内被告人仍然享有上诉权；相反情况下，依据最高人民法院《刑事诉讼法解释》第383条第1款之规定，被告人向人民法院提起上诉，如其在上诉期限内要求撤回上诉，人民法院应当准许。其四，被告人必须将其上诉或者不上诉的明示意愿告知司法机关。综上，对被告人有明确意愿的判断，应当在其具有完全行为能力的情形下，综合考察其提出的意愿与行为是否一致。

2. 被告人近亲属一类主体本身可能存在的问题及完善思路

有观点认为，被告人近亲属在缺席审判案件——尤其是贪污贿赂犯罪案件中，可能存在多重身份，即同时作为案件的证人或者利害关系人。① 当被告人近亲属作为案件的利害关系人时，有可能影响其行使上诉权的本意。因刑事缺席审判作出的判决要解决被告人的刑事责任问题，当涉及没收被告人个人财产且被告人与其近亲属的财产发生混同时，近亲属便有可能为其自身利益提出上诉。② 然而，在一般案件中，被告人近亲属作为利害关系人对执行有异议时，应当按照《最高人民法院关于刑事裁判涉财产部分执行的若干规定》第14条之规定，参照我国《民事诉讼法》第225条规定的程序向负责执行的人民法院提出书面异议。这就使得在缺席审判中，被告人近亲属可能因对

---

① 张澎、姜金良：《论刑事缺席审判制度的具体构建——以〈刑事诉讼法（修正案）〉为基础》，载《中国社会科学院研究生院学报》2018年第6期。

② 参见杨宇冠、高童非：《中国特色刑事缺席审判制度的构建——以比较法为视角》，载《法律适用》2018年第23期。

没收财产的判项有异议而提出上诉，而这一诉求本不应通过上诉途径解决。

针对此类情形，首先，应当以尊重近亲属上诉权为原则，即无论近亲属在案件中存在何种其他身份，均不能以此剥夺其上诉权。其次，如前文所述，尊重近亲属上诉权的前提在于不违反被告人明示的意愿，无论近亲属出于何种目的进行上诉，在其上诉与被告人明示意愿不产生冲突时，皆应认定被告人与近亲属存在共同的利益取向，并准许其行使上诉权。反之，则不应准许近亲属提起上诉，而是按照一般案件对执行有异议的程序进行处理。

3. 上诉期限起算问题及完善思路

上诉的期限与期限起算是我国刑事缺席审判中上诉程序存在的另一个问题。依据《刑事诉讼法》第 230 条之规定，一般案件不服判决的上诉期限为十日，而期限自接到判决书、裁定书的第二日起算。刑事缺席审判中的上诉程序如不适用该条款，则缺席审判中的上诉权无期限限制，这显然是不可能的。如适用该条款，面临的首要问题就是自“谁”接到判决书的第二日起算？一般案件中，依据《刑事诉讼法》第 202 条的规定，这一主体显然指当事人，而在缺席审判程序中，人民法院应当将判决书送达被告人及其近亲属、辩护人，依据第 294 条之规定，当被告人与其近亲属在同日接到判决书时自然不存在该问题，但二者未在同日接到判决书则难以处理，如以一方接到判决书的时间进行起算，则另一方的上诉期限将长于或者短于十日，与第 230 条之规定相矛盾。如分别起算，双方意见不一甚至可能导致更为复杂的情况，尤其是被告人在境外时，其收到一审判决的时间极有可能晚于其近亲属，此时双方的上诉期限便存在时间差，甚至可能出现近亲属提起上诉导致第二审程序已经启动，被告人上诉期限还未经过的情况。解决被告人与近亲属因地域原因导致上诉期限起算点不同的问题存在两种观点。

第一种观点认为，在保留现有规定的前提下，借由法院控制对近亲属送达时间的方式解决时间差问题。依据《刑事诉讼法》第 202 条之规定，当庭宣告判决的，应当在五日内将判决书送达当事人；定期宣告判决的，应当在宣告后立即将判决书送达当事人。由此可见，我国《刑事诉讼法》仅规定了判决应当何时送达当事人，却未规定判决何时送达至其近亲属，如被告人在境外的，在被告人收到判决的当日再将判决送达至其国内的近亲属，既解决了时间差问题，又符合第202条的规定。但这种办法不仅无法避免近亲属收到判决时间晚于被告人的情况，在被告人收到判决时间晚于近亲属时，由于判决的宣告在前，送达在后，在近亲属已知判决的情况下控制其上诉期限的起算点没有实际意义。因此，第二种观点更为合理，即在缺席审判程序中对上诉期限的起算进行特殊规定——上诉期限自被告人及其近亲属均收到判决之日起算，如此能最大限度地保障被告人与其近亲属在上诉程序中的同步，方便其统一意见，即便其意见不同，法院也可在二者上诉期限同时经过时及时作出决定。此外，由于缺席审判可能涉及被告人身处境外的情形，对身处境外的被告人及其近亲属可以参考《民事诉讼法》第 276 条之规定适当延长上诉期限。

小　结

尽管刑事缺席审判程序因被告人这一诉讼主体要素缺失而呈现出与普通对席审判程序不同的形式与构造，但其本质仍然属于审判程序，需遵循刑事审判程序基本原则，例如无罪推定原则、比例原则、控辩平衡和审判中立原则等，这些原则构成刑事缺席审判底限正义原则。被告人缺席法庭审判，其诉讼权利受到一定程度减损，某些诉讼环节得以省略，但刑事诉讼中当事人知情权、辩护权、质证权、救济权等基本性权利不得克减。被告人缺席的刑事诉讼依然由审判前程序和审判程序构成，侦查程序与审查起诉程序为缺席审判程序的基础，犯罪嫌疑人不在案案件的侦查程序与审查起诉程序决定最终缺席审判程序的走向。向身处境外被告人送达相关司法文书是缺席审判的难点，决定着缺席审判程序进程。缺席被告人近亲属出庭、庭审法官关照义务及法庭调查权强化、被告人最后陈述缺失、较长的审判期限等是刑事缺席审判程序特殊之处。缺席审判中，被告人到案，则发生程序回转，缺席审判程序终止，对被告人的刑事审判重新进行。对于刑事缺席审判裁决结果，除了通常的上诉途径之外，被告人还可以通过对生效裁决提出异议的方式寻求特殊救济。针对缺席审判的特殊性，有必要厘清与重塑上诉、提出异议和审判监督程序之间的关系，并就具体程序进行细化与完善。

第六章

证明论

“证据究其本质而言，不过是时间维度上的一种度量标准。证据的关联性，其实就是证据蕴涵着过去那个时间段的表征意义。证据承载着的证明信息从时间上看并非属于‘现在’，而是属于‘过去’，而且属于凝固了的过去，即时间从过去发生之后保持不变地延续到现在。”① 所有的案件事实都是过去发生的事实，随着时间的流逝而成为历史，造就诉讼过程中对案件事实的认知是一种回溯性认识。作为裁判者的法官除了通过证据来还原案件事实这一途径，尚没有更好的替代方法，因而证据裁判原则成为刑事诉讼基本原则之一。“司法证明是一个根据当前证据材料逐步推论最终待证事实成立的过程。”② “事实认定是法庭通过审理证据、推断和确认追诉中的事实问题的特定活动。”③ 法官以证据为基础，认知案件事实，形成合理心证，对案件依法作出裁决；法官依据证据定案不仅要遵循经验法则、逻辑规则，还要严格遵守证据运用的程序规则，于此刑事对席审判程序与刑事缺席

---

① 栗峥：《超越事实：多重视角的后现代证据哲学》，法律出版社 2007 年版，第 67 页。

② 李昌盛：《刑事审判：理论与实证》，中国民主法制出版社 2015 年版，第 118 页。

③ 祁亚平：《刑事庭审之事实认定的本质、局限以及罪案评价研究》，法律出版社 2016 年版，第 32 页。

审判程序并无差别。我国《刑事诉讼法》第55条规定，对一切案件的判处都要重证据、重调查研究，不轻信口供。只有被告人供述，没有其他证据的，不能认定被告人有罪和处以刑罚；没有被告人供述，证据确实、充分的，可以认定被告人有罪和处以刑罚。该条规定直接为缺席审判证明创设空间并提供了法律根据。

第一节 刑事缺席审判程序中证明的特殊性

"法官的目标首先是找出真实情况，然后再根据法律进行公正审判。"① 发现案件事实真相是法律适用的基础和前提，无论是对席审判程序还是缺席审判程序，通过证据发现和认定案件事实是目前法定的共同要求。但是缺席审判中被告人不出席法庭的特点带来的不仅是诉讼形式与结构的变化，对证据制度实施亦产生实质性影响。我国《刑事诉讼法》第50条规定了刑事诉讼中的证据范围，具体包括：物证，书证，证人证言，被害人陈述，犯罪嫌疑人、被告人供述和辩解，鉴定意见，勘验、检查、辨认、侦查实验等笔录，视听资料、电子数据，共八个种类的证据。犯罪嫌疑人、被告人不仅是刑事诉讼的参与主体，其供述、辩解同时也是独立的证据种类。刑事缺席审判中，因被告人在境外或者死亡，可能不存在被告人口供这一证据种类。虽然我国刑事司法已改变古代将被告人口供视为"证据之王"的司法理念和司法环境，但不可否认的是被告人口供在司法实践中仍占有重要地位。伴随缺席审判程序中被告人的缺席，刑事证据适用特点与适用规则适用必然发生相应变化。

---

① ［英］丹宁勋爵：《法律的正当程序》，李克强等译，法律出版社1999年版，第65页。

一、刑事缺席审判中的证明与对席审判中的证明

“实体上的公正是通过正确认定案件事实、准确适用法律来实现的，正确认定案件事实是判决结果公正的前提和基础，这就决定了事实认定的正确性在司法公正中起决定性作用。而对事实的认定必然涉及对各种证据及其相互关系的分析、推理及评判。”① 同时，运用证据证明是法院裁决案件解决纠纷的一种程序机制，帮助法院确立审判权威，从而对法律纠纷起到定分止争作用。“权威源于确信和承认。对于有理性的现代人而言，确信是由证明过程决定的，承认是由说服效力决定的。也就是说，在服从某一决定之前，人们必须考虑作出该决定的正当化前提。这种前提主要就是程序要件的满足。”② 刑事证明是一种诉讼活动，也是刑事诉讼的核心环节。刑事证明是国家公诉机关和当事人在法庭审理中依照法律规定的程序和要求向审判机关提供证据，运用证据阐明系争事实，论证其诉讼主张的活动。为实现刑事诉讼中以事实为根据，以法律为准绳追究被告人刑事责任的基本任务，对席审判程序与缺席审判程序遵循着共同的证据原则。

（一）证据裁判原则

证据裁判原则，又称证据裁判主义、证据为本原则，是指对于案件事实的认定，必须有相应的证据予以证明；证据应当在法庭上出示、质证和辩论，未经过法庭调查的证据不得作为定案的根据。“刑事诉讼程序在审酌与确定犯罪事实，进而正确地适用法律，必须事实达于明确之程度后，法院始得据以论罪科刑；然事实之认定，端赖证据，无证据，罪刑即无所附丽。”③ “刑事裁判，应凭证据，即采所谓证据裁

---

① 贺寿男：《司法裁判中的理性实现研究》，中国社会科学出版社 2013 年版，第 76 页。

② 季卫东：《程序比较论》，载《比较法研究》1993 年第 1 期。

③ 张丽卿：《刑事诉讼制度与刑事证据》，中国检察出版社 2016 年版，第 103 页。

判主义，故无证据之裁判，或仅凭裁判官理想推测之词，为其裁判基础者，均与证据裁判主义有违。”① 证据裁判原则是刑事诉讼无罪推定原则的题中应有之义。依据无罪推定原则可以得出一个原理，即证明一个人有罪必须经过法律正当程序，也就是要有一个证明和审判的过程。无罪推定表明：被告人没有责任证明自己有罪，而是享有以无罪的人对待的权利。② “最能清楚地将一个自由国家的状态和一个专制政府统治下的国家的状况区分的，莫过于前者遵循着被称为法治的这一伟大原则。撇开所有技术细节不论，法治的意思就是指政府在一行动中都受到事前规定并宣布的规则的约束——这种规则使得一个人有可能十分肯定地预见到当局在某一情况中会怎样使用它的强制权力，和根据对此的了解计划他自己的个人事务。”③

韦伯认为，法律之所以在西方现代社会被接受，并不是因为它体现了人们珍视的道德观念和价值观念，也不是因为国家具有压倒一切的制裁权力；既不是出于传统思想的力量，也不是由于领袖人物的感召力。其实，法律的被接受，仅仅是因为法律构建了一个可预见的规范体系，它是通情达理和包罗万象的。法律通过本身的逻辑结构，奠定了自身被接受的基础。④ 诉讼中的证据裁判原则一方面使得案件当事人对诉讼的过程和结果有一定预期，按照法定的条件和程序做庭审准备；另一方面对作为裁判者的法官行使裁量权给予约束，防止法官的恣意与擅断。遵循证据裁判原则，审判机关作出的裁决才具有合理性、正当性和权威性，同时增强了裁判的可接受性和执行力。“司法裁

---

① 陈朴生：《刑事证据法》，三民书局 1984 年版，第 13 页。

② 陈光中主编：《〈公民权利和政治权利国际公约〉与我国刑事诉讼》，商务印书馆 2005 年版，第 27 页。

③ ［英］弗里德里希·冯·哈耶克：《通往奴役之路》，王明毅等译，中国社会科学出版社 1997 年版，第 73 页。

④ 转引自［英］罗杰·科特威尔：《法律社会学导论》，潘大松等译，华夏出版社 1989 年版，第 177 页。

判必须具有权威的效力，这种权威的效力应当来源于其可接受性，而不能简单地诉诸于武力。”① 无论是对席审判程序，还是缺席审判程序，对于刑事案件事实的认定都必须依靠证据，没有证据或者证据不充分，不能认定犯罪事实，证据作为认定案件事实的基础具有不可替代性。

证据裁判原则强调了证据对于事实裁判的必要性，没有证据不能认定案件事实。被告人未到案，按照缺席审判程序审理的案件，在不具备被告人口供条件下，仍然需要依靠其他直接证据和间接证据形成的证据锁链来认定犯罪事实是否存在以及被告人刑事责任的有无。这里需要指出的是，没有证据既包括没有任何证据，也包括证据不充分的各种情形。即使仅有一部分证据，或者有证据但没有达到法定的证明程度，也不能对犯罪事实进行认定。另外，证据裁判原则强调认定案件事实必须依靠证据，这并不是说没有证据就不作裁判。由于各种因素的影响，某些案件很难有充分、完备的证据，甚至存在的是相互矛盾的证据，这是一种常见的正常现象。法院或者法官不得以证据不足、事实不清为由拖延或者拒绝裁判。当诉讼各方穷尽其证据后，法官如认为案件事实仍然处于真伪不明状态，仍应当按照证据规则对出席法庭的被告人或者缺席法庭的被告人作出处理。例如，刑事诉讼中，经法庭调查，证据不足，不能认定被告人有罪的，法官要作出证据不足，指控犯罪不能成立的无罪判决。

（二）审判中心原则

“‘以审判为中心’是一个刑事诉讼命题。”“‘以审判为中心’的基本涵义是：侦查、起诉活动应当面向审判、服从审判要求，同时发挥审判在认定事实、适用法律上的决定性作用。”② 以审判为中心是为各国普遍认同的一项刑事诉讼原则，刑事诉讼活动围绕审判程序展开，

---

① 易延友：《中国刑诉与中国社会》，北京大学出版社 2010 年版，第 132 页。

② 龙宗智：《“以审判为中心”的改革及其限度》，载《中外法学》2015 年第 4 期。

审判前的诉讼程序是为审判程序做准备，许多国家对此概念并无特别强调。我国传统对刑事诉讼程序的认识，认为刑事诉讼是一种类似于流水线式的作业方式，公安机关、检察机关和审判机关分工负责、互相配合、互相制约，三机关分阶段各自完成诉讼任务。随着我国司法体制改革，特别是十八届三中全会提出了推进以审判为中心的诉讼制度改革意见，审判中心理念得到强化，一系列围绕审判中心的改革措施出台，制度改革得以深入推进。

提出以审判为中心是对诉讼规律认识的回归。审判中心原则虽然是诉讼程序的一个基本原则，但对诉讼中的证据适用起着决定性和指引性作用，证据如何适用是审判中心原则的重要内容。审判中心原则要求贯彻证据裁判原则，保证庭审在认定证据、查明案件事实中发挥决定性作用。我国刑事诉讼分阶段进行，刑事案件处理经历立案、侦查、起诉和审判几个阶段，刑事案件证据的收集和审查判断伴随着各个诉讼阶段。侦查阶段和起诉阶段是证据准备阶段，审判阶段是证据审查和认定的决定性阶段，分阶段进行的刑事诉讼并非各阶段平均使用力量，而是突出审判阶段的中心地位。对被告人在案的案件与被告人不在案的案件，审判前遵循同样的证据规则，审判中均需对证据进行全面、实质性的审查，按照刑事证明标准就案件作出裁决，充分发挥审判阶段“正义的最后一道防线”功能。

“和‘两造审理主义’不同，缺席审判程序中辩护一方缺少被告人直接参与。虽然这种新的诉讼格局对于现代刑事诉讼所要求的控审分离和法官中立影响不大，但是会在一定程度上影响控辩双方的平等对抗。”“为促进控辩双方的武器和地位平等以体现程序公正，及时收集固定证据、适当提高诉讼效率以实现实体公正，需要调整既有证据规则并使其发挥平衡作用。”① 刑事证明制度一般由证明主体、证明对

① 袁义康：《证据法视野下的刑事缺席审判程序》，载《政治与法律》2019 年第 7 期。

象、证明责任、证明标准等要素构成，刑事证明制度各要素在普通刑事诉讼程序中可以得到完整体现。相比普通对席审判程序，刑事缺席审判程序中的证明则表现出一定的特殊性。

第一，刑事缺席审判中被告人不出席法庭。刑事审判中以控诉方承担证明责任为原则，以被告方承担证明责任为例外。公诉案件由公诉机关承担证明责任，自诉案件由自诉人承担证明责任，被告方通常不承担证明责任。被告方只有在提出程序性事项主张，例如管辖、回避等；提出积极的抗辩事由，例如案发时不在犯罪现场、正当防卫、紧急避险等；针对特定犯罪提出抗辩，例如非法持有型犯罪、巨额财产来源不明犯罪、依推定定罪等情形下，才承担一定的证明责任。对席审判中，被告人及其辩护人共同对控诉方的指控进行反驳，共同承担证明责任；在缺席审判中，被告人不出席法庭，虽然其可以委托辩护人进行辩护和对特定事项承担证明责任，但毕竟和被告人亲自到庭不可同日而语。

第二，刑事缺席审判适用案件类型具有差异性。适用普通对席审判程序审判案件，纳入审判的案件在证明主体、证明责任承担、证明标准等方面具有统一性。刑事缺席审判适用的案件类型不同，有的是针对特定性质的犯罪，例如犯罪嫌疑人、被告人在境外的贪污贿赂犯罪和严重危害国家安全犯罪、恐怖活动犯罪，有的是因被告人患有严重疾病无法出庭，有的是因被告人死亡，围绕无罪展开审判。案件性质和适用条件的差异决定了缺席审判中针对不同类型案件的证明对象、证明方式、证明标准等方面同样具有差异性。

第三，刑事缺席审判证明标准具有多元性。对席审判程序中，裁决认定被告人是否有罪的证明标准是统一的，即“案件事实清楚，证据确实、充分”。缺席审判程序适用的案件类型不同，适用不同的证明标准；缺席审判程序启动的程序性证明与犯罪事实的实体性证明相结合，二者适用不同证明标准；缺席审判中既有针对被告人构成犯罪的有罪证明标准，也包括证明已死亡被告人无罪的证明标准，有罪证明与无罪证明适用不同的证明标准。刑事缺席审判程序适用案件类型的复杂性决定了对不同证明对象的证明标准的多元性和层次性。

二、刑事缺席审判证明与违法所得没收审判证明

违法所得没收程序与刑事缺席审判程序同为我国《刑事诉讼法》规定的特别程序。违法所得没收程序适用于贪污贿赂犯罪、恐怖活动等重大犯罪，犯罪嫌疑人、被告人逃匿，在通缉一年后不能到案，或者犯罪嫌疑人、被告人死亡，依照刑法规定应当追缴其违法所得及其他涉案财产的案件。违法所得没收程序因被告人不出席法庭，在庭审形式上也体现为是一种缺席的审判。违法所得没收程序是对“物”的审判，以追缴犯罪所得为目标。违法所得没收程序应当理解为一种特殊的刑事附带民事诉讼，而且是一种典型的“对物”民事诉讼，遵循的是民事诉讼的举证规则和证明标准。① 刑事缺席审判主要是对“人”的审判，以追究被告人的刑事责任为目标。刑事缺席审判是一种刑事诉讼程序，② 适用刑事诉讼举证规则和证明标准。两种审判程序在具体证明规则运用上有所不同。

第一，证明主体不同。违法所得没收程序证明主体具有开放性。违法所得没收程序不以实现对刑事被追诉人的人身惩罚为主要目的，只是一种对涉案财物实行的强制没收。围绕犯罪所得的证明主体包括公诉方、刑事被追诉人的亲属及其他利害关系人，主张涉案财产权利的人均可成为证明主体。刑事缺席审判程序以追究被告人刑事责任为主要目的，证明主体以控诉机关承担证明责任为主，辩护方（被告人

---

① 黄风：《刑事缺席审判与特别没收程序关系辨析》，载《法律适用》2018 年第 23 期。

② 刑事缺席审判在追究被告人刑事责任的同时，可以同时解决被告人犯罪行为所涉及的犯罪所得问题，因而与违法所得没收程序有一定的重合性。

不出庭）只在特定情形下承担一定的证明责任，证明主体一般涉及控诉方和辩护方。

第二，证明对象不同。违法所得没收程序中，检察机关需要证明被追诉人的行为构成贪污贿赂、恐怖活动等重大犯罪，且被追诉人在通缉一年后不能到案或死亡，应当追缴的违法所得与犯罪有实质性联系；利害关系人则需对涉案财产拥有所有权进行证明。刑事缺席审判中的证明围绕有关犯罪构成要件事实、罪行轻重量刑情节事实以及部分程序法事实展开。

第三，证明标准不同。违法所得没收程序不涉及被追诉人刑事责任追究，针对涉案财产的证明在一定程度上具有民事证明的属性，因而违法所得没收程序的证明标准适当降低。① 根据 2017 年最高人民法院、最高人民检察院《关于适用犯罪嫌疑人、被告人逃匿、死亡案件违法所得没收程序若干问题的规定》第 17 条规定，申请没收的财产具有高度可能属于违法所得及其他涉案财产的，应当认定为“申请没收的财产属于违法所得及其他涉案财产”。2021 年最高人民法院《刑事诉讼法解释》第 621 条作了相同的规定。可见“高度可能”性的表述表明违法所得没收程序证明标准为高度盖然性标准。刑事缺席审判程序本质为刑事诉讼程序，对缺席被告人定罪量刑需达到案件事实清楚，证据确实、充分并排除合理怀疑的程度。这是因为针对贪污贿赂犯罪、危害国家安全犯罪、恐怖活动犯罪启动的缺席审判目的在于追究犯罪人的刑事责任，因而采用了最高的证明标准。

第四，适用的证明程序不同。违法所得没收程序围绕犯罪所得进行证明，不涉及被告人刑事责任认定，因而无罪推定原则、证据裁判原则等在违法所得没收程序中的适用受到限制，违法所得没收程序证

---

① 参见孟军：《违法所得没收程序司法证明问题探讨》，载《广播电视大学学报（哲学社会科学版）》2017 年第 3 期。

明中正当程序“有限减损”。[①] 刑事缺席审判程序中的司法证明围绕被告人刑事责任进行，程序严格遵守无罪推定原则，即控诉方没有确实充分的证据，不能认定被告人有罪和应当处以刑罚，刑事缺席审判证明需遵循严格证明规则。

第二节　刑事缺席审判证据适用规则

刑事诉讼中的证据规则有着规范侦查行为、引导审查起诉行为以及促进审判公正等功能，通过为诉讼程序运作设定界限，可以一定程度满足案件当事人对案件处理的预期，从整体上提升刑事司法的权威性。刑事缺席审判程序与对席审判程序目标一致，适用的基本证据规则相同。因刑事缺席审判适用案件类别具有差异性及审判程序具有特殊性，证据规则在具体适用中的侧重点有所不同。

一、证据衔接规则

证据是推进刑事诉讼进程的基础，刑事立案、侦查、起诉、审判均是围绕证据展开的诉讼活动。不同国家机关分别承担证据收集、保全、移送、审查、认定等任务。公安机关、检察机关、审判机关统摄于刑事诉讼目的，受刑事诉讼法规制，就证据分头把关，并前后相接。这种不同国家机关之间的分头把关和前后相接，以往从来不被认为是一个衔接问题。[②] 公安司法机关之外的国家机关收集的证据材料纳入刑事诉讼过程才会涉及证据衔接问题。

2012 年修改《刑事诉讼法》之前，行政机关在行政执法过程中收集的证据不能直接用于追诉犯罪，需要一个证据转化过程，即将行政机关收集的证据材料转化为刑事诉讼法规定的证据形式，才能作为刑

---

① 陈卫东：《构建中国特色刑事特别程序》，载《中国法学》2011 年第 6 期。

② 王敏远：《刑事诉讼法修改重点问题探讨》，载《法治研究》2019 年第 2 期。

事证据纳入刑事诉讼过程。2012 年修改《刑事诉讼法》之后，明确规定行政机关在行政执法和查办案件过程中收集的物证、书证、视听资料、电子数据等证据材料，在刑事诉讼中可以作为证据使用，从而确立了行政证据与刑事证据的衔接机制。

需要注意的是 2012 年《刑事诉讼法》确立的行政机关收集的证据材料可以在刑事诉讼中作为证据使用仅限于物证、书证、视听资料、电子数据等实物类证据，就行政机关收集的言词类证据，例如行政相对人的陈述、证人证言等仍不能在刑事诉讼中作为证据使用，必须经过刑事程序进行证据转化才能作为刑事诉讼中的证据材料。

2018 年 3 月 20 日，第十三届全国人民代表大会第一次会议表决通过《监察法》，根据该法，国家公务人员职务类犯罪统一由国家各级监察委员会行使调查权。经监察机关调查，国家公务人员构成职务犯罪的，移送检察机关审查起诉，由人民法院依法判决。国家公务人员职务犯罪调查执行《监察法》的规定，不再适用《刑事诉讼法》，这就发生监察机关调查证据与刑事诉讼证据衔接问题。2021 年最高人民法院《刑事诉讼法解释》第 76 条对该问题进一步予以明确，监察机关依法收集的证据材料，在刑事诉讼中可以作为证据使用。对所规定证据的审查判断，适用刑事审判关于证据的要求和标准。

"法法衔接"的实质是国家监察制度与刑事诉讼制度的衔接，其核心在于证据的衔接。①"监察体制改革打破了传统的诉讼证据形成模式，代之以监察机关依据《监察法》的规定收集准用于诉讼的监察证据。"②《监察法》第 33 条规定，监察机关收集的物证、书证、证人证言、被调查人供述和辩解、视听资料、电子数据等证据材料，在刑事

① 姚莉：《〈监察法〉第 33 条之法教义学解释——以法法衔接为中心》，载《法学》2021 年第 1 期。

② 左卫民、莫皓：《政治机关如何打造法治产品——以监察证据为切入点》，载《四川大学学报（哲学社会科学版）》2019 年第 2 期。

诉讼中可以作为证据使用。该条规定确立了监察机关职务犯罪调查证据与刑事诉讼证据的衔接机制。根据该条规定，监察机关收集的物证、书证、视听资料、电子数据等实物类证据与证人证言、被调查人供述和辩解等言词类证据都可以在刑事诉讼中作为证据使用。第 33 条在列举证据种类时使用了“等”字，意味着监察机关职务犯罪调查中涉及的其他证据种类，如勘验、检查、辨认笔录等也可以在刑事诉讼中作为证据使用。虽然监察机关调查程序适用的是《监察法》，但在证据适用上，需要与 2018 年《刑事诉讼法》的规定保持一致。

《监察法》第 45 条规定了监察机关根据监督、调查的结果可以做出的处置决定，其中第 4 项规定，对涉嫌职务犯罪的，监察机关经调查认为犯罪事实清楚，证据确实、充分的，制作起诉意见书，连同案卷材料、证据一并移送人民检察院依法审查、提起公诉。该规定明确了监察机关与检察机关在证据方面进行衔接时，应当坚持《刑事诉讼法》的规定及其证明标准。

《刑事诉讼法》第 291 条规定，对于贪污贿赂犯罪案件，以及需要及时进行审判，经最高人民检察院核准的严重的危害国家安全犯罪、恐怖活动犯罪案件，犯罪嫌疑人、被告人潜逃境外，监察机关、公安机关移送起诉，人民检察院认为犯罪事实已经查清，证据确实、充分，依法应当追究刑事责任的，可以向人民法院提起公诉。该条可以视为缺席审判程序就证据衔接问题做出的回应。对于监察机关移送和检察机关移送起诉的案件，在证明标准上，必须严格贯彻《刑事诉讼法》第 55 条的规定，按照证据裁判原则的精神，确定证明对象，确保证据能够证明案件的证明对象，证据与证据之间相互印证，对案件事实排除合理怀疑。[①]

我国设立缺席审判程序的动因之一是对逃往境外的贪污腐败犯罪

① 樊崇义：《刑事诉讼法修改的重点难点问题解读》，载《法律适用》2019 年第 3 期。

人员行使司法管辖权，有效打击该类犯罪并追回涉案财产。从立法目的来看，贪污贿赂犯罪为我国刑事缺席审判程序适用的主要案件类型。国家公务人员贪污贿赂犯罪由监察委员会负责调查，监察委员会通过收集证据、查获被调查人等方法查明案件事实，对其中构成犯罪的移送检察机关审查起诉，最终由审判机关就被告人是否有罪以及判处什么样的刑罚进行裁决。

根据证据裁判原则，缺席审判中监察委员会需就涉嫌贪污贿赂犯罪的证据以及被调查人在境外无法到案等证据材料移送检察机关，并最终接受法院审查。监察机关的调查行为与刑事侦查机关的侦查行为功能相同，均是收集、调取和固定证据，为后续审查起诉和审判做准备。监察机关收集和调取的证据不当然具有证据能力和证明力，同样应当接受起诉机关和审判机关的审查。尽管存在“《宪法》与《监察法》对监察机关的定位及其与司法机关关系的制度安排形成了监察机关整体上优位于司法机关的格局”①，但监察机关不能有监察证据是当然的定案依据的观念，而诉审机关不能对监察案件的证据疏于审查，“一路绿灯”，应当充分发挥审查起诉和审判对于监察调查的“把关”“过滤”作用。②

根据以审判为中心的诉讼原则，监察委员会应按照法庭审判的标准和要求收集和提供证据。由于监察委员会同时承担执纪调查和犯罪调查，移送的言词证据范围以涉嫌犯罪，正式立案调查（一般采取留置措施）为界限，采取询问（证人）等调查措施所取得言词证据才可以移送，以促进监察委员会对职务犯罪调查的规范性、严肃性和高效

---

① 程雷：《刑事诉讼法与监察法的衔接难题与破解之道》，载《中国法学》2019 年第 2 期。

② 潘金贵、王志坚：《以审判为中心背景下监察调查与刑事司法的衔接机制研究——兼评〈刑事诉讼法（修正草案）〉相关条文》，载《社会科学研究》2018 年第 6 期。

性相统一。[①] 监察委员会在收集、固定、审查、运用证据时，应当与刑事审判关于证据的要求和标准相一致。审判机关依照刑事审判证据要求和标准对监察证据适用证据规则，严格把关。如果监察证据不确实、不充分，或者不合法，则排除非法证据或者对案件事实不予认定。缺席审判中审判机关通过证据审查实现对监察调查和审查起诉的制约。

二、证据开示规则

证据开示是指开庭审判之前控诉方与辩护方就与案件有关的证据材料和信息互相交换与披露。证据开示制度的设立是基于控辩双方“平等武装”理论，在确保控辩双方平等行使诉讼权利的基础上实现公正裁判。证据开示的范围既包括控诉方向辩护方开示证据，也包括辩护方向控诉方开示证据。由于在刑事诉讼中公安机关和检察机关属于国家机关，在调查取证方面有着天然优势；辩护方无论是被追诉人还是辩护人均为个人，在调查取证方面处于弱势，因而证据开示通常体现为以控诉方向辩护方开示证据为主。例如，英国的检察官不仅要将所有在法庭审判中用作控诉的证据展示给辩护方，而且还应当通过“初次展示”和“第二次展示”的程序展示不准备在审判过程中使用的所有材料。[②]

刑事诉讼中辩护人调查取证的范围和手段有限，与犯罪嫌疑人、被告人会见以及阅卷是辩护人了解案件事实和证据信息的重要手段。与普通刑事诉讼程序相比，刑事缺席审判中被告人身在境外，往往缺乏被告人口供证据类型。对于辩护人而言，被告人口供证据形式的缺失以及会见困难，使得辩护人难以从被告人方面获取案件事实与证据信息。虽然辩护人拥有阅卷权，可以通过阅卷了解案件情况，但目前

① 陈光中、邵俊：《我国监察体制改革若干问题思考》，载《中国法学》2017 年第 4 期。

② 陈瑞华：《英美刑事证据展示制度之比较》，载《政法论坛》1998 年第 6 期。

缺席审判前阶段被告人及其近亲属是否可以委托辩护人以及是否适用强制辩护是模糊的。根据《刑事诉讼法》第 293 条的规定，在缺席审判阶段，被告人有权委托辩护人，被告人的近亲属可以代为委托辩护人。被告人及其近亲属没有委托辩护人的，人民法院应当通知法律援助机构指派律师为其提供辩护。介入缺席审判程序的滞后性以及凭借自身力量获取证据信息的有限性，使得辩护人需要通过一定方式了解和掌握公诉机关指控的犯罪事实和证据情况。对于控诉方而言，因被告人处于境外，控诉证据体系中缺乏被告人口供，若使指控成立，须依赖于除了被告人口供之外的其他证据，无疑增加了指控的难度。在诉讼过程中，辩护人有可能接触被告人，从而了解被告人对案件事实的陈述及相关证据，因而控诉机关也有通过辩护人了解被告人陈述及相关证据信息的需求。

因为阅卷制度运行不彻底，各种形式的审判突袭时有发生，防止审判突袭成为显在的突出问题，然而更加严重的问题却是如何保障被告人从控方处获悉于己有利信息的权利，这是我们建立证据开示的坐标。[①] 缺席审判中证据开示有着特殊意义。在开庭审判前，组织控辩双方进行证据开示的意义主要体现在两个方面。

一是有助于实现法庭审判控辩交锋，帮助法庭查明案件事实。刑事缺席审判的特点及法律规定的特殊性决定了辩护律师充分了解案件事实及证据情况的重要性，证据开示是解决这一问题的有效途径。控诉方将所掌握的指控证据向辩护人开示，辩护方可以在法庭审判前做好辩护准备并在审判中充分行使辩护权。同样，辩护方庭前向控诉方开示证据，可以帮助控诉方巩固或者修正指控要点。通过明确控辩双方证据争议范围，确定法庭调查重点，法官可以全面审查和认定案件事实，实现法庭审判中心化、实质化。

---

① 王天民：《辩方权利的语境式展开》，法律出版社 2019 年版，第 78 页。

二是有助于提高审判效率。缺席审判程序启动条件以及出庭通知及法律文书的送达等程序环节决定了缺席审判程序期限长于普通审判程序，缺席审判程序对诉讼效率的要求更高。控辩双方经过证据开示程序，可以使双方及时掌握案件证据情况，做好庭审准备。同时，通过证据开示，可以帮助法庭明确控辩双方争议焦点及审判重点，保证随后进行的庭审程序集中迅速进行，从而提高庭审效率。

当事人主义诉讼模式国家证据开示主要采用庭前程序动议方式。我国《刑事诉讼法》确立了庭前会议制度，在开庭以前审判人员可以召集公诉人、当事人和辩护人、诉讼代理人，对回避、出庭证人名单、非法证据排除等与审判相关的问题，了解情况、听取意见。召开庭前会议的目的在于防止庭审的拖延，提高庭审的效率。缺席审判程序的证据开示可以在庭前会议中进行，由法官主持，控辩双方就各自掌握的证据互相开示并就开庭审判中证据审查重点进行协商。

三、证人出庭规则

根据直接和言词原则精神，在法庭上提出任何证据材料均应以言词陈述的方式进行，诉讼各方对证据的调查应以口头方式进行。从事法庭审判的法官必须直接亲自从事法庭调查和采纳证据，直接接触和审查证据；证据只有经过法官以直接采证方式获得才能作为定案的根据。[①]“直接和言词原则的意义在于割断控诉方书面卷宗笔录与法院裁判之间的必然联系，确保法官与证据之间建立直接的联系，并将其裁判建立在法庭调查所得的证据基础之上。”[②] 为贯彻法庭审判直接和言词原则，证人应当出庭作证，证人需要在法庭上经过控诉方和辩护方询问、质证，其证言才能作为定案的根据。证人出庭作证不仅是司法程序公正的需要，也是协助控辩审三方正确认定案情的有效手段，同

① 参见陈瑞华：《什么是真正的直接和言词原则》，载《证据科学》2016 年第 3 期。

② 陈瑞华：《刑事审判原理论》（第二版），北京大学出版社 2003 年版，第 166 页。

时还是控辩式审判模式得以成立的重要因素。① 法院审理案件，特别是当事人和其他诉讼参与人对包括证人证言在内的证据材料的提出以及质证辩论，要在法官面前以言词及口语形式进行，法官的审判须建立在法庭调查和辩论的基础上，而严禁以控诉方提交的书面卷宗材料作为法庭裁判的依据。证人出庭问题的实质是对被告人对质权的保障，或者说是以被告人对质权保障为中心的必要证人出庭问题。② 对席审判中证人出庭率偏低是我国法庭审判的症结性问题，一直未能得到彻底解决。证人出庭率偏低有着多方面的原因，最主要的原因是证人出庭并非我国刑事法庭审判中的必要条件，对于证人证言证据存在可以替代的解决方案，如宣读证人在审判前阶段提供的书面证言，这也是我国刑事审判笔录中心主义的具体体现。即使有证人出庭作证的法庭审判，也并未产生理想效果。核心问题是证人出庭作证运行机制并不具备程序的自洽性、独立性，而是在书面审判模式的架构下展开，受检察官、法官的书面诉讼习惯所驱动。③

缺席审判中，证人出庭接受控辩双方质证的意义更为显著，并且具有不可替代性。特别是在贪污贿赂犯罪的缺席审判中，因贪污贿赂犯罪案件往往涉及多个犯罪主体、犯罪持续时间长、犯罪手段隐蔽性强，存在一对一证据难以判断情况，除了言词证据很难找到其他直接证据。在此情况下，非常需要证人"当面锣、对面鼓"地将事实经过呈现于法官面前。④

缺席审判中强调证人出庭作证，一是符合以审判为中心的刑事诉讼制度改革要求。证人出席法庭接受控辩双方质证，证据提出于法庭，

---

① 陈光中主编：《〈公民权利和政治权利国际公约〉与我国刑事诉讼》，商务印书馆 2005 年版，第 258 页。

② 参见易延友：《中国刑诉与中国社会》，北京大学出版社 2010 年版，第 163 页。

③ 参见左卫民：《刑事诉讼的中国图景》，三联书店 2010 年版，第 92 页。

④ 韩旭：《监察委员会办理职务犯罪案件程序问题研究——以 768 份裁判文书为例》，载《浙江工商大学学报》2020 年第 4 期。

审查判断于法庭，法官依当庭举证质证情况进行证据判断和裁决，体现了法庭审判的中心地位和法官的决定性作用。二是有助于防止冤假错案发生。缺席审判中被告人不出席法庭，法官无法当庭倾听其对案件事实认定及法律适用的意见，案件裁决更加依赖于其他类型证据的真实可靠。证人出庭作证满足直接言词原则，尽可能排除虚假的证人证言，保证法官认定案件事实的真实性。三是有助于就缺席审判开展国家间的司法协助。针对被告人不在境内的特定案件适用缺席审判的目的是追究被告人刑事责任和追回涉案财产以挽回因犯罪行为给国家或者公民个人造成的损失。缺席裁决的执行需要获得被告人所在国家或者地区的司法协助，被请求国提供司法协助通常要考察请求国作出缺席审判的程序是否遵守请求国法律规定，是否符合正当程序原则。证人出庭作证是许多国家及国际公约确立的正当程序基本要素，也是被请求国据以判断请求国缺席审判程序是否正当的程序标准之一。

缺席审判中，对于需要出示证人证言的，应当以证人出席法庭为原则，以其他方式作证为例外。证人出庭后需要接受控辩双方的询问、质证，法官在必要时也可以对证人进行询问。当然，对于危害国家安全犯罪、恐怖活动犯罪进行缺席审判，证人因出庭作证，使其本人或者近亲属的人身安全面临危险的，审判机关应当采取不公开其真实姓名、住址和工作单位等个人信息，或者不暴露其外貌、真实声音等保护措施。审判期间，证人提出保护请求的，审判机关经审查可以决定采取相应保护措施。对于证人出庭，还需在证人通知、证人询问、法官认证以及正确处理证人书面证言与当庭证言关系等程序机制方面进行细化与完善，避免刑事证人出庭作证成为叶公好龙式的现实寓言，①使证人证言在缺席庭审中发挥实质性证明作用。

① 参见陆而启：《意见裁判主义释法》，法律出版社 2019 年版，第 64 页。

四、法官职权调查与全面审查规则

法庭审判是整个刑事诉讼的核心阶段，也是就被告人刑事责任作出最终结论的决定性阶段。法庭审判中法官依职权就案件证据展开调查以及对控辩双方提交证据进行审查、判断是法官审判的常态，但在缺席审判程序中对这两方面提出了更高的要求。

（一）法官职权调查规则

在等腰三角形诉讼结构之下，法庭审判的推进以控辩双方质证、辩论为主，法官作为中立的裁判者一般不主动就案件事实调查取证。在当事人主义诉讼模式和职权主义诉讼模式中，法官的职能行使特点有所不同，但相同的是法官的主要任务都是通过庭审调查、质证、辩论等诉讼活动，审查和判断证据，并以证据证明的案件事实为基础对案件作出裁决。依职权调查取证不是法官的主要职责，司法实践中法官过多地依职权调查取证会对法官的中立地位、控辩双方平等的诉讼地位以及诉讼程序的公正性带来冲击。但法官审判的中立性、被动性不具有绝对性，为了保证案件审理中控辩双方相互对抗与合作的顺利进行，法官可以进行必要的程序调控。

我国在刑事诉讼传统上属于职权主义诉讼模式，并未完全采用当事人主义的法庭审判模式。大陆法系职权主义诉讼模式下，法官作为积极的司法调查官，对案件事实的发现和诉讼结局的公正性承担最终的责任。尽管法庭审判强调控辩双方平等对抗，但控辩双方对案件事实的查明不完全具有决定性作用。缺席审判中被告人不出席法庭，不能亲自行使辩护权，不能对证据进行质证和发表辩护意见，审判机关依然有责任依职权对案件展开调查，在案件事实清楚、证据确实充分的条件下就案件作出裁决。被告人不出席法庭，不一定必然导致不利后果。“在职权主义下，刑事审判不采纳当事人进行原则和当事人处分原则，而是由法院依职权进行，法律赋予法官探明事实真相的义务。

探明义务的法理基础在于刑事诉讼中的实体真实主义。”① 我国2018年《刑事诉讼法》第154条规定，依照技术侦查相关规定采取侦查措施收集的材料在刑事诉讼中可以作为证据使用。如果使用该证据可能危及有关人员的人身安全，或者可能产生其他严重后果的，应当采取不暴露有关人员身份、技术方法等保护措施，必要的时候，可以由审判人员在庭外对证据进行核实。第196条规定，法庭审理过程中，合议庭对证据有疑问的，可以宣布休庭，对证据进行调查核实。人民法院调查核实证据，可以进行勘验、检查、查封、扣押、鉴定和查询、冻结。这是我国刑事审判法官主动调查核实证据的法律依据。在刑事对席审判中，法官主动调查核实证据并非常态，只有在有必要的情形下，法官才介入证据调查与核实。在缺席审判程序中，法官主动调查核实证据必要性有所增强。

第一，因被告人缺席法庭审判甚至缺席整个刑事诉讼过程，我国刑事庭审围绕被告人口供为重心的证据审查传统发生改变。法官审判案件更多依赖于口供以外的其他证据，特别是实物类证据。法官对其他种类证据的审查判断并不像对出席法庭被告人陈述审查判断来得直接、具体，增加了法官庭外调查核实证据的概率。

第二，缺席审判程序中被告人不出席法庭，虽然被告人及其近亲属可以委托辩护人，但相较于对席审判程序，辩护方力量弱化，辩护方调查取证能力有所降低。面对控方强大的取证和举证能力，辩护方更多需要借助法官证据调查，支持己方辩护主张。尤其是贪污贿赂犯罪、危害国家安全犯罪、恐怖活动犯罪案件，因受法律规定的取证方式、取证技术、案件涉及国家秘密等因素限制，辩护方个人取证困难，为了查明案件事实，法官负有主动调查核实证据义务。

法官依职权调查核实证据应遵循必要性原则，根据缺席审判中具

---

① 王海军：《刑事审判模式的经济分析——以当事人主义为中心》，中国政法大学出版社2013年版，第3页。

体情况展开调查。一是辩护方因客观原因不能自行收集证据，证据对定罪量刑能起关键作用，例如涉及国家秘密、控方或者案外人持有相关证据而拒不提供、证人不在本地需要法院委托调查等。二是证据本身存在疑问，例如控方采用特殊侦查（调查）手段收集证据，证据的合法性、真实性存疑。三是控方提供的证据之间有矛盾或者控辩双方提供的证据之间存在矛盾，经过法庭质证和辩论环节仍然无法认定证据真实性，致使案件事实存在疑点需要排除。遇有以上情形，法官有必要主动对证据调查核实。法官调查核实证据，可以通知检察人员、辩护人到场。法官调查核实证据时，发现对定罪量刑有重大影响的新的证据材料的，应当告知检察人员、辩护人。对于公诉人、辩护人等补充的和法官庭外调查核实取得的证据，同样需要经过法庭质证才能作为定案的根据。

（二）法官全面审查规则

“法庭审判作为在特定时空按照特定程序进行的诉讼活动，有保障真实和保护人权的一系列制度保障，依靠庭审机制确定案件的事实并决定案件的实体处理，是现代刑事诉讼合理性的一般要求。”①

法官是法庭审判的重要主体。如前所述，刑事诉讼中被告人缺席法庭，将给庭审中的证据体系和证据审查方式带来影响：一方面，被告人的缺席带来被告人供述和辩解证据种类的缺失，对席审判中法官重点审查的证据内容在缺席审判中不复存在，法官查明案件事实少了一条途径；另一方面，在不存在被告人供述和辩解的情况下，法官认定案件事实和作出司法裁决依赖于对其他种类证据的审查和判断，因而能更加客观、公正地审视案件事实和证据，同时也对法官审查核实证据提出了更高的要求。“无论在哪个国家，单一证据的证明力总被认为是有限的，而多个证据在信息内容和指向上一致性，即证据间的相

① 龙宗智：《刑事庭审制度研究》，中国政法大学出版社2001年版，第28页。

互印证，无疑是实现证明目的最重要的途径和方法。”① 刑事诉讼中印证证明方式也要求法官对每一个证据的证明能力和证明力进行审查，并综合全案证据就案件事实做出判断。2021 年最高人民法院《刑事诉讼法解释》第 70 条规定，审判人员应当依照法定程序收集、审查、核实、认定证据。法官依照法定程序，全面、客观审核证据，对证据有无证明力和证明力大小独立进行判断，并公开其判断的理由和结果。法官对刑事证据的全面审查规则统一适用于对席审判程序和缺席审判程序，并不因为缺席审判程序中被告人缺席而对证据审查有所不同。相反，正因被告人缺席法庭，法官缺少了一种审查核实证据的手段，即通过被告人庭前供述和当庭陈述以及其他证据相印证来判断案件事实，因而要求法官对证据的审查判断更为全面、严谨，以免发生误判。

第一，既审查控方证据，也审查辩方证据。缺席审判中控方负有提出证据证明缺席被告人行为构成犯罪的责任，法官需就控方证据展开全面审查。辩护方不承担证明被告人无罪的责任，就控方证据提出的意见以及为积极辩护提出的证据，法官有义务全面予以审查。

第二，既审查证据形式要件，也审查证据实质要件。对证据形式要件的审查主要集中于证据资格或者证据能力，对证据实质要件的审查主要集中于证据的证明力。控辩双方需就证据进行质证、辩论。缺席审判与对席审判的差异在于因被告人不出席法庭，缺席审判中针对证据进行的辩论可能不如对席审判展开充分，这就需要法官结合控辩双方所提供的证据进行认真、全面的审查与判断，强化法官的注意义务。通常情况下，刑事缺席审判是在缺乏被告人口供甚至“零口供”情况下进行的审判，对其他证据的要求标准会相应地提高。法官不能仅站在某一方的角度质疑或推翻证据，而应对证据形式、内容等方面进行全方位审查，必要时可依职权主动调查核实证据。法院审判应当

① 龙宗智：《比较法视野中的印证证明》，载《比较法研究》2020 年第 6 期。

发挥庭审对定罪量刑的决定性作用和对证据进行实质性审查的作用，而不是机械或僵化奉行“案件卷宗主义”而对监察机关调查活动、侦查机关侦查活动所获得的卷宗材料进行简单确认。① 缺席审判中，被告人可能通过辩护人、近亲属或者其他人向审判法庭提交证据或者书面辩护意见，甚至通过电子邮件、书信、电报、电子视频等方式表达有关证据和案件事实的意见，这些证据材料同样应当纳入法院审查范围，在法庭出示、宣读或者播放，经过控辩双方质证，由法官进行最终审查并决定是否作为定案的根据。

强调缺席审判中法官的职权调查和全面审查规则并不是说法官单从个人视角来收集和审查判断证据并形成自己的判断，法官收集的证据仍要划分为控方证据或者辩方证据，并经由法庭质证和辩论。法官仍然要“‘依赖于他人在场’形成自己的信念，从而以某种‘拟制第三人’的角度思考、分析问题”。“裁判者最终必须要以某种‘超然的’（detached）态度形成自己的有罪确信。”②

五、非法证据排除规则

证据规则大体可以划分为证据能力规则和证明力规则两类。“从证据能力而言，事实认定不是不择手段、不分好歹，而要‘去粗取精、去伪存真’，集中体现了筛选把关证据信息的排除特征。就证明力而言，事实认定不是随心所欲，而是要接受排除规则的限制和法官指示的控制，体现出对证据价值评价的控制色彩。”③ 非法证据排除规则属于证据能力规则，是指诉讼主体违反法定程序，以非法方法获得的证据，不具有证据能力，不能为法庭所采纳。“排除非法证据的观念、决

---

① 参见韩旭：《监察委员会办理职务犯罪案件程序问题研究——以768份裁判文书为例》，载《浙江工商大学学报》2020年第4期。

② 李昌盛：《刑事审判：理论与实证》，中国民主法制出版社2015年版，第200页。

③ 陆而启：《意见裁判主义释法》，法律出版社2019年版，第55页。

心以及公众认可度，是检验法治成熟度的首要标准。”① 非法证据排除规则的主要功能在于规范国家公权力行使，救济公民个人权利，树立司法权威。以2010年出台《关于办理死刑案件审查判断证据若干问题的规定》和《关于办理刑事案件排除非法证据若干问题的规定》，2012年修改《刑事诉讼法》，2017年出台《关于办理刑事案件严格排除非法证据若干问题的规定》为标志，我国刑事诉讼法律法规就非法言词证据与非法实物证据的排除条件和程序作出了明确规定，刑事诉讼中的非法证据排除规则得以确立。

刑事缺席审判程序与对席审判程序一样是运用证据认定案件事实的过程，因而非法证据排除规则在缺席审判程序中仍然具备适用的空间。同时，同对席审判程序相比，刑事缺席审判程序因被告人缺席诉讼程序，非法证据排除规则的适用体现出一定的特殊性。首先，非法证据排除的重心不同。我国刑事司法实践中，针对犯罪嫌疑人、被告人供述的排除是非法证据排除规则适用的重点领域，非法证据排除案件中，有相当数量的案件是针对犯罪嫌疑人、被告人口供的。缺席审判程序适用的重要案件类型为被告人在境外的贪污贿赂犯罪以及严重危害国家安全犯罪、恐怖活动犯罪案件，案件处理中往往缺少被告人的供述。对这类案件的审理和裁决更多依赖于被告人供述之外的证据类型，并且对其他种类证据的收集、审查、判断提出了更高的要求。因而，缺席审判程序中的非法证据排除规则主要适用于实物类证据以及其他种类的言词证据。另外，缺席审判中非法证据的形式可能不呈现为刑讯逼供等行为，而是出现新的形式，如侦查（调查）机关及司法机关非法以及截留检视监听辩护律师与犯罪嫌疑人之间的通信等。

其次，存在非法证据排除规则适用程序衔接问题。不同于其他国家非法证据排除规则集中适用于法庭审判阶段的立法及实践，我国非

---

① 邓子滨：《刑事诉讼原理》，北京大学出版社2019年版，第256页。

法证据排除规则采多阶段、多主体排除机制。我国刑事诉讼中侦查阶段的侦查机关、审查起诉阶段的检察机关、审判阶段的审判机关均是非法证据排除主体，监察机关则对监察案件负有非法证据排除职责。对于犯罪嫌疑人、被告人不在案的案件，无论处于哪个诉讼阶段，遇有非法证据排除的情形相应机关均应予以排除。特别是国家公务人员贪污贿赂犯罪调查与犯罪起诉和审判分别适用《监察法》和《刑事诉讼法》，需要协调二者在非法证据排除规则适用中的衔接。

第一，《监察法》第33条规定，监察机关在收集、固定、审查、运用证据时，应当与刑事审判关于证据的要求和标准相一致。以非法方法收集的证据应当依法予以排除，不得作为案件处置的依据。根据该条规定，监察委员会收集、调取证据，查明案件事实过程中，受非法证据排除规则约束。根据证据裁判原则，任何案件进入刑事诉讼程序后，均须符合法律规定的证据要求和条件，监察委员会行使调查权同样需要考虑证据的合法性问题。《监察法》第40条规定，严禁以威胁、引诱、欺骗及其他非法方式收集证据，严禁侮辱、打骂、虐待、体罚或者变相体罚被调查人和涉案人员。该条规定明确了严禁监察委员会收集证据采取的非法的具体方法。监察委员会不得以非法方法收集证据，否则带来的结果是收集的证据不具有证据能力，不得作为案件处置的依据。“刑事审判所适用的其他关于非法证据排除的法律规定或者司法解释司法解释或规定，监察机关在调查取证时也应予以注意。这种适用标准的法律意义是引导监察机关在职务犯罪调查中适用不低于《刑事诉讼法》的程序标准。”①

第二，监察委员会调查案件不仅受《监察法》规定的非法证据排除规则限制，对于案件移送审查起诉和审判的，还受《刑事诉讼法》规定的非法证据排除规则约束。《刑事诉讼法》第56条规定，采用刑

---

① 张威：《论监察体制改革中证据能力适用的三个层面》，载《甘肃政法学院学报》2019年第2期。

讯逼供等非法方法收集的犯罪嫌疑人、被告人供述和采用暴力、威胁等非法方法收集的证人证言、被害人陈述，应当予以排除。收集物证、书证不符合法定程序，可能严重影响司法公正的，应当予以补正或者做出合理解释；不能补正或者做出合理解释的，对该证据应当予以排除。监察委员会办理案件涉及非法取证的，实际上受到双重非法证据排除规则的约束。① 监察委员会行使调查权必然要考虑后续审判法庭采信证据情况，刑事诉讼末端的价值取向导引着前端行为的价值取向。《监察法》与《刑事诉讼法》就非法证据范围的规定稍有差别，就二者规定不一致之处或者《刑事诉讼法》有规定而《监察法》没有规定的情形如何处理？因刑事审判是被告人罪责刑的决定性阶段，应依照《刑事诉讼法》确立的证据规则处置。《刑事诉讼法》及相关司法解释关于非法证据范围的要求严于《监察法》的，遵循《刑事诉讼法》及司法解释的相关规定；审判阶段非法证据排除调查需要调查人员出庭的，监察委员会调查人员应当出庭。监察委员会与司法机关对在案人员对席审判与不在案人员缺席审判适用非法证据排除规则方面并无不同，不能因被调查人、被告人缺席而适用该规则有所松动。

第三，非法证据排除规则适用可能对刑事司法协助产生影响。非法证据排除规则并非一种单纯的证据适用规则，而是正当程序所涵盖的一种制度措施。非法证据排除规则的适用是规范国家公权力行使，保障公民个人权利，关注诉讼过程公正的体现。该规则所反映的法治精神已为世界各国公认，并写入国际人权公约。我国刑事缺席审判程序主要是针对身处境外、逃避刑事责任追究的被告人设立。程序设立的目的是将犯罪人引渡回国，接受法律裁决，恢复被犯罪破坏的社会秩序。缺席审判裁决结果的执行，依赖于其他国家或者地区提供司法

① 潘金贵、王志坚：《以审判为中心背景下监察调查与刑事司法的衔接机制研究——兼评〈刑事诉讼法（修正草案）〉相关条文》，载《社会科学研究》2018 年第 6 期。

协助，将犯罪人引渡回国。其他国家或者地区根据我国司法裁决提供司法协助，考虑的一个重要问题就是对所涉人员的审判是否符合正当程序原则。非法证据排除规则的适用恰恰是增进诉讼程序公正的因素，从而能够为获得其他国家或者地区有效司法协助提供依据并创造条件。

第三节　刑事缺席审判中的证明

一、影响刑事缺席审判证明的因素

从制度功能角度考察，刑事缺席审判程序应用于被告人未出席法庭情形下，需要继续追究其刑事责任，以实现刑罚功能。在此过程中，刑事缺席审判程序证明制度的有效运作及目的实现受特定因素影响。

（一）程序适用条件

刑事缺席审判程序属于特别程序，需要满足特定条件才能启动相关程序。

在我国，适用刑事缺席审判程序的第一类案件以贪污贿赂犯罪案件和严重危害国家安全犯罪、恐怖活动犯罪案件犯罪嫌疑人、被告人在境外为条件；第二类案件以被告人患有严重疾病无法出庭，中止审理超过六个月，被告人仍无法出庭，被告人及其法定代理人、近亲属申请或者同意恢复审理为条件；第三类案件则以被告人死亡为条件。相对于普通对席审判程序，刑事缺席审判程序适用条件本身就成为诉讼证明的对象，并且需达到一定证明程度才能开启缺席审判程序。刑事缺席审判程序适用条件的内容决定着诉讼证明的内容。通常而言，适用特别程序中的证明要比适用普通程序中的证明更为复杂。

（二）适用案件类别

刑事缺席审判是适用于特定类型案件的一种特殊审判程序，其与普通对席审判程序的差异就是在被告人未出庭情况下就案件涉及的实体性问题和程序性问题展开证明过程。针对刑事缺席审判设定的案件类别会对案件证明过程产生影响。从世界范围看，相当一部分设立刑事缺席审判制度的国家将缺席审判适用于轻罪案件，例如《德国刑事诉讼法》第 232 条（缺席审理）规定，对被告人缺席审理的，以预期仅单处或者并处 180 日以下的日额罚金、保留处刑的警告、禁驾、收缴、没收、销毁或者废弃为限。在此程序中不允许判处更高的刑罚或者科处矫正及保安处分。《日本刑事诉讼法》也有类似规定。法国和俄罗斯刑事缺席审判既适用于重罪案件，也适用于轻罪和违警罪案件。相比较重罪案件，缺席审判程序适用于轻罪案件更加强调诉讼效率价值，追求刑事案件纠纷的及时解决，因而证明方式、证明标准等要求不甚严格。我国刑事缺席审判制度设立的主要目的之一是惩治贪污腐败犯罪以及其他重大犯罪，因而适用的重要案件类型为贪污贿赂犯罪、危害国家安全犯罪以及恐怖活动犯罪。就重罪案件而言，因审判结果涉及公民人身自由长期剥夺或者重大财产利益减损，因而证明过程相对复杂，证明方式、证明标准要求更高。

我国刑事缺席审判制度适用的几类案件也各具特点。第一类贪污贿赂犯罪和严重危害国家安全犯罪、恐怖活动犯罪案件属于重罪案件，且适用缺席审判程序以犯罪嫌疑人、被告人在境外为条件。被告人缺席的原因往往是故意逃避刑事追诉和审判。第二类被告人因患有严重疾病无法出庭，中止审理超过六个月的案件，被告人及其法定代理人、近亲属申请或者同意恢复审理的，适用缺席审判程序。该类案件被告人缺席法庭是因客观原因，通常其本人有意愿参与法庭审判。第三类案件因被告人在审判过程中死亡，其刑事责任不再追究，审判程序终止，但如果有证据证明被告人无罪，则适用缺席审判程序，依法作出裁决。依照审判监督程序审理案件，被告人死亡的，同样适用缺席审判程序。第一类案件是由公诉机关主动申请启动缺席审判程序；第二类案件和第三类案件则是在普通对席审判程序中因发生法定情形而被动地转化为缺席审判程序。适用对象以及程序构造上的区别决定了第一类案件与后两类案件缺席审判中的证据规则适用、证明程序上也有所区别。此外，第三类案件围绕被告人无罪的事实进行的证明，与前两类案件围绕犯罪构成展开证明亦有所差异，这主要体现在证明对象以及证明标准方面。

（三）程序适用变动性

作为一项特别审判程序，刑事缺席审判是在满足特定条件下适用的程序，一旦条件发生变化，刑事缺席审判过程或者结果也可能发生变化，从而体现出程序的变动性。这种变动性也表现为证明过程以及证据适用的变动性。根据《刑事诉讼法》第295条规定，适用缺席审判程序，在审理过程中，被告人自动投案或者被抓获的，人民法院应当重新审理。罪犯在判决、裁定发生法律效力后到案的，人民法院应当将罪犯交付执行刑罚。交付执行刑罚前，人民法院应当告知罪犯有权对判决、裁定提出异议。罪犯对判决、裁定提出异议的，人民法院应当重新审理。根据该条规定，刑事缺席审判程序进行中以及作出裁决后，都有可能随着条件发生变化而恢复普通对席审判程序，因而刑事缺席审判过程以及依据证据作出的裁决结果具有不确定性。

二、刑事缺席审判程序证明机制

刑事缺席审判程序证明制度包括证明主体、证明责任、证明对象、证明标准等要素，基于缺席审判程序特别程序属性，其证明要素的内容具有一定特殊性。

（一）刑事缺席审判程序证明主体及证明责任

证明问题，尤其是证明责任问题，直接关系有关实体权利与义务在证明主体间的分配。证明责任是当事人为了避免不利于己的裁判而提供证据证明自己的诉讼主张，并且说服事实裁判者确信其主张为真实的一种责任。[①] 证明责任制度最早起源于古罗马时期，当时的诉讼强调当事人双方的对抗以及对各自所提主张事实之证明。近代随着法律制度的发展，证明责任制度日臻完善。刑事证明责任制度的功能在于，一是明确刑事证明的主要内容，即证明对象、证明主体、证明标准和证明任务。二是根据无罪推定原则，被告人在行使辩护权时不负证明责任，刑事证明责任制度促使被告人主动地行使辩护权。三是控辩双方处于对抗状态，控诉方力争证明犯罪事实存在以及被告人应当承担刑事责任，辩护方通过行使抗辩权来对抗控诉方的证明，控辩双方围绕案件事实展开攻击和防御，从而推动诉讼程序的展开。四是在查明案件事实过程中，证明责任制度为法官在法定期限内及时对案件作出裁判提供了依据，法官可以按照证明责任的分配作出裁判，解决案件事实真伪不明问题。[②]

刑事诉讼中提出诉讼主张的一方有义务提供相应的证据加以证明，如果提出的证据不能支持诉讼主张，则承担不利的法律后果。证明责任有两个方面的意义，一是在待证事实尚未明确的情况下，确定由哪一方提出证据加以证明；二是在待证事实无法确认的情况下，判定由哪一方承担败诉的后果。证明责任是一种在主体多元、利益多元的程序格局中建立的证明负担分配机制。[③] 在普通刑事诉讼程序中，由控诉方承担被追诉人有罪的主要证明责任，这是无罪推定原则的基本要求。刑事缺席审判程序属于刑事特别程序，公诉机关不仅要对被告人有罪承担证明责任，还需对案件符合缺席审判条件从而有必要启动该程序承担证明责任。控方承担证明责任的主体包括侦查机关、监察机关和公诉机关，其中侦查机关和监察机关的侦查和调查是公诉机关承

---

① 樊崇义、兰跃军、潘少华：《刑事证据制度发展与适用》，人民法院出版社 2012 年版，第 70 页。

② 参见屈新：《证据制度的经济学分析》，中国政法大学出版社 2015 年版，第 56—57 页。

③ 参见龙宗智：《证据法的理念、制度与方法》，法律出版社 2008 年版，第 241 页。

担证明责任的基础和前提，出席法庭提出证据并说服法官是公诉机关承担证明责任的主要表现形式。

缺席审判程序审理中，被告人不出席法庭。根据《刑事诉讼法》第293条规定，被告人有权委托辩护人，被告人的近亲属可以代为委托辩护人。被告人及其近亲属没有委托辩护人的，人民法院应当通知法律援助机构指派律师为其提供辩护。这意味着缺席审判中必须有辩护人出席法庭帮助未出庭被告人行使辩护权。缺席审判审理中，对于被告人是否构成犯罪的实体性事项，遵循无罪推定原则，由控诉方承担证明责任，辩护方没有证明被告人无罪的责任。对于被告人在境外的贪污贿赂犯罪、危害国家安全犯罪以及恐怖活动犯罪案件是否符合缺席审判条件，因属于程序性事项，程序性事项的证明通常适用“谁主张，谁举证”原则。公诉机关主张启动缺席审判程序，并提出相应证据证明，例如，被告人出入境记录、在境外滞留证据、被告人涉嫌罪名符合三类案件罪名等。若辩护方反驳公诉机关主张，认为案件不符合缺席审判条件，不应该启动缺席审判程序，则同样有责任提供证据加以证明。

（二）刑事缺席审判程序证明对象

证明对象，又称待证事实，是指在诉讼中需要由证明主体运用证据加以证明的法律要件事实。证明活动始终围绕证明对象展开并以证明对象为归宿。刑事诉讼证明对象具体内容为以“公诉事实为基础的，通过诉因而具体化的犯罪事实——符合犯罪构成客观要件的主要事实、作为违法性和有责性基础的心理事实以及可以作为刑罚加重、减轻或者免除事由的具体事实，以及涉及被告人诉讼利益的程序性事实”①。刑事缺席审判证明对象总体上可划分为实体性事实与程序性事实，实体性事实是指与定罪量刑有关的事实；程序性事实是指缺席审判程序

① 陈浩然：《证据学原理》，华东理工大学出版社2002年版，第382页。

适用条件以及审判进程中有关诉讼程序的事实。缺席审判程序证明对象在适用的三类案件中有所差异。

1. 犯罪嫌疑人、被告人在境外的贪污贿赂犯罪、危害国家安全犯罪以及恐怖活动犯罪案件

针对犯罪嫌疑人、被告人在境外的贪污贿赂犯罪、危害国家安全犯罪以及恐怖活动犯罪案件，需要证明的程序性事项为案件是否符合启动刑事缺席审判程序的条件，即案件涉嫌贪污贿赂犯罪以及需要及时审判并经最高人民检察院核准的严重危害国家安全犯罪、恐怖活动犯罪；犯罪嫌疑人、被告人因身处境外而不能到案；案件符合起诉条件等。其中“犯罪嫌疑人、被告人在境外”是此三类案件适用缺席审判的前提条件，也是有关“人”的状态之要件，① 为此需要证明以下内容：第一，犯罪嫌疑人、被告人已出境。第二，犯罪嫌疑人、被告人身处境外所在地点。审判机关适用缺席审判程序需要向被告人送达传票及起诉书副本，因而检察机关提起公诉时还应有证据证明被告人在境外的实在处所。若被告人在境外下落不明则无法适用缺席审判程序。对于缺席审判程序性事项证明，可以通过犯罪嫌疑人、被告人逃往境外过境时出入境手续、境外滞留信息、侦查（调查）机关发布的通缉令、证人证言、辨认笔录、其所在地主管机关提供的相关材料以及最高人民检察院核准提起缺席审判公诉文件等加以证明。

涉及的实体性事项主要为贪污贿赂犯罪、严重危害国家安全犯罪、恐怖活动犯罪构成事实以及与量刑有关的事实。实体性事项主要围绕贪污贿赂犯罪、危害国家安全犯罪、恐怖活动犯罪的犯罪构成要件，即犯罪主体、犯罪客体、犯罪客观方面以及犯罪主观方面进行证明。为此需要证明：第一，犯罪嫌疑人确切身份。作为犯罪主体要件，应当有证据对犯罪嫌疑人身份进行证明。第二，指控的犯罪事实。要求

---

① 周长军：《外逃人员缺席审判适用条件的法教义学分析》，载《法学杂志》2019年第8期。

证据确实、充分，能够证明相关犯罪行为系被告人所为，公诉机关应综合考虑有利于和不利于被告人的所有证据，指控被告人有罪的证据形成“证据链条”。第三，适用缺席审判程序追究被告人刑事责任的必要性。只有具备以上实体性条件，检察机关才可以据此提出缺席审判公诉，同时，这些条件也是审判机关进行公诉审查的主要内容。

2. 被告人患有严重疾病的案件

针对被告人患有严重疾病的案件，如果是被告人及其法定代理人、近亲属向审判法庭提出申请缺席审判，则需证明被告人因患有严重疾病仍无法出庭且法庭已中止审理满六个月。此种情况法院也可以经其同意而主动启动缺席审判程序。启动缺席审判程序后，检察机关需继续对未出庭被告人构成犯罪事实及罪行轻重的事实进行证明。

3. 被告人死亡案件

针对被告人死亡案件，有证据证明被告人无罪的，由法院决定转为缺席审判程序。法律条文中虽然表述为“有证据证明被告人无罪”，但实际上还是围绕被告人构成犯罪的事实展开证明，在此过程中发现证据能够证明被告人无罪的，则作出无罪判决。

基于刑事缺席审判程序的效率价值取向对于扩大证据来源的迫切需要，以及缺席审判案件的证据特点，有必要适当放宽证据材料的来源并区分审前阶段和庭审程序中证据关联性判断的重点，[①] 并区分程序性要件和实体性要件证据关联性判断的重点，以适应刑事缺席审判程序特点及保证对证明对象证明的准确性。

（三）刑事缺席审判程序证明标准

证明标准是和证明责任紧密联系的概念，承担证明责任的诉讼主体提出证据进行证明应当达到一定程度以确认待证事实是否存在。证明标准的达致主体与证明责任的承担主体一致；证明标准的对象是争

① 袁义康：《证据法视野下的刑事缺席审判程序》，载《政治与法律》2019 年第 7 期。

议事实的真伪；证明标准的内容为当事人运用证据证明待证事实，从而使事实裁判者对事实真伪产生主观确信所要达到的质和量的要求；证明标准的法律效力是卸除证明主体的证明责任，使其对待证事实的诉讼主张得以成立；证明标准具有法定性。[①]“证明标准不仅是一种事实认定的法律标准，而且是一种程序机制”，[②]证明标准的内容及层次性反映了不同诉讼价值的选择与平衡。证明标准是根据一定的价值取向和现实需要来确定的，是一个相对概念，现实中不存在绝对的证明标准。“证据的证明力问题极难驾驭，因此决不能唯立法者的马首是瞻；而且非常复杂，所以决不能用一套法律分类标准一网打尽。”[③]证明标准因素影响着刑事缺席审判制度设置目的的实现以及程序运作中证明方式的选择。

刑事缺席审判中，因被告人缺席法庭，案件通常缺少被告人口供证据类型，受该客观条件限制，法庭审理中受到影响的不仅仅是辩护方，因被告人缺席法庭而辩护能力减弱，控诉方的指控活动亦受影响，因缺少被告人供述证据形式，控诉方指控难度加大。相应地，对被告人刑事责任认定的证明标准是否可以降低？在2018年《刑事诉讼法修正案（草案）》征求意见过程中，有观点认为，作为补充性的特殊程序，只要完成刑事诉讼的目的即可，无须设定过高的证明标准，缺席审判案件的证明标准可以低于一般案件的证明标准。也有观点认为，缺席审判作为对席审判的例外与补充，其建立在剥夺被告人庭审在场权的基础上，本身就是对被告人辩护权和参与权的限制，更应当严格遵循法定的证明标准，才能保证其程序的正当性。若降低证明标准，

---

① 樊崇义、兰跃军、潘少华：《刑事证据制度发展与适用》，人民法院出版社2012年版，第97—98页。

② 黄永：《刑事证明责任分配研究》，中国人民公安大学出版社2006年版，第118页。

③ ［美］米尔建·R. 达马斯卡：《漂移的证据法》，李学军等译，中国政法大学出版社2003年版，第27—28页。

则于确保案件质量和防止冤错发生有害无益。① 实际上，缺席审判程序与对席审判程序在性质上均为对人之诉，核心内容是围绕着人的刑事责任而展开，只是在法庭审判形式上有所不同，理应适用相同的证明标准。

“证明标准是人们对于某种特定主张的确信程度，这种确信程度的高低客观上受制于诉讼程序所要实现的目的。”② 我国设立缺席审判制度目的为打击特定种类犯罪或者是排除诉讼障碍或者是纠正错误裁判。如前所述，因缺席审判适用案件情况的复杂性，缺席审判程序中的证明标准呈现多元性、层次性特点。刑事缺席审判中因适用的案件类别和证明对象的不同，证明标准设定亦有所不同。

1. 缺席审判程序启动之证明

缺席审判程序启动的证明主要发生在第一类案件中，即贪污贿赂犯罪及重大的危害国家安全犯罪、恐怖活动犯罪案件中。对于被告人患有严重疾病或者死亡案件，属于刑事诉讼中发生的意外事件。被告人因患有严重疾病或者死亡不能参与法庭审判，导致审判程序产生障碍，法官可以依申请或者依职权裁决适用缺席审判或者终止审判程序。对于第一类案件，启动缺席审判需要满足实体和程序两方面的条件。实体方面需要满足案件罪名涉及贪污贿赂犯罪、危害国家安全犯罪以及恐怖活动犯罪三类罪名，犯罪事实已经查清，证据确实、充分，依法应当追究刑事责任。程序方面需要满足犯罪嫌疑人、被告人在境外；对严重危害国家安全犯罪、恐怖活动犯罪提起缺席审判公诉还需满足需要及时进行审判及经最高人民检察院核准。如果说普通对席审判程序中法院对检察院提起公诉的审查为形式审查，只要起诉书符合法律

① 参见陈国庆：《刑事诉讼法修改与刑事检察工作的新发展》，载《国家检察官学院学报》2019 年第 1 期。

② 胡志风：《刑事缺席审判中的证明标准》，载《国家检察官学院学报》2018 年第 3 期。

规定，卷宗材料齐全，法院就应当决定开庭审理案件，启动审判程序不需要达到很高证明标准。法院程序性审查中，对作为起诉条件的实体性事项与程序性事项证明达到优势证据证明即可。缺席审判程序属性为特别程序，以被告人不出庭其诉讼权利受限为条件，程序启动需慎重。法院对提起缺席审判公诉的审查不仅仅是一种程序性审查，而是加载了实质性审查内容。法院不仅审查起诉书中是否有明确的指控犯罪事实，还需就是否符合缺席审判适用条件进行审查。缺席审判适用条件中包含了实体性内容和程序性内容，法院需就检察机关提起公诉涉嫌罪名、起诉书指控犯罪事实以及犯罪是否严重进行审查，还需就被告人在境外、检察机关批准、案件管辖等程序性事项进行审查。特别是后续开庭通知、法律文书送达由法院进行，因而要求检察机关有确切证据证明被告人在境外且有明确具体地址。缺席审判程序启动的程序性事项和实体性事项证明标准明显高于普通对席审判程序启动的证明标准，需要达到“证据确实、充分”的程度。

2. 缺席审判定罪量刑之证明

针对被告人处于境外，涉嫌贪污贿赂犯罪、危害国家安全犯罪以及恐怖活动犯罪案件和针对被告人因患重病不能出庭案件适用缺席审判，对被告人定罪量刑同样遵守证据裁判原则，证明标准需要达到案件事实清楚，证据确实、充分，能够排除合理怀疑。特别是针对贪污贿赂犯罪、危害国家安全犯罪以及恐怖活动犯罪重罪案件，经法庭审判，强调达到犯罪事实清楚，证据确实、充分的标准，法官才能作出有罪裁决，依法追究犯罪人的刑事责任。最高人民法院 2021 年《刑事诉讼法解释》第 604 条明确规定，对检察院依照刑事诉讼法第 291 条第 1 款的规定提起公诉的案件，作出有罪判决的，应当达到证据确实、充分的证明标准。实际上，由于“刑罚后果的严重性，最高人民法院对重罪案件采取了一种更加慎重的司法政策，即适用比普通刑事案件更严格的证据标准和证明标准。”“晚近 20 余年来尽管证据裁判的话语广泛存在于刑事诉讼理论、规范与实践中，但随着司法理念从犯罪控制到人权保障的变迁，重罪案件证据裁判其实也正在悄然发生变化：不仅在理论和立法上多年显而不彰的指导性话语已为中央层面的司法改革文件所明确认同，正对当下和未来的中国刑事诉讼产生着深刻的影响；更重要的是近年来纠正的一系列刑事错案表明，变迁中的证据裁判已经开始在重罪案件的裁判中发挥作用。”① 先不论重罪案件适用更加严格证据裁判原则是否科学，至少在实务操作层面司法机关已倾向于对重罪案件适用更严格的证明标准。

刑事缺席审判在程序属性上为我国的特别审判程序，但其特别之处在于审判形式方面被告人不参与法庭审判，就案件事实及刑罚裁量等实体性事项而言，对席审判与缺席审判没有差别，证据资格判断及证明标准衡量亦无不同。从证明标准的角度来说，多年来刑事审判工作理论和实务的发展已为之打下了坚实基础，即使在缺席审判的情况下，通过各方努力，庭审所形成的结论也仍然可以达到案件事实清楚、证据确实、充分的标准。一是侦查机关侦查手段与侦查能力提升，客观性证据在庭审活动中所占比例逐渐提高，侦破案件对被告人供述依赖性降低，被告人供述逐渐回归其作为普通言词证据的本质属性。二是从证明过程看，庭前会议制度设立、辩护制度完善、被告人参与诉讼渠道拓宽，庭审中被告人是否在场对结论的影响程度降低。三是从制度规定看，立法已经对缺席审判的被告人设置了充分的救济渠道。②正是有了制度与技术上的保障，缺席审判案件定罪量刑适用与对席审判程序相同的证明标准，甚至基于缺席审判程序天然的“缺陷性”，对缺席审判定罪量刑证明标准的把握需更加慎重。

---

① 左卫民：《反思过度客观化的重罪案件证据裁判》，载《法律科学》2019 年第 1 期。

② 参见许昊：《从证明标准角度看刑事缺席审判制度的适用——以刑事诉讼法关于贪污贿赂犯罪缺席审判程序的规定为视角》，载《人民司法》2019 年第 28 期。

缺席审判中被告人缺席法庭，根据《刑事诉讼法》第55条的规定，只有被告人供述，没有其他证据的，不能认定被告人有罪和处以刑罚；没有被告人供述，证据确实、充分的，可以认定被告人有罪和处以刑罚。该条同时规定，证据确实、充分，应当符合以下条件：(1) 定罪量刑的事实都有证据证明；(2) 据以定案的证据均经法定程序查证属实；(3) 综合全案证据，对所认定事实已排除合理怀疑。排除合理怀疑的证明必须达到这样一种令人确信的程度，即一个有理性的人在日常生活中面临最重要的事务时不会犹豫并进而据此采取行动的程度，但不要求对被告人有罪的证明达到排除一切可能的怀疑的程度。[①] 我国立法上所确立的“案件事实清楚，证据确实、充分”证明标准是在漫长自我发展过程中根据传统司法文化和辩证唯物主义认识论所形成的，引入“排除合理怀疑”作为“证据确实、充分”的重要条件之一只是为了增加原有证明标准的主观裁量因素，使之更具可操作性。[②] 就三项条件之间的关系而言，其中第 (1) 项体现了证据裁判原则；第 (2) 项体现了对程序合法性和单个证据客观性的要求；第 (3) 项通过排除合理怀疑来对前两项进行进一步的检验。可以说，前两项强调证据的“建构性”与“可信性”，第 (3) 项则强调对前两项证据和证据体系的“排疑”，具有“解构”的性质。正向的“建构”和反向的“解构”有机统一，能够有效解决将实体刑法规定的犯罪构成证明到何种程度的问题，使得对实体刑法规定罪名的证明精确化、规范化。[③] 使用“排除合理怀疑”的提法，并非修改了我国刑事诉讼“案件事实清楚，证据确实、充分”的证明标准，而是从主观方面的

---

① 贺寿男：《司法裁判中的理性实现研究》，中国社会科学出版社2013年版，第134页。

② 汪海燕：《刑事诉讼法律移植研究》，中国政法大学出版社2015年版，第236页。

③ 高松林：《交错适用刑法与刑诉法审查刑事证据》，载《检察日报》2018年8月26日，第3版。

角度进一步明确了“证据确实、充分”的含义，便于办案人员把握。①《刑事诉讼法》第55条规定内容为证明被告人有罪的法定条件，任何一项条件不能满足，便不能作出被告人有罪的裁决。无论是对席审判，还是缺席审判，案件裁决中能够作为定罪量刑主要依据的是证据，因而被告人是否出席法庭，案件是否存在被告人口供这一证据形式，均不会对审判的实际结果产生影响。缺席审判与对席审判针对被告人有罪适用同样的证明标准，体现了缺席审判程序的严格性，不因被告人不在案及缺席法庭而降低证明标准。在证明方式上，缺席审判程序仍然是法定的刑事诉讼程序，法庭对案件事实的认定及刑罚裁量应当适用严格的证明方式。

3. 缺席审判无罪之证明

对被告人死亡案件适用缺席审判的证明较为复杂。

第一种情况为在案件审判过程中被告人死亡，有证据证明被告人无罪的，适用《刑事诉讼法》第297条第1款规定。此条款适用又可以分为三种情形：（1）依据现有证据能够证明被告人无罪，排除被告人犯罪可能性，审判机关经缺席审理应当依法作出判决宣告其无罪。如果有明确的证据证明被告人无罪，例如真凶再现，实施犯罪的另有他人，犯罪行为非被告人所为；被告人不在犯罪现场，不可能实施犯罪；被告人的行为是具有排除社会危害性的正当防卫、紧急避险行为等，遇到这些情形自然应当判决宣告死亡被告人无罪。（2）现有证据有的能够证明被告人无罪，有的能够证明被告人有罪，案件事实不清，被告人有罪无罪不明。(3）案件没有明确证据证明被告人无罪，但检察机关指控被告人有罪的事实不清，证据不确实、不充分。对于存在第二种、第三种情形的案件是否能够由法院继续审判并裁决被告人无罪存有不同观点。

---

① 全国人大常委会法制工作委员会刑法室编：《关于修改中华人民共和国刑事诉讼法的决定：条文说明、立法理由及相关规定》，北京大学出版社2012年版，第53页。

一种观点认为，《刑事诉讼法》第 297 条第 1 款规定的缺席审判类型旨在平反昭雪冤、假、错案件，适用条件过于严苛不利于该目的实现。如果公诉方指控犯罪确有质量问题，诸如案件事实不清、证据不足，法院经过审理，原本应根据疑罪从无的要求宣告被告人无罪，却因审理过程中被告人死亡，因而终止审理，使其不能得到无罪判决。第 297 条应扩大适用范围，对正在审理过程中被告人死亡而刑事指控确有错误，审判机关经缺席审判确认应当宣告无罪的，应当依法作出判决。[①] 另一种观点认为，缺席审判下的疑罪从无缺乏公信力，而且基于国家赔偿以及与违法所得没收程序的衔接考虑，该种情形下，审判中被告人死亡的缺席审判不宜适用疑罪从无原则，而应由法院裁定终止审理。[②]

2018 年《刑事诉讼法》第 297 条规定，被告人死亡的，人民法院应当裁定终止审理，但有证据证明被告人无罪，人民法院经缺席审理确认无罪的，应当依法作出判决。该条并未就没有明确证据证明被告人无罪，但证明被告人有罪的证据不确实、不充分的情形如何处理作出规定。

最高人民法院 2021 年《刑事诉讼法解释》对该问题给出了结论，根据第 606 条规定，人民法院受理案件后被告人死亡的，应当裁定终止审理；但有证据证明被告人无罪，经缺席审理确认无罪的，应当判决宣告被告人无罪。前款所称"有证据证明被告人无罪，经缺席审理确认无罪"，包括案件事实清楚，证据确实、充分，依据法律认定被告人无罪的情形，以及证据不足，不能认定被告人有罪的情形。

应该说最高人民法院 2021 年《刑事诉讼法解释》第 606 条对 2018 年《刑事诉讼法》第 297 条规定的"有证据证明被告人无罪"作了扩大解释。该扩大解释将刑事诉讼无罪推定原则蕴含的"疑罪从无"规

---

① 参见王敏远：《刑事缺席审判制度探讨》，载《法学杂志》2018 年第 8 期。

② 董坤：《被告人死亡案件缺席审判程序研究》，载《法学》2020 年第 10 期。

则贯彻于缺席审判程序，符合刑事诉讼基本原理，彰显了刑事诉讼程序独立性品格。这也意味着人民法院审理案件，被告人死亡的，虽然没有确实、充分的证据证明被告人无罪，法院也不能直接裁定案件终止审理，仍然要对案件进行实质性审查，看案件是否符合证据不足、不能认定被告人有罪的情形。该种操作有利于被追诉人利益保障。我国刑事诉讼中认定被告人有罪的证明标准为“案件事实清楚，证据确实、充分”，对席审判中达不到此证明标准，审判法院应当作出“证据不足、指控的犯罪不能成立的无罪判决”。对于已经死亡的被告人，按照疑罪从无的审判原则，如果存在证明被告人无罪的证据，只要达到使法官对被告人有罪的事实产生怀疑，就应作出被告人无罪的判决；如果不存在证明被告人无罪的证据，但指控被告人构成犯罪的证据不足，不能认定被告人有罪的，也应作出被告人无罪的判决，不必达到最高证明标准。

第二种情况为法院作出认定被告人有罪的裁决且裁决发生法律效力，后发现认定被告人有罪裁决可能错误，按照审判监督程序对案件进行重审，被告人死亡的，适用《刑事诉讼法》第 297 条第 2 款，经缺席审判裁决被告人无罪。具体适用分为两种情形：一是发现了新证据，能够证明被告人无罪；二是没有新证据证明被告人无罪，经重新审查认定已经生效裁判认定案件事实不清，证据不足。经缺席审理，这两种情形均应判决宣告被告人无罪。例如聂树斌案件，尽管没有明确证据证明聂树斌无罪，但证明其有罪的证据达不到案件事实清楚，证据确实充分的程度，应当判决宣告其无罪。相比较《刑事诉讼法》第 297 条第 1 款规定，第 2 款规定的按照审判监督程序重新审判案件适用缺席审判程序，并无“有证据证明被告人无罪”的要求，只要依据现有证据，案件达不到事实清楚，证据确实充分的程度，即应依法判决被告人无罪。提起审判监督程序本身就对案件进行了过滤，如果对死亡被告人判决有罪确实存疑，应严格适用无罪推定原则。

对被告人入罪的证明采用最严格的证明标准，即“案件事实清楚，证据确实、充分”，否则不得对被告人定罪和处以刑罚。对被告人出罪的证明采用较低的证明标准。[①] 较低的证明标准可以概括为盖然性标准。根据该证明标准，只要根据情理或者经验的一致性，或者以现在最好的证据或者理由作出的推断或者推测具有真实可靠性；或者说只要证明特定案件事实成立的本证多于反证就能达到该证明标准的要求，本证多于反证所产生的常态即为证明结果。[②] 案件审理中，依据现有证据能够判断被告人具有不构成犯罪的可能性，其构成犯罪的结论存疑，就应作出被告人无罪的裁决。无论是“存在无罪证据”还是“不存在无罪证据，但定罪证据存在严重问题”的均可适用《刑事诉讼法》第297条，不应人为提高为被告人昭雪沉冤的门槛。[③] 关涉案件的事实认定的证据及举证不利的法律后果由控方承担是国际通行之做法。只有在有证据证明无罪的情况下，才能对被告人进行无罪的判决显然是将这种举证责任和相应的法律后果全部交由被告人承担，并未遵循刑事诉讼的基本原则。应适度降低辩方无罪证据的证明标准，只要辩方证据达到盖然性优势，即可适用缺席审判制度宣告被告人无罪。[④] 总体而言，缺席审判中，被告人入罪和出罪证明标准秉承不同的证据理念，针对被告人入罪的证明同对席审判相比不得降低证据适用要求和证明标准，针对被告人出罪的证明不应人为提高证据要求和证明标准。

---

① 参见孟军：《刑事缺席审判程序中的司法证明》，载《山东警察学院学报》2019年第3期。

② 胡志风：《刑事缺席审判中的证明标准》，载《国家检察官学院学报》2018年第3期。

③ 刘腾肤：《中国刑事缺席审判制度：理解与完善》，载《四川师范大学学报（社会科学版）》2019年第2期。

④ 张可：《刑事缺席审判制度之中国叙事——以新〈刑事诉讼法〉为范本》，载《郑州大学学报（哲学社会科学版）》2020年第2期。

小　结

我国刑事诉讼中增设缺席审判程序是综合价值衡量以及司法实践经验总结的结果，在强化对贪污贿赂犯罪以及其他重大犯罪打击力度的同时兼顾对涉案人员合法权益的保障。该程序是对传统对席审判程序的补充，使我国刑事诉讼程序体系日臻完善。

缺席审判程序设置的目的是推进诉讼程序顺利进行，完整展现审判过程，不单纯以惩罚被告人和追缴财物为目的，而是通过对缺席的被告人公平适用法律，实现维护社会正义、保障社会公平、确证法律公正、践行法律价值、重树对法律的尊重与信仰。①

科学合理的证明制度是缺席审判程序得以有效运作的关键。我国"从侦查中心向审判中心转型、从庭审虚无化向庭审实质化转型将是一个艰难的过程，这里既需要从司法改革的宏观立场来审视问题，也需要从证明力、证据能力、对质权保障等技术层面进行仔细刻画，尤其是后者仍亟待深入地研究"。② 缺席审判程序中的证明对象、证明责任以及证明标准与普通对席审判程序中的证明存有差异，不同类型的缺席审判案件具体证明内容亦有所不同。"刑事证明标准承担着准确性与错误风险分配的政策目标，其内在功能是作为一种分配判决错误的机制，其尺度取决于一个社会所能接受的两种错误判决成本之比率。而对抗性强度、证明的严格程度以及证明标准的具体评价方式，也都会影响证明标准的具体尺度设置。"③ 程序性事项与实体性事项适用不同证明标准，入罪事项与出罪事项适用不同证明标准，缺席审判中证明

---

① 赵路：《俄罗斯适用缺席审判制度十分谨慎》，载《检察日报》2015 年 12 月 3 日，第 3 版。

② 胡铭：《超越法律现实主义——转型中国刑事司法的程序逻辑》，法律出版社 2016 年版，第 77 页。

③ 熊晓彪：《刑事缺席审判证明标准适用问题研究——基于诉讼构造与错误分配理论的分析》，载《甘肃政法学院学报》2020 年第 4 期。

标准体现出一定程度的复杂性。现行法律确立了缺席审判程序框架以及总体证明制度，但具体程序步骤及证明内容尚需立法及司法解释的进一步细化。通过完善的证据制度确保缺席审判中的司法公正，降低因缺席审判程序的“天然缺陷”所带来的消极影响。

参考文献

一、著作类

1. 林钰雄:《刑事诉讼法》(上册),中国人民大学出版社 2005 年版。

2. 林钰雄:《严格证明与刑事证据》,法律出版社 2008 年版。

3. 宋英辉、甄贞主编:《刑事诉讼法学》(第六版),中国人民大学出版社 2019 年版。

4. 宋英辉主编:《刑事诉讼原理》,法律出版社 2003 年版。

5. 陈瑞华:《刑事审判原理论》(第二版),北京大学出版社 2003 年版。

6. 陈瑞华:《刑事诉讼的中国模式》(第二版),法律出版社 2010 年版。

7. 陈瑞华:《刑事诉讼的前沿问题》,中国人民大学出版社 2016 年版。

8. 陈瑞华:《刑事诉讼法》,北京大学出版社 2021 年版。

9. 廖中洪:《中国民事诉讼程序制度研究》,中国检察出版社 2004 年版。

10. 皮继增、许显侯主编:《外国法制史教程》,中国政法大学出版社 1992 年版。

11. 陈刚：《民事诉讼法制的现代化》，中国检察出版社 2003 年版。

12. 刘秀明：《民事缺席审判制度研究》，中国人民公安大学出版社 2010 年版。

13. 周枏：《罗马法原论》（下册），商务印书馆 2014 年版。

14. 黄右昌：《罗马法与现代》，中国方正出版社 2006 年版。

15. 丘汉平：《罗马法》，中国方正出版社 2004 年版。

16. 陈朝璧：《罗马法原理》，法律出版社 2006 年版。

17. 杨剑：《缺席审判的基本法理与制度探索》，厦门大学出版社 2016 年版。

18. 万光侠：《效率与公平——法律价值的人学分析》，人民出版社 2000 年版。

19. 龙宗智：《刑事庭审制度研究》，中国政法大学出版社 2001 年版。

20. 龙宗智：《相对合理主义》，中国政法大学出版社 1999 年版。

21. 龙宗智：《证据法的理念、制度与方法》，法律出版社 2008 年版。

22. 杜宝庆：《刑事实体公正》，法律出版社 2015 年版。

23. 李修源：《司法公正理念及其现代化》，人民法院出版社 2002 年版。

24. 李奋飞：《程序合法性研究——以刑事诉讼法为范例》，法律出版社 2011 年版。

25. 陈兴良：《刑法哲学》，中国政法大学出版社 1997 年版。

26. 韩流：《被害人当事人地位的根据与限度——公诉程序中被害人诉权问题研究》，北京大学出版社 2010 年版。

27. 张丽卿：《刑事诉讼制度与刑事证据》，中国检察出版社 2016 年版。

28. 韩哲：《刑事判决合理性研究》，中国人民公安大学出版社2008年版。

29. 樊崇义主编：《诉讼原理》（第二版），法律出版社2009年版。

30. 樊崇义等：《刑事诉讼法再修改理性思考》（修订版），中国人民公安大学出版社2020年版。

31. 樊崇义、兰跃军、潘少华主编：《刑事证据制度发展与适用》，人民法院出版社2012年版。

32. 李昌盛：《刑事审判：理论与实证》，中国民主法制出版社2015年版。

33. 易延友：《中国刑诉与中国社会》，北京大学出版社2010年版。

34. 马皑、李婕主编：《法律何以信仰：中国公民司法公正感实证研究》，中国政法大学出版社2017年版。

35. 孙记：《现代刑事诉讼结构论》，中国社会科学出版社2009年版。

36. 季卫东：《法治秩序的建构》，中国政法大学出版社1999年版。

37. 江涌：《未决羁押制度的研究》，中国人民公安大学出版社2011年版。

38. 张能全：《社会转型中的刑事司法改革与制度创新研究》，中国政法大学出版社2017年版。

39. 陈金钊：《法治及其意义》，法律出版社2017年版。

40. 陈金钊：《法律解释的哲理》，山东人民出版社1999年版。

41. 吴光升：《刑事诉讼程序的人性分析》，中国人民公安大学出版社2011年版。

42. 左为民、周长军：《刑事诉讼的理念》，法律出版社1999年版。

43. 左卫民：《刑事诉讼的中国图景》，三联书店2010年版。

44. 王海军：《刑事审判模式的经济分析——以当事人主义为中心》，中国政法大学出版社2013年版。

45. 张洪涛：《国家主义抑或人本主义——转型中国法律运行研究》，人民出版社2008年版。

46. 陈贵民：《现代行政法的基本理念》，山东人民出版社2004年版。

47. 邓子滨：《刑事诉讼原理》，北京大学出版社2019年版。

48. 史立梅：《国际刑事司法中的程序与正义：国际刑事法院诉讼程序专题研究》，北京师范大学出版社2013年版。

49. 何其生：《域外送达制度研究》，北京大学出版社2006年版。

50. 陈光中主编：《〈公民权利和政治权利国际公约〉与我国刑事诉讼》，商务印书馆2005年版。

51. 朱文奇：《国际刑事诉讼法》，商务印书馆2014年版。

52. 李交发：《中国诉讼法史》，中国检察出版社2002年版。

53. 上海法学编译社编：《中华民国刑事诉讼法》，会文堂新记书局1935年版。

54. 李义冠：《美国刑事审判制度》，法律出版社1999年版。

55. 莫湘益：《刑事诉讼立法技术研究》，法律出版社2017年版。

56. 黄风：《刑事没收与资产追缴》，中国民主法制出版社2019年版。

57. 曲新久：《刑法的精神与范畴》（修订版），中国政法大学出版社2003年版。

58. 喻海松：《刑事诉讼法修改与司法适用疑难解析》，北京大学出版社2021年版。

59. 李寿伟主编：《中华人民共和国刑事诉讼法解读》，中国法制出版社2018年版。

60. 李少平主编：《最高人民法院关于适用〈中华人民共和国刑事诉讼法〉的解释理解与适用》，人民法院出版社2021年版。

61. 宋英辉、孟军、何挺等：《死刑案件证据运用指引建议论证稿》，法律出版社2016年版。

62. 汪海燕：《刑事诉讼法律移植研究》，中国政法大学出版社2015年版。

63. 吴高庆等：《腐败犯罪刑事程序研究》，法律出版社2016年版。

64. 贺寿男：《司法裁判中的理性实现研究》，中国社会科学出版社2013年版。

65. 陈卫东主编：《刑事诉讼法学》（第三版），高等教育出版社2019年版。

66. 祁亚平：《刑事庭审之事实认定的本质、局限以及罪案评价研究》，法律出版社2016年版。

67. 焦洪昌、李树忠主编：《宪法教学案例》，中国政法大学出版社1999年版。

68. 万毅：《底限正义论》，中国人民公安大学出版社2006年版。

69. 万毅：《超越当事人/职权主义——底限正义视野下的审判程序》，中国检察出版社2008年版。

70. 杨开湘：《刑事诉讼与隐私权保护的关系研究》，中国法制出版社2006年版。

71. 王家福、刘海年主编：《中国人权百科全书》，中国大百科全书出版社1998年版。

72. 王爱立主编：《中华人民共和国刑事诉讼法释义》，法律出版社2018年版。

73. 栗峥：《超越事实：多重视角的后现代证据哲学》，法律出版社2007年版。

74. 陈朴生：《刑事证据法》，三民书局 1984 年版。

75. 王天民：《辩方权利的语境式展开》，法律出版社 2019 年版。

76. 陆而启：《意见裁判主义释法》，法律出版社 2019 年版。

77. 屈新：《证据制度的经济学分析》，中国政法大学出版社 2015 年版。

78. 陈浩然：《证据学原理》，华东理工大学出版社 2002 年版。

79. 黄永：《刑事证明责任分配研究》，中国人民公安大学出版社 2006 年版。

80. 全国人大常委会法制工作委员会刑法室编：《关于修改中华人民共和国刑事诉讼法的决定：条文说明、立法理由及相关规定》，北京大学出版社 2012 年版。

81. 胡铭：《超越法律现实主义——转型中国刑事司法的程序逻辑》，法律出版社 2016 年版。

82. 邹瑜、顾明主编：《法学大辞典》，中国政法大学出版社 1991 年版。

83. 《世界各国刑事诉讼法》编辑委员会编译：《世界各国刑事诉讼法》（欧洲卷·上），中国检察出版社 2016 年版。

84. 《世界各国刑事诉讼法》编辑委员会编译：《世界各国刑事诉讼法》（欧洲卷·中），中国检察出版社 2016 年版。

85. 《世界各国刑事诉讼法》编辑委员会编译：《世界各国刑事诉讼法》（欧洲卷·下），中国检察出版社 2016 年版。

86. 《世界各国刑事诉讼法》编辑委员会编译：《世界各国刑事诉讼法》（亚洲卷），中国检察出版社 2016 年版。

87. 《世界各国刑事诉讼法》编辑委员会编译：《世界各国刑事诉讼法》（美洲卷），中国检察出版社 2016 年版。

88. 《美国联邦刑事诉讼规则和证据规则》，卞建林译，中国政法大学出版社 1996 年版。

89. 中国大百科全书出版社不列颠百科全书编辑部编译：《不列颠百科全书》（第五卷），中国大百科全书出版社 1999 年版。

90.《意大利刑法典》，黄风译，中国政法大学出版社 1998 年版。

91.［意］切萨雷·贝卡里亚：《论犯罪与刑罚》，黄风译，北京大学出版社 2008 年版。

92.［法］贝尔纳·布洛克：《法国刑事诉讼法》，罗结珍译，中国政法大学出版社 2009 年版。

93.［法］米歇尔·福柯：《规训与惩罚》，刘北成、杨远婴译，三联书店 2003 年版。

94.［法］勒内·达维德：《当代法律主要体系》，漆竹生译，上海译文出版社 1984 年版。

95.［美］约翰·罗尔斯：《正义论》，何怀宏等译，中国社会科学出版社 1988 年版。

96.［美］迈克尔·D. 贝勒斯：《法律的原则——一个规范的分析》，张文显等译，中国大百科全书出版社 1996 年版。

97.［美］罗斯科·庞德：《法律史解释》，邓正来译，中国法制出版社 2002 年版。

98.［美］理查德·A. 波斯纳：《法律的经济分析》，蒋兆康译，中国大百科全书出版社 1997 年版。

99.［美］E. 博登海默：《法理学——法律哲学与法律方法》，邓正来译，中国政法大学出版社 2017 年版。

100.［美］米尔建·R. 达马斯卡：《漂移的证据法》，李学军等译，中国政法大学出版社 2003 年版。

101.［美］德沃金：《认真对待权利》，信春鹰、吴玉章译，中国大百科全书出版社 1998 年版。

102.［英］丹宁勋爵：《法律的正当程序》，李克强等译，法律出版社 1999 年版。

103. ［英］丹宁勋爵：《法律的训诫》，杨百揆、刘庸安、丁健译，群众出版社 1985 年版。

104. ［英］约翰·斯普莱克：《英国刑事诉讼程序》，徐美君、杨立涛译，中国人民大学出版社 2001 年版。

105. ［英］弗里德里希·冯·哈耶克：《通往奴役之路》，王明毅等译，中国社会科学出版社 1997 年版。

106. ［英］罗杰·科特威尔：《法律社会学导论》，潘大松等译，华夏出版社 1989 年版。

107. ［日］团藤重光：《新刑事诉讼法纲要》，创文社 1984 年版。

108. ［日］大谷实：《刑法讲义总论》（第二版），黎宏译，中国人民大学出版社 2008 年版。

109. ［日］冈田朝太郎：《刑事诉讼法》，熊元襄编，上海人民出版社 2013 年版。

110. ［日］中村英郎：《新民事诉讼法讲义》，陈刚、林剑锋、郭美松译，法律出版社 2001 年版。

111. ［日］田口守一：《刑事诉讼法》，刘迪等译，法律出版社 2000 年版。

112. ［德］克劳斯·罗科信：《刑事诉讼法》，吴丽琪译，法律出版社 2003 年版。

113. ［德］托马斯·魏根特：《德国刑事诉讼程序》，岳礼玲、温小洁译，中国政法大学出版社 2004 年版。

114. ［爱尔兰］约翰·莫里斯·凯利：《西方法律思想简史》，王笑红译，法律出版社 2010 年版。

二、论文类

1. 仇晓敏：《被告人缺席审判制度探讨》，载《研究生法学》2006 年第 2 期。

2. 万毅：《刑事缺席判决制度引论》，载《当代法学》2004 年第

1 期。

3. 万毅：《刑事缺席审判制度立法技术三题——以〈中华人民共和国刑事诉讼法（修正草案）〉为中心》，载《中国刑事法杂志》2018 年第 3 期。

4. 王敏远：《刑事缺席审判制度探讨》，载《法学杂志》2018 年第 8 期。

5. 王敏远：《刑事诉讼法修改重点问题探讨》，载《法治研究》2019 年第 2 期。

6. 陈卫东：《论中国特色刑事缺席审判制度》，载《中国刑事法杂志》2018 年第 3 期。

7. 陈卫东、刘婉婷：《检察机关适用刑事缺席审判的几个问题》，载《国家检察官学院学报》2019 年第 1 期。

8. 陈卫东：《刑事诉讼法修改若干问题研究》，载《内蒙古社会科学》2020 年第 3 期。

9. 陈卫东、李洪江：《正当程序的简易化与简易程序的正当化》，载《法学研究》1998 年第 2 期。

10. 陈卫东：《构建中国特色刑事特别程序》，载《中国法学》2011 年第 6 期。

11. 张吉喜：《论刑事缺席审判的适用范围——比较法的视角》，载《中国刑事法杂志》2007 年第 5 期。

12. 张吉喜：《刑事缺席审判的理论依据：类型及其运用》，载《比较法研究》2019 年第 6 期。

13. 张毅：《论〈打击跨国有组织犯罪公约〉和〈反腐败公约〉与我国刑事诉讼改革》，载陈光中主编：《21 世纪域外刑事诉讼立法最新发展》，中国政法大学出版社 2004 年版。

14. 赵常成：《国际人权视野下的中国式缺席审判》，载《西部法学评论》2019 年第 1 期。

15. 卞建林、吴思远：《刑事缺席审判程序：立法反思与实践走向》，载《求是学刊》2020 年第 5 期。

16. 卞建林：《刑事诉讼法再修改面面观》，载《法治研究》2019 年第 1 期。

17. 杨宇冠、高童非：《中国特色刑事缺席审判制度的构建——以比较法为视角》，载《法律适用》2018 年第 23 期。

18. 杨宇冠、郑英龙：《〈刑事诉讼法〉修改问题研究——以〈监察法〉的衔接为视角》，载《湖湘论坛》2018 年第 5 期。

19. 邓思清：《刑事缺席审判制度研究》，载《法学研究》2007 年第 3 期。

20. 王沛、李伟：《论刑事缺席审判制度及其在中国的立法构建——兼评与〈联合国反腐败公约〉制度对接的国际一体化问题》，载《山东师范大学学报（人文社会科学版）》2011 年第 1 期。

21. 彭新林：《腐败犯罪缺席审判制度之构建》，载《法学》2016 年第 12 期。

22. 崔凯：《义务视阈下的被告人庭审在场问题研究》，载《政法论坛》2017 年第 2 期。

23. 王译：《完善财产型职务犯罪缺席审判程序设置之探讨》，载《湖北社会科学》2018 年第 12 期。

24. 宋英辉、罗海敏：《程序法定原则与我国刑事诉讼法的修改》，载《燕山大学学报》2005 年第 1 期。

25. 郜占川：《中国法语境下“刑事缺席审判”概念之界定》，载《兰州学刊》2019 年第 5 期。

26. 鲍文强：《权利与义务视阈下刑事缺席审判程序的理论展开》，载《法学杂志》2019 年第 8 期。

27. 初殿清、王晋彦：《认罪认罚从宽制度视角下刑事缺席审判探析》，载《人民法治》2018 年第 3 期。

28. 初殿清：《美国启动刑事缺席审判的规范限定与司法裁量》，载《环球法律评论》2020 年第 3 期。

29. 刘秀明、廖中洪：《民事缺席判决制度溯源——古罗马时期缺席判决制度考》，载《人大法律评论》2010 年第 1 期。

30. 麻昌华：《罗马法上的侵权行为法》，载吴汉东主编：《私法研究》第 3 卷，中国政法大学出版社 2003 年版。

31. 章武生、吴泽勇：《论我国缺席判决制度的改革》，载《政治与法律》2002 年第 5 期。

32. 夏锦文、邱飞：《论我国刑事缺席审判制度的构建——以〈联合国反腐败公约〉资产追回机制为切入点》，载《南京师大学报（社会科学版）》2006 年第 6 期。

33. 甄贞、杨静：《缺席审判程序解读、适用预期及完善建议》，载《法学杂志》2019 年第 4 期。

34. 胡铭：《司法改革的焦点：公正与效率的平衡——兼论当代刑事诉讼的两大基本价值》，载《山东公安专科学校学报》2001 年第 4 期。

35. 林肃娅、郭鹏：《构建我国刑事缺席审判制度的法理分析》，载《西南石油大学学报（社会科学版）》2011 年第 6 期。

36. 马克昌：《论刑罚的功能》，载《武汉大学学报（哲学社会科学版）》1995 年第 4 期。

37. 梅腾：《刑事一体化视野下的被告人缺席判决制度》，载《福建农林大学学报（ 哲学社会科学版）》2018 年第 5 期。

38. 梅腾：《〈中华人民共和国刑事诉讼法〉缺席审判程序之审视——基于刑事一体化原理之考量》，载《湖北社会科学》2019 年第 2 期。

39. 张磊：《刑事缺席审判与境外追逃措施的协调适用》，载《中国刑事法杂志》2020 年第 4 期。

40. 张磊：《从“百名红通人员”归案看我国境外追逃的最新发展——写在“百名红通人员”名单公布五周年之际》，载《法律适用》2020 年第 10 期。

41. 汪建成：《论刑事证据的多重视角》，载《中外法学》2004 年第 3 期。

42. 杨新新：《相对主义的合理性及其现实意义——对绝对与相对问题的再认识》，载《河南师范大学学报（哲学社会科学版）》2008 年第 1 期。

43. 陈瑞华：《论程序正义价值的独立性》，载《法商研究》1998 年第 2 期。

44. 陈瑞华：《英美刑事证据展示制度之比较》，载《政法论坛》1998 年第 6 期。

45. 陈瑞华：《走向综合性程序价值理论——贝勒斯程序正义理论述评》，载《中国社会科学》1999 年第 6 期。

46. 陈瑞华：《辩护律师职业伦理的模式转型》，载《华东政法大学学报》2020 年第 3 期。

47. 陈瑞华：《刑事辩护制度四十年来的回顾与展望》，载《政法论坛》2019 年第 6 期。

48. 陈瑞华：《刑事诉讼中的有效辩护问题》，载《苏州大学学报（哲学社会科学版）》2014 年第 5 期。

49. 陈瑞华：《什么是真正的直接和言词原则》，载《证据科学》2016 年第 3 期。

50. 袁义康：《刑事缺席审判程序的合理性及其完善》，载《华东政法大学学报》2019 年第 2 期。

51. 袁义康：《证据法视野下的刑事缺席审判程序》，载《政治与法律》2019 年第 7 期。

52. 赵波、刘畅：《国际刑事司法中的缺席审判——以联合国柬埔寨法院特别法庭米思·穆斯案为视角》，载《湖北警官学院学报》2016年第3期。

53. 薛剑祥、周庆琳：《论刑事缺席审判中当事人到案后的重新审理程序》，载《法律适用》2018年第23期。

54. 鲁鹏：《法治的价值》，载《烟台大学学报（哲学社会科学版）》2013年第2期。

55. 龙宗智：《动态平衡诉讼观的几点思考》，载《中国检察官》2018年第7期。

56. 龙宗智：《新〈人民检察院刑事诉讼规则〉若干问题评析》，载《法学杂志》2020年第5期。

57. 龙宗智：《“以审判为中心”的改革及其限度》，载《中外法学》2015年第4期。

58. 龙宗智：《比较法视野中的印证证明》，载《比较法研究》2020年第6期。

59. 胡志风：《刑事缺席审判中的证明标准》，载《国家检察官学院学报》2018年第3期。

60. 魏建文、魏昕：《刑事缺席审判制度的价值分析》，载《中国刑事法杂志》2009年第6期。

61. 张建伟：《作为一种特别程序的缺席审判》，载《中国检察官》2018年第12期。

62. 谢澍：《刑事缺席审判之类型化分析与体系化建构——以〈刑事诉讼法〉再修改为语境》，载《法学》2019年第12期。

63. 唐芳：《刑事缺席审判制度的域外考察及本土建构》，载《社会科学家》2007年第4期。

64. 马晴：《从美国Cosby v. US案反观中国缺席审判制度的完善》，载《中国检察官》2019年第4期。

65. 欧卫安：《略谈刑事缺席审判制度的类型——以西方国家刑事

审判为例》，载《河南师范大学学报（哲学社会科学版）》2005 年第 5 期。

66. 步洋洋：《论我国刑事缺席审判制度的类型化》，载《政法论坛》2020 年第 4 期。

67. 杨帆：《刑事缺席审判制度的比较法考察——以适用范围与权利保障为切入点》，载《政治与法律》2019 年第 7 期。

68. 赵琳琳：《我国刑事缺席审判程序的多维度探析》，载《中国政法大学学报》2019 年第 2 期。

69. 裴显鼎、王秀梅：《全球视阈中的缺席审判研究》，载《吉林大学社会科学学报》2019 年第 6 期。

70. 黄风：《对外逃人员缺席审判需注意的法律问题》，载《法治研究》2018 年第 4 期。

71. 黄风：《刑事缺席审判与特别没收程序关系辨析》，载《法律适用》2018 年第 23 期。

72. 黄风：《检察机关实施〈国际刑事司法协助法〉若干问题》，载《国家检察官学院学报》2019 年第 4 期。

73. 刘林呐：《刑事缺席审判程序之中法比较》，载《中国检察官》2018 年第 12 期。

74. 贺红强：《比例原则视角下的法庭秩序维持权——以刑事庭审中的驱逐出庭措施为中心》，载《法律科学》2018 年第 5 期。

75. 王新清、卢文海：《论刑事缺席审判》，载《中国司法》2006 年第 3 期。

76. 王新清、胡晴晴：《刑事缺席审判程序中被告人的权利保障——以被告人在境外案件为对象展开的分析》，载《南都学坛（ 人文社会科学学报）》2019 年第 6 期。

77. 商浩文、陈统：《刑事缺席审判制度的比较考察——以英国和美国为例》，载《南都学坛（ 人文社会科学学报）》2020 年第 4 期。

78. 熊秋红：《解读公正审判权——从刑事司法角度的考察》，载《法学研究》2001 年第 6 期。

79. 刘腾肤：《中国刑事缺席审判制度：理解与完善》，载《四川师范大学学报（社会科学版）》2019 年第 2 期。

80. 谢小剑：《刑事缺席审判：价值平衡中的制度建构》，载《中国刑事法杂志》2007 年第 1 期。

81. 郭晶：《国际刑事缺席审判的规则演进与现实启示》，载《国外社会科学前沿》2020 年第 8 期。

82. 郭晶：《缺席审判与引渡追逃的紧张关系及突破》，载《吉林大学社会科学学报》2019 年第 6 期。

83. 施鹏鹏：《缺席审判程序的进步与局限——以境外追逃追赃为视角》，载《法学杂志》2019 年第 6 期。

84. 胡云腾：《聂树斌案再审：由来、问题与意义》，载《中国法学》2017 年第 4 期。

85. 杨雄：《对外逃贪官的缺席审判研究》，载《中国刑事法杂志》2019 年第 1 期。

86. 樊崇义：《腐败犯罪缺席审判程序的立法观察》，载《人民法治》2018 年第 13 期。

87. 樊崇义：《2018 年〈刑事诉讼法〉修改重点与展望》，载《国家检察官学院学报》2019 年第 1 期。

88. 樊崇义：《2018 年〈刑事诉讼法〉最新修改解读》，载《中国法律评论》2018 年第 6 期。

89. 樊崇义：《刑事诉讼法修改的重点难点问题解读》，载《法律适用》2019 年第 3 期。

90. 刘祖云：《社会转型：一种特定的社会发展过程》，载《华中师范大学学报（哲学社会科学版）》1997 年第 6 期。

91. 赵晨光：《论我国腐败犯罪境外追赃机制存在的问题及其完

善》，载《法学杂志》2019 年第 3 期。

92. 李海滢：《监察体制改革背景下境外追逃追赃面临的发展与挑战》，载《河南社会科学》2019 年第 6 期。

93. 李海滢、王延峰：《缺席审判抑或独立没收：以“追赃”为基点的程序选择》，载《政治与法律》2019 年第 7 期。

94. 吴卫军：《检视与反思：工具理性视阈中的 2018 年〈刑诉法〉修改》，载《海峡法学》2021 年第 1 期。

95. 顾永忠、张子君：《我国刑事缺席审判制度的立法意图与特色》，载《理论学刊》2019 年第 1 期。

96. 顾永忠：《2018 年刑事诉讼法再修改对律师辩护的影响》，载《中国法律评论》2019 年第 1 期。

97. 孙谦：《检察机关贯彻修改后刑事诉讼法的若干问题》，载《国家检察官学院学报》2018 年第 6 期。

98. 陈国庆：《刑事诉讼法修改与刑事检察工作的新发展》，载《国家检察官学院学报》2019 年第 1 期。

99. 董坤：《论外逃人员缺席审判的三重关系》，载《法学杂志》2019 年第 8 期。

100. 董坤：《被告人死亡案件缺席审判程序研究》，载《法学》2020 年第 10 期。

101. 钱程：《论我国刑事缺席审判制度的适用限度问题——兼议我国刑诉法修正案》，载《河北科技师范学院学报（社会科学版）》2018 年第 4 期。

102. 左卫民：《如何打造具有法理合理性的刑事诉讼法——审思 2018 年刑事诉讼法修正案》，载《比较法研究》2019 年第 3 期。

103. 左卫民：《反思过度客观化的重罪案件证据裁判》，载《法律科学》2019 年第 1 期。

104. 左卫民、莫皓：《政治机关如何打造法治产品——以监察证据为切入点》，载《四川大学学报（哲学社会科学版）》2019 年第 2 期。

105. 陈光中、肖沛权：《刑事诉讼法修正草案：完善刑事诉讼制度的新成就和新期待》，载《中国刑事法杂志》2018 年第 3 期。

106. 陈光中、胡铭：《〈联合国反腐败公约〉与刑事诉讼法再修改》，载《政法论坛》2006 年第 1 期。

107. 陈光中、邵俊：《我国监察体制改革若干问题思考》，载《中国法学》2017 年第 4 期。

108. 肖沛权：《价值平衡下刑事缺席审判制度的适用》，载《法学杂志》2018 年第 8 期。

109. 郭天武、汤澈：《缺席审判程序与违法所得没收程序的竞合》，载《法治论坛》2019 年第 1 辑。

110. 陈伟、王文娟：《刑事缺席审判制度的源流、现状及分歧澄清》，载《河北法学》2019 年第 11 期。

111. 吕晓刚：《刑事缺席审判与判决前财产没收程序适用关系研究》，载《湘潭大学学报（哲学社会科学版）》2019 年第 4 期。

112. 安琪：《刑事缺席审判程序的制度解构与适用探讨》，载《北京政法职业学院学报》2018 年第 4 期。

113. 刘梅湘：《刑事缺席审判程序与违法所得没收程序辨析》，载《人民司法》2019 年第 28 期。

114. 聂友伦：《刑事缺席审判的构建基础与实践展开》，载《内蒙古社会科学》2020 年第 3 期。

115. 张可：《刑事缺席审判制度之中国叙事——以新〈刑事诉讼法〉为范本》，载《郑州大学学报（哲学社会科学版）》2020 年第 2 期。

116. 喻海松：《刑事缺席审判程序的立法进程》，载《法律适用》2018 年第 23 期。

117. 田兴洪：《轻重犯罪划分新论》，载《法学杂志》2011 年第 6 期。

118. 贾宇：《跨国追逃的困境与出路》，载《人民检察》2008 年第 12 期。

119. 吴进娥：《被告人刑事速裁缺席审判选择权的构建与运行机制研究》，载《政治与法律》2020 年第 8 期。

120. 武晓艺：《理论缺失与制度隐患：刑事缺席审判制度的法治化重构——兼论我国〈刑事诉讼法修正案〉的完善》，载《海南大学学报（人文社会科学版）》2019 年第 3 期。

121. 武晓艺：《刑事缺席审判制度的知情权保障机制——以送达程序为视角的分析》，载《燕山大学学报（哲学社会科学版）》2020 年第 1 期。

122. 王译：《完善财产型职务犯罪缺席审判程序设置之探讨》，载《湖北社会科学》2018 年第 12 期。

123. 韩正武：《辩护权主体的宪法面向》，载《福建论坛（人文社会科学版）》2014 年第 5 期。

124. 周长军、彭俊磊、韩晗：《刑事庭审实质化研究——以诉讼公开为视角》，载《山东审判》2017 年第 5 期。

125. 周长军：《外逃人员缺席审判适用条件的法教义学分析》，载《法学杂志》2019 年第 8 期。

126. 汪海燕：《责任、范围和标准：刑事法律援助制度的隘口》，载顾永忠主编：《刑事法律援助的中国实践与国际视野》，北京大学出版社 2013 年版。

127. 彭江辉：《论我国刑事缺席审判有效辩护的实现路径》，载《湘潭大学学报（哲学社会科学版）》2020 年第 3 期。

128. 高永明：《正当程序视野下的刑事缺席判决制度研究》，载《甘肃政法成人教育学院学报》2007 年第 5 期。

129. 王春梅、李清龙：《刑事缺席审判制度的合理性透视与制度完善》，载《中国人民公安大学学报（社会科学版）》2021 年第 1 期。

130. 张红：《指纹隐私保护：公、私法二元维度》，载《法学评论》2015 年第 1 期。

131. 叶肖华：《论控辩平衡的建构》，载《苏州大学学报（哲学社会科学版）》2008 年第 1 期。

132. 谢佑平：《〈反酷刑公约〉的价值与一般原则》，载《人民检察》2006 年第 10 期。

133. 龚刃韧：《不可克减的权利与习惯法规则》，载《环球法律评论》2010 年第 1 期。

134. 洪国禄、张途：《反恐时代的司法权》，载《研究生法学》2010 年第 4 期。

135. 刘广登：《论知情权》，载杨海坤主编：《宪法基本权利新论》，北京大学出版社 2004 年版。

136. 陈兴良：《为辩护权辩护——刑事法治视野中的辩护权》，载《法学》2004 年第 1 期。

137. 王圣扬：《从〈联合国反腐败公约〉看建立我国的刑事缺席追诉制度》，载《山东警察学院学报》2005 年第 6 期。

138. 黄豹：《刑事缺席审判程序对侦查的冲击与影响研究》，载《法学杂志》2019 年第 8 期。

139. 王斌、孔济夫：《论职务犯罪缺席审判的形式缺陷与实质完善——以检察官客观义务为视角》，载《成都理工大学学报（社会科学版）》2021 年第 1 期。

140. 王秉新：《我国刑事诉讼中辩论原则试探》，载《现代法学》1980 年第 2 期。

141. 刘玲胜军：《审判中心视角下刑事缺席审判制度救济程序的建构》，载《辽宁公安司法管理干部学院学报》2019 年第 3 期。

142. 李泊毅：《论缺席审判后重审与一事不再理原则之关系——兼论重审程序之完善》，载《中国社会科学院研究生院学报》2020年第5期。

143. 徐瞰：《刑事缺席审判制度上诉权问题研究》，载《东北大学学报（社会科学版）》2021年第1期。

144. 张澎、姜金良：《论刑事缺席审判制度的具体构建——以〈刑事诉讼法（修正案）〉为基础》，载《中国社会科学院研究生院学报》2018年第6期。

145. 罗维鹏：《刑事缺席审判中被追诉人权利的程序性救济：模式选择与规则完善——以2018年〈刑事诉讼法〉为视角》，载《甘肃政法学院学报》2019年第5期。

146. 夏勇：《权利哲学的基本问题》，载《法学研究》2004年第3期。

147. 季卫东：《程序比较论》，载《比较法研究》1993年第1期。

148. 孟军：《违法所得没收程序司法证明问题探讨》，载《广播电视大学学报（哲学社会科学版）》2017年第3期。

149. 孟军：《刑事缺席审判程序中的司法证明》，《山东警察学院学报》2019年第3期。

150. 姚莉：《〈监察法〉第33条之法教义学解释——以法法衔接为中心》，载《法学》2021年第1期。

151. 程雷：《刑事诉讼法与监察法的衔接难题与破解之道》，载《中国法学》2019年第2期。

152. 潘金贵、王志坚：《以审判为中心背景下监察调查与刑事司法的衔接机制研究——兼评〈刑事诉讼法（修正草案）〉相关条文》，载《社会科学研究》2018年第6期。

153. 郭烁：《对抗秘密取证：对质权属性及范围重述》，载《现代法学》2020年第1期。

154. 韩旭：《监察委员会办理职务犯罪案件程序问题研究——以768份裁判文书为例》，载《浙江工商大学学报》2020年第4期。

155. 张威：《论监察体制改革中证据能力适用的三个层面》，载《甘肃政法学院学报》2019年第2期。

156. 许昊：《从证明标准角度看刑事缺席审判制度的适用——以刑事诉讼法关于贪污贿赂犯罪缺席审判程序的规定为视角》，载《人民司法》2019年第28期。

157. 熊晓彪：《刑事缺席审判证明标准适用问题研究——基于诉讼构造与错误分配理论的分析》，载《甘肃政法学院学报》2020年第4期。

158. ［德］贝恩德·许乃曼：《刑事缺席审判：欧洲经验之比较》，程捷译，载《经贸法律评论》2020年第4期。

159. ［荷］TH·W范温：《被告缺席审判》，焦庞颙译，载《国外法学》1981年第3期。

三、外文类

1. Caleb H. Wheeler, *Justice in the Absence of the Accused Reporter*, Journal of International Criminal Justice, 2019, Vol. 17 (2).

2. D. Mundis, *Current Developments: Improving the Operation and Functioning of the International Criminal Tribunals*, American Journal of International Law (2000).

3. Eugene L. Shapiro, *Examining an Underdeveloped Constitutional Standard: Trial in Absentia and the Relinquishment of a Criminal Defendant's Right to be Present*, Marquette Law Review, 2012-2013, Vol. 96 (2).

4. Matthew Bloom, *I Did Not Come Here To Defend Myself: Responding to War on Terror Detainees' Attempts To Dismiss Counsel and Boycott the Trial*, The Yale law journal, 2007, Vol. 117 (1).

5. Eugene L. Shapiro, *Examining an Underdeveloped Constitutional*

Standard: *Trial in Absentia and the Relinquishment of a Criminal Defendant's Right to be Present*, Marquette Law Review, 2012-2013, Vol. 96 (2).

6. Paul Willey, *Trials in absentia and the cuts to criminal legal aid*: *a deadly combination*?, The journal of Criminal Law, 2014, Vol. 78 (6).

7. Gbran Sluiter, *Due Process and Criminal Procedure in the Cambodian Extraordinary Chambers*, Journal of International CriminalJustice, 2006, Vol. 4 (2).

8. Human Rights Committee, General Comment NO. 32, Article 14: Right to equality before courts and tribunals and to a fair trial, U. N. Doc. CCPR/C/GC/32 (2007).

9. Shlomit Stein, *In Search of "Red Lines" in the Jurisprudence of the ECTHR on Fair Trial Rights*, Israel law review, 2017, Vol. 50 (2).

10. Mark Thieroff, Edward A. Amley, *Proceeding to Justice and Accountability in the Balkans*: *The International Criminal Tribunal for the Former Yugoslavia and Rule* 61, The Yale Journal of International Law, 1998, Vol. 23 (1).

11. Gary J. Shaw, *Convicting Inhumanity in Absentia*: *Holding Trials in Absentia at the International Criminal Court*, The George Washington International Law Review, 2012, Vol. 44 (1).

12. Wayne Jordash, Tim Parker, *Trials in Absentia at the Special Tribunal for Lebanon—Incompatibility with International Human Rights Law*, Journal of International Criminal Justice, 2010, Vol. 8 (2).

13. Alexander Schwarz, *The legacy of the Kenyatta case*: *Trials in absentia at the International Criminal Court and their compatibility with human rights*, African human rights law journal, 2016, Vol. 16 (1).

14. Bert Swart, *The Case-Law of the European Court of Human Rights in* 1992, European Journal of Crime, Criminal Law and Criminal Justice,

1993，Vol. 1（2）.

15. Ralph Riachy，*Trials in Absentia in the Lebanese Judicial System and at the Special Tribunal for Lebanon：Challenge or Evolution?*，Journal of International Criminal Justice，2010，Vol. 8（5）.

16. Colozza & Rubinat v. Italy，89 Eur. Ct. H. R.（ser. A）at 26；id. at 29（1983）.

17. Elizabeta Ivičević Karas，*Reopening of Proceedings in Cases of Trial in Absentia：European Legal Standards and Croatian Law*，EU and Comparative Law Issues and Challenges Series，2018.

18. Evert F Stamhuis，*In Absentia Trials and the Right to Defend：The Incorporation of a European Human Rights Principle into the Dutch Criminal Justice System*，Law review（Wellington），2001，Vol. 32（3）.

19. Martin Bosef，*Harmonizing Procedural Rights Indirectly：The Framework Decision on Trials in Absentia*，North Carolina journal of international law and commercial regulation，2011，Vol. 37（2）.

四、其他文献

1. 初殿清：《刑事缺席审判的分类与制度结构》，载《人民法院报》2019 年 1 月 24 日，第 6 版。

2. 王元：《读龙宗智先生的〈相对合理主义〉有感》，载《今日信息报》2011 年 6 月 22 日，第 3 版。

3. 吴沈括：《意大利刑事缺席审判制度可资借鉴》，载《检察日报》2015 年 10 月 29 日，第 3 版。

4. 赵飞龙：《国际刑事审判组织中的缺席审判程序》，载《人民法院报》2019 年 7 月 19 日，第 8 版。

5. 张航：《刑事诉讼中的“缺席审判”》，载《学习时报》2019 年 1 月 23 日，第 3 版。

6. 陈雷：《反腐败国际追逃追赃的制度创新》，载《中国纪检监察报》2018 年 11 月 15 日，第 6 版。

7. 陆丽环：《依法依规追逃追赃》，载《中国纪检监察报》2020 年 11 月 11 日，第 1 版。

8. 王亦君：《程三昌成外逃贪官适用刑事缺席审判程序第一人》，载《中国青年报》2021 年 3 月 9 日，第 6 版。

9. 白岫云：《建立我国轻罪体系的构想》，载《法治日报》2020 年 11 月 11 日，第 11 版。

10. 郜占川：《严格限制刑事缺席审判适用范围》，载《检察日报》2021 年 3 月 30 日，第 3 版。

11. 何帆：《完善民事诉讼独任制适用范围应当把握的六个问题》，载《人民法院报》（理论周刊）2020 年 3 月 12 日，第 5 版。

12. 熊秋红：《刑事审判模式下的庭前会议功能定位》，载《人民法院报》2017 年 6 月 14 日，第 2 版。

13. 吴学安：《被告人“缺席”合法权益保障不能“缺席”》，载《人民政协报》2021 年 2 月 9 日，第 12 版。

14. 周颖：《缺席审判制度的程序适用与检察监督》，载《检察日报》2020 年 2 月 24 日，第 3 版。

15. 高松林：《交错适用刑法与刑诉法审查刑事证据》，载《检察日报》2018 年 8 月 26 日，第 3 版。

16. 赵路：《俄罗斯适用缺席审判制度十分谨慎》，载《检察日报》2015 年 12 月 3 日，第 3 版。

17. 蒋安杰：《缺席审判：从纸面到行动》，载《法治日报》2021 年 3 月 11 日，第 4 版。

18. 王琦、刘奕湛：“加强境外追逃力度，我国拟修法建立刑事缺席审判制度”，http：//www. xinhuanet. com/2018-04/25/c_ 129859295. htm。

19. “关于《中华人民共和国刑事诉讼法（修正草案）》的说明”，http：//www. npc. gov. cn/npc/c12435/201810/6cda6a2ab98a41268452a87a8

9e0a0c6. shtml。

20. “国家监察委员会关于开展反腐败国际追逃追赃工作情况的报告”，http：//www. npc. gov. cn/npc/c30834/202008/e7e5519ba34a45c58a4fe552e91e9569. shtml。

21. “最高人民检察院关于人民检察院适用认罪认罚从宽制度情况的报告”，http：//www. npc. gov. cn/npc/c30834/202010/ca9ab36773f24f64917f75933b49296b. shtml。

22. 邢世伟：“周强：确保律师有平等的陈述和辩论时间”，http：//www. bjnews. com. cn/news/2015/08/20/375005. html。

23. “关于《中华人民共和国刑事诉讼法（修正草案）》的说明”，http：//www. npc. gov. cn/npc/c12435/201810/6cda6a2ab98a41268452a87a89e0a0c6. shtml。

24. 李秀娟：《〈联合国反腐败公约〉与我国刑事诉讼比较研究》，中国政法大学2006年博士论文。

25. 任学强：《腐败犯罪特殊诉讼程序研究》，上海交通大学2010年博士论文。

26. 艾超：《辩护权研究》，武汉大学2010年博士论文。

27. 刘中欣：《审判中立论——以刑事诉讼为视角》，中国政法大学2011年博士论文。

28. 尚华：《论质证》，中国政法大学2011年博士论文。

29. 杨静：《违法所得没收程序研究》，北京师范大学2020年博士论文。